复旦宋代文学研究书系　第二辑

王水照　主编

士人身份与南宋诗文研究

侯体健　著

复旦大学出版社

国家社会科学基金一般项目"宋元骈文批评研究暨资料汇编"
（批准号：18BZW096）阶段成果

复旦宋代文学研究书系第二辑序

王水照

2013年,我们推出了"复旦宋代文学研究书系"第一辑,这套"书系"承袭我所编"日本宋学六人集"而来,可谓"六人集"的国内版。其中选入六部中青年学者的著作,作者都是我的学生。"书系"出版后,引起学术界的关注。同年12月,我们在复旦大学召开了新书座谈会,邀请中国社会科学院、北京师范大学、南京大学、华东师范大学、华中师范大学、上海外国语大学等高校的同行,就这套书做了一次集中评议,讨论评述了"书系"的学术价值和相关问题,评议成果陆续在各类期刊发表。同时,在这次座谈会参与人员的基础上,这批中青年学者又联络同道,互相砥砺,相约成立了宋代文学同人读书会,编辑《宋代文学评论》专刊。"书系"的积极效应显现,影响力也明显扩大,获得了第十二届上海市哲学社会科学优秀成果一等奖(集体),其中两部著作又获得了教育部第七届高校人文社会科学优秀成果二等奖、三等奖。这些都说明,我在第一辑序言中许下的"精选几部著作,形成一个品牌"的愿望,得以部分实现。

当然,要真正"形成一个品牌"并不是一件容易的事情,只有坚持标准,持续发力,才可能得到大家广泛认可。我们秉持"文化—文学"的学术思路,在强调文学本位的同时,注重交叉型课题的研究,以拓宽研究视野和研究路径,期能在得出具体论断之外,也为学界提供一些研究方法和研究角度上的启示。职是之故,我们又精心遴选,推出了第二辑。本辑在学术理念上，与第一辑一脉相承。比如本辑陈元锋《北宋翰林学士与文学研究》一书，是其博士学位论文《北宋馆阁翰苑与诗坛研究》的姊妹篇，两书研究角度都聚焦于"制度与文学"这一交叉型课题。书中全面讨论了北宋翰林学士的政治文化职能，以及他们主持文坛所形成的文学图景，突出了翰林学士在文学集团中的领袖作用，拓展了我们对北宋文学的认识。他提到交叉型课题要避免使文学沦为历史文化研究的附庸，这是我在第一辑序言中也着重强调过的。又如朱刚的《苏轼苏辙研究》，是作者长期钻研唐宋八大家的重要成果，与第一辑的《唐宋"古文运动"与士大夫文学》形成互补，加深了我们对苏氏兄弟文学、文献和行迹的认识，丰富了北宋士大夫文学的面相。再如侯体健的《士人身份与南宋诗文研究》，标题拈出"士人身份"一词，这在第一辑《刘克庄的文学世界——晚宋文学生态的一种考察》中，就已是全书的关键词之一；而戴路《南宋理宗朝诗坛研究》也主要从不同的诗人身份入手，架构全文。这都充分显示出本辑和第一辑内在的延续性。

但更值得注意的是，本辑较第一辑又有一些新的变化，某种程度上反映出近年来宋代文学研究整体格局的调整，主要表现在以下三个方面：

一是研究时段后移，南宋文学逐渐被大家所重视。第一辑的研究重心在北宋，除了侯体健一书是论南宋刘克庄，其他几部都是讨论北宋的文学现象，像朱刚《唐宋"古文运动"与士大夫文学》、李贵《中唐至北宋的典范选择与诗歌因革》两部还是从中唐谈起的。本辑论题在时段上则以南宋为主，侯体健《士人身份与南宋诗文研究》、戴路《南宋理宗朝诗坛研究》、王汝娟《南宋"五山文学"研究》书名都明确标示出南宋，赵惠俊《朝野与雅俗：宋真宗至高宗朝词坛生态与词体雅化研究》也有半部涉及南宋。侯体健在引言中还提出了"作为独立研究单元的南宋文学"的理念，更是显示出作者对南宋文学的特别关注。十多年前,我曾指出宋代文学研究存在"三重三轻"(重北宋轻南宋、重词轻诗文、重大作家轻中小作家)的偏颇。经过学界同仁的共同努力,这些偏颇现在都得到不同程度的纠正,宋代文学研究格局日益合理。我认为南宋文学是我国文学史上一个独立的发展阶段,呈现出诸多重大特点:文学重心在空间上的南移,作家层级下移,文体文风由"雅"趋"俗",文学商品化的演进与文学传播广度、密度的加大等,都具有里程碑式的转折意义。我们应该在文学领域积极推动"重新认识南宋"这一课题的深入。侯体健、戴路、王汝娟的著作,可以说是对这个课题的初步探索与回应。

二是论题的综合性趋强,所涉文体论域更广。宋代是我国文学样式、文人身份、文体种类最为丰富的历史时期之一,要全面展现这个时代的文学图景,就必须多层次、多视角、多维度地观照。第一辑主要集中于以欧、苏为代表的士大夫文学,即使是刘克庄这样的文人,也多具士大夫色彩;文体上则偏重诗歌,如李贵论典范选择、金甫暻论苏轼"和陶"、成玮论宋初诗坛都是讨论宋诗之作。第二辑论题就明显广泛一些:从身份来看,除了依然关注翰林学士、苏轼兄弟之外,江湖诗人、地方文人、禅僧诗人被着重提出来讨论,在好几部书中都有不同程度的反映;从文体来看,诗文虽然仍是重点,但又添入赵惠俊关于词体雅化一书,可谓弥补了第一辑宋词缺席的遗憾,而且讨论宋代骈文的篇幅明显增加,侯体健、王汝娟的著作都有专章专节研讨"宋四六";从研究模式来看,个案研究明显减少,时段研究、专题研究增多,出现了"翰林学士与文学""理宗诗坛""五山文学""词的雅化"等具有学术个性的专题,等等。这从侧面反映出当前宋代文学研究已经进入新的阶段。突破个案局限,走向更具挑战性的综合研究,成为大家共同的选择。这自然也对作者的知识结构、学术视野和资料搜集解读能力,提出了更高的要求。

三是尝试提出新视角与新概念,显示出学理性建构的努力。本辑的一些研究视角，都是以前研究比较少见或多有忽视的，比如陈元锋从翰林学士角度切入讨论北宋文坛，戴路以诗人身份属性分疏理宗诗坛，赵惠俊重构词体雅化脉络等，前人都未特别措意，他们却能独出机杼，另辟蹊径，提供了有意义的研究视角。另外还有一些新概念被提出来，如王汝娟使用南宋"五山文学"，这是受到日本五山文学的影响而自创的概念。我们知道，日本之所以有"五山十刹"之称，本就是受到南宋寺庙规制影响，然而南宋禅宗文学并无专门指称，现在再"由日推中"，借用为南宋"五山文学"以代指南宋禅僧文学，是具有学理意义的。侯体健则提出"祠官文学"，以统称那些领任祠禄官的宋代士人表达祠官身份和志趣的文学作品，并认为是一窥南宋文人心灵世界的重要视角，也颇有启发意义。这些新的概念能否为大家所接受并获得进一步的讨论，自然有待时间的检验，但它们确实有助于我们思考当前宋代文学研究如何拓展视野，更新路径，以获得长足发展。

其他像陈元锋对翰林学士制诰典册的解读、朱刚对审刑院本《乌台诗案》的分析、侯体健对南宋骈文程式的讨论、王汝娟对日本所存禅宗文献的利用、戴路对晚宋士大夫诗人群体的挖掘、赵惠俊对词作的细读及"雅词"的辨析等具体的创获还很多，这里就不一一介绍了。宋代大儒朱熹有云"旧学商量加邃密，新知培养转深沉"，本辑所收著作既有对旧题的再讨论、再补充、再纠正，也有自创新题的开拓与建构，邃密深沉，两兼其美，展现出宋代文学研究领域的求新面貌和广阔前景。

本辑呈现的变化，既是大家不甘守旧、努力创新的结果，也是学界新生力量不断成长的必然。第一辑的作者以出生于60、70年代为主，这一辑则已然是80、90后占绝对优势；而且他们中间有几位是我学生的学生，戴路是吕肖奂的博士，赵惠俊是朱刚的博士，王汝娟也曾随朱刚读研。学术事业，薪火相传，这是作为老师的我非常乐意也非常期盼见到的,希望他们能够戒骄戒躁,再接再厉,百尺竿头更进一步。

最后,我还想借此机会诚邀全国优秀的中青年学者加入我们,只要认同我们的学术理念,符合我们所追求的学术品格,就欢迎加盟,以推出第三辑、第四辑、第五辑……真正让"复旦宋代文学研究书系"成为学术共同体广泛认同的品牌。

目　次

引言　作为独立研究单元的南宋文学 ········· 1

上编　身份与诗艺：南宋诗学的多维观照

第一章　"江湖诗派"与退居士大夫诗文 ········· 13
第一节　"江湖诗派"概念的梳理与南宋中后期诗坛图景 ······ 13
　　一、风格论："江湖诗派"在清代的提出与应用 ········· 14
　　二、书籍论：文学史书写对"江湖诗派"的另一种阐释 ····· 21
　　三、"江湖"是否成派：反对的声音与概念的新思考 ······ 27
　　四、遮蔽的图景：作为"诗人"的晚宋士大夫群体 ······· 30
　　五、结语 ········· 38
第二节　祠禄官制与地域诗人群体的形成 ········· 39
　　一、祠禄官制与南宋士大夫的居乡 ········· 40
　　二、作为祠官的核心文学家与南宋福建地域诗人群体 ····· 44
　　三、祠官文学：观察诗人群体心态的一个视角 ········· 52
第三节　"祠官文学"与退居士大夫：以周必大为例 ······ 57
　　一、作为南宋独特景观的祠官文学 ········· 57
　　二、周必大：一个祠官文学的典型样本 ········· 63
　　三、祠官文学与南宋文人的心灵世界 ········· 81

第二章　南宋诗人的诗艺探析 …… 85

第一节　"石五六鹢"与南宋诗话中的"交蹉语次""感官优先" …… 85
一、从"错综"到"蹉对":交蹉语次与诗歌技法 …… 86
二、知与见:感官优先的诗艺运用 …… 91

第二节　同题异流:刘克庄的梅花诗与梅花词 …… 96
一、基本状况与形式分布 …… 98
二、表现手法与意义流变 …… 101
三、历史地位与诗学评价 …… 108

第三节　理学、气节与诗艺:钱锺书《容安馆札记》批评许月卿发微 …… 111
一、《容安馆札记》批语试诠 …… 112
二、理学与宋末诗歌 …… 120
三、气节与宋末诗歌 …… 125

第三章　楚辞学在南宋:洪兴祖与《楚辞补注》 …… 130
第一节　洪兴祖生平行履与《楚辞补注》的成书 …… 131
第二节　互文性阐释:《楚辞补注》中的"以骚注骚" …… 159
一、互文与"以骚注骚" …… 159
二、《楚辞补注》中"以骚注骚"的阐释学审视 …… 163

下编　结构与程式:南宋文章的知识考察

第四章　南宋骈文的审美结构与知识世界 …… 173
第一节　洪适与两宋之际的四六文 …… 174
一、南宋文学生态与洪适四六创作 …… 175

二、洪适四六的审美分析与南宋四六的创作技巧 ············ 179
　　三、洪适四六各体风格与南宋四六发展趋势 ············ 187
第二节　《洪平斋四六笺注》与南宋启文结构 ············ 192
　　一、征典释语：《洪平斋四六笺注》的价值 ············ 193
　　二、错文乱序：《洪平斋四六笺注》的疏失 ············ 198
　　三、审美的程式化：《洪平斋四六笺注》与南宋启文的内在
　　　　结构 ············ 203
第三节　复调的戏谑：《文房四友除授集》的形式创造 ······ 209
　　一、假传与拟体：从《毛颖传》到《文房四友除授集》 ············ 210
　　二、对话、双簧、反拟：《文房四友除授集》的文本结构与
　　　　形式创造 ············ 215
　　三、和声与独奏：晚宋文人群体性唱和的承袭与突破 ······ 223
第四节　四六类书的知识世界与晚宋骈文程式化 ············ 230
　　一、南宋社会文化与四六类书之兴 ············ 230
　　二、警联：四六类书的关注焦点 ············ 235
　　三、社会政治礼仪与四六类书的知识呈现 ············ 239
　　四、"诸式"：晚宋骈文的程式化表征 ············ 245

第五章　南宋散佚文章学著述考论 ············ 250
第一节　南宋评点选本《古文标准》考论 ············ 250
　　一、《古文集成》的体例与《古文标准》的辑佚 ············ 251
　　二、《古文标准》佚文的批点特色与选文尚好 ············ 254
　　三、《古文标准》的文章学启示 ············ 262
第二节　宋佚文话《纬文琐语》考论 ············ 268
　　一、《纬文琐语》作者李郛考 ············ 268
　　二、唐之淳《文断》与《纬文琐语》的辑佚 ············ 272

三、南宋文章学视野下的《纬文琐语》………………… 279
　第三节　明抄残本《新编四六宝苑群公妙语》考述………… 284
　　一、从《四六宝苑》留存目录看该书性质………………… 285
　　二、《四六宝苑》残本所存佚文辑考……………………… 288

第六章　作为批评资源的南宋学术笔记………………………… 298
　第一节　《履斋示儿编》的学术得失与版本流传考略……… 298
　　一、作者孙奕考……………………………………………… 299
　　二、学术得失论……………………………………………… 300
　　三、版本流传考……………………………………………… 303
　第二节　《爱日斋丛抄》体例臆测与文学史价值…………… 308
　　一、《爱日斋丛抄》原书体例臆测………………………… 309
　　二、叶真的社会身份与《爱日斋丛抄》的撰述特点……… 313
　　三、作为诗文评的《爱日斋丛抄》………………………… 317

文章原刊一览……………………………………………………… 325
主要参考文献……………………………………………………… 327
后记………………………………………………………………… 350

引言
作为独立研究单元的南宋文学

近年来的宋代文史研究中,有两个重要的学术判断影响着大家的思考。一个是以内藤湖南为代表的"唐宋变革"论①,另一个是以刘子健为代表的"中国转向内在"②说。前者强调中唐至北宋中国社会的转型与演变,认为"唐代是中世的结束,而宋代则是近世的开始"③;后者则将南宋视为中国文化转型的重要时期,认为中国的经济、政治和文化"南宋初期发生了重要的转型。这一转型不仅使南宋呈现出与北宋迥然不同的面貌,而且塑造了此后若干世纪中中国的形象"④。在这两个观念影响下,又有学者提出了"宋元变革"论,指出从南宋开始,中国才真正走向"近世"。⑤ "唐宋变革"论与"宋元变革"论,并不是对立的两个命题,其核心思想都是将宋代视为"近世"的开始,内在理路是一脉相承的,所不同处即在于对待两宋的态度,究竟是应该

---

① 关于内藤湖南的"唐宋变革"论,学界相关论述甚多,可以参考张广达《内藤湖南的唐宋变革说及其影响》(载《唐研究》第11卷,北京大学出版社,2005年版),以及李华瑞主编《"唐宋变革"论的由来与发展》(天津古籍出版社,2010年版)等。李贵《中唐至北宋的典范选择与诗歌因革》(复旦大学出版社,2012年版)一书绪论部分,对此也有清晰梳理。
② 参刘子健著、赵冬梅译:《中国转向内在——两宋之际的文化内向》,江苏人民出版社,2002年版。
③ 内藤湖南:《概括的唐宋时代观》,刘俊文主编、黄约瑟译《日本学者研究中国史论著选译》第一卷,中华书局,1992年版,第14页。
④ 刘子健:《中国转向内在——两宋之际的文化内向》,第4页。
⑤ 近年王瑞来对此讨论较多,代表成果有《近世中国:从唐宋变革到宋元变革》(山西教育出版社,2015年版),书中收录《从近世走向近代——宋元变革论述要》一文,概括阐述了他对"宋元变革"的看法,值得关注。

整体统观,还是南北有别?应该说,从更精细的角度来观察,将两宋区别对待,在承认它们具有天然连续性的同时,又注意突出南宋的特殊性,是符合实际的。刘子健在《略论南宋的重要性》一文中指出:"中国近八百年来的文化,是以南宋为领导的模式,以江浙一带为重心。"[1]其实已经点明了南宋作为一个独立时段,指向未来而与明清相延续的意义。总之,南宋在历史上的特殊性,是历史学界关注的重要问题[2]。

然而,在文学研究领域,将南宋文学视为一段特殊的时期并加以独立研讨者,并不多见。相当长一段时间里,南宋文学都被看作北宋文学的附庸,钱基博的观点颇具代表性,他说:"东汉文章,不同西汉。南宋诗文,一衍北宋。所以东京为西京之别出,而南宋只北宋之附庸。南宋之文学,苏氏之支与流裔也。盖词为苏词,文为苏文,四六则苏四六,独诗渊源黄陈以为江西派尔。"[3]钱基博认识到东汉文章不同于西汉,却不认为南宋文学有别于北宋,并且从诗、词、文、四六各种文体立论,几乎取消了南宋文学的特性,完全将其作为北宋文学特别是苏轼的余脉。他强调苏轼对南宋文学的影响,自然不无道理,但丝毫不顾南宋文学的质素变化,则未免偏颇。倒是闻一多在《文学的历史动向》中所下的论断,值得我们仔细考量,他说"中国文学史的路线南宋起便转向了"[4]。闻一多是从小说与戏剧的兴起角度来揭示南宋的特殊意义的,文中所指出的南宋俗文学与此后诸朝代文学的连续性,恰与历史学界所谓的"宋元变革"论相呼应。真正将南宋文学作为独立对象作出判断的,是王水照先生《南宋文学的时代特点与历

---

[1] 刘子健:《略论南宋的重要性》,《两宋史研究汇编》,联经出版事业公司,1987年版,第80页。
[2] 杭州市社科院2005年成立了"南宋史研究中心",已连续召开了三届南宋史国际学术研讨会,陆续推出了《南宋及南宋都城临安研究系列丛书》,可谓向学界正式提出了"重新认识南宋"的重大课题。
[3] 钱基博:《中国文学史》(中),上海古籍出版社,2011年版,第562页。
[4] 《闻一多全集》第一册,生活·读书·新知三联书店,1982年版,第201页。

史定位》一文,该文是先生《南宋文学史》一书的前言,开篇即指出:

> 南宋文学史是一个特定时段(1127—1279)的文学史,更是在文学现象、文学形态、文学性质上具有鲜明时代特点和重要历史地位的一部断代文学史。南宋文学一方面是北宋文学的继承与延伸,文统与政统、道统均先后一脉相承;另一方面在天翻地覆时局变动、经济长足增长、社会思潮更迭变化的历史条件下,又产生了一系列新质的变化。北、南两宋文学既脉息相联,而又各具一定的自足性,由此深入研究和探求,当能更准确、更详尽地描述出中国文学由"雅"向"俗"的转变过程,把握中国社会所谓"唐宋转型"的具体走势。①

这段话为我们指明了南宋文学研究的方向,即要发掘南宋文学在文学现象、文学形态和文学性质上的时代特性,注重其"新质"的变化和"自足性"的探求。我所理解的王先生这篇文章背后的观念,强调的就是"北宋—南宋"文化转向下的南宋文学研究,将南宋视为与北宋不一样的文学阶段,这个"不一样"是带有"断裂"意味的,或者说是站在南宋往后看的新视角,我很乐意用"南宋以降的近世文学"来表达这样一种文学史的关怀。南宋的文学生态与元、明、清诸代的延续性,在许多方面都有表现,比如南宋才有以地域命名的真正自觉的文学流派——江西诗派,南宋的文学结社现象日益突出,南宋出版与文学的关系前所未有地紧密,南宋的江湖文人像极了明代的山人,以及戏剧、话本、通俗小说在南宋兴起,等等,这些都是指向后世的。"近世性"在南宋文学中,已经有了特别的表现。

本书即是带着这样的文学史观所撰著的一部习作,从某种意义

---

① 王水照、熊海英:《南宋文学史》,人民出版社,2009年版,第1页。

上来说,乃是对王先生学术思路的实践,尝试给先生的宏文作一个注脚而已。在全书各章节的写作中,也并不是一直抱着这样的自觉,而是逐渐才意识到我所努力的方向,是探求"作为独立研究单元的南宋文学",有这种意识的研究和没有这种意识的研究,显然会呈现出不同的面貌。先生多年前常言的宋代文学研究"三重三轻"(重北宋轻南宋,重词轻诗文,重大作家轻中小作家)现象,现在都已经有了不同程度的改观,南宋文学研究领域近年也出现了丰富的个案与时段研究成果,但是将南宋视为独立研究单元,并在"宋元变革"的思路下展开的研究论著并不多见。我曾尝试从地域、家族、身份、政争、出版诸角度探讨晚宋文坛领袖刘克庄的文学世界,并且提出:"有些因素是晚宋时期所特有的,比如鲜明的地域性、身份转换的复杂性、刻书业在文学传播中的作用等,就是南宋以前文学生态中不突出的一面,但在晚宋时占据重要地位。"[①]这些因素已经凸显了南宋文学的某些特征,但当时并未明确这样一种思路。在这部书中,我最想强调的也只是两个因素,一个是身份,一个是地域。

如众所知,北宋士人的身份不同于前代之处,即在于集官僚、学者与文人于一体,这种身份特征以欧、苏为典型代表。但是到了南宋,三位一体式的士大夫身份被逐渐解构,三种身份中的某一种,在南宋士人身上常被凸显出来。比如圣贤朱熹,更多定位为思想家,立朝为官时日甚短;具有强烈事功精神的辛弃疾,乃是以词人面目名世;陆游几乎没有学术著作传世,官做得也很小,只能算是杰出诗人;堪称一时文坛宗主的周必大,文学成就并不特出,主要仍是一位官僚。这还是南宋中期比较倾向复合式的士人,至于理学家黄榦、词人姜夔、诗人戴复古、文章家陈耆卿等之类,他们虽然知识结构仍比唐

---

① 拙著《刘克庄的文学世界——晚宋文学生态的一种考察》,复旦大学出版社,2013年版,第267页。

代士人全面,但身份的单一倾向更为明显。而倘若将视野再放宽一些,那些科举落第的读书人,大量变成了相士、幕士、游士、术士、商人、塾师等新的身份,有的学者称之为"士人阶层分化"①。不管哪一种,这些现象都指向了南宋士人身份的新变化。我在《刘克庄的文学世界》中,也特别就未入仕途的士人作了一些探讨,认为他们的身份也不尽相同,有些是奔走江湖、四处干谒的游士,有些是活跃乡里、稳居地方的文人,有些是放情山林、无意仕进的隐者。这三者身份不同,社会地位不同,审美趣味不同,对待诗文的态度也不同,文学主张也表现各异。日本学者村上哲见在《宋词研究·南宋篇》中谈到南宋的词人身份时,就敏锐地指出那些不图仕进的"专业文人"们与隐士是有较大区别的,他说:"在无缘仕途这一点上,他们与所谓隐士相同;但他们与权贵交往密切,以文事进行热闹的社会活动,这与隐士有决定性的区别,他们可以说是进入南宋后才出现的新生阶层。"②村上教授所论的这些"专业文人"即常说的游士诗(词)人,游士显然不同于隐士,这是大家容易理解的。这里要特别提出的,是地方士绅群体,因为这个群体的性质比较特殊,他们也是身处"江湖"之远的"非官僚",在与政治的疏离关系上,接近游士和隐士,但与游士相比,他们的生活状态是稳定的,并非游走江湖依附权贵的谒客;与隐士相比,他们又并不消极避世,而是积极参与地方事务,与地方官员有着密切的交往,虽无官职,却仍享受地方士人的尊崇。可以说,江湖游士与地方士绅,是南宋文坛引人注目的两个新的文人身份。

江湖游士已是南宋文学研究中长期引人关注的课题,地方文人则常被忽视,特别是一些学者把他们与江湖游士混为一谈,这是我不

---

① 如史伟有专著《宋元之际士人阶层分化与诗学思想研究》(人民文学出版社,2013年版),沈松勤有论文《宋元之际士阶层分化与文学转型》(《文学评论》2014年第4期),都明确将士人阶层分化与南宋文学的关系提出来讨论。
② [日]村上哲见著,杨铁婴等译:《宋词研究》,上海古籍出版社,2012年版,第382页。

能同意的。与地方士绅这种身份密切相关的,就是南宋文学的地域性问题。我们认为,地域文人群体的勃兴是南宋文坛整体格局的重要特征,从身份属性和诗文风格角度观察,他们也可视作在官僚士大夫、游士与隐士之外的一个特别群体。这和宋史研究界的已有成果是相符的。刘子健曾说:"南宋士大夫的见识确实呈现出受地域限制的特点。"①包弼德提出了南宋的"精英地方化"问题②,黄宽重也指出:"乡居的官员或在乡谋生的士人,都是地方的菁英群体……乡里成为他们生活的中心,以彼此认同的身份、共同的文化为基础,不叙年齿、穷达,结成一个群体,以诗文结社,相互游赏酬唱。"③南宋文人群体表现出强烈的地域性特点,而且特定的地域会呈现特定的文学趣向。比如学界关注较多的就有浙江四明地区以汪大猷、楼钥为中心的四明真率会,浙江永嘉地区叶適、"四灵"、薛师石为代表的永嘉诗人群,福建莆田地区方信孺、刘克庄、王迈组成的莆田文人群,等等,他们都是稳居地方的文人群体,通过相互的诗歌唱和与理论切磋,形成了一定的群体风格,有着强烈的地域印记。这些地域诗人群体虽然与中央仍有或多或少的交流互动,但更多的是稳固在特定地区,在人员构成上以地方士绅为骨干,以当地官员和学子为羽翼,他们在身份上算不得游士,在诗风上也各具特色。

我曾经特别注意到宋末元初刘壎(1240—1319)所撰《隐居通议》中呈现的晚宋江西南丰诗人群体④。这个群体成员包括南丰地区的赵崇嶓(号白云,1198—1255)、邓有功(号月巢)、谌祐(号桂舟,1213—

---

① 刘子健:《中国转向内在——两宋之际的文化内向》,第10页。
② 参包弼德著、刘宁译:《斯文:唐宋思想的转型》第二章"士的转型"相关论述,江苏人民出版社,2001年版。
③ 黄宽重:《从中央与地方关系互动看宋代基层社会演变》,《历史研究》2005年第4期。
④ 参刘晓旭《南宋中后期江湖诗人群体研究》(复旦大学硕士学位论文,2014年)第二章第三节《隐居通议》视野下的晚宋江西诗坛》,此后戴路在其博士学位论文《南宋理宗朝诗坛研究》(四川大学博士学位论文,2015年)第四章中对《隐居通议》中的江西地域文坛,有更深入的探讨。

1298)、赵必㠈(号云舍)、刘镗(号秋麓)等,南城地区的黄文雷(号看云)、利登(号碧涧)、吴汝弌(号云卧)、余观复等,以及毗邻南丰的宁都曾原一、临川赵崇嶓。《隐居通议》"黄希声古体"条云:

> (黄文雷)尤长于诗,诗尤妙于长歌行。同时乡里以诗名者,碧涧利履道登、白云赵汉宗崇嶓俱为社友,然品格俱不及公。赣之宁都有苍山曾子实原一、抚之临川有东林赵成叔崇嶓,亦同时诗盟者也。①

"社友""诗盟"明确了这是一个地域性诗人群体,他们相互唱和,共同切磋。比如现存利登《骳稿》就有不少与黄文雷、曾原一的酬唱作品;赵崇嶓也有《用"看云体"》之作,所谓"看云"即指黄文雷;余观复存诗仅12首,即有《寄伯成》两首,"伯成"即指吴汝弌。《隐居通议》"桂舟七言律撷"条又言:

> 谌公祜,字自求,号桂舟。世居南丰之西,曰瞿邨。幼厌举子业,不求仕,专志古学,参诗于赣诗人苍山曾公原一,益之以学,遂青于蓝。②

这里论及谌祜从曾原一学诗,可见他们之间还有明确的诗学师承。由于文献的阙如,我们无法细致描述这一群体的诗学活动,但仅就目前材料来看,一个具有显著地域特征的诗人群体已经呼之欲出。

从身份上考察,这一群体中赵崇嶓、黄文雷、利登、赵崇峄、赵必㠈都曾进士及第,邓有功乃荫补入仕,曾原一曾领乡荐,谌祜、刘镗、

---

① 刘壎:《隐居通议》卷九"黄希声古体"条,海山仙馆丛书本。
② 刘壎:《隐居通议》卷八"桂舟七言律撷"条,海山仙馆丛书本。

吴汝弋、余观复未求仕进。从现有材料来看,这个群体的成员鲜有干谒经历,虽然其中也曾有游宦经历者,但并非游士;有几位不求仕进者,与周边官员有着密切交往,算不得真正隐士;他们多数时候归向于乡居,应该算作特征明显的地方性诗人。在张宏生先生考订的138名"江湖诗派"成员中,赵崇嶓、利登、黄文雷、吴汝弋、余观复榜上有名,①而这几位诗人无论从行迹履历还是诗歌风格,都与典型的江湖游士相差甚大。赵崇嶓,嘉定十六年(1223)进士及第,官至大宗正丞,包恢《祭赵宗丞文》云"以其才名,宜陟未已,何夺之遽,宗丞仅止。然其平生,所立已殊,謇謇奏篇,太史当书"②。特别提到他上书朝廷的"奏篇",有立朝品格。他的诗歌风格与轻巧滑溜的江湖诗风亦不相侔,特别是五言古诗最有特色,宛转萧散,取法汉魏,包恢赞其"诗文英发,清新俊逸",庶几得之。利登,理宗淳祐元年(1241)以《礼记》擢第,官宁都尉,刘壎谓其诗作"兴致高洁,非江湖可跂及也"③。黄文雷,理宗淳祐十年(1250)进士及第,《隐居通议》载其"以《春秋》学魁""以《诗经》擢进士科"④,学养深厚,钱锺书先生评其《看云小集》,谓"五、七古颇动荡,非江湖体也"⑤,诗风沉郁有力,气格时显遒劲,他在《看云小集自序》曾云"诗以唐体为工,清丽婉约,自有佳处,或者乃病格力之浸卑。南塘先生为宜稍抑所长,而兼进其短"⑥,表达出他对"唐体"的超越意识。吴汝弋、余观复则行履不详,钱锺书先生评吴汝弋《云卧诗集》,谓其"寥寥数章,皆古体,颇雅炼,无警语"⑦,在诗风上自有特点。

---

① 参张宏生:《江湖诗派研究》附录一"江湖诗派成员考",中华书局,1995年版,第302—310页。
② 包恢:《祭赵宗丞文》,曾枣庄、刘琳主编《全宋文》第320册,上海辞书出版社、安徽教育出版社,2006年版,第17页。
③ 刘壎:《隐居通议》卷九"利碧涧诗词"条,海山仙馆丛书本。
④ 刘壎:《隐居通议》卷九"黄希声古体"条,海山仙馆丛书本。
⑤ 钱锺书:《钱锺书手稿集·容安馆札记》第2册,商务印书馆,2003年版,第1002页。
⑥ 黄文雷:《看云小集自序》,《全宋文》第306册,第128页。
⑦ 钱锺书:《钱锺书手稿集·容安馆札记》第2册,第1000页。

细致考察这批诗人,他们的诗风具有总体的趋同性,即在五、七言古体上风格显著,与狭义的"江湖派"诗人取径晚唐,偏爱五律、七绝,颇有差距。若将他们与戴复古、高翥、胡仲弓、胡仲参、刘翰、李龏、陈鉴之、翁卷等典型的游士诗人相比,这种特点更显突出。就此而言,将稳居地方的文人群体单独拿出来讨论,很有必要。南宋中后期类似的地域文人群体,在以刘宰为中心的金坛、以方岳为中心的祁门、以乐雷发为中心的宁远、以刘克庄为中心的莆田等都时有聚集,其他没有著名作家的小诗人群体,在当时各地也纷纷涌现。可以说,这一地域性特征指向了未来,元、明、清时期地域诗人群体的崛起与此一脉相承。

我在这里不惮辞费地介绍《隐居通议》所呈现的江西地域文人群体,就是想从一个侧面说明南宋文坛在地理上已经呈现出分散的"块状结构",形成了相对封闭的地方性文学"圈子",而全国性文人集团几近消失,具有总体性号召力的文学家也处缺席状态,地域文人群体进一步繁荣,成为南宋文坛风貌的重要塑造力量。

王水照先生曾经就北宋文人集团作过精彩的阐述,指出钱惟演洛阳幕府僚佐集团、欧阳修汴京礼部举子集团、苏轼汴京学士集团三大文人集团在北宋文学演进中发挥了重要作用,这些文人群体毫无例外是在京洛地区聚集,借助了中央文化的优势,形成了具有全国影响力的团体。从北宋末年开始,各类地域性文人群体逐渐发育,到了南宋中后期已经成为文人聚集的常态,尽管作为中央的临安地区仍是重要的中心,但纵向相比,较之之前已经衰弱许多。我们可以现存宋人总集再作印证,反映北宋文人诗歌创作的《二李唱和集》《西昆酬唱集》《同文馆唱和诗》《坡门酬唱集》均在京城地区结集完成,几乎不带任何地域色彩,而南宋中后期陆续结集的《南岳酬唱集》《四灵诗》《天台集》《成都文类》《昆山杂咏》《赤城集》《严陵集》等,或以唱和地点名书,或以诗人籍贯聚合,或在区域范围汇辑文献,都充分体现了地域因素在总集编撰中的导向作用,折射出此时地域文人群体的蓬勃发展之态。

总之,南宋文人身份变化和地域文人群体的涌现,应该可以看作文学近世性的表征,因为它们都意味着文学权力和重心的下移,这是我在本书中多有思考的重要问题,虽然思考得还不够充分、不够深刻。最后,我想再特别申明一下,我这里主张的"作为独立研究单元的南宋",不是说将南宋封闭起来、孤立起来研究,而是希望能够把南宋放在长时段中观察,揭示它与北宋的不同,注重它与后世的连续,换句话说,"作为独立研究单元的南宋文学"与"南宋以降的近世文学"是问题的两面,二者是相辅相成的,希望这样的思路有助于我们打开一个南宋文学研究的新局面。

上 编

身份与诗艺：
南宋诗学的多维观照

第一章
"江湖诗派"与退居士大夫诗文

"江湖"与"地方"是南宋中后期诗坛的两个关键词,但是对于"江湖诗派"的概念,学术界有着各不相同的看法,厘清它的边界,对我们认识南宋诗坛至为重要。另外,就地域性文坛来说,我们在引言中特别提及了久居乡里的下层文人,除此之外,还有退居乡里的入仕官僚,也是值得关注的南宋文学现象。林岩曾提出"退居型士大夫"的概念,并且将陆游、刘克庄视为典型①,南宋官员的"退居"多与祠禄官制密切相关。本章我们就此略作探讨。

第一节 "江湖诗派"概念的梳理与
南宋中后期诗坛图景

若要讨论中国诗歌史特别是宋代诗歌史,"江湖诗派"是一个绕不开的话题,而且这个话题曾是学界热点,至今已经出版了多部专著②,

---

① 参林岩给拙著的书评《身份、文体与地方社会:刘克庄文学活动的多面相》(载《中华文史论丛》2015年第3期),以及《晚年陆游的乡居身份与自我意识——兼及南宋"退居型士大夫"的提出》(载《华南师范大学学报(社会科学版)》2016年第1期)两文。
② 如牛鸿恩选注《永嘉四灵与江湖诗派选集》(首都师范大学出版社,1993年版)、张宏生《江湖诗派研究》(中华书局,1995年版)、张瑞君《南宋江湖派研究》(中国文联出版社,1999年版)、胡俊林《永嘉四灵暨江湖派诗传》(吉林人民出版社,2000年版)、陈书良《南宋江湖派与儒商思潮》(甘肃文化出版社,2004年版)等。此外还有若干未出版的硕、博士学位论文,有分量者如郑亚薇《南宋江湖诗派之研究》(台北政治大学博士学位论文,1981年)、费君清《江湖派考论》(浙江大学博士学位论文,1998年)等。其他不名(**转下页**)

随着讨论的日益深入,除了获得许多具体共识外,学界也逐渐出现了一些分歧。如众所知,在传统的文学史叙述中,"江湖诗派"是以游士阶层为骨干的、特点鲜明的诗歌派别,它因杭州书商陈起刊刻的《江湖集》而得名,不但成员众多,流品芜杂,而且持续时间长,波及范围广,占据了南宋诗坛半壁江山,甚至有文学史著作认为"广义上的江湖诗人几乎代表了南宋中后期诗坛的整个动向"①。但是这个"诗派"又面临许多尴尬,它与"江西诗派"那种有公认的宗派领袖、鲜明的诗歌主张、稳定的创作成员、趋同的艺术风格相比,实在难以揆测规矩、划清边界、标树典型、自立门户,因而不断受到学界的质疑②。与此同时,这个"诗派"的创作成就普遍较低,除了姜夔、戴复古、刘克庄、方岳几位大家能够创辟开拓、独成一家外,大多数诗人徘徊于前人诗歌藩篱之中,纤琐粗犷的诗风更是为文学史家所贬斥。如此,我们要继续探讨"江湖诗派",那么就至少面对两个问题:第一,怎么看待"江湖诗派"这个概念术语?其内涵究竟如何?有什么意义?又有什么弊端?第二,"江湖诗人"在南宋中后期诗坛整体图景中到底处在什么位置、扮演何种角色?本节拟就这些问题作一些探讨。

一、风格论:"江湖诗派"在清代的提出与应用

首先需要明了的是,"江湖诗派"作为一个独立的学术概念,是一个后人建构起来的诗歌流派称谓,而非宋人自己提出或认同的概念,

(接上页)"江湖诗派"而论"江湖文人"、"体制外平民诗人"者又有若干。大体以张宏生、费君清所论影响较为广泛。近年来,日本早稻田大学内山精也教授主持出版《江湖派研究》杂志多期,并连续举办多次专题国际研讨会,更是带动了海外学界对此领域的持续关注。

① 章培恒、骆玉明主编:《中国文学史》,复旦大学出版社,1996年版,第481页。
② 旗帜鲜明地反对"江湖诗派"概念的有刘毅强《南宋"江湖诗派"名辩——简论江湖诗派不足成派》(载《华东师范大学学报(哲学社会科学版)》1993年第3期)、赵仁珪《宋诗纵横》"下卷"第十三节(中华书局,1994年版)、史伟、宋文涛《"江湖"非"诗派"考论》(载《社会科学家》2008年第8期)、赵敏《宋代晚唐体诗歌研究》第五章(巴蜀书社,2008年版)等。此外,拙撰《刘克庄的乡绅身份与其总体风貌的形成——兼及"江湖诗派"的再审视》(载《中山大学学报社会科学版》2011年第3期)也对"江湖诗派"有所质疑。

这和宋人自己擘画的"江西诗派"完全不同。对江湖诗人群体的存在，晚宋时人虽已有所认识，大量文献都提到了"江湖诗人""江湖诗友""江湖社友""江湖诗客"等，笔记诗话如黄震《黄氏日钞》、严羽《沧浪诗话》、魏庆之《诗人玉屑》、叶寘《爱日斋丛钞》，诗词文集如刘克庄《后村先生大全集》、李昴英《文溪集》、方回《瀛奎律髓》《桐江集》《桐江续集》、黄昇《中兴以来绝妙词选》均有相关记录，但都是指一般的下层诗人群体，并未视其为诗歌"流派"。①

　　元、明两朝议论宋诗，亦鲜有视宋末江湖诗人专为"诗派"者。元初陆文圭《墙东类稿》论南宋诗坛曰："渡江初，诚斋、放翁、后村号三大家数，其余江湖诗人，一联半句，虽是小家数，亦有过人者。"②其中"江湖诗人"云云略等于"诗坛小家数"，无任何派别意识。戴表元《剡源集》用"江湖"二字非常频繁，除了"江湖骚人""江湖诗客"之外，尚有"江湖之名儒"（卷六《晚香堂记》）、"江湖之羁客"（卷八《方使君诗序》）等称呼，可见"江湖"只是与"庙堂"相对的概念，亦不涉诗风诗派。元代吴澄《董震翁诗序》所言的"吾乡董震翁新学诗，观其古近体一二，不选、不唐、不派、不江湖"③，他将文选体、唐音、江西派、江湖相并列，从全文语境来看，似是以时代诗风而论，对应于魏晋、唐代、北宋和南宋。稍带诗歌体派色彩的，是元代张之翰《西岩集·跋王吉甫直溪诗稿》，其云：

---

① 张宏生《江湖诗派研究》认为："在中国文学史上，最早将江湖诗人目为诗派的，大概是释文珦。其《潜斋集》卷六……但明确提出'江湖诗派'这一概念的，似是清初曹溶，见《诗家鼎脔》序。"（第6页注释2）其所引释文珦言，作者实为何梦桂，而且也并非指"江湖诗派"，前揭史伟、宋文涛《"江湖"非"诗派"考论》一文已详细辨析其谬误之处，可参看。《诗家鼎脔序》署名"倦叟"，四库馆臣意见疑为"倦圃"即曹溶，但傅增湘认为"恐未必然"（见《藏园群书题记》卷十九，上海古籍出版社，1989年版，第964页）。就目前材料猜测，曹溶的可能性仍较大，盖其乃藏书家，藏有较丰富的宋元书籍，撰有《静惕堂宋元文集书目》，或许四库馆臣所据《诗家鼎脔》即从其家藏本流出，故有其序。
② 陆文圭：《跋苔石翁诗卷》，李修生主编《全元文》第17册，江苏古籍出版社，2000年版，第556页。
③ 吴澄：《董震翁诗序》，《全元文》第14册，第253页。

> 近时东南诗学,问其所宗,不曰晚唐,必曰四灵;不曰四灵,
> 必曰江湖。盖不知诗法之弊,始于晚唐,中于四灵,又终江湖。①

这里将晚唐、四灵、江湖相并列,乃着眼于诗风,是诗学意义上的称法,已非前人从社会身份和地位出发的概念,然终究还未从概念指称上提出"江湖"为一派。与此相类的还有元末明初的唐桂芳复述方回论述,言"其格卑者为四灵、江湖之习,委靡纤弱,脂韦蒲苇,不古而发也"②,也已关涉诗歌品格。但这些都还停留在印象概括层面,并无视"江湖"为独立的"诗派"之意。

学界早已指出,明确提出"江湖诗派"一词者,目前能最早追溯到清初曹溶(1613—1685),他在《诗家鼎脔序》中云:"宋季江湖诗派,以尤、杨、范、陆为大家,兹选均不及,稍推服紫芝、石屏、后村、仪卿,其余人各一二诗止,隘矣。"然细味此文,曹溶所谓的"江湖诗派"似竟囊括尤袤、杨万里、范成大、陆游等"中兴四大家",与我们现在的概念还相去较远。

其后,成书于1681年之后③的吴乔(1611—1695)《围炉诗话》云:"宋时江西宗派专主山谷,江湖诗派专主曾茶山。"④在《逃禅诗话》中,他也说:"古体至于陈隋,近体至于宋之江西派、江湖派,体制尽亡,并才情而失之者也。"⑤就一般文学史常识而言,曾幾是江西诗派在南宋的重要传承人,陆游、杨万里的诗学均受益于他,可见吴乔所言"江湖诗派""江湖派",也与现在的概念不相同。吴乔《围炉诗话》又摘抄了

---

① 张之翰:《跋王吉甫直溪诗稿》,《全元文》第11册,第301页。
② 唐桂芳:《蔡齐贤桃洞遗音序》,《全元文》第51册,第659页。
③ 《围炉诗话自序》言"辛酉冬",即康熙二十五年(1681)。见郭绍虞编选《清诗话续编》,上海古籍出版社,1983年版,第469页。
④ 吴乔:《围炉诗话》卷五,《清诗话续编》本,第606页。
⑤ 吴乔:《逃禅诗话》,《古今诗话续编》本,台北广文书局,1973年版,第586页。《逃禅诗话》乃吴乔《围炉诗话》的初稿,二书篇目互有异同,详参蒋寅《〈逃禅诗话〉与〈围炉诗话〉之关系》,《苏州大学学报(哲学社会科学版)》2000年第3期。亦有学者认为《逃禅诗话》晚于《围炉诗话》者,此不具引。

贺裳《载酒园诗话》中"事莫病于伪"一节述宋诗流变,竟也由"曾几"径接"江湖诗"①。吴乔很不喜欢宋诗,在《围炉诗话自序》中就说:"宋人诗集甚多,不耐读而又不能不读,实为苦事……黄公《载酒园诗话》三卷深得三唐作者之意,明破两宋膏肓,读之则宋诗可不读。"可见他鄙弃宋诗而宋诗观则基本承袭贺裳。我们寻检贺裳《载酒园诗话》,其论"江湖诗"条所列诗人竟是韩元吉、韩淲、戴复古三人。② 此三人除戴复古为江湖诗人外,韩元吉乃文献、政事、文学的"一代冠冕",官至礼部尚书;韩淲则是江西派后劲,托为诗坛宗主,均算不上当前学界所说的"江湖诗人"。

由上可以断定,无论曹溶、贺裳还是吴乔,他们心目中的"江湖诗派"乃统指南宋中后期整个诗坛,包括了从曾几而下的几乎所有诗人,不区分诗风,也不区分社会身份,意涵笼统而模糊,与今日所言的以游士为身份特征的诗派是两码事。③

直到乾隆六年(1742),曹庭栋(1700—1785)编成《宋百家诗存》,其中言胡仲参"《竹庄小稿》一卷,古茂不足,清俊有余,江湖派也"④,已然有风格兼派别的涵义。在此书序中也说:"陈黄为西江宗祖,亦学少陵;四灵为江湖领袖,亦学姚贾。"⑤此"江湖领袖"之言,也含诗派意味。曹庭栋的"江湖派",应该比较接近我们目前所使用的概念。

真正阐扬并广泛运用与现在概念大体一脉的"江湖诗派"者,是

---

① 见《围炉诗话》卷五,《清诗话续编》本,第638—638页。其源乃在贺裳《载酒园诗话》"曾几"一则,文字稍有不同,参《清诗话续编》,第443页。
② 见《载酒园诗话》"江湖诗"则,《清诗话续编》本,第457页。
③ 清初之人对"江湖诗"的认识似乎都比较泛化,如王嗣槐《西湖六君子诗钞序》云:"子由江西之派,南宋江湖之诗,自谓流利如弹丸脱手,其未免俚俗者自在也。"(见《桂山堂文选》卷二,《四库未收书辑刊》7辑27册,北京出版社,2000年版,第180页)不但把江西诗派的"流利如弹丸"的"活法"观念冠于江湖,且言"子由江西之派",殊不可解。又《与阮亭祭酒书》"江西之宗派,南渡之江湖"(前揭第197页),似亦与贺裳、吴乔相类,将南渡之后的诗坛笼统称为"江湖"。
④ 曹庭栋:《宋百家诗存》卷三一,文渊阁《四库全书》本。
⑤ 曹庭栋:《宋百家诗存原序》。

稍晚一点的、清代乾隆时期编撰《四库全书》的馆臣①。他们在《四库全书总目》(以下简称《总目》)和《四库全书简明目录》(以下简称《简目》)中广泛使用"江湖诗派""江湖派""江湖一派""江湖末派""江湖末流"等词语,指代南宋中后期出现的这一特殊诗歌体派。据笔者统计,四库馆臣在《总目》和《简目》两书中使用"江湖诗派"之类的名词57次,涉及典籍48部,主要集中在宋末元初的诗人别集。从这个意义上来说,四库馆臣是"江湖诗派"最主要、也是最重要的建构者与阐释者。但毕竟馆臣人数不少,各自的思想观念并不完全一致,在阐述问题时立场亦多变化,虽经纪昀统稿,其用词用意仍有参差之处,对"江湖诗派"的评价与判断存在芜杂无归的毛病。比如言"宋之末年,江西一派与四灵一派并合,而为江湖派"(《唐诗品汇提要》),又言"宋末诗人有江湖一派,有晚唐一派"(《月洞吟提要》),概念频出却边界暧昧、态度模棱,不知"晚唐一派"有何新指;又如言"文章至南宋之末,道学一派侈谈心性,江湖一派矫语山林"(《道园学古录提要》),"南宋季年,文章凋敝,道学一派以冗沓为详明,江湖一派以纤佻为雅隽"(《松乡集提要》),既言"文章",则不仅诗歌,散文亦有江湖一派,然否非否?且言"南宋末年,道学一派惟以语录相传习,江湖一派惟以近体相倡和"(《剡录提要》),则不仅着眼文学,又牵入道学思想,二者并列相谈,立场多变,语境复杂②。这些已涉及四库馆臣对整个南宋文学的看法、对诗派与诗派之间关系的认识以及他们所持的总体文学批评观等问题,牵涉较广,这里暂不讨论③。仅就"江湖诗派"概

---

① 《四库全书》的编修工作始于乾隆三十八年(1773),较吴乔《围炉诗话》晚90年,较曹庭栋《宋百家诗存》晚30余年。
② 这里还有一则材料需要说明:《四库全书总目·鹤山全集提要》有"南宋之衰,学派变为门户,诗派变为江湖"(中华书局,1997年版,第2158页)之言,这里的"诗派变为江湖"与"江湖诗派"应无关系,细味其意,似指南宋的诗歌派别流于江湖民间,未能坚守庙堂。
③ 四库馆臣的南宋文学批评观比较复杂,尚未得到系统清理。关于他们的宋季文学批评,初步成果可参考刘婷婷《宋季士风与文学》(中华书局,2010年版)附录《简论〈四库全书总目〉对宋季文学的评价》。

念内部而言,馆臣们总体上似有相对稳定的看法,大致可从诗风评价和成员归属两方面梳理。

首先看馆臣对"江湖诗派"诗风的认识。检视《简目》与《总目》,馆臣认为"江湖诗派"的风格是卑下的,几乎没有肯定之词,如:龊龊之气(《简目·澹斋集提要》)、冗沓琐碎(《简目·芸隐横舟稿提要》)、猥琐之格(《简目·拙轩集提要》)、雕镂细碎(《简目·沧浪诗话提要》)、篇篇一律(《简目·青村遗稿提要》)、猥杂细碎(《简目·唐诗品汇提要》)、刻画琐屑(《简目·涉斋集提要》)、风格未高(《总目·汶阳端平诗隽提要》)、五季衰飒之气(《总目·苇航漫游稿提要》)、寒酸纤琐(《总目·月洞吟提要》)、气含蔬笋(《总目·自堂存稿提要》)、庸沓猥琐(《总目·道园学古录提要》)、以纤佻为雅隽(《总目·松乡集提要》)、酸馅之习(《总目·太仓稊米集提要》)、格意未高(《总目·子渊诗集提要》)、钩棘字句(《总目·中山诗话提要》)、油腔滑调(《总目·三体唐诗提要》)。"江湖诗派"是作为反面的衬托而出现在馆臣笔下的,如果有某位宋元之际的诗人诗风尚有可取,就一定是"胜于江湖一派"(论乐雷发)、"不染江湖之派"(论仇远、王寂)、"非江湖末派所及"(论洪焱祖);即使明确作者乃江湖派中人,也要指出"非江湖诸人所及"(论董嗣杲)。可以说四库馆臣笔下的"江湖诗派"带有浓烈的价值判断色彩,其背后指向的是一种相对固定的、格调不高的、猥琐龊龊的诗风。

再就此派作者而论,馆臣曾明确将一批人纳入派中,而又将一些人排除其外。其中纳入者有:施枢、许棐、宋伯仁、董嗣杲、周文璞、翁卷、苏泂、张端义、周弼、胡仲弓、胡仲参、刘克庄、魏庆之、赵师秀、高翥、陈起。排除者则有:乐雷发、陈杰、王镃、裘万顷。馆臣们虽已明言"江湖派中多游士"(简目《雪矶丛稿提要》),但纳入与排除江湖诗派诗人的标准主要仍是诗歌风格,偶尔也依据诗人的身份,如论周文璞"不详其仕履,盖亦江湖派中人也"(总目《方泉集提要》),论宋伯仁"多与高九万、孙季蕃唱和,亦江湖派中人也(总目《西塍集提要》),论魏庆之

"黄昇序称其有才而不屑科第,惟种菊千丛,日与骚人佚士觞咏于其间,盖亦宋末江湖一派也"(总目《诗人玉屑提要》),都是着眼诗人履历身份,不论诗风;但除此三则外,其他诸则都是基于诗风的论述展开,如论施枢"其诗不出江湖派,而大致尚为清婉",论周弼"其诗风格未高,不出宋末江湖一派",论刘应时"其诗格力稍薄,去游与万里尚远,而视江湖末派则居然雅音"等,均以诗风之趣尚,判别诗人归属。

综上所述,四库馆臣对"江湖诗派"的认识,总体上可作如下判断:当谈论诗人时,"江湖诗派"代表的是处于民间、下层的身份;当谈论诗歌本身时,"江湖诗派"更多代表的是一种诗风。换言之,四库馆臣的"江湖诗派"概念,主要是基于对流行于宋末的一种诗歌风格的判断而使用的,这种诗风的特点是"以纤隽为雅隽""油腔滑调""冗沓琐碎""寒酸纤琐"。正是在这个意义上,馆臣们才会说南宋初年的章甫"其诗已逗江湖派",周紫芝"无江湖末派酸馅之习",元代的杨公远"其诗不出江湖诗派",金涓"其诗沿江湖末派",甚至清代的厉鹗也"绝不染南宋江湖末派",因为只有"江湖诗风"可以超越时代而流播,和"江湖体"的概念相类,而非一个稳固的诗歌派别。如果这种判断可以成立,那么则可以进一步说:四库馆臣笔下的"江湖诗派",所指主要是南宋中后期那批诗歌创作风格总体表现较为卑下的诗人群体以及他们的代表诗风。

四库馆臣这种基于卑下的诗歌风格认识,并带有明显的价值判断而运用"江湖诗派"的角度,是其后清代文学批评家最具代表性、最典型的做法。在四库馆臣之后,清代几乎无人再对"江湖诗派"作出新的阐释。如谢章铤(1820—1903)谈闽地诗派"不比江西派之粗犷,江湖派之委琐"[①],朱庭珍(1841—1903)叙述宋诗发展"江湖一派,鄙俚不堪入目"[②],王礼培(1864—1943)论诗则云"自南渡之末,渐入江

---

① 谢章铤:《怡然山馆偶存诗序》,《赌棋山庄文续集》卷二,光绪刻本。
② 朱庭珍:《筱园诗话》卷一,《清诗话续编》本,第 2330 页。

湖一派,蔬笋气重"①,李慈铭(1830—1894)甚至说"国之将亡,江湖派出,故唐宋元明之季,皆各有一江湖派,为山林村野畸仄浮浅之人所托"②。如此等等,都将"江湖诗派"划定在诗风卑下的框框之中评论,大体在四库馆臣的意见笼罩之下;或者也可以说,四库馆臣的看法非私见也,乃清代学界一时之公论。

我们今日之研究当然不必"是馆臣之是,非馆臣之非",但是鉴于"江湖诗派"是后人建构的一个指称,而四库馆臣可谓此概念的奠基者,故不得不辨析于上。此后学界再言"江湖诗派",必先究馆臣意见,方得其源。

二、书籍论:文学史书写对"江湖诗派"的另一种阐释

二十世纪近代学术开启以来,"江湖诗派"概念的使用与研究,进入了新的阶段,表现出与清代学人不一样的面貌。考察自1904年黄人撰写第一部《中国文学史》开始至新中国成立之前的各类中国文学史,其中叙述南宋诗歌的部分对晚宋诗坛都较为忽视。如谢无量《中国大文学史》(1918)、张之纯《中国文学史》(1918)、谭正璧《中国文学史大纲》(1925)、李振镛《中国文学沿革概论》(1925)、葛遵礼《中国文学史》(1930)、胡怀琛《中国文学史概要》(1931)、刘麟生《中国文学史》(1932)、容肇祖《中国文学史大纲》(1935)、钱基博《中国文学史》(1939)均无一论及"江湖诗派"。这一方面表现出民国学术对南宋中后期诗坛的轻视与研究不足,另一方面也从侧面说明"江湖诗派"这一概念在民国学界还未得到广泛认同与使用。如刘麟生《中国文学史》(1932)第七编第四章论宋诗特标"宋诗之派别",仅到四灵为止;而张振镛《中国文学史分论》(1934)虽已及《江湖集》并论到"其时江湖之

---

① 王礼培:《小招隐馆谈艺录初编》卷三,民国刊本。
② 李慈铭:《越缦堂读书记》"集部·谗书"条,上海书店出版社,2000年版,第901页。

士之好为吟咏者,或步武四灵,或取法杨陆,或源出香山,各适其性,各有其体"①,也依然只谈"江湖之士",不言"江湖诗派"。有些论著提到了"江湖诗派",却一言带过,新意无多。如刘毓盘《中国文学史》(1924)论南宋诗歌:"诗至南宋而宗派之说起,宗黄庭坚者号'西江派',宗邵雍者号'濂洛派',一变而为'江湖派',再变而为'四灵派',生硬浅陋,盖弊极而不可复焉。"②胡云翼《新著中国文学史》(1933)也一笔带过:"往后又有号称'江湖派'的诗人起来,也大都是些低能的作者。"③以上均可见民国文学史书写中对"江湖诗派"的漠视与轻蔑。

但也正是在民国的各类文学史与研究著作中,"江湖诗派"的定名与内涵开始发生重要转变,甚至可以说完全改变了四库馆臣奠定的纯粹以诗风作为考察因素的基调,转而开始依附无法考知真貌的《江湖集》④来阐释"江湖诗派"。最典型的代表就是出版于1930年的宋诗研究专著——胡云翼《宋诗研究》。他在此书中明确说:

> 江湖派的由来是这样的:最初宝庆初年,有钱塘书贾陈起者能诗,凡江湖诗人,俱与之善,因取江湖之士以诗著者,凡六十二家,刊为《江湖小集》,后来这些《江湖小集》里的作家,都被称为江湖派。(据方回《瀛奎律髓》)⑤

胡云翼虽然也谈诗风,说"继四灵派而起的有江湖派,他们也同样严峻地反对江西诗的作风"⑥,但都未立新意。倒是直接将陈起编刻《江

---

① 张振镛:《中国文学史分论》第1册,商务印书馆,1934年版,第178页。
② 刘毓盘:《中国文学史》,上海古今图书店,1924年版,第34页。
③ 胡云翼:《新著中国文学史》,北新书局,1947年版,第208页。
④ 《江湖集》的面貌究竟如何,学界尚未见定论,罗鹭《〈江湖前、后、续集〉与〈江湖集〉求原》(《新国学》第八辑,巴蜀书社,2010年版)中的意见可以参考。另有台北"国家图书馆"藏有宋刊书棚本《南宋群贤小集》九十五卷,可能一定程度反映出《江湖集》丛刊的某些面貌,值得重视。近又有王媛《江湖诗编考》(《文史》2016年第3辑)一文对此有所考订,可参看。
⑤ 胡云翼:《宋诗研究》,商务印书馆,1930年版,第184—185页。
⑥ 胡云翼:《宋诗研究》,第184页。

湖集》作为"江湖诗派"由来的观点,代表民国学界最主流的看法。与他同时及稍后的多部研究著作和传统诗话①,均将"江湖诗派"的定名与《江湖集》密切关联起来,这与四库馆臣的观点颇不相同。在四库馆臣乃至清代诸人言及"江湖诗派"时,并无任何情况将"江湖诗派"的定名与《江湖集》联系起来②,也绝不将《江湖集》所收之人等同于"江湖派"成员。馆臣非但不将二者联系在一起,还特地将收入《江湖小集》的乐雷发排除出去:"其诗旧列《江湖集》中,而风骨颇遒,调亦浏亮,实无猥杂粗俚之弊,视江湖一派迥殊。"而据胡云翼所言,他的定义乃是"据方回《瀛奎律髓》",朱东润写于1931年的《述方回诗学》也提及说:"江湖派之原起不见他书,独《瀛奎律髓》注中屡言之。"③考察《瀛奎律髓》,他们所据即《瀛奎律髓》卷二十所选刘克庄《落梅》诗下所记理宗宝庆年间(1225—1227)的"梅花诗案"(即"江湖诗祸")。其实,在这段文字中,方回之言仅仅是史实的呈现,叙述了陈起《江湖集》刊行与"江湖诗祸"的大体状况,并不关涉任何诗派意味。前人当然已将《江湖集》所造成的"江湖诗祸"与江湖诗人紧密联系在一起,但从未将此集或此事件与诗歌流派挂钩。就这个意义上来说,将"江湖诗派"与《江湖集》直接关联起来,是民国学者对"江湖诗派"概念的一次重新阐释与定义。这种定义也成了后来为大家广泛接受的说法。自此之后,"江湖诗派"的概念在部分吸收馆臣的"风格论"基础上,转而主要导向了"书籍论"。

民国学者之所以会从四库馆臣的"风格论"转而变成"书籍论",

---

① 如吕思勉《宋代文学》(1931)、王揖唐《今传是楼诗话》第三八九则(1933)、柯敦伯《宋文学史》(1934)、梁昆《宋诗派别论》(1938)、陈子展《宋代文学史》(1945)等均以陈起刊刻《江湖集》作为"江湖诗派"得名的缘由。
② 仅见《四库全书总目·庐山集五卷英溪集一卷提要》言及作者董嗣杲"其诗亦江湖集派,然吐属新颖,无鄙俚琐碎之态,固非江湖游士所及也"(中华书局,1997年版,第2192页),然"江湖集派"的提法颇罕见,这里可能只是笔误。我们可比照《四库全书简明目录》同书提要,其中径言"其诗亦江湖之派"(上海古籍出版社,1985年版,第707页),且就目前所见资料来看,董嗣杲的作品也并未收入《江湖集》丛刊。
③ 见朱东润《述方回诗评》,《国立武汉大学文哲季刊》1931年第2卷第1期。

推测缘由至少可从三点加以考虑:

首先,在中国文学史上,书籍的编撰与文学体派常会发生双向的联系。如《花间集》之于"花间词派"、《西昆酬唱集》之于"西昆体"、《四灵诗选》之于"永嘉四灵",乃至于因《昭明文选》而有"选体"之称,等等,都是因有书籍的编撰而获得独特的命名。也有些已经形成的文学流派,再通过编纂出版书籍来标举自己的主张,明清时诸多的诗歌选集都有类似诗学背景。民国学者的做法,或许只是受到这种传统的影响,以书籍命名诗派,有其合理之处。

其次,《江湖集》的刊行曾经遭遇了著名的"江湖诗祸",这让它具有了广泛的社会影响和文化象征意义。"江湖诗祸"在当时虽然击散了一群反抗政治高压的民间诗人,让包括刘克庄、陈起、曾极、敖陶孙在内的重要诗人遭遇了冤案,但客观上却也将"江湖诗人"作为一个群体推向了历史前台,凸显出民间诗人此时已经成为一股不可忽视的社会力量,让《江湖集》及其作者群成为具有政治文化意义的集合体。日本学者内山精也曾经如此推测:"所谓江湖派,并不指当时以明确形态存在的诗派,实际情况是,由陈起所编的诗集,将原本只有松散的横向联系,缺乏总体协调的一群江湖诗人联接起来,而表现为恍如一个诗派存在的假象而已。"[①]强调陈起所刊刻的《江湖集》对后人认识"江湖派"的重要作用,是非常有见地的。

第三,当时的西学东渐之风,直接影响了民国学者对文学现象的观察视角,他们抑或受到西方文学理论书写的影响,带着科学化的思维,倾向于将《江湖集》这个具体可凭的载体,作为考知"江湖诗派"的实际操作和依靠平台,书籍收录成员作为一种相对客观的标准,可以获得较为稳定的依据。

然而,值得反思的是,这种将"江湖诗派"与《江湖集》相关联的理

[①] 内山精也:《宋诗能否表现近世?》,《国学学刊》2010年第3期。

解,可能既"过度阐释"了方回《瀛奎律髓》所记材料①,也可能与事实有一定差距,设若陈起刊刻出版的系列时人小集不名作"江湖"而命名其他词语,想必不会改变晚宋江湖诗人群体的存在,更不会直接影响这群诗人的诗风,甚至"江湖诗人"的称呼依然流行于世。在这一点上,钱锺书先生的意见值得揣摩。他在给王水照先生的信中说:"江湖诗人之称,流行在《江湖诗集》之前,犹明末之职业山人。"②言下之意是:江湖诗人之名,绝非因《江湖集》而获得,乃一时社会之风气使然,陈起作为商人编刻丛书售卖,是因考虑到当时的流行文化,乃取"江湖集"三字冠之而迎合时代风气,并非相反。质而言之,我们当然应该充分估量陈起及其刊刻《江湖集》的行为,在当时江湖诗人中的聚集、联络、推广作用,但也应该指出陈起并不是一个独力掀起时代风潮的书商,乃是当时社会、书肆流行的崇唐诗风的推波助澜者。这从当时多部命名为"江湖集"的别集中,就可以看出端倪。如在陈起之前就有杨万里《江湖集》、陈造《江湖长翁集》等书,都展现出南宋时期人们对"江湖"一词充满兴趣。

如果以上笔者对钱锺书先生的意见解读得不错的话,那么民国学者那种径直将"江湖诗派"得名于《江湖集》的说法,就是一种"误读""误释"。但是,这种"误释"却获得了最广泛的响应,并且沉淀、稳固下来,成为当前通行的"江湖诗派"概念的核心内容之一。新中国成立后影响最大的一部古代文学史,即游国恩主编的《中国文学史》,他没有提"江湖诗派"而是谈"江湖诗人",可见他的态度是认为江湖

---

① 这里可以举一则反面材料。方回《送罗寿可诗序》(《桐江续集》卷三二)遍列宋诗派别,自宋初三体一直论说到永嘉四灵,丝毫未言"江湖派",如果方回《瀛奎律髓》中视《江湖集》所载诸人为一诗派,此文应会论及。
② 参王水照:《南宋文学的时代特点与历史定位》,《文学遗产》2010 年第 1 期。另中国社会科学院文学研究所编写的《中国文学史》(人民文学出版社,1962 年版)第九章"南宋后期文学"谈"四灵和江湖派"一节,是新中国成立后罕见的不把《江湖集》与江湖诗派联系在一起的文学史著作,观点或受钱锺书先生影响。

诗人尚未够得上流派,但他谈"江湖诗人"依然根据《江湖集》展开,说:"江湖诗人的得名是因南宋中叶后杭州书商陈起陆续刻了许多同时诗人的集子、合称为《江湖集》而来的。"①这似乎离真相更远了。因为"江湖诗人"的称呼早就存在于文献,即使特指南宋中后期的中下层诗人的"江湖诗人"也早于《江湖集》的刊刻。于此可见,民国学者对"江湖诗派"概念定义影响之大。后来的"江湖诗派"研究,非但未能发扬四库馆臣开辟的"风格论"传统,反倒久久无法摆脱民国学者"书籍论"的困扰。②

经历了一段学术沉默期之后,新时期(1978年之后)的文学史书写成为我们理解"江湖诗派"概念的直接源头。这一时期随着相关"江湖诗派"的论文与专著的发表③,特别是张宏生《江湖诗派研究》、费君清《江湖派考论》二书的问世,大家也逐渐厘清了一些问题,取得了共识。像具有代表性的程千帆、吴新雷《两宋文学史》(1991)④、张宏生《江湖诗派研究》(1995)⑤、章培恒、骆玉明主编《中国文学史·中卷》(1996)⑥、袁行霈主编《中国文学史》(1999)⑦等文学史著作,虽然表述各异、细节有别,但总体上都认为"江湖诗派"是这样一个诗歌流派:(1)时间在南宋中后期;(2)成员主体是"江湖游士";(3)得名于陈起刊刻《江湖集》;(4)组织结构松散,诗风大体趋同,而所谓趋同的诗风,主要是追摹晚唐,反拨江西诗派,呈现纤巧风貌,这一点比

---

① 游国恩主编:《中国文学史》(三),人民文学出版社,1964年版,第155页。
② 如直到二十世纪九十年代,张瑞君仍然完全承袭梁昆《宋诗派别论》的主张,这样定义江湖诗派:"江湖派是南宋一个重要的诗歌流派,它发轫于南宋前期,形成发展在南宋中后期,由陈起所刻《江湖集》、《江湖前、后、续集》的作家组成,因其有着某些共同的诗歌创作倾向,而被称之为江湖派。"参《〈江湖集〉、〈江湖前后续集〉的刊行及江湖派的鉴定》,《文献》1990年第1期。
③ 具体可参考叶邦义、胡传志《20世纪80年代以来的江湖诗派研究》,《阴山学刊》2004年第1期。
④ 程千帆、吴新雷:《两宋文学史》,上海古籍出版社,1991年版,第452、453页。
⑤ 张宏生:《江湖诗派研究》,第8、23、3页。
⑥ 章培恒、骆玉明主编:《中国文学史》(中),第481页。
⑦ 袁行霈主编:《中国文学史》(第三卷),高等教育出版社,1999年版,第205页。

四库馆臣已经客观得多。以上四点中,除了第三点我们已在上文辨清乃承袭民国学者观点而仍有异议外,其他都可谓达成共识。

综上,自清代曹溶初次提出到当下的文学史写作,一个活跃在南宋中后期,以游士诗人为主体,诗风崇尚晚唐的"江湖诗派"的概念,经过各时期学人的不断阐释与建构,大体在当代的中国文学史写作中凝定,成为论述南宋诗坛时使用的稳固学术术语。

三、"江湖"是否成派:反对的声音与概念的新思考

和传统的诗文评感悟式评论不同,当代学术一直在向规范化、科学化靠拢,因而当学界多次试图定义"江湖诗派"的时候,都会使用一些比较暧昧的词汇,如"流品很杂""成分复杂而且没有组织形式""十分庞杂"等,这其实已经展现出这个所谓的诗派难以定义的尴尬。故而,与"江湖诗派"概念凝定相随的是,自二十世纪八十年代开始,否定"江湖诗派"的声音也从未断绝(如本书第 14 页注②所列)。持肯定说者,坚持认为不可用西方科学化的标准去衡量中国古代的诗歌流派,必须要考虑传统的表述①;持否定说者则认为,即使用宽泛的流派规范去衡量"江湖诗派",也无法清晰描述这个流派的复杂情况,不符合一般理论上文学流派的要求,应当完全推翻"江湖派"之说。笔者也曾经持否定说,认为"江湖诗派"并不具备成为诗歌派别的基础,但经多年思索,认为与其全盘推翻已经广泛使用的学术概念,不如对这个概念进行修正与完善。

我们知道,古典文学领域中的一个文学命题或流派名称,按照现代学术理念和西方学科意识的要求去审读它,一般都不具有明确的内涵与外延。当我们反思这些名称时,最易看到它们陈陈相因带来

---

① 如李越深《论江湖诗人与江湖诗味》(《浙江社会科学》1995 年第 4 期)即主张从诗歌意味角度,承认此派的存在,而费君清在《江湖派考论》第一章第二节更是对此作了较为全面的回应,可参看。

的积弊,从而轻率地加以否定,连同它们的积极意义与学术内涵一并摈弃。但是,这样的命题或名词,许多时候却恰恰反映出文学发展中新质因素的出现与凸显。一个理论概念或学术术语就好比文学作品中的"意象",它具有因袭性、层累性,乃至多义性,它的背后与学术史上相关问题形成了互文关系,是由多方学术思想碰撞、交融之后凝结而成。循此思路,我们不妨先看"江湖诗派"这个概念到底凝聚了哪些学术史眼光中的新质因素,具有何种积极意义。

首先,"江湖诗派"自四库馆臣始即是一种特殊诗风的概括,代表了宋诗发展至南宋中后期求新求变的诉求,这种崇尚晚唐、气度狭小而时有浮浅、粗率之弊的诗风不是简单的复古,而是带有强烈的时代烙印,总体上反映出宋诗发展在经历了江西诗风的浸润之后遭遇的困境,宋诗"变唐"的努力进入了徘徊期与沉淀期,宋人诗学趣味在高举复古旗帜的同时,指向了雅与俗共生共振的新方向。

其次,"江湖诗派"的命名凸显了南宋中后期游士阶层作为新兴诗人群体的价值,江湖游士作为一支不可忽视的力量参与诗歌的创作,在文学史上表现出前所未有的面貌。游士历朝都有,游士诗人也代不乏人,但如此数量的游士成为诗歌创作的重要力量,却是南宋中后期的独特现象,以他们的身份特征来命名诗人群体,特别彰显出这种现象的重要性。

复次,正是因为南宋中后期的游士诗人群体在诗学师承、创作风格、政治态度、处世心态、生活状态、审美趣味上都有着非常复杂的表现,各自的诗歌成就又并不太高,他们作为个体在文学史上几乎难以获得特别的关注,而"江湖诗派"的名称可以将个体的力量整合在一起,在诗文评和文学史书写中,起到了以简驭繁的作用,同时也提供了把握南宋中后期诗坛的便捷途径。

最后,民国学者将陈起的《江湖集》与"江湖诗派"挂钩,虽未得其髓,但提出了解释文学现象的新角度——出版。纵观中国文学史,在此之前并没有哪个文学现象能像江湖诗人群体那样和书籍出版结合得这般紧密，而特别值得考虑的是，正是在南宋时期，出版业获得了前所未有的发展，真实可感地影响了当时文学作品的书写与接受。就这一点来说，民国学者对"江湖诗派"概念的"误读"，具有另一层面的价值。

于此可见"江湖诗派"一词具有重要的学术内涵，不可轻易废止。有学者提出可用"江湖诗人群体"来代替"江湖诗派"，这种建议在某些场合可以接受，但"江湖诗人群体"一词只凸显了诗人身份的特殊性，目前尚无概括诗风和提示出版与文学之关系的意味。

然而，认真审视反对"江湖"称派的意见，我们又不得不对它的意涵作某些修正与再阐释。费君清曾提出江湖诗人队伍有五大不同：诗人籍贯不同、师法对象不同、诗歌风格不同、诗人人品不同、诗名大小不同①。这五点都是确论，但尚未厘清这个概念的积弊所在。就本人的主张来说，理想的"江湖诗派"概念或可考虑作如下调整：

一、不应该再以严格的文学流派来定位"江湖诗派"，也就是说应该放弃确立宗主、划定成员、标榜理论的惯常思路，转而将其视为一个南宋中后期某种独特诗风的集中体现者，在一定程度上沿袭四库馆臣使用这个概念时的"风格论"。非常明显的是，以严格的文学流派标准衡量，本来就无法定位"江湖"是"诗派"，包括张宏生、费君清在内都认同这个观点，但仍有不少学者斤斤于此派领袖是谁，成员多少，实在是矛盾。

二、就某位具体的诗人是否属于"江湖诗派"这个问题来说，应摆脱《江湖集》是否收录某位作家的思路，而以诗风和身份两个因素考量其归属，所谓诗风与身份，无非就是他是不是主要写作"江湖体"的作品，他的社会身份是否属"游士"阶层。相应地，应当区分"江湖诗人"与"江湖诗派"两个概念的异同，前者只是表示诗人身份，而后

---

① 费君清：《江湖派考论》，第 15—16 页。

者在身份之外又添入了诗风因素。当然,这并不妨碍我们继续探讨《江湖集》对江湖诗人群体产生的作用及其文学史意义,以及对"江湖诗人群体"中其他诗风的探讨。

三、与上相关,我们不应该以静态的角度来定位"江湖诗派",它和有《江西宗派图》的"江西诗派"明确划定成员性质迥异,当视其为一个动态不居的文学派别,成员可进可出,随着诗人的主流诗风和社会身份的改变而改变,是一个诗风相对稳定、人员构成有所变化的文学群体。

四、或许也是最重要的,在摆脱目前所见《江湖小集》《南宋群贤小集》等书名单的基础上,不应该泛化"江湖诗派"的范围,不应该无限扩大它在南宋中后期诗坛的地位与作用,从而泯灭其他诗人群体的意义。换言之,应该缩小"江湖诗派"的囊括范围,不具备游士身份、不以写作"江湖体"作品为主的诗人,应当视其主要身份和作品风格给予正确的诗史定位。之所以强调这一点,是因为就当前某种趋向来看,学界几乎将南宋中后期的绝大部分诗人甚至词人都冠上了"江湖"的帽子,"江湖"一词因而也成了不具有诗学意味,而只是与"庙堂"相对的普泛概念,这种泛化的做法,并不利于我们准确把握南宋中后期诗坛走向,看清"江湖诗派"真正的位置。

如果以上所言可以得到学界认可,那么,我们可以尝试对"江湖诗派"作如下界说:所谓江湖诗派,是活跃在南宋中后期的诗人群体,他们创作上主要追摹晚唐,以姚、贾为矩矱,工于五律、七绝,诗风清俊纤巧,用语时有率俗滑薄之弊,《江湖集》所收时人作品,在风格上总体表现出此派诗风特点。这一派的成员以江湖游士为骨干,随着诗人社会身份的转变而时有出入,未可轻定。

四、遮蔽的图景:作为"诗人"的晚宋士大夫群体

虽然"江湖诗派"概念本身还存在许多问题,但它又特别具有生

命力和辐射力,新时期以来的古代文学史书写只要提到南宋中后期诗坛,必然要以"江湖诗派"作为叙述基点与展开平台。这也带来一个比较严重的问题,即此概念像一束强光那样,在照亮了南宋中后期诗坛图景中游士阶层的诗歌创作的同时,不自觉地遮蔽了它周边的相对暗淡一些的区域,从而使得人们对整个南宋中后期诗坛完整而真实的图景出现了某种认识偏差,特别是晚宋士大夫的诗歌创作被严重忽视。这种偏差最具代表性的表述之一,就是所谓的"诗人边缘化"[①]。诗人真的在南宋中后期(一般以宋宁宗嘉定元年作为标志年)边缘化了吗?我们不妨检讨一番。

应当说明的是,我们基本赞同"诗歌边缘化"的表述,[②]而反对"诗人边缘化"的说法。几乎所有持南宋中后期诗人边缘化观点的学者,都看到了以"江湖诗派"为代表的那批中下层诗人在南宋政权中被排斥的遭遇。他们认为科举制度的强势、理学的官学化以及诗祸的发生等"反诗"的力量,造成了诗人地位远不如前。晚宋时期不少的材料,确实明确地指出当时的诗人遭遇不好,刘克庄就曾经说:

> 本朝文治过唐远甚,经义词赋之士,悉尊宠用事,惟诗人遇合者少。内而公卿,外而强大诸侯,穷贵极富,致士满门,类多抵掌谈功名、飞笔作笺记者,未尝容一诗人也。[③]

[①] 就笔者管见,已有四篇文章不约而同地提到这个问题:史伟《南宋诗歌地位、功能、作用之变迁》(《社会科学家》2012年第9期)、熊海英《诗在"江湖"——被边缘化的诗人和作为诗歌场域的"江湖"》(日本早稻田大学"江湖诗派综合研究"第三回,2013年11月23日)、张健《江湖与庙堂之间:晚宋诗歌的边缘化与诗人的游士化》(香港浸会大学"中国诗学研究前沿国际论坛"论文,2014年12月17日)、林岩《宋季元初科举存废的文学史意义——以诗歌为中心之考察》(《中国文化研究所学报》2015年总第61期)等。
[②] 所谓"边缘化"其实也只是相对而言,这个观点的前提是承认诗歌在此前是处于中心的,但同时也必须考虑诗歌在各个时间段的地位并不同,纵向时段对比以及横向文体对比,都是应当考虑的。
[③] 刘克庄:《送谢昉》,《刘克庄集笺校》卷九六,第9册,中华书局,2011年版,第4072页。按:《刘克庄集笺校》的文本处理时有讹误,本书行文将酌情采用《四部丛刊》本《后村先生大全集》和《全宋文》刘克庄卷,特此说明。

将诗人描述成完全被抛弃于世的状态。类似的说法还很多,不再引述。但是,这里面涉及一个非常核心的概念,就是"诗人"。什么是诗人? 同样先看一则刘克庄的材料,他在《跋刘澜诗集》中说:

> 诗必与诗人评之。今世言某人贵名揭日月,直声塞穹壤,是名节人也;某人性理际天渊,源派传濂洛,是学问人也;某人窥姚、姒,逮《庄》《骚》,摘屈、宋,熏班、马,是文章人也;某人万里外建侯,某人立谈取卿相,是功名人也。此数项人者,其门挥汗成雨,士群趋焉,诗人亦携诗往焉。然主人不习为诗,于诗家高下深浅,未尝涉其藩墙津涯,虽强评,要未抓着痒处。①

刘克庄在这里区分了诗人、学问人(学者)、文章人(文人)、功名人(官僚)四种身份,学者、文人、官僚自然也写诗,但并非他眼中的"诗人",可见诗人是有所特指的。再看宋末遗民郑思肖《中兴二集自序》所言:

> 思肖生于理宗盛治之朝,又侍先君子结庐西湖上,与四方伟人交游,所见所闻广大高明,皆今人梦寐不到之境。中年命于涂炭,泊影鬼区。仰怀理宗时朝野之臣,中夜倒指,尝数一二名相:崔公与之、李公宗勉……闻臣:孟公珙、彭公大雅……名臣:徐公元杰、蒋公重珍……道学:真公德秀、赵公汝谈……文臣:李公心传、洪公咨夔……诗人:徐抱独逸、戴石屏复古、敖臞庵陶孙、赵东阁汝回、冯深居去非、叶靖逸绍翁、周伯敬弼、卢柳南方春、翁宾旸孟寅、曾(苍)[茶]山幾、杜北山汝能、翁石龟逢龙、柴仲山望、严月涧中和、李雪林弇、严华谷粲、吴樵溪陵、严沧浪羽、阮宾中秀实、章雪崖康、孙花翁惟信。其他贤能名宦、豪杰人物、

---

① 刘克庄:《跋刘澜诗集》,《刘克庄集笺校》卷一〇九,第10册,第4520页。

老师宿儒、仁人义士,僻在退方异县、深山穷谷,诚匪车载斗量所可尽。如斯诸君子,落落参错天下,当时气焰,何其盛哉!①

郑思肖回顾了理宗朝的大批"朝野之臣",并区分身份为名相、阃臣、名臣、道学、文臣和诗人六类。其中名相、阃臣、名臣大抵属于刘克庄所言的"功名人"(官僚),道学则是"学问人"(学者),文臣可看作"文章人"(文人),而刘、郑两人所言的"诗人"概念所指基本一致。郑思肖罗列了一串串名单,在上文所引省略部分就有我们熟悉的晚宋文学家吴潜、王迈、真德秀、洪咨夔、魏了翁、刘克庄等,但均不在"诗人"之列。核查郑思肖眼中的"诗人"名单,我们看到这批人基本都是江湖之士,类似今日的专业诗人。换言之,在晚宋历史语境中,"诗人"特指那些没有仕进的、专擅诗歌创作的中下层知识分子,而入仕的高级士大夫即使诗歌写得再好,也不是"诗人"。既然在晚宋时期"诗人"本就已经定义为那些社会边缘的专业诗人,又何来"诗人边缘化"之说?以这样的材料再去印证"边缘化",恰好落入了循环论证的陷阱。

之所以会造成这种循环论证,其中一个重要的原因正在于"江湖诗派"的概念让学界对江湖诗人投注了太多的目光,而忘记了今日之"诗人"与当时之"诗人"是两个概念,毕竟,在今天的研究中,我们可以把几乎所有留下诗歌作品的士人都视作诗人。而晚宋特殊语境下的"诗人"概念,则强调专业化的诗歌创作者,这一独特的内涵,乃是对集官僚、学者、文人而三位一体的那种宋代典型士大夫的解构,并非诗人的边缘化。

与江湖诗人被"江湖诗派"概念照亮形成鲜明对比的是,南宋中后期那些依然具备"三位一体"典型士大夫特点的诗人被遮蔽了,这

---

① 郑思肖:《中兴二集自序》,《郑思肖集》,上海古籍出版社,1991年版,第99页。

批诗人更无所谓"边缘化"之说了。如稍早一点的有裘万顷、危稹、曹彦约(1157—1228)、陈宓(1171—1230)、赵汝鐩(1172—1246)、洪咨夔(1176—1236)、郑清之(1176—1251)、程公许(1182—1250)、杜范(1182—1245)、林希逸(1193—1271)、吴潜(1195—1262)、方岳(1199—1262),稍晚一些的有陈著(1214—1297)、姚勉(1216—1262)等,他们都是位至中高层的官僚,或多或少、或长或短地参与国家枢纽的运作,这批官僚型士大夫的诗作无论从数量还是质量来说都并不弱于江湖诗人,只是由于我们囿于成见,一方面将这些诗人中如裘万顷、危稹、赵汝鐩、林希逸、方岳等视为"江湖诗派"的成员,一方面又将陈宓、郑清之、洪咨夔、陈著、姚勉等都排除在诗人之外,他们的诗歌创作也因此在研究视野之外,从而造成了对晚宋诗坛全景的漠视。事实上,只有在以集官僚、学者、文人于一体的"士大夫"照映下,以游士为身份特征的南宋"江湖诗人"才具有特殊的历史意味;可以假设,倘若没有科举出身的"士大夫"与游士身份的知识人形成强烈对比,那么像唐代的李白、杜甫又何尝不能算作普泛意义上的"江湖"诗人呢?然而如果将李白、杜甫都理解成"江湖诗人",恐怕与我们一般的认知出入太大。质言之,承认并强调科举士大夫在自北宋到南宋相当长一段时间的重要地位,才是准确理解南宋中后期江湖游士作为新兴诗人群体价值的重要背景和参照坐标。

　　南宋中后期士大夫的诗歌成就,较之北宋的欧、苏、王、黄自然远远不如,较之南宋前、中期的周必大、范成大、陆游、杨万里也存在差距。此时的士大夫群体,多以官僚或学者的面貌留在历史书写之中,似乎失去了原有的文学光彩,但他们的文学作品数量仍然十分可观,取得的艺术成就亦不可轻视。他们的诗歌虽然在创新性上略显不足,却仍是宋诗艺术嬗变的关键一环,也是晚宋诗坛图景中极为重要的组成部分。譬如其中郑清之、洪咨夔、林希逸三人,作为南宋中后期的重要士大夫,郑侧重于官僚身份,洪和林侧重于学者身份,诗歌创作实则均有不俗的表现。

郑清之于嘉定十年(1217)进士及第,后协助史弥远废太子竑,拥立理宗,历官参知政事、右丞相兼枢密使、左丞相等,是晚宋政坛举足轻重的风云人物。他的诗作被收入陈起的《江湖集》而留存下来。因其过于突出的政治身份,没有人因此而将他视为江湖诗人。郑清之在政治上极力推崇庆历、元祐,他主导的端平更化,更有"小元祐"之称。他的诗歌也追摹元祐时期的苏黄诗学,我们今日可读到他350余首诗作,无论内容题材还是艺术风格,都表现出与江湖诗人迥异的审美趋向①。钱锺书先生在《容安馆札记》中评其作云:"事料广博,机趣洋溢,澜翻不竭,去其驳者滑者,诚斋佳处每一遭焉。"②《安晚堂诗集》中的唱酬次韵、以诗为戏、喜好用典、气尚排奡等诗艺特点,明显继承了北宋苏、黄的士大夫诗学趣味,这与郑清之作为高级官员的身份非常吻合。

洪咨夔留下的作品更丰富,超过千首。他于宋宁宗嘉泰二年(1202)登第,累官至刑部尚书、翰林学士、知制诰,加端明殿学士,为政之暇"研穷经史,驰骛艺文"③,撰有《春秋说》三十卷、《两汉诏令》三十卷、《两汉诏令擥抄》一百卷等经史著作,是南宋中后期重要的士大夫。他的诗歌风标卓异,俨然成家,钱锺书先生的《宋诗选注》选其诗作四题五首,入选数量比较可观,并评价其诗作"近江西派的风格,也受了些杨万里的影响,往往有新巧的比喻",又认为他的《狐鼠》一诗"也许宋代一切讥刺朝政的诗里,要算这一首骂得最淋漓痛快、概括周全"④。钱先生在其手稿《容安馆札记》中也曾写道:"舜俞诗事料富

---

① 关于郑清之诗学继承苏黄、追摹江西的论述,可参考王术臻《沧浪诗话研究》(学苑出版社,2010年版)第三章第四节。
② 钱锺书:《钱锺书手稿集·容安馆札记》第1册,第496页。
③ 见《咸淳临安志》卷六七《洪咨夔传》,《宋元方志丛刊》第4册,中华书局,1990年版,第3970页。
④ 钱锺书:《宋诗选注》,生活·读书·新知三联书店,2002年版,第383、385页。

有，机调轻快，颇近方秋崖，工巧固远逊，而佻滑之态亦不若其甚，盖西江卷轴稍参以诚斋活法者。"①断语非常中肯，点出了他和江西诗风、诚斋活法的继承关系。

比他们稍晚一些的林希逸，因《江湖集》收入了他的《竹溪十一稿诗选》而常被列入"江湖诗派"，实则无论就身份还是诗风而言，都不符合"江湖诗派"的标准。他是宋理宗端平二年（1235）进士，官直至中书舍人，而且著有《易讲》《春秋传》《考工记解》《老子鬳斋口义》《庄子鬳斋口义》《列子鬳斋口义》等学术著作，是典型的官僚、学者、诗人三位一体的士大夫。他的诗歌"槁干中含华滋，萧散中藏严密，窘狭中见纡余"②，总体而言，既表现出善于属辞比事的特点，又能刻画描摹，时有清新之作。钱锺书先生在《谈艺录》中极为推崇林希逸"能运使义理语，作为精致诗"，还指出："竹溪诗妥致而能流活，为理语作诗之最工者，庶几以刘潜夫之笔写邵尧夫之旨，刻画风物，亦复新切。"③林希逸所取得的艺术成就，不容小觑。

这批官僚士大夫的诗作都具有"事料广博""事料富有"等特点，继承了以"苏黄"为代表的元祐诗风而又有所损益变化，依然保持了典型宋调"以议论为诗、以才学为诗、以文字为诗"的传统，其创新性与变革性虽不强烈，却也是对当时空疏轻薄、佻滑狭促的江湖诗风的反拨。正是由于"江湖诗派"概念的强势，使得他们或被忽视，或被错置，从而造成了文学史书写中对南宋中后期传统士大夫诗歌创作的漠视。④

---

① 钱锺书：《钱锺书手稿集·容安馆札记》第 1 册，第 534 页。
② 刘克庄：《竹溪诗》，《刘克庄集笺校》卷九四，第 9 册，第 3997 页。
③ 钱锺书：《钱锺书手稿集·容安馆札记》第 2 册，第 1024 页。
④ 戴路《南宋理宗朝诗坛研究》（四川大学博士学位论文，2015 年）一文是目前从士人身份角度梳理晚宋诗坛的重要成果，值得重视。但是对于人数众多的晚宋士大夫诗人群体，该文虽已涉及几位代表人物，如魏了翁、洪咨夔、程公许、徐琳、高斯得等，却未全面展开论述，如果要更为清晰地理解晚宋文坛，呼吁对晚宋士大夫阶层作更全面的探究，仍不无积极意义。

需要指出的是,由于南宋理学(或称"道学")的兴盛和官方化,理学对士大夫阶层乃至全社会产生了深远的影响,《宋元学案》等书在叙述南宋学派时,也会将知名士大夫归入某个理学门派,有的学者据此便将这批士大夫全部看作理学诗人①,这是不符合实际的。钱锺书先生曾经指出"攀附洛闽道学""乃南宋之天行时气病也":

> 山谷已常作道学语,如"孔孟行世日杲杲"、"窥见伏羲心"、"圣处工夫"、"圣处策勋"之类,屡见篇什……曾茶山承教于胡康侯,吕东莱问道于杨中立,皆西江坛坫而列伊洛门墙……名家如陆放翁、辛稼轩、洪平斋、赵章泉、韩涧泉、刘后村等,江湖小家如宋自适、吴锡畴、吴龙翰、毛翊、罗与之、陈起辈,集中莫不有数篇"以诗为道学",虽闺秀如朱淑真未能免焉。至道学家遣兴吟诗,其为"语录讲义之押韵者",更不待言。(参见《宋诗选注》论刘子翚)②

正如钱先生所指出的,南宋中后期无论是诗坛领袖还是江湖小家,无论江西末流还是闺秀诗人,大家都可能在诗歌创作中"作道学语",但这和真正的理学诗人有质的不同。当时以真德秀(1178—1235)、魏了翁(1178—1237)为代表的一批理学家,诗学崇尚"濂洛风雅",尤为推崇邵雍,俨然理学诗人楷模,这一派诗人甚至被称作"击壤派"③。他们的诗歌创作由于风格的平质尚实、内容的议论说理,在艺术层面

---

① 比如常德荣《南宋中后期诗坛研究》(上海大学博士学位论文,2011年)即将南宋中后期诗坛看作是"理学诗人群"和"江湖诗人群"的对垒,将不是"江湖诗人"的士大夫几乎全部归作"理学诗人",忽略了士大夫群体内部身份认同和诗学趣向的重大差异。
② 钱锺书:《谈艺录》"朱子书与诗"条,生活·读书·新知三联书店,2007年版,第215页。
③ 关于南宋中后期理学诗人群体的讨论,学界比较关注,不但早有如祝尚书《论"击壤派"》(《文学遗产》2001年第3期)、王利民《濂洛风雅论》(《文学遗产》2006年第2期)、常德荣《理学世俗化与南宋中后期诗坛》(《文学评论》2011年第4期)等不少重要单篇论文,还有张文利《魏了翁文学研究》(中华书局,2008年版)等专著。在文学史书写南宋中后期诗坛图景中,他们从未缺席,故而这里不再展开论述。

常被否定,"病其以理为宗,不得诗人之趣"①,却也是晚宋诗歌版图的独特风景。真德秀编选《文章正宗》,在序中特别说明其旨趣云:"故今所辑,以明义理、切世用为主,其体本乎古,其指近乎经者,然后取焉。否则,辞虽工亦不录。"②他曾委托刘克庄协助编选,却与刘克庄在选诗标准上出现了重大分歧,实际上也折射出理学诗人独具一格的审美意趣。毋庸置疑,士大夫阶层中的理学家群体,肯定是南宋中后期不可忽视的诗歌力量,这在金履祥的《濂洛风雅》中更有突出的承传脉络,但如果把沾染了理学色彩的士大夫都视为理学诗人,就未免因太过粗略而模糊了内部的差异。

总之,就南宋中后期的官僚士大夫诗人来说,大体仍有两大阵营:一个是变革性不强,创新性趋弱,仍在"元祐—江西"宋调典型的浸润下继续创作的士大夫群体;一个是风格独特、个性显著的理学家诗人群体。如同对待"江湖诗派"一样,我们对"理学诗人"这一概念也应该严格化、缩小化,不应该把南宋中后期士大夫阶层中所有有理学倾向和理学底蕴的诗人都包括在内。看清士大夫群体内部的诗风、诗学的差异性,才能准确理解"理学诗人"的创作特质,才能重现复杂多元的晚宋诗坛图景,由此突显被"江湖诗派""理学诗人"等文学史概念遮蔽的其他晚宋官僚士大夫诗人群体。

五、结语

我们的文学史在观察一个时代的文学时,常常容易只注意新质因素的出现,而往往忽视稳定承续的东西,就如同湖泊中引人注目的总是波澜与水花,而平静的湖面总是被人忘却。"江湖诗派"概念所照亮的那批江湖诗人群体,是作为一个新的文学现象、文化现象、社

---

① 顾炎武著,黄汝成集释:《日知录集释》卷三"孔子删诗",上海古籍出版社,2006年版,第132页。
② 真德秀:《文章正宗纲目》,《全宋文》第313册,第176页。

会现象而登上历史前台的,他们让诗歌具有了新的社会功用,并且在诗艺技巧、意境经营和辞藻修辞上也都有新的探索,无疑是极为重要的文学史现象。但如果仅仅看到他们,而忽视当时诗坛变革性不强的士大夫诗人群体与创作力量,忽视与他们同在"非官僚阶层"但具有不同生存状态和诗学取径的地域诗人群体,那么就限制了我们全面、准确地认识一个时代的文学图景和历史地位。

从另一方面而言,"江湖诗派"概念的提出,既是对南宋中后期诗坛新的文学现象的有效总结,也是文学史写作"脉络化"的重要成果,但正是"江湖诗派"这个概念聚焦了太多学人的目光,从而造成了研究上的视而不见和文学史书写中许多重要现象的缺席。要重新认识南宋中后期诗坛全景,则必须先悬置"脉络化",把"江湖诗派"概念遮蔽的那些诗人群体揭示出来,从具体的诗人身份和诗歌风格出发,重新擘画诗学版图,勾勒诗坛风貌,描述诗风承变,还原历史图景。一代诗歌总集《全宋诗》,其实已经为我们提供了这样的操作平台。倘若我们能够重新直面现存诗歌作品,总结分析现存史料里南宋中后期诗人的具体文学活动,就有可能突破原来的文学史叙述,重新划分意义单元,寻找新的解释路径,从而丰富文学史风貌,更为接近文学历史原生态。

第二节 祠禄官制与地域诗人群体的形成

作为宋代独有的官制[①],祠禄制度早已引起宋史学界的关注,并在该制度的产生、发展、沿革、任禄等问题的研究上,取得了较为丰硕

[①] 汪圣铎《关于宋代祠禄制度的几个问题》(《中国史研究》1998 年第 4 期)将祠禄官分为广狭二义,认为广义的祠禄官包括三种类型的宫观官,狭义的祠禄官则特指"专职的但却无实际执掌的宫观官",为宋代所独有,辨析甚明,请参看。本书着重讨论的祠禄官制即为狭义。

的成果①,但关于它对宋代社会文化所产生的影响则探讨较少。梁天锡在论述祠禄制造成的后果时,认为它"处异议、悯寒士、增冗员、坏士风、害吏治之举,每根蠹国家财经、政治命脉,安能中兴复国"②,着重于财经与政治角度,评价十分消极。也有学者认为,祠禄官制使得"宋代由国家政府豢养了大批俸禄优厚的闲官,他们对宋代思想文化的飞跃发展起了巨大作用"③,看到了其在文化上的积极意义,然未作深入论述。近年来,学界就祠禄制度与宋代社会风气、书院发展、士人心态、文学新变等方面作了进一步研究④,这意味着重新全面客观评价该制度是十分可能的。由于祠禄制度的复杂性与任职祠官的广泛性,我们无意从制度层面和人事角度全面梳理宋代祠官任职及其文学创作,仅就祠禄制度对南宋地域诗人群体的影响作简要探析,为理解祠禄制度的文化意义提供视角,也以此观察南宋文学的某些特点。

一、祠禄官制与南宋士大夫的居乡

祠禄制的设置,初衷在于"佚老优贤",以宫观官之名而享受俸禄,对象是高官重臣,至王安石变法后又以此"处新法之异议者",任此职以闲置不用,成为贬官的辅助手段。梁天锡将祠禄制度的发展分为雏模阶段(真宗朝)、挫折及转变阶段(仁宗英宗二朝)、长成阶段(神宗哲宗二朝)、兴盛阶段(徽宗钦宗二朝)、冗滥阶段(高宗朝)、凝

---

① 如上列汪圣铎文及梁天锡《宋代祠禄制度考实》(学生书店,1978年版)、金圆《宋代祠禄官的几个问题》(《中国史研究》1988年第2期)、刘文刚《论宋代的宫观官制》(《宋代文化研究》第7辑,巴蜀书社,1998年版)等,尤以梁著最为系统。
② 梁天锡:《宋代祠禄制度考实》,第351页。
③ 魏天安、刘坤太:《宋代闲官制度述略》,《中州学刊》1983年第6期。
④ 如周永健《宋代祠禄制度对士大夫的影响》(《湖北职业技术学院学报》2007年第3期)、拙撰《祠禄官制与南宋士人》(《新民晚报》2009年8月16日)、李光生《南宋书院与祠官关系的文化考察》(《河北大学学报(社会科学版)》2012年第5期)。另有拙撰《刘克庄的乡绅身份与其文学总体风貌的形成——兼及江湖诗派的再认识》(《中山大学学报(社会科学版)》2011年第3期)、刘蔚《宋代田园诗的政治因缘》(《文学评论》2011年第6期),则涉及祠禄制度对文人心态和文学创作的影响。

固阶段(孝光宁理度恭六朝)①。就狭义的"专职的但却无实际执掌的宫观官"来说,乃自王安石变法时的神宗朝开始大量出现。不过,此时祠官总人数也仅100余而已,只是百官比例的三百分之一弱。至南宋高宗朝,祠禄制度进入"冗滥阶段",祠官总人数已逾千人,与三省吏人数相当。② 自此之后,祠官数量不断攀升,奉祠对象也囊括了从朝廷名臣到低级幕僚的各级士人,这让祠官成了一个不容忽视并对士人社会产生重要影响的身份队伍。北宋祠官由于数量少,难成气候,未能对士大夫阶层的生存状态与整体心理产生太大作用,而南宋数以千计的奉祠官吏已经作为一支不可忽视的士人队伍而存在,他们的社会活动也成为借以观察南宋社会与文化的独特窗口。正是从这个意义上说,探讨祠禄官制的文化影响,其实主要是探讨该制度在南宋时期的影响。

  南宋的绝大部分官员都有奉祠经历,或内祠或外祠,这从《宋史》南宋列传部分即可窥见一斑,如刘一止、周必大、尤袤、杨万里、吕祖谦、楼钥、辛弃疾、曹彦约、真德秀、文天祥等无一不领受过祠禄。许多重要士人还有过相当长时期的多次奉祠经验,如洪适(1117—1184)七次提举洞霄宫;陆游(1125—1210)历主崇道观、玉局观,提举冲祐观、佑神观、太平兴国宫;③朱熹(1130—1200)更是自二十九岁差监南岳庙始,几乎大半生都处于祠官状态。南宋士人奉祠的原因非常多,比如引疾乞祠、侍亲乞祠、待阙与祠、被罚与祠、政争与祠等,但多数时候,疾病与侍亲也不过是全身远祸的借口,他们的自乞或被罚为祠官,大多是个人在官场遭遇排挤造成,是政治上失意的结果。由此而言,奉祠便带有一定的贬谪色彩,只是依旧有俸禄,依旧在体制

---

① 见《宋代祠禄制度考实》第一章第四节。
② 以上数据均来自梁天锡《宋代祠禄制度考实》附录《宋祠禄奉罢年表》及《宋代之祠禄制度(提要)》的统计。下文相关士人奉祠时间,如非特别说明,均据《宋祠禄奉罢年表》。
③ 于北山:《陆游年谱》,上海古籍出版社,2006年版。

之内,随时可能再次被朝廷起用。与北宋党争时期残酷的贬谪相比,南宋的奉祠归乡可谓"温柔的贬谪",这种谪官方式在许多时候代替了那种动辄远罚他乡的贬斥,提供给政治斗争新的发泄渠道,成为解决政治冲突的缓冲带。与此同时,奉祠也让南宋的贬谪文化发生了改变,与宋代其他黜降办法相较,如刺配、编管、羁管、安置、居住等,奉祠最大的不同则是常常具有"任便居住"①的自由、思想人格的保护和一定的经济收入。职是之故,士人奉祠之后可以有自由的人身活动,而南宋大多数奉祠士人的选择即是回乡里居。

所谓"壮游车辙遍天涯,晚得祠官不去家"②,上文所及洪适、陆游、朱熹等人在奉祠期间都处于乡居状态。另外如诗人赵蕃(1143—1229)"奉祠居家,积祠庭之考三十有三"③,寓居信州;词人辛弃疾(1140—1207)奉祠里居铅山;理学巨擘叶适(1150—1223)"奉祠十三年"(《宋史》本传)均在家乡永嘉度过;晚宋文坛领袖刘克庄(1187—1269)七次主管宫观亦在莆田里居;等等,都说明居乡在许多时候几乎成了奉祠后的必然选择。当然,居乡不一定就是回到自己的故乡,像赵蕃、辛弃疾是北方南渡而来,自然不可能再回去。有些南方人奉祠也不一定回到故乡,如四川人程公许(1182—1251)在嘉熙二年(1238)、淳祐七年(1247)两次"得祠去国",并未返回家乡四川,而是在湖州屏居。④ 当然,这种情况相对较少。不过即使未回家乡里居,也依然是寓居地方而非中央,同样促进了地方文化的勃兴。另外,根据祠禄制度,一任祠官一般是30个月(也有二年、三年制),如果一个士人每次奉祠

---

① 无论内祠外祠均可"任便居住",虽亦有"限居本处"或"限居行在"之例,但主要用来处置朋党,南宋时(特别是中后期)较少用。
② 陆游:《食新有感贫居久蔬食至是方稍得肉》,《剑南诗稿校注》卷三七,上海古籍出版社,2005年版,第2387页。
③ 刘宰:《章泉赵先生墓表》,《漫塘文集》卷三二,嘉业堂丛书本。
④ 程公许作《淮海挈音序》落款为"沧州道人程公许希颖书于雪溪寓舍"(见《宋代蜀文辑存》卷八三),《宋史》本传亦言"清之再相,公许屏居湖州者四年,再提举玉隆观、差知婺州,未上"。

任满,而又多次奉祠(次数虽有限额,却常有突破),那么其奉祠里居的时间是相当久的。一部分士人因想主动回避官场斗争而借助祠官可连续多任的特性,持续保持里居状态,借祠食禄且自由活动。所以,祠禄制度在南宋泛滥的一个明显后果,就是使得大批士大夫里居地方,而且极可能长期里居。可以说,它为士人里居提供了良好的制度通道。

众多士人的居乡带来了南宋地域文化的蓬勃发展,学术流派与文学团体都烙上了鲜明的地域印记,地方志编撰中的地域意识不断强化,区域性文学总集不断涌现,地域文学也随之显现出一派繁荣景象。仅以现存宋人总集来看,反映北宋文人诗歌创作的《二李唱和集》《西昆酬唱集》《同文馆唱和诗》《坡门酬唱集》大多是文人在京城地区的酬唱集,几乎不带任何地域色彩;而南宋陆续出现的《南岳酬唱集》《四灵诗》《天台集》《成都文类》《昆山杂咏》《赤城集》《严陵集》等,或以唱和地点命名,或以诗人籍贯聚集,或在区域范围搜辑文献,都充分体现了地域因素在总集编撰中的重要导向,折射出南宋地域文学自我意识的觉醒。

从文学创作的题材来看,文人士大夫的奉祠居乡直接促成了田园诗、农事诗、村居诗的大量创作。学者已指出,"很多宋代诗人的田园诗都是在奉祠期间创作的",[①]而南宋农事诗也十分发达,漆侠曾以江湖诗人的作品为中心,论述了南宋农事诗所反映出的南宋农村社会状况。[②] 就农事诗的创作主体来说,江湖谒客与居乡士人可谓两个并驾齐驱的群体,许多的农事诗正是出自奉祠居乡士人之手[③]。至于村居诗,也在南宋奉祠居乡文人手中得到极大的发展。刘克庄奉祠里居时期创作了一系列的村居诗,成为其晚年诗歌创作的主要题材之一,

---

[①] 参刘蔚:《宋代田园诗的政治因缘》,《文学评论》2011年第6期。
[②] 漆侠:《关于南宋农事诗——读〈宋六十家集〉兼论江湖派》,《河北学刊》1988年第5期。
[③] 其实传统所言江湖诗人许多就是居乡士人,如漆侠之文重点引述的赵汝鐩、利登、俞桂、朱继芳等都曾进士及第、任职地方甚至奉祠里居过。

甚至可以看成"后村体"的一个标志性特点。① 与此相类，颇具特色的地域景观与地方风物系列诗作也频繁出现，如朱熹《百丈山六咏》《云谷二十六咏》《武夷七咏》《武夷精舍杂咏》等均是此类。其他如种艺、访花、时序、节俗、气候乃至闲逸、读书等题材，无一不是士人奉祠里居生活的重要组成部分，士人的居乡创作也大大促进了这类诗歌的发展。

另外，更为突出的是关于地方事务的各类文章创作因士人的居乡而大量出现。奉祠居乡的士大夫，许多都曾有主政地方的经历，他们一旦居乡便会或主动或被动地参与地方事务的处理，相关的应用性文章也随之增加。像碑铭、墓志、祭文、题跋、启文、祝文等都会留下地方人物和当地关系网络的强烈痕迹，而受此影响最突出的则是记体文。宋代记体文非常发达，以内容而分，主要有山水游记、书画记、建筑记三类②。南宋时前两者数量明显少于后者，在建筑记中记叙风景的亭台楼阁记，又明显少于厅壁、社仓、祠庙、学堂、书院、桥梁、堤坝、修城等带有事务和地域指向的议论性记文。此类现象的出现显然与祠禄官制促成的士人里居有着密切关系。可以说，奉祠里居时期成为了许多士人的文学丰收期，祠禄制度保证了一批政治失意又有真才实学的文人的经济基础、写作时间与自由氛围，为他们专心学术著述与诗文写作创造了有利条件。

二、作为祠官的核心文学家与南宋福建地域诗人群体

士大夫奉祠归乡对文学创作的影响，除了里居带来的地方物事进入诗文作品之外，更重要的在于交往人群、心理情感与文学趣味的变迁。领任祠官是政治失意的结果，诗人奉祠后的心理虽因各自性

---

① 参拙撰《论刘克庄晚年诗歌主流——从"效后村体"谈起》，《北京大学学报（哲学社会科学版）》2012年第4期。
② 林纾《春觉斋论文》将记体文分为建筑记、书画古物记、山水记、杂事记、学记和游宴记等五类，颇为中肯，这里取其要者。见《历代文话》第7册，第6362页。

格不同而有不同程度的起伏,但总体来说是趋于消极避世的。如此心理状态作用下,自然渴望释放心情的压抑,寻找心灵的慰藉,这使得他们较之一般士人更关注外部世界的身份认同与情感共鸣。因而,祠官们更愿意在地域范围内寻找志同道合之士,或寄情山水,或游戏翰墨,由此建立交际网络并形成文学群体。地域性诗人群体的聚合,固然在于多方面因缘际会的促成,就南宋来说,隐在的地域——家族网络就是一个重要的依附条件,而同样重要的是核心文学家的凝聚力。与北宋"欧门""苏门"那样的全国性高级文人集团相比较,地域诗人群体不一定有公认的领袖人物,但一般都有核心文学家,由其联络声气、组织唱和,在群体之中常有引领作用。特别是那些在政界、文坛有较高声望的士人,一旦长期奉祠居乡就必然引起当地士人的聚集,并以其为核心进行或长或短、或大或小的各类文学活动,这也为地域诗人群体的形成提供了契机与温床。

南宋诗人的地域分布主要集中在以临安为中心的江浙地区(含两浙东路、两浙西路、江南东路)、以吉州为中心的江西地区(江南西路)和以福州为中心的八闽地区(福建路)三大块。其中江浙、江西早已引起学界重视,而对另一重镇福建,研究稍显不足。福建属异军突起的新兴地区,该地区在南宋时的及第士人数量直追两浙,而且刻书业发达,书院林立,学派成熟,文学氛围浓厚,士人活动频繁,并陆续出现了一批足以改变时代风气的人物,在宋代文学演变中起到了重要作用,非常值得关注。以下即以福建为中心,考察祠官在地域诗人群体形成中的作用。

福建有"八闽"之称,八地文化发展极不平衡,人才分布主要在闽北和闽东地区[①]。就诗人群体而言,福州、建州、泉州和兴化军在南宋

---

① 刘锡涛:《宋代福建人才地理分布》,《福建师范大学学报(哲学社会科学版)》2005年第2期。

时文学活动比较频繁,与主流文坛交流密切。南宋初年,李纲(1083—1140)在沙县、福州一带长期谪居,与邓肃、朱松、陈兴宗唱和往来;①张元幹自绍兴元年(1131)底至绍兴二十年(1150)里居福州,与叶梦得、李弥逊、富直柔频繁交流,创作了一批优秀的作品。② 这一批士人有些被贬谪或致仕归乡,这是南渡之际政治局势使然,也有一些是奉祠归乡的,如李纲多次提举崇福宫、洞霄宫,富直柔提举洞霄宫,朱松主管崇道观,李弥逊奉祠寓居连江等都在绍兴年间。奉祠士人显然是此时福建地域诗人群体的重要组成甚至是核心部分。另外如被列入《宋史·隐逸传》的胡宪(1086—1162),以祠官身份里居崇安籍溪,从而逐渐彻底摆脱官场,传道授业,著书立说,成为宋代理学大家;刘子翚、刘子羽、刘子翼兄弟三人奉祠在家,借助家族网络在福建地区长期活动,领导并参与了许多文学、学术活动。其他福建士人如黄公度(1109—1156)、陈俊卿(1113—1186)等也都是福建地区重要的奉祠文人,至于一代儒宗朱熹,就更不消说了。总之,这批士人借助多次奉祠里居之际进行文学活动,充分体现出奉祠里居的福建士人在构建地域文人网络中的积极作用。

为了更细致地展现祠官在地域诗人群体中形成的作用和意义,今试以闽东兴化军莆田地区方信孺(1177—1223)为核心的诗人群体略作申说。

方信孺,字孚若,号好庵,莆田人,崧卿子。开禧年间,韩侂胄北伐,假信孺朝奉郎使金,一年中三往返于宋金之间,以口舌折强敌,闻名一时。他是一个颇有侠义的士大夫,性情豪爽,待客热情。自嘉定十三年(1220)陆续主管云台观、崇禧观,回到莆田,度过了其人生最后的岁月。奉祠里居的这几年,他虽然在政治上毫无作为,从文学上

---

① 参赵效宣:《宋李天纪先生纲年谱》,台北商务印书馆,1980年版。
② 参王兆鹏:《张元幹年谱》,南京出版社,1989年版。

来说却极有成果,刘克庄《诗境集序》说他"坐议边事与当国不合,免归,益大肆于翰墨"。① 据史料所载,方信孺曾有诗文集八种行世,目前仅存《南海百咏》一卷。

方信孺奉祠期间,身边聚集了一批诗人,目前可考者至少有陈宓、柯梦得、赵庚夫、刘克庄、方左钺、高翥、胡仲弓、胡仲参、林景祥、孙惟信、翁定等②。由于方信孺诗集的散佚,我们已不能清晰呈现这个群体的面貌,但根据相关材料,依然能够勾勒其大概。这批诗人可分为两部分,一部分是莆田本地人,一部分是江湖游士。

(1) 陈宓、柯梦得、赵庚夫、刘克庄、方左钺五人本即莆田人。在方信孺奉祠时,陈宓主崇禧观、刘克庄监南岳庙,也正好都领受祠禄归乡里居,祠禄制度让他们有了居乡的共同时间;柯梦得、赵庚夫未出仕,一直在莆田;方左钺乃信孺子。五人中陈宓、柯梦得、赵庚夫与方信孺年龄相仿,刘克庄则可视为后生门人。今陈宓《复斋先生龙图陈公文集》有七首与方信孺相关的诗作,分别是《和方漕孚若游瀑布》《题西淙》《往濑溪西重山观瀑分韵得还字》《次方云台韵》《次方诗境韵》以及《挽方寺丞》,呈现出他与方信孺结社唱和之一隅。

(2) 高翥(余姚)、孙惟信(婺州)、胡仲弓(福建清源)、胡仲参(福建清源)、林景祥(福建福州)、翁定(福建建瓯),这几位是典型的江湖诗人,特别是前两人,他们游走干谒,慕名而集。方信孺曾经"至临江以诗酒自娱,江湖士友慕公盛名,多裹粮从游"③,早已在江湖有了诗名,《宋史》本传言其"性豪爽,挥金如粪土,所至宾客满其后车",他里居时"尤好士,所至从者如云,闲居累年,家无担石,而食客常满门"(《行状》),他这种豪侠性格对江湖士人尤其具有吸引力。高翥《同刘

---

① 刘克庄:《诗境集序》,《刘克庄集笺校》卷九七,第9册第4099页。
② 人物主要根据与方信孺诗歌唱和及刘克庄《后村先生大全集》之《宝谟寺丞诗境方公行状》《跋孚若赠翁应叟岁寒三友图》《孙花翁墓志铭》《方武成墓志铭》等考订。
③ 刘克庄:《宝谟寺丞诗境方公行状》,《刘克庄集笺校》卷一六六,第14册第6460页。

潜夫登乌石山望海,有怀方孚若、柯东海、陈复斋旧游》《过方孚若寺丞故庐》等作品,为这个群体留下了快速写真与记忆图象。

以方信孺为中心的诗人群体有过密集的文学活动,今《后村先生大全集》(以下简称《大全集》)卷二至卷五有几十首诗歌是刘克庄跟随方信孺及周边文人而创作的,这个群体在嘉定十三年至十六年的创作量十分可观。正如学者所言,"士大夫奉祠,在淡化其政治身份的同时事实上也意味着其作为文士和学者身份的强化"①,作为祠官的方信孺就是这个诗人群体的核心。这一群体的文学活动也有两点与祠禄制度密切相关。第一,方信孺有相对稳定的经济收入。据考察,南宋孝宗朝的祠禄年耗高达200万缗,按祠官总数1 400左右计算②,祠官收入一年的平均数是1 429缗左右。根据方信孺的官阶,其领任的祠禄远在平均水平之上,祠禄所得能够支撑他收养一定数量的门客(孙惟信、翁定等人都是典型谒客型诗人),具备了"散尽千金"的资本,这是江湖干谒诗人聚集其旁的一个重要原因。第二,陈宓、刘克庄等人也是祠官身份,在文学活动中与方信孺之间有着较高的身份认同与情感共鸣。陈宓《次方云台韵》中称"人生有禄亲头白,万石何如宦本乡",刘克庄《次方寺丞方湖韵》也称"帝犹给我还山俸,天不需人买月钱",都表现出大家共同领任祠官时的心理状态与互相安慰之情。

这一诗人群体在莆田地区持续了多年的文学活动,却因为盟主方信孺的陡然逝世而解散。刘克庄《别高九万》诗云:"花翁徒步悲诗境,菊涧春粮哭复斋。众客食鱼弹铗去,几人白马索车来。"③花翁即孙惟信,诗境即方信孺,菊涧即高翥,复斋即陈宓,这群人在"众客食

---

① 李光生:《南宋书院与祠官关系的文化考察》,《河北大学学报(哲学社会科学版)》2012年第5期。
② 据梁天锡《宋代祠禄制度考实》所附之财政负担表,第567页。
③ 刘克庄:《别高九万》,《刘克庄集笺校》卷九,第2册,第524页。

鱼弹铗去"的世态炎凉中,在核心文学家逝世后,结束了曾经的游玩唱酬。不过,从文坛发展和地域文人的承续结盟角度来看,方信孺诗人群体解散后留下来的最大遗产就是刘克庄。

方信孺在刘克庄的诗歌生涯中,充当了极其重要的角色。在追随方信孺的时期里,刘克庄得以与那批江湖诗人结下深厚情谊,其早年诗名所得益的《南岳五稿》中相当诗作也是在方信孺及周边文人的直接指导、激励与竞技唱和下创作的。特别是方信孺本人的侠士情怀与豪迈诗风,直接促成了刘克庄诗歌第一次摆脱前期晚唐体的雕琢苦吟与弱小格局,一变而为颇有些狂放气势的篇章,在流转之间蕴蓄笔力,不再精致雕刻五律,转而为七律、五古乃或联章组诗,其篇章字数的增加,意味着诗歌格局的扩展。刘克庄曾说自己"欲息唐律,专造古体",[1]就是方信孺群体诗学影响的结果。另外值得指出的是,刘克庄集中所著第一篇超过四韵的作品,就是五言排律《跋方云台文稿二十韵》,方云台即方信孺,这与其看作巧合,不如看作正是方信孺引导他所作长篇五排,开拓了其诗境。叶适《题刘潜夫诗什并以将行》云:"寄来南岳第三稿,穿尽遗珠簇尽花。几度惊教祝融泣,一齐传与尉佗夸。龙鸣自满空中韵,凤味都无巧后哇。庾信不留何逊往,评君应得当行家。"[2]《南岳第三稿》所载多为刘克庄追随方信孺时期的作品,叶适的评价显然正是对其这一时期诗歌风格转变的正面肯定。

更有意味的是,二十余年后(淳祐七年,1247)刘克庄再次长期领任祠官,里居莆田,以刘氏为核心又形成了一个颇具规模的莆田地域诗人群体,其主要成员如林希逸、刘希仁、李丑父等也是因各种缘故奉祠里居的。这群奉祠文士成为当时莆田地域文人群体的骨干成员,也奠定了其基本格局。因为就组织结构而言,围绕刘克庄而形成

---

[1] 刘克庄:《瓜圃集序》,《刘克庄集笺校》卷九四,第9册第3975页。
[2] 叶适:《叶适集》,中华书局,1961年版,第121页。

的地域文人群体实可分为四个层次：挚友亲人、学子晚辈、当地官吏和游士僧道。其中挚友一层是主干，学子、官吏是羽翼，游士是辅助。林同《竹溪虞斋十一稿续集序》中曾言及此段时间，莆田人物汇聚刘克庄周边之盛：

> （淳祐戊申）后村先师时方辞宗正少卿之召，先皇以魏国年高，就畀宪节，即家建台。一时麾节照映之盛，真有壶山之所未有。宾僚乎其间者，盖莫不人自磨濯奋励，求以所讲习、所蕴蓄、所设施而于学问、于文章、于政事有可以表表自见者，夔下之音，囊中之颖，又夫孰无是心哉！①

淳祐七年之前，刘克庄已经经历了小吏、幕僚、地方大员、朝廷要员等诸种身份的转变，可以说从江湖到魏阙，均已具盛名，与江湖诗人和庙堂群臣都结下了深厚情谊，具有了较高威望和很强的号召力。且淳祐七年始的里居生活，持续五年未间断，之后的两次暂断，也并未解散这一群体，反倒因刘克庄的再次入朝影响再次增大而得以巩固。其间，挚友王迈、方蒙仲、刘希仁、林光世等均在莆田，之后徐明叔、洪天锡、林希逸等也相继里居，故而"宾僚乎其间者"彬彬极盛。从空间上来看，这一群体以莆田为核心，不仅包括周边的兴化、仙游，还包括东至福州福清，西至泉州晋江、同安的一大片区域。

为见其网络具体构成，下面分列这一地域文人群体的主要成员如次：

（一）挚友。这一群体与刘克庄常有唱和，除了家族成员如刘希仁等外，以下列几位为代表：林希逸（竹溪，福清）、李丑父（艮翁，莆田）、王迈（实之，仙游）、方遇（时父，莆田）、徐明叔（仲晦，晋江）、吴燧

---

① 林同：《竹溪虞斋十一稿续集序》，《全宋文》第353册，第282页。

(警斋,同安)、林光世(水村,莆田)、林秀发(实甫,莆田)等。

(二)学子。除了家族晚辈如林同、林合等外,以下列几位为代表:林泳(大渊,福清)、方至(善夫,莆田)、方楷(敬则,莆田)、赵时愿(志仁,莆田)等。另外还包括当地诸多应试场屋的后辈。

(三)官吏。因刘克庄文名之盛,当地要员与一般小吏,均与他有文字交往。包括莆田县知县、县丞、主簿、县尉等,又因兴化军军治在莆田,所以还包括兴化军知军、通判、判官、曹官,以及次等如学官、教授、知录等。同时也涉及周边仙游、兴化等县。虽然这一群体主要是在刘克庄的生日回启中表现明晰,诗歌酬唱也多为礼节性的,但仍有部分官员是诗词同道,重要者如赵与𫢉(以侍丞知兴化军,称"乡守赵侍丞"等)、潘墀(以宫教知兴化军,称"潘侯""潘使君"等)、宋谦(称"宋侯")、陈斑(曾任主簿、户曹、判官)、王庚(教授)、黄祖润(户曹)等。

(四)游士。这一层主要是日者、相士、术者、道士、僧侣等,流动性比较大,但其中部分也曾反复参与过某些文学活动。如月蓬道人、日者程士熙等即是。

这个以奉祠文士为骨干的莆田地域诗人群体,与方信孺诗人群体前后呼应,同样是说明祠官与地域诗人群体关系的上佳例证,同样创造了莆田文学上的高峰①。

总之,作为祠官的核心文学家长期里居为地域诗人群体的衍生带来了绝好契机,核心文学家以其特有的号召力与凝聚力,吸引地方士人聚于周边,并在文学观念与创作个性上直接影响诗人群体的总体审美趣味与发展方向。由祠官领导、羽翼而成福建地域诗人群体的这种内在运行机制,在一定程度上也很有代表性,曾几在上饶、周

---

① 关于这个群体的详细论述,请参拙撰《刘克庄的乡绅身份与其文学总体风貌的形成——兼及江湖诗派的再认识》,《中山大学学报(社会科学版)》2011年第3期。

必大在庐陵、陆游在江阴、辛弃疾在铅山、赵蕃在玉山等,无不呈现出作为祠官的他们,在地域诗人群体离合聚散中的关键作用与导向意义。祠禄制度下的文学家主盟地方,成为一股不可忽视的文学凝聚力量,在南宋多层次的网络性、块状化文坛中显得颇为重要。

三、祠官文学:观察诗人群体心态的一个视角

如果要在以祠官为核心的地域诗人群和其他诗人群中寻找特殊之处的话,那么群体的心态差异显然是一个重要的指标。前文已及,奉祠带有政治上的贬谪色彩,犹如被贬期间的士人相聚一样,文学的精神倾向与情感诉求有着强烈的发泄性与寄托性,文学——特别是诗歌——在他们手上常常带有慰藉生命、安顿灵魂和荡涤情绪的意义。但是,奉祠毕竟不是贬谪,与真正的贬谪有着质的区别。学者论述元祐党人在贬谪期的文学创作时认为,"畏祸避谤的心理扼制了相当一部分元祐文人的创作欲望,迫使他们不作文或少作文,不作诗或少作诗"[①],然而奉祠文人却大不相同,他们并没有太多的创作禁忌,倒是在奉祠期更倾向于创作。刘克庄曾经说自己"奉南岳祠,未两考,得诗三百,非必技进,身闲而功专尔"[②],诗中也说"牢落祠官冷似秋,赖诗消遣一襟愁"[③],祠禄制度提供的闲暇恰是文学高产的好时机。奉祠又类似归隐,比如胡宪主管台州崇道观,在京友朋便创作了一系列作品相赠,王十朋《送胡正字宪分韵得来字》、汪应辰《送正字胡丈》、周必大《胡原仲正字特改官除宫观,中置酒饯别,会者七人,以"先生早赋归去来"为韵,人各赋一首,仆得早字》等,他们以"先生早赋归去来"为韵,显示出对奉祠所具隐逸性质的认识。不过,奉祠和

---

① 尚永亮、钱建状:《贬谪文化在北宋的演进及其文学影响》,《中华文史论丛》2010年第3期。
② 刘克庄:《跋黄恺诗》,《刘克庄集笺校》卷九九,第9册,第4180页。
③ 刘克庄:《答翁定》,《刘克庄集笺校》卷二,第2册,第138页。

归隐之间也不能完全划等号,奉祠文人并不与世隔绝,而是不断表现出参与地方事务的热情。由此而言,奉祠可谓介于贬谪与隐逸之间的特殊状态,既是"温柔的贬谪",也是"带薪的归隐"。反面观之,奉祠心态下创作的文学,既不是纯粹的贬谪文学,也不是完全的隐逸文学,它虽带有贬谪或隐逸的某些色彩,却依然保持了独特的内涵,与祠禄制度之间有着千丝万缕的联系,承载着南宋士大夫的某种集体记忆与精神特质,或许正可称作"祠官文学"。

当然,"祠官文学"并非一个完全独立的文学概念,只是观察南宋文学的一个角度而已。它的范围从奉祠者角度来说,可以包括从请祠、奉祠、归祠、罢祠等一系列书写与祠禄状态相关的作品。这些作品依据士人个性和所处境况的不同,从而表现出不同的精神特质,或是理想放逐的悲伤、报国无门的遗憾,或是挣脱政争的轻松、闲居故里的愉悦,前者类似贬谪,后者类似隐逸,抑或二者兼而有之,色彩则较为轻淡。不过有一点比较明显,就是他们习惯将奉祠身份作为一种特别的人生状态而予以区隔,甚至倾向于将奉祠时的自我塑造成一个高蹈的逸士或孤寂的逐臣,以获得身份认同与心理平衡。比如姜特立《庚申春再得奉祠》诗说"香火缘深宦意灰,十年萧散卧蒿莱。庞公从此不入市,只与渔樵相往来"[1],俨然一种将自己视为渔樵隐士的心理,其中又少不了"宦意灰"的失望;周必大《恩许奉祠子中兄重寄臣字韵诗再次韵》则说"弟兄有禄供温饱,畎亩何阶答圣神。此去读书真事业,向来正字误根银"[2],奉祠领薪,读书赋闲,两相慰藉。特别是陆游写祠官状态下的生活与心情最繁多,既有"羁鸿但自思烟渚,病骥宁容着帝闲"(《蒙恩奉祠桐柏》)的憔悴心理,也有"不为挂冠方寂寞,宦游强半是祠官"(《䕫牡丹感怀》)的无奈感慨;既表达过"读

---

[1] 姜特立:《庚申春再得奉祠》,《姜特立集》卷九,浙江古籍出版社,2016年,第121页。
[2] 周必大:《恩许奉祠子中兄重寄臣字韵诗再次韵》,《文忠集》卷三,文渊阁《四库全书》本。

骚未敢称名士,拜赐犹应号散人"(《受外祠敕》)的洒脱,也发出过"世路涩如棘,祠官冷欲冰"(《夜赋》)的悲戚。他甚至写道:"黄纸淋漓字似鸦,即今真个是还家。园庐渐近湖山好,邻曲来迎鼓笛哗。笱实傍篱收豆荚,盘蔬临水采芹芽。皇家养老非忘汝,不必青门学种瓜。"①诗歌情绪起伏不定,寓苦涩于萧散,将官场失意、归家景致、里居状态等糅合进难以言说的心情之中,对自我形象的确认也充满矛盾与犹豫。姜特立、周必大、陆游等复杂的奉祠心态非常有代表性,体现出祠官书写作品在情感上的别样内涵。

从他者角度来说,"祠官文学"又可以包括送归、饯别、安慰、回忆、想象、唱和等围绕他人领任祠官而产生的诗文。这些作品比起奉祠者本人的作品来说,更能表现出奉祠士人及其周边友朋的情感共鸣与身份认同,在书写祠官的状态中,文人常常将政治上的无奈形诸笔端。而且由于奉祠并非某一个人的特殊遭遇,几乎可称是整个南宋士人的群体记忆,所以他们对奉祠的友朋常能以己度人,写出真情实感,意味深长。如乾道七年(1171),汪大猷提举太平兴国宫,奉祠归里,吕祖谦、范成大、赵汝愚、朱熹、姜特立、司马伋、魏杞等均作诗相送,诗歌总体表现出对汪大猷奉祠的理解与宽慰。吕祖谦说"向来功名人,勇进忘坎窞。听诵归来辞,掩耳谢不敢。宁知达士胸,万牛眇难撼。清风满后车,一洗世氛黩"②,范成大则写下"侍臣相忆松门远,归客还怜菊径存"③的安慰之句,朱熹"照眼湖山非昨梦,及时诗酒合同襟。不应便作真狂客,讲殿行思听履音"④也是如此。这群士人不一定都在同时奉祠,但多少都有过奉祠的经历,他们在给汪大猷饯

---

① 陆游:《上章纳禄恩界外祠遂以五月初东归》,《剑南诗稿校注》卷五三,第3153页。
② 吕祖谦:《尚书汪公得请奉祠,饯者十有四人分韵赋诗,某得敢字》,《吕祖谦全集》第1册,浙江古籍出版社,2008年版,第11页。
③ 范成大:《送汪仲嘉待制奉祠归四明分韵得论字》,《范石湖集》卷一〇,上海古籍出版社,2006年版,第137页。
④ 朱熹:《送汪大猷归里》,束景南《朱熹佚文辑考》,江苏古籍出版社,1991年版,第93页。

行之时,未尝不曾唤起自己以往相似的遭遇。正是这样一种同气相求、同声相应的心理认同,让祠官文学在聚合诗人群体中发挥了重要作用。

试再以福建莆田地区刘克庄为核心的诗人群体为例,窥视祠官文学中的文人心态。在刘克庄的人生中,奉祠里居可谓常态,他在祠官状态下的文学创作非常突出也很有自觉性,特别是晚年更是看清了自己与祠禄的不解之缘。他在五十二岁时所作《最高楼·戊戌自寿》,开篇即言"南岳后,累任作祠官。试说与君看:仙都、玉局才交卸,新衔又管华州山",①历数自己的祠官经历,不久又说"衡岳仙都迹已陈,云台玉局敕犹新。暮年拟乞冲虚观,长向山中祝圣人"②,不过他后来提举的不是冲虚观,而是崇禧观、明道宫。这些岳庙宫观,定下了刘克庄的命运基调。

与刘克庄同样系命运于祠禄的,是他周围的一批诗朋文友。早在嘉定十六年(1223),写下题为《昔方孚若主管云台,予监衡岳,每岁瑞庆节常聚广化寺拈香,癸未此日独至寺中,辄题一绝》诗中的"同作祠官荷圣朝,年年相待放生桥"(《大全集》卷七)句时,他这种对同任祠官的情感依托与倾诉欲望已经显露出来。至宝祐四年(1256)提举明道宫,友人赵时焕也奉祠明道宫,其作《蒙恩复畀明道祠寄呈赵克勤吏部三首》之一写道:"曾对青藜汉阁中,天风吹散各西东。白头重得为僚友,同为君王辖竹宫。"(《大全集》卷二三)当时里居家乡晋江的赵时焕与刘克庄有着长期而密集的诗歌唱和,一直是福建地域诗人群体的重要成员,这首作品缘于二人同奉明道宫,"同为君王辖竹宫"中强烈的身份认同感更是呼之欲出。当然,刘克庄暮年最亲密、最知心的诗文酬唱对象还数林希逸和刘希仁。这两位也有着长期而

---

① 刘克庄著,钱仲联笺注:《后村词笺注》卷一,上海古籍出版社,1980年版,第18页。
② 刘克庄:《罗湖八首》,《刘克庄集笺校》卷一二,第3册,第708页。

多次的奉祠经历,一直里居家乡,特别是在淳祐七年(1247)后以刘克庄为核心的莆田文人群体成员渐趋稳定①,林希逸和刘希仁更是频繁与刘克庄相互唱和,感情也愈为醇厚,其中对共同的祠官状态的书写显得更具情感交流与群体维系的意义。

  刘克庄给林希逸的诗《闻竹溪得玉局祠二首》中道:"甘泉宿老求闲局,苦县仙人有废坛。拜敕定披新紫氅,榜斋应许旧黄冠。"(《大全集》卷三三)并特别自注:"仆尝主此祠。"其实,从制度层面来说,即使共主同一宫观也不需要赴任同一地点,而是任便居住,所以并无太多实际经验的共同点,但从情感上来说,刘克庄的自注显然将共主一祠作为他和林希逸之间情感密切契合的象征加以言说。与从弟刘希仁之间的这种认同更是强烈②,《秘书弟得祠》写道"我为明道君崇道,同系冰衔晚节光"(《大全集》卷二一),明道宫在亳州,崇道观在台州,明道、崇道并不相关,只因兄弟二人"同系冰衔"而声息相关。《又和二首》又说"亳社重新依老子,天台自古属刘郎",并且自注:"余旧尝领明道。"亳社指明道宫,天台指崇道观,而这里又以亳社老子、天台刘郎的典故双关,在妙用典故的同时,更显得两人关系之非同寻常。特别是"自古属刘郎"句,将自己奉祠崇道观的经历与兄弟刘希仁奉祠紧密相接,在亲情血缘之外增加了心理的共鸣。至于《贺秘书弟提举崇禧》"皆云新管辖,还是小茅君"(《大全集》卷二一)下自注"余尝两任崇禧,居厚亦再任",《居厚弟改提举鸿禧一首》"犹胜亳州前管辖,鬓毛秃尽欲归僧"(《大全集》卷二一)等诗句,无一不显露出诗人们因具有相同的奉祠经历而获得的内心交集与认同。可以说,在维系群体关系、加强群体情感交流、建构群体文学精神世界上,同任祠官的

---

① 参拙文《刘克庄的乡绅身份与其文学总体风貌的形成——兼及江湖诗派的再认识》,《中山大学学报(社会科学版)》2011年第4期。
② 刘希仁为刘克庄从弟,《南宋馆阁续录》卷八载其乃"嘉定四年赵建大榜进士出身",因屡以谤退,亦主崇禧观等闲职,长期里居莆田,与刘克庄经历相似。

经历发挥着不可替代的重要作用,奉祠人生下的文学写作成为当时莆田文人群体独立于世的潜在而关键之一环。

祠官文学中除了诗词而外,那些"乞宫观札子""丐祠申状""任祠谢表""贺得祠启"之类的启表奏状之作,也充分展现出南宋士人在祠禄制度下的心理进退与政治情怀,透露出他们的生存状态与处世心态。祠官书写在某种程度上比起贬谪与隐逸来说,更能代表他们广泛的人生真实,更能反映南宋特别是南宋中后期士人心态与文学创作之间的复杂关系。再扩而言之,作为南宋士人群体记忆与集体经验的奉祠,不仅能够在地域诗人群体中起到维系情感、唤起共鸣的作用,而且在更大范围的士大夫交往圈也有着声气相通的特殊意义,影响了他们的社会心理、文化品格和精神特质,由此也对南宋士大夫文学独特风貌的塑成起到了不容小觑的作用。

第三节 "祠官文学"与退居士大夫:以周必大为例

上一节,我们尝试提出了"祠官文学"的概念,认为它反映出南宋特有的政治生态与士人情怀。下面我们拟从乞祠、领祠、归祠等维度去认识它的多维面相。

一、作为南宋独特景观的祠官文学

如上所言,宋代的祠禄官制对文学产生了一定影响,这已逐渐为学界所认识[①],但这种影响在哪些层面发生,如何发生,又是怎样呈现的,则仍是一个值得深入探讨的话题。上节已经指出,狭义的祠官(或称"宫观官")从北宋开始设置,初衷本在"佚老优贤",以任领宫观

[①] 从文学角度涉及此问题者,有拙撰《刘克庄的乡绅身份与其文学总体风貌的形成——兼及江湖诗派的再认识》(《中山大学学报(社会科学版)》2011 年第 3 期)、刘蔚《宋代田园诗的政治因缘》(《文学评论》2011 年第 6 期)等。

而享受俸禄,对象多为高官重臣。王安石变法后又以此"处新法之异议者",任此职以闲置不用,成为排除异己的辅助手段。不过,北宋神宗朝祠官总人数也仅100余而已,只占官僚总体的三百分之一弱,对士人阶层及其文学创作产生的影响比较小。至南宋高宗朝,祠禄制度进入"冗滥阶段",祠官总人数已逾千人,与三省吏人数相当①。周必大在给张焘撰写的神道碑中就记载:"(宋高宗绍兴九年,1139)七月除权吏部尚书,首论官冗,半年间授宫观岳庙九百余员,坐縻廪禄,虚理资考。"②仅半年,祠禄官的数量即增至900余,规模空前。此后,上至朝廷名臣,下至低级幕僚,或提举宫观,或监领岳庙,祠官群体迅速扩大。朱熹对此议论精当:

> 本朝先未有祠禄,但有主管某宫、某观公事者,皆大官带之,真个是主管本宫、本观御容之属。其他多只是监当差遣。虽尝为谏议官,亦有为监当者,如盐船场、酒务之属。自王介甫更新法,虑天下士大夫议论不合,欲一切弹击罢黜,又恐骇物论,于是创为宫观祠禄,以待新法异议之人。然亦难得,惟监司郡守以上,眷礼优渥者方得之。自郡守以下,则尽送部中与监当差遣。后来渐轻,今则又轻,皆可以得之矣。③

这种"皆可以得之"的局面,导致南宋一大批代表性文学家都具有奉祠经历,如刘一止、洪适、周必大、陆游、朱熹、尤袤、杨万里、吕祖谦、楼钥、辛弃疾、叶適、赵蕃、曹彦约、程公许、真德秀、刘克庄、文天祥等无

---

① 以上数据均来自梁天锡《宋代祠禄制度考实》附录《宋祠禄奉罢年表》及《宋代之祠禄制度(提要)》的统计。
② 周必大:《资政殿大学士左太中大夫参知政事赠太师张忠定公焘神道碑》,《庐陵周益国文忠集》卷六一《平园续稿》卷二一,清道光二十八年欧阳棨刊、咸丰元年续刊本,下文所引同。
③ 朱熹:《朱子语类》卷一二八,《朱子全书》第18册,上海古籍出版社、安徽教育出版社2010年版,第4008—4009页。

一不领受过祠禄,甚至长期任领祠官。祠官成为许多南宋文学家不可抹去的身份角色,在他们的交游活动、群体心理、文化记忆、诗文创作等方面,留下了浓重的印记。由于奉祠并非南宋少数士人的个别遭遇,而是大量士人的共同经历,祠官身份也就承载了整个南宋士人的集体经验,将之诉诸文学作品,便形成了独特的"祠官文学"现象。

我们认为,所谓的"祠官文学"并非指文人奉祠期间所作的所有文学作品,而是任领祠禄官(特指狭义的、专职却无实际执掌的宫观官)的宋代文人表达请祠愿望、记录奉祠心理、书写任祠情怀、认识祠官身份的各类创作之总和,也涵括周边文人酬唱、体味祠官们特殊精神处境的文学作品。"祠官文学"所涉及的文体亦不仅仅是诗词的唱和,还有大量的"乞宫观札子""丐祠申状""任祠谢表""贺得祠启"等奏状表启的文章创作和相关文字(如日记、序跋等记录),它们共同组成了宋代独有的文学景观。

"祠官文学"虽非独立的文学概念,但却能独立指称相关作品,具有一定合理性,它呈现出的宋代祠官特有的精神世界与文学面貌,更是饶有兴味的话题。这一概念的提出,既是在梳理宋代大量相关奉祠作品基础上,对此现象的理论提炼与命名,同时也具有文学批评史上的旁证根据。古人在诗话、词话、文话等典型批评著述中,并未提及"祠官文学"或相似概念,但是在一些类书中,设立有"宫观类"条目,所收作品正与"祠官文学"相呼应。《白孔六帖》卷八九所设"宫观"条,尚是对道教各宫观建筑作铺排介绍,《海录碎事》卷一三"宫观门"、《锦绣万花谷》后集卷二七"宫观"条,仍承续这种方式而略有变化。到了《古今事文类聚》前集卷三四"道观"条即注"奉祠附",所录内容除仍有介绍各个道观概况外,其下"古今文集"部分,开始收录不少文人的奉祠作品,如陆游《玉局歌》、朱熹《拜鸿庆宫有感》等,《遗集》卷一五又补入刘克庄《方寺丞除云台观》《蒙恩监南岳庙》,这都是典型的书写奉祠感想与身份表达的祠官文学作品。《翰苑新书》前集卷三七"宫观"条,亦将大量篇幅留给了宫观官使相关文献,而对道教宫观建筑的介绍已占很小比例。特别是到了《翰苑新书续集》卷三九"宫观类",就仅收刘克庄《除仙都观丞相启》等典型祠官文学作品了。类书不是诗文评著作,不会直接表述文学观念,但它反映出古人认识世界的方式与眼光,它的类目设置建立在编者对相关文本的性质认识的基础之上。宋代类书中"宫观"条目的设置及其收录文献性质的变化,反映出类书编者对祠官文学作品的关注,说明当时士人对祠官文学已经有所感知并有了初步的认识。

王水照先生曾敏锐地指出,南宋文学"在内蕴特质、艺术表现上也有自己的特点,不是北宋文学的'附庸'"①,这一重要论断对我们认识祠官文学在南宋文学中的意义很有启发性。祠禄制度为宋代所独有,然祠官书写在北宋仍较鲜见,此时虽有一定数量的祠官文学作品,诗歌如宋庠《太一奉祠夜即事》、沈遘《奉祠东太乙宫七首》、孔武仲《奉祠城西夜坐苑中即事》、黄裳《立春奉祠太一》、晁说之《乞宫观报罢作》,文章如范纯仁《乞宫观札子》《谢复观文殿大学士充中太一宫使表》等,但这些作品数量上不成规模,更重要的是它们呈现出的精神世界比较单一,作者奉祠心态相对简单,他们大多数是奉祠太乙宫,这在当时仍属优厚待遇,与南宋士人奉祠多因政治失意,颇显异趣;而且北宋的奉祠士人并不具有自觉的祠官身份意识,没有在文学作品之中表现出祠官所特有的心理状态,他们奉祠期间的作品也就很难作为一个独立的文学现象加以讨论。只有到了南宋,祠官文学作品不但数量激增,蔚为一道独特的文学景观,而且能够互相勾连,共同反映出较为丰富的南宋士人心态。这与当时的政治风向、社会心理、士人品格互相关联,具有突出的复杂性与多维性,探讨它们的内在意蕴与作品呈现,自然也就成为勾画南宋文学风貌的重要组

---

① 王水照:《南宋文学的时代特点与历史定位》,《文学遗产》2010年第1期。

成部分。

南宋的祠官文学,从时间展开角度考察,至少有以下三个维度值得注意。

第一,乞祠之时,士人们大量创作"乞宫观"相关的札子、奏状、书信之类的作品,这些文章常常围绕个人政治原因展开写作,虽表面上仍有引疾乞祠、侍亲乞祠、待阙与祠、被罚与祠、政争与祠之分,但根本原因多是陷入政治纷争,故而常能反映出国家政事的分歧,又表现出个人对待政局的看法以及彼时的复杂心态。如洪咨夔于宋理宗端平元年(1234)作《乞祠奏》,文中言自己"性禀猖介,学术迂拙。但知以竭虑为忠,不计以直情为激",希望皇帝批准"特赐祠廪,俾归求君子时中之学,以备异时器使,实戴终始生成之造"。① 这些个人原因的辞句背后,实则是宋理宗端平更化之时,各种政治矛盾的集中爆发。洪咨夔当时既以御史身份弹劾李知孝、梁成大,又论完颜守绪骨函事,然因此前闲置日久,对朝政更革虽有着很大期待,却又担心自己再陷政争,故而乞祠之作中矛盾态度多有体现。这些"乞宫观"之文,是揣摩南宋士人与政治关系的重要文本。

第二,领祠之后,一般有两类作品诞生。一是于公而言,奉祠士人多要撰写谢表、谢启之作,这些作品虽多是规制性文本,不能全部表露心迹,然借事说理、言志抒情,勾画出作者的心路历程,颇能见出文笔之妙,展示出一定的政治意图与情感世界。如《翰苑新书续集》卷三九专设"宫观类"收录刘克庄《除仙都观谢丞相》《除玉局观谢二相》《除云台观谢丞相》《除崇禧观谢丞相》《再除崇禧观谢丞相》《复右文殿修撰提举明道宫谢相》《除明道祠谢丞相》七篇作品,将这些作品捉置一处整体考量,刘克庄一生的宦海沉浮,以及他面对政局无从措手的无奈与失落,一览无遗。二是于私而言,奉祠士人此时常与周边

---

① 洪咨夔:《乞祠奏》,《洪咨夔集》卷一二,浙江古籍出版社,2015年版,第295页。

好友唱和,以获得精神上的慰藉。如宋孝宗乾道七年(1171),汪大猷提举太平兴国宫,奉祠归里,吕祖谦、范成大、赵汝愚、朱熹、姜特立、司马伋、魏杞等十四人分韵赋诗相送,汪大猷则有次韵酬答之作,这些作品虽然并未全部留存,却让我们一睹特殊政治气候之下、领祠之时,士人们同气相求、同声相应的强烈身份认同①。

第三,奉祠期间,许多南宋士大夫将主要精力放在了诗文酬唱上,成为锻造他们诗文品格的关键阶段。比如赵介:"奉祠十五年,历主管亳州明道宫、台州崇道观。日与宾客赋诗饮酒弈棋,博通古今,议论缅缅,凡释老诸书,下至稗官小说,无不成诵,听者忘倦,郡守每以上客礼之。"②刘克庄也曾夫子自道:"奉南岳祠未两考,得诗三百,非必技进,身闲而功专尔。"③士人奉祠可谓都将时间都交给了诗文闲适。诚然,士人奉祠期间的创作不能都算作祠官文学,但其中一些作品所传递出的祠官身份意识,却在他们的人生经验与文学世界中发挥了不容忽视的作用,甚而地方文人常因共同奉祠归乡,由此结成具有一定规模的地域诗人群体,成为南宋时期重要的文学现象。

除此之外,士人在罢祠之际,祠官身份开始改变:或者继续起用,重入仕途,期待再展抱负;或者由此边缘化,且断了朝廷的薪水,经济上负担愈重。前者已非祠官,可以不论。后者则往往希望能够再次请祠,继续获得祠禄的经济支持。比如朱熹就满足于祠官的身份,罢祠之际又再请祠,他有一篇《乞宫观札子》云:"熹伏自顷岁罢官浙东,圣恩畀以祠禄,至今考满,家贫累重,未能忘禄,欲望特赐敷奏,更与再任一次。"④他不但自己上奏乞祠,更给吕祖谦、周必大写信,望

---

① 目前尚留存吕祖谦《尚书汪公得请奉祠,饯者十有四人分韵赋诗,某得敢字》、范成大《送汪仲嘉待制奉祠归四明分韵得论字》、赵汝愚《送学士汪大猷归鄞》、司马伋《送汪尚书大猷归鄞二首》、朱熹《送汪大猷归里》等比。
② 周必大:《高州赵史君介墓志铭》,《庐陵周益国文忠集》卷七二《平园续稿》三二。
③ 刘克庄:《跋黄恺诗》,《刘克庄集笺校》卷九九,第9册,第4180页。
④ 朱熹:《乞宫观札子》,《晦庵先生朱文公集》卷二二,《朱子全书》第21册,第1003页。

能从中周旋,促成此事。这些罢祠之时的诗文,又呈现出南宋士人另一种精神风貌,他们习惯游离政治,在地方社会施展自己的才华,同时又希望能够借助政策的力量,获得一定的经济支持,以专心文化创造。这也从侧面体现出祠禄制度所具有的积极意义。

总之,政治上的失意、生活中的闲适、文学上的丰收互相交织,合成了南宋祠官文学的多维面相,而这是北宋时期总数较少的祠官文学作品无法支撑起来的。唯有南宋出现的丰富的奉祠诗文,或抒情、或言志、或纪事、或存史,蕴含着南宋特有的政治生态与士人情怀,展现出独特的祠官群体面貌,从而形成了具有时代特点的文学景观。

二、周必大:一个祠官文学的典型样本

前文已及,南宋众多的文学家都有奉祠的经历,一些代表性作家还曾多次、长期奉祠,并写作了大量相关作品。如洪适一生七次提举洞霄宫,陆游历主崇道观、玉局观、冲祐观、佑神观、太平兴国宫等,朱熹自二十九岁差监南岳庙始,几乎大半生都处于祠官状态,刘克庄七次主管宫观,亦是长期的祠官身份,这些作家都留下了可观的、高质量的祠官文学作品。不过,他们虽然奉祠时间都很长,但是从祠官文学的丰富性、多样性来看,却都比不上奉祠时间比他们短、文学影响比他们小的周必大。

周必大(1126—1204)是南宋中期的政治领袖与文坛宗主,他的一生大体可谓仕途平顺,虽亦有升降沉浮,但他终能位极人臣,参与了南宋中期诸多重大的历史事件,是一位影响当时政局的重要人物[1]。作为一个在政治上有自我见解的士大夫,周必大面对朝政上的

---

[1] 关于周必大在南宋政局中的表现,余英时《朱熹的历史世界:宋代士大夫政治文化的研究》(生活·读书·新知三联书店,2004年版)相关章节有所讨论,特别将其作为与"官僚集团"相对的"理学集团"的领袖看待;许浩然《周必大的历史世界:南宋高、孝、光、宁四朝士人关系之研究》(凤凰出版社,2016年版)一书则对其政治、人事的各种关系进行了更深入的探讨,可资参考。

纷争,总会表露出自己的态度,与同僚乃至皇帝发生冲突,因而也不免奉祠归乡的命运。大体而言,周必大有三次奉祠经历:第一次,隆兴元年(1163)三月,三十六岁的周必大因反对宋孝宗擢拔"近习"龙大渊、曾觌知阁门事,以起居郎兼权中书舍人身份上奏《缴驳龙大渊、曾觌差遣状》,不书黄,违背了孝宗意志,遭御笔斥责,于是他坚决请祠,主管台州崇道观,直至乾道六年(1170),闲居近八年。第二次,乾道八年(1172)二月,宋孝宗擢拔张说、王之奇为签书枢密院事,二人依惯例上辞免新命奏,周必大又以权中书舍人身份坚持不草"不允诏",孝宗震怒,限当日奉祠离京,提举江州太平兴国宫。至乾道九年(1173)起用,旋即又再次请祠,直至淳熙二年(1175)年初止。第三次,淳熙十六年(1189)五月,身为观文殿大学士的周必大,被谏议大夫何澹等严厉弹劾,自请以元官奉祠,除醴泉观使归乡,至绍熙二年(1191)八月止,绍熙五年(1194)二月再任醴泉观使,直至庆元元年(1195)七月致仕。这三次奉祠经历占去了他仕宦生涯的四分之一,其中还有许多情节的反复①,更是折射出周必大的复杂心态。因而在他两百卷的《文忠集》中,留存了大量乞祠奏状、谢祠表启、归祠日记、奉祠诗歌、告归祝文,以及与其他祠官的酬唱之作,乃至讨论宫观祠禄制度的章奏等。这些文章透露出周必大的心路历程、文化性格与文学品格,同时也呈现出祠官文学难得一见的丰富性,是剖析南宋祠官文学多维面相的典型样本。由于周必大权高位重,每次奉祠背后的政治人事关系都广泛而复杂,我们不拟对这些作品的历史语境和文学成就作全面探讨,而仅选取相关样本,从乞祠、领祠以及奉祠里居三个时段,一窥周必大祠官文学不同时段、不同体裁的多维展开,期能具体地展示南宋祠官文学系统的立体结构。

---

① 关于周必大生平履历及请祠的详细情况,这里不再细述,可参看李仁生、丁功谊《周必大年谱》(江西人民出版社,2014年版)及王聪聪《周必大年谱长编》(华东师范大学博士学位论文,2014年)。

(一) 乞祠奏状：从书生意气到沉稳圆熟

隆兴元年的"反近习"政争是南宋孝宗朝的重要历史事件，孝宗即位不久即有大批士人上书言事①，周必大在这次事件中扮演了重要角色，也造成了他第一次奉祠。本节无意就此事件本身作更深入的探讨，因为事实是清楚的，先行研究亦已达到较高水平②。这里仅从乞祠文本观察周必大的心曲。

宋孝宗即位之初，"近习"龙大渊和曾觌即为台谏激烈弹劾。周必大原本并非事件中心人物，他在《缴驳龙大渊曾觌差遣状》中说："臣等于大渊、觌功过能否初不详知，但见缙绅士民指目者多，又闻台谏相继有言，臣等亦不知其所劾何事也。"并向孝宗指出："今若轻犯众怒，不少退听，是陛下将欲爱之适所以害之，非计也。"③立场虽有倾向性却并不坚决，其初衷乃在于公议强烈反对，故而缴驳以示操守，但孝宗却因此懊恼不已。次日，周必大上《同金给事待罪状》以谢罪，然其真实想法，却绝不是自甘认错。同日给右相史浩去信云："某非不知思权时之宜，为调停之策，但若不决去，则此辈必谓士大夫可以爵禄诱，可以威命胁。"同时又指出："为今之计，使二人者(指龙、曾二人)出奉外祠，则士气自伸，公论自息。然后某自以私计，或以疾病为请，求一宫观差遣，仰以释圣上朋党之疑，下以解二人报复之怨，此上策也。"④想以双方奉祠，缓和当时情势。最后的结果，龙、曾并未奉祠，周必大自己则确实写作了平生第一篇《乞宫观奏状》，并获准"任便居住"，回到庐陵。文章如下：

---

① 事件概况可参李心传《建炎以来朝野杂记》乙集卷六"台谏给舍论龙曾事始末"条(中华书局，2000 年版，第 603—607 页)。详细讨论可看张维玲《从南宋中期反近习政争看道学型士大夫对"恢复"态度的转变》第一章"道学型士大夫的凝聚——反近习主力的形成"(花木兰文化出版社，2010 年版，第 17—55 页)。
② 如杨瑞《周必大研究》(浙江大学博士学位论文，2007 年)、邹锦良《周必大生平与思想研究》(江西人民出版社，2013 年版)、李光生《周必大研究》(中国社会科学出版社，2015 年版)，以及前揭许浩然《周必大的历史世界：南宋高、孝、光、宁四朝士人关系之研究》等。
③ 周必大：《缴驳龙大渊曾觌差遣状》，《庐陵周益国文忠集》卷九九《掖垣类稿》卷六。
④ 周必大：《与史丞相札子》，《庐陵周益国文忠集》卷九九《掖垣类稿》卷六。

臣辄沥血诚，仰干圣造。复念臣先茔多在吉州，惟臣母葬信州，久欲迁奉，缘臣备数于朝，力所未能。爰自今年正月屡经朝廷陈乞假告，继又力请外祠，而宰执不为敷奏，因循至今。人子之心，晨夕不遑。缘此心气怔忡，居常抱病，安能纂修记注，摄赞书命？必由旷职，重抵司败之诛。若非触冒万死，投诚君父，则进退失据，谁肯为臣言者？伏望圣慈下臣此章，宣问宰执。如臣前此果因迁葬乞去，非敢矫妄，即授臣宫观一次，使遂其区区之志。今齿发尚壮，他时或有繁剧任使，虽赴汤蹈火所不敢辞。轻犯天威，臣无任震灼俟命之至。谨录奏闻，伏候敕旨。①

在这篇乞祠奏状中，周必大寻找的请祠理由并非给史浩信中所设想的"或以疾病为请，求一宫观差遣"，而是回乡为母亲迁坟，"人子之心，晨夕不遑"，这一理由在其大量的乞祠奏状中很异类。我们固然能够证明周必大此次回乡确实迁移了母坟，但联系上文所述整个事件的发生经过，可以断定这并非真实的奉祠原因，而真实的原因与他内在心理，在《与史丞相札子》中已比较显明。由此可见，像《乞宫观奏状》这样的乞祠文章，并非孤立的历史文本，这和诗词作为相对单纯的文学文本不太一样。一首诗词可以是随感而发，与现实的关联性不必很大，但一篇乞祠奏状则一定只是相关历史线条中的一环而已。周必大在这篇文章中，可谓无一句言及现实，既未提缴驳事，更未言孝宗斥责，但是又无一句虚发，作为当事人的孝宗读后必定明了背后原因与真实意图。

再看乾道九年（1173）所作《辞富沙乞宫祠第一状》《第二状》《第三状》。乾道八年（1172）二月，周必大因反对张说、王之奇事而触怒孝宗，奉祠归乡近一年。与第一次的主动请祠不同，这次乃是被勒令

---

① 周必大：《乞宫观奏状》，《庐陵周益国文忠集》卷一二二《历官表奏》卷一。

限期离京,非常狼狈,周必大的心理是有些难以接受的。他在赠侄诗中写道"圣朝有道合羞贫,清昼那容里路珍"①,内心波澜仍未平息。至乾道九年正月,朝廷却突然任命周必大知福建建宁府(治所在富沙),他接连乞祠,甚至在赴任路上仍再上《第三状》,主要理由就是"心气旧疾,日甚一日,腰臂痛楚,通夕呻吟"②。疾病实则是借口,背后的蹊跷正在于重新起用周必大,并非朝廷悔过,而恰是张说"露章荐之"③,周必大一方面自知不能落入圈套,惹清议指责,一方面又备受朝廷压力,故而徘徊犹豫,行而又停,再三请祠。

乾道奉祠与隆兴请祠,情形很不相同。虽然隆兴请祠的《乞宫观奏状》写得情真意切,但与连上三篇奏状相较,仍不可相埒。我们将周必大隆兴元年(1163)的《乞宫观奏状》与《与史丞相札子》对读,便知其去意已决,主动请祠是抱着一种解决问题、缓解事态的心情上奏的,他的整体心态并不是悲观的失意,而是略感遗憾与歉责,又饱含着与佞幸斗争的士人精神。这种"书生意气",在此时入仕未深的周必大身上,显得很突出。而乾道九年(1173)的三篇乞祠奏状,我们则可以和《王季海丞相》书札对读,该文说:"起废之由既已报行,士大夫皆知朝廷之意,可以无嫌。已力恳相参,更望舍人赞成之,毋使至于再三,却贻罪戾也。乞祠文字亦止说疾病,不敢他及,恃知爱复出等伦,乃尔干渎,乞赐矜念。"④同时《赵子直丞相》书札则说:"某恳辞富沙,自谓必获大戾。今日闻圣恩赐允,未审果否?若所传不妄,则感戴宽宥,何以报塞?长与农夫歌咏德化,真幸民也。"⑤与王淮之信,百般表达准祠之无奈;与赵汝愚信,则袒露心迹,担心孝宗"大戾"。乞

---

① 周必大:《奉祠还家侄绛以诗相迎次韵》,《庐陵周益国文忠集》卷五《省斋文稿》卷五。
② 文长不具录,参周必大《辞富沙乞宫祠第一状》《第二状》《第三状》,《庐陵周益国文忠集》卷一二二《历官表奏》卷一。
③ 周密:《癸辛杂识》"周莫论张说"条,中华书局,1988年版,第282页。
④ 周必大:《王季海丞相》,《庐陵周益国文忠集》卷一九〇《书稿》卷五。
⑤ 周必大:《赵子直丞相》,《庐陵周益国文忠集》卷一九一《书稿》卷六。

祠奏状与两篇信札一比照，周必大处境的矛盾纠结与写作心态的曲折往复可以想见。周必大与张说、王之奇之间的斗争，仍是第一次奉祠时"反近习"的延续。但乾道时期的周必大并不想那么决绝地离开官场，他进退两难，只好再三请祠，结果则是"必大三请祠，以此名益重"①，在士林中获得了盛名。

周必大经历了两次奉祠之后，书生意气渐消，而沉稳圆熟的一面逐渐显露。学者已经指出，从淳熙元年开始，周必大的仕途由逆转顺，既缘于朝廷政治方针的改变，孝宗日益重视周必大，亦是其性格与态度嬗变使然②。这种转变从他的乞祠文章中也可窥出轨迹，可举淳熙五年(1178)十一月乞祠事为证。

淳熙五年十月二十二日，会庆节(孝宗生日)，金国有贺，周必大执笔国书回复，却出了差错，为此特上《乞宫观札子》(文长不录)。文章从幼时遭际"臣以孤生，蒙陛下简擢，致身侍从"写至身体疾病"爰自早岁即苦心气不宁，今年以来，其疾益甚"，再转至曾经有乞外补请求"累曾控告君父，冀从外补"，然后说到"每遇撰述，往往思虑移时，仅能下笔，芜累不工"，做足了铺垫后再说"近因回答国书，果致语意失当，仰勤宸笔改定，臣之不职，罪岂容诛？"并乞求："念臣恳求闲散，前后非一，稍宽刑诛，特授一在外宫观差遣，使之归伏田庐，寻访医药。"③全文分寸拿捏到位，写得非常得体。当然，仅从这篇文章，我们实难确定周必大背后的真正动机，但若干年后他自撰《御批丐祠不允奏并诏书跋》，交代得比较清楚：

淳熙五年冬，臣为学士一年有半矣。数求去，未遂。曾觌、韩彦古辈间言日闻，因答北房贺会庆节国书，曲意指摘。适殿帅

---

① 脱脱等：《宋史》卷三九一《周必大传》，中华书局，1977年版，第34册，第11968页。
② 参前揭杨瑞《周必大研究》第二章第三节"周必大与孝宗"相关论述。
③ 周必大：《乞宫观札子》，《庐陵周益国文忠集》卷一二四《历官表奏》卷三。

> 王友直捉军大扰,密疏其事,贵近滋不悦,孤踪益危,急援杨亿邻壤事引咎丐祠。而上恩过厚,保全甚力,御笔涂去误改国书等六十余字,亲批降诏不允,不得再有陈请。他侍从殆无此礼,以是不敢复言。①

可见,代草国书出错只是乞祠诱因,背后还有诸多政治角力在斗争。《宋史》载:"是岁(淳熙六年,1179),加觐少保、醴泉观使。时周必大当草制,人谓其必不肯从,及制出,乃有'敬故在尊贤之上'之语,士论惜之。"曾觌本是周必大反对过的近习,然这一次周必大却出以违心之言。这自然让反近习阵营失望了,但却表现出他仕宦心态的转变。这次为近习草制,恰在淳熙六年元月,我们有理由怀疑周必大借口乞祠,正是与近习相逼有关。周必大这次请祠,已不是隆兴请祠的政治表态,也不是乾道请祠的无可奈何,原因虽然多样,仍不妨看作一个成熟官员政治手腕的表现。周必大所倚仗的根本,不消说还是孝宗的信任,但是从以上的行文中,我们已经能够感受到此时周必大在政治局势中的沉稳圆熟,能够看到他在权力角逐中如何化解危机,转危为安。

总之,乞祠奏状乃南宋祠官文学之大宗,它们所反映的作者心态幽微而复杂,是正面了解祠官心迹的重要路径,我们必当抉剔爬梳,始可照见隐曲奥赜。《文忠集》共收录近30篇乞祠奏状,其中包括多次丐祠不允的情况,这些乞祠文章有些是去意已决,有些是试探上意,有些是半推半就,心态不一,联系起来观察,则犹如大型联章组诗,勾连成了周必大宦海浮沉的晴雨表,展现了他面对朝局变化时或忧谗畏讥、或发扬蹈厉、或迟疑顾望、或刚勇任气的复杂心态。细品它们的措辞用语,结合周边文本分析,对其中细密幽眇的个人心曲、

---

① 周必大:《御批丐祠不允奏并诏书跋》,《庐陵周益国文忠集》卷一四《省斋文稿》卷一四。

脆弱无常的人事关系、波谲云诡的朝堂政治,都可获得更深刻入微的认识。

(二)领祠诗文:政治失意时的心理宣泄

在写作乞祠奏状时,作者仍面临着多种结果的可能,怀着不同的心理期待,行文也就表现出多样的变化,心态总体趋向相对复杂,文辞表达也有含蓄隐晦的一面;而在领祠之后写作的任祠表启(主要是谢表谢启),所表达出的心理则比较显性,主要是对既定事实的认同,失落遗憾或者轻松自在,都能较为明白地表露。任祠表启是南宋祠官文学书写的重要类型,出现了众多优秀的作品,如前文提及的《翰苑新书续集》卷三九"宫观类"收录的刘克庄七篇奉祠谢丞相启,都是优秀的骈文,其他南宋文学名家此类谢启亦不在少数。这些表启与乞祠奏状相比,文辞更讲究,藻饰更优美,更具有审美价值。周必大号为词臣之冠,本就是四六文高手,《鹤林玉露》即云"渡江以来,汪孙洪周,四六皆工"①。他的奉祠表启数量不多,然仍可见出一时心态与行文艺术。比如乾道元年十一月周必大续任台州崇道观,乾道二年(1166)作《再任宫观谢宰执启》:

三年去国,梦断朝参;再命奉祠,喜加堂帖。踪迹已沉于农亩,姓名尚录于朝廷。虽至冥顽,宁忘荷戴!伏念某禀资极陋,殖学不丰。本期久次于雠书,敢望骤深于载笔?冠沐猴于仗下,实愧水官;齿路马于君前,常忧山野。身非不遇,心自弗安。仰繁恤隐之施,俯遂投闲之请。年丰冬暖,无叹于饥寒;日迈月征,有惭于凤夜。曾经更之未久,而宠任之已加。博矣惠施,不忍偏悭于数子;大哉钧播,固应块圠于无垠。②

---

① 罗大经:《鹤林玉露》丙编卷二"文章有体",中华书局,1983年版,第265页。
② 周必大:《再任宫观谢宰执启》,《庐陵周益国文忠集》卷二四《省斋文稿》卷二四。

此时的周必大自隆兴请祠以来,早已寄情山水,周游名胜,诗酒酬唱,忘却了政治与朝局,《闲居录》一卷正是记载这段时期优游生活的详细文本。所以在这篇谢启中,与乞祠奏状里那种战战兢兢相比,全无半点抑郁之气,而多有清通之辞,"踪迹已沉于农亩""本期久次于雠书"诸句,如联系此时所作诗歌如《青衣道人罗尚简论予命宜退不宜进,甚契鄙心,连日求诗为赋一首》等题来看,其中求退之意是真切无饰的。

从政治失意到获得心理的平衡,领祠谢启(表)常常具有情感宣泄的先导作用。周必大在乾道八年奉祠,乃因孝宗震怒,所作《谢宫观表》就是一篇既带谢罪性质,又表谢恩态度,更见内心委屈的文本。比如他说:"再兹安发,可谓数奇。苏苏威命之行,岌岌孤踪之殆。晨趋凤阙,绾五组之光华;夕侣渔舟,被一蓑之蓝缕。虽云去国,尚尔全生。"在"晨趋凤阙"与"夕侣渔舟"的对比之中,足见其无奈酸楚之感。又说:"皇帝陛下御众以宽,退人以礼。纵负丘山之罪,不加斧质之诛。姑使汰归,俾知循省。臣虚沾廪稍,实腼面颜。身在江湖,怅阙庭之浸远;心如葵藿,望天日以常倾。"①则在在表现出作者接受处罚的诚意,但又饱含向往再被起用的期待。这些复杂的情绪在谢表中都得到宣泄与慰藉。

如果说奏状表启中的情感表达方式因裹着政治外衣而略隔一层,那么诗歌唱和的情感则显性直露得多。奉祠因为带有贬谪色彩,所以朋友间的互相慰藉总是免不了的,梳理相关奉祠酬唱诗歌,大都在文人离京饯别之际,因为就奉祠过程来看,这个时段是最具仪式感、情绪最需要安顿的。在周必大的仕宦经历中,最先是以旁观者身份作诗安慰奉祠归乡同僚,最显著者有两例。

一是绍兴三十一年(1161)正月十日,周必大在秘书省正字任,同

---

① 周必大:《谢宫观表》,《庐陵周益国文忠集》卷一二二《历官表奏》卷一。

僚胡宪因论荐主战派张浚、刘锜被罢正字,主管台州崇道观以归。馆阁同僚汪应辰、王十朋、周必大等人赋诗相送,周作《胡原仲正字特改官除宫观,馆中置酒饯别,会者七人,以"先生早赋归去来"为韵,人各赋一首,仆得早字》①。周必大比胡宪年轻四十岁,原非同一辈人,而且此时的他涉及政事也较浅,与胡宪政治立场并不完全一致,所以诗中并未对时事有太多议论,只是以出处之道相勉励,以怀抱倾倒相鼓舞,以相思善祷相祝福。他在《籍溪胡先生宪墓表》记云:"明年,原仲上书论事求去,天子待之良厚,缙绅皆荣其归。"②对待胡宪奉祠的整体态度是比较平和的。

二是同年春李浩(字德远)奉祠,周必大赠七言歌行《送光禄寺丞李德远得请奉祠》,所表达的情感则较上次强烈得多:

> 君家临川我庐陵,两郡相望宜相亲。长安城中初结绶,石灰桥畔还卜邻。扣门问道日不足,篝灯照夜论心曲。寸莛那许撞洪钟,跛鳖逝将随骥骝。闻君上书苦求归,君今岂是当归时。满朝留君君不顾,我虽叹息何能为。莫攀杨柳涛江岸,莫唱阳关动凄断。行行但祝加餐饭,潮落风生牢系缆。③

李浩与周必大同乡,立朝忠愤激烈,言切时弊,这次奉祠乃主动请祠,故有"闻君上书苦求归"之句,陆游《送李德远寺丞奉祠归临川》、王十朋《李德远寺簿敢言勇退,今之古人也,东嘉王某赋诗以高其行》都是为此而作,足见李浩当时声名满朝。周必大这首作品的情感力量,在他的作品中可谓上等,七言歌行体惯于唱叹多情,"两郡相望亦相亲"

---

① 周必大:《胡原仲正字特改官除宫观,馆中置酒饯别,会者七人,以"先生早赋归去来"为韵,人各赋一首,仆得早字》,《庐陵周益国文忠集》卷二《省斋文稿》卷二。
② 周必大:《籍溪胡先生宪墓表》,《庐陵周益国文忠集》卷三五《省斋文稿》卷三五。
③ 周必大:《送光禄寺丞李德远得请奉祠》,《庐陵周益国文忠集》卷二《省斋文稿》卷二。

"篝灯照夜论心曲""我虽叹息何能为""莫唱阳关动凄断"诸句更是热烈而真诚。

这两首为他人奉祠而作的诗歌,很能体现奉祠官员在情感慰藉上的共同指向,而周必大自己奉祠,周边文人因他而作的酬答之作,在其生命中也有特殊的意义与作用。《归庐陵日记》是周必大隆兴元年(1163)奉祠归乡写下的行记,从奉祠起因着笔,至抵达家乡为止,共记载了三个多月的行程,其中四月即载:"甲子(四日),雨旋霁。骨肉登舟出城,予循城过北关就之。李平叔大监、陆务观编修、邹德章监丞、王致君判院、范至能省干携诗相送。"①周必大携家属离京,朋友携诗相送,可惜我们已经找不到李端民、陆游、邹楀、王述四位的诗作,唯有范成大《送周子充左史奉祠归庐陵》仍在集中:

> 黄鹄飘然下九关,江船载月客俱还。名高岂是孤臣愿,身退聊开壮士颜。倾盖当年真旦暮,沾巾明日有河山。后期淹速都难料,相对犹怜鬓未斑。②

诗歌以送客离京起篇,颔联两句最是切题,"名高"与"身退"都是奉祠的结果,然前者并非主观所愿,后者却是可以料知的结果。颈联、尾联既叙及彼此感情,又以"鬓未斑"尚有再起之时相宽慰。可以推想,李、陆、邹、王诸人诗作亦当多以宽慰为主调。五人之中,陆游与周必大此时心境最为相似③,他此时也因反对龙大渊、曾觌而被外任通判建康府。陆诗虽佚,周必大的答诗《次韵陆务观送行二首》则俱存:

---

① 周必大:《归庐陵日记》,《庐陵周益国文忠集》卷一六五《杂著述》卷三。
② 范成大:《送周子充左史奉祠归庐陵》,《范石湖集》卷九,上海古籍出版社,2006年版,第110页。
③ 承许浩然兄告,周必大与陆游在绍兴三十一年至隆兴元年,同居百官宅,虽政见有异而交谊颇厚,参见许浩然《地理空间与交游场域——南宋临安百官宅考论》(《史林》2016年第1期)。

蓬阁虚生白,兰台汗杀青。英游迷岁月,神武动风霆。迁擢恩频忝,黔黎困未醒。空睎范蠡去,羞对浙江亭。

议论今谁及,词章更可宗。三年依玉树,一别送尘容。尽日寻山寺,思君傍塞烽。(自注:务观将赴京口。)五言何敢续,持用当缄封。①

全诗以赞扬陆游才能为主调,许其为"范蠡",赞其"议论"与"词章",而缺乏一般贬官送行的安慰。这也比较容易理解,因为陆游只是离京换任,而周必大自己则是奉祠里居,从仕途前程来看,此时的周必大似无安慰陆游的资格。

倘若从奉祠情感流露的真诚度来说,周必大写给从兄周必正的一首次韵诗可算典型之作。周必正(1125—1205),字子中,伯父周利见之子,比周必大年长一岁,二人性情相投,趣味相近,关系最密切,周必大晚年所称"二老堂"之"二老"正是指自己和周必正。周必正笃好诗文,与周必大多有唱和,隆兴元年奉祠归乡,周必正有诗相赠,惜已亡佚,周必大的酬答之作题《恩许奉祠子中兄重寄臣字韵诗再次韵》:

迂儒岂足助维新,日奉威颜谢主臣。可罢本非缘一事,致疑初不怨三人。弟兄有禄供温饱,畎亩何阶答圣神。此去读书真事业,向来正字误根银。②

诗题说得很清楚,请祠获准之后,周必正将此前一首"臣"字韵的诗再寄给周必大,周必大次韵回酬此作。这首诗是周必大正面表达奉祠心情的重要作品,全诗可谓句句指向奉祠事件。本诗开篇即自称为

---

① 周必大:《次韵陆务观送行二首》,《庐陵周益国文忠集》卷三《省斋文稿》卷三。
② 周必大:《恩许奉祠子中兄重寄臣字韵诗再次韵》,《庐陵周益国文忠集》卷三《省斋文稿》卷三。

"迂儒",并认为自己实在不堪辅佐孝宗亲政"维新",而颔联所谓"可罢""致疑"之句则意味自己奉祠,根源不在他人,乃在个人性情与官场不合。颈联笔锋一转,回到从兄身上,言及兄弟二人从今只需一起居乡躬耕、读书,便足了此生。尾联的"根银"即"校鱼鲁,分根银"的"根银",暗指自己当将全部精力用在读书之上,不再过问政治。与这首诗相呼应的,是一首题为"四禽"的作品,该作虽然没有正面提及奉祠,却可以断定乃是就奉祠事件而发:

> 人言百舌巧,暑至辄无声。不如鸠虽拙,四时知阴晴。提壶劝我饮,我醉谁解醒。布谷独可听,要当早归耕。①

诗中写到四种鸟百舌、鸠、提壶、布谷,此作又作于奉祠之际,因而前两种的隐喻对象就实在太明显了,百舌即谄媚的朝臣,自己则为"知阴晴"的鸠,最后两联"醉"与"归"乃关键词,向世人表明了自己的价值取向与人生态度。如果我们将这两首诗与此后周必大的腾达仕途相对照,不免觉得周必大晚年已放弃了此时的书生意气,而更多地沾染了官僚习气。然这两首诗确实表达了第一次任领祠官的周必大此时内心最为真实的一面,即面对官场的尔虞我诈,自己只求全身而退,失意、不平之感亦交杂其中。较之那些奏札之作,此诗情绪虽显消极,却不乏性情真率的一面,正是在政治失意中获得心理平衡的必然举动。

从整体风格来说,周必大诗歌缺乏一种澎湃的情感表达和机敏的叙事策略,特别是与同时的陆游、杨万里相比,这种缺点更为突出,他的诗作雍容平和有余,而藻思波澜不足。同僚奉祠,他写诗相赠是如此,自己领祠时的酬唱之作风格也大体近似,但其中所透露的身份

---

① 周必大:《四禽》,《庐陵周益国文忠集》卷三《省斋文稿》卷三。

认同之感,却仍比较强烈。领祠之际所作诗歌的眼光与立场许多时候乃将他者与自我相融合,基调多为安慰与鼓励,在赠人的姿态中完成自我情感的慰藉。这种不分彼此的情感表达模式背后,其实是作者对祠官身份的深切理解,我们从中可以看到,领祠时的诗歌酬答是士人们情感涤荡、宣泄的重要途径,促成了他们在审美趣味、艺术风格、淑世怀抱上的交流,从而让他们获得共同的精神归属感。这也同时为我们认识南宋士大夫的精神世界,提供了别样的窗口。

(三)归祠里居:庐陵地域诗人群体的聚合契机

本书在讨论祠禄制度与地域诗人群体形成关系时,已经指出:"地域性诗人群体的聚合,固然在于多方面因缘际会的促成,就南宋来说,隐在的地域—家族网络就是一个重要的依附条件,而同样重要的是核心文学家的凝聚力。"又认为:"祠禄制度下的文学家主盟地方,成为一股不可忽视的文学凝聚力量,在南宋多层次的网络性、块状化文坛中显得颇为重要。"士人们奉祠里居后的诗文创作,自然不必也不可能处处体现出他们的祠官身份,但是共同的乡居却正是孕育地域诗人群体最基础、最重要的时空条件。作为祠官的周必大,在庐陵地区士人群体的离合聚散中也发挥了核心作用,至少有两个地域诗人群体在他前后两次奉祠时显现出来。一个是以胡铨、周必大为核心的乾道年间庐陵诗人群体,一个是以周必大、杨万里为核心的庆元年间庐陵诗人群体。这两个不同时期的地域诗人群体的出现,所依赖的正是核心文学家周必大、胡铨、杨万里的奉祠归乡,他们三人均具有重要的政治影响力和出色的文学创造力,一旦稳定里居,即有凝聚众人之效。以下我们试对这两个群体的聚合概貌略作勾勒。

周必大与两个人的唱和频次最高,一是上文提及的从兄周必正(子中),唱和之作有30余题40余首,另一位则是同样奉祠居乡的胡铨(邦衡),酬唱诗作更是多达30余题近50首。这在周必大现存的800余首诗中所占比例很突出。这两位诗友,前者算是隐在的地域——家族网络成员,后者则正是奉祠归乡的核心文学家。虽然胡铨(1102—1180)与周必大同是庐陵人,但胡比周大二十四岁,在同时奉祠里居之前并无交往①。周必大于隆兴元年(1163)奉祠归居庐陵直至乾道六年(1170),而胡铨则自隆兴二年(1164)闰十一月始提举太平兴国宫,奉祠里居②。两人目前最早相涉之作乃《访胡邦衡庭前四菊茂甚因赋二绝》,题下注"乙酉十月"则已是乾道元年十月事。此前,周必大与胡铨侄子胡维宁(字季怀,1123—1170)相识,且多有唱和,如《道中忆胡季怀》(绍兴二十二年)、《抵苏台寄季怀》(绍兴二十三年)等作。乾道元年六月,周必大作《胡季怀有诗约群从为秋泉之集,辄以山果助筵戏作二叠》诗,他与胡铨的订交,极可能就在此次雅集。自此以后,二人及周边士人多有唱和。周必大记载胡铨说:"士子投献,必用韵酬答,虽百韵犹然,盖愈多而愈工。"③可见胡铨不只是一位主战的名臣,还是一位充满诗兴的文人。可惜的是,胡铨、胡维宁及其他师友的作品都没有留存下来,我们仅能从周必大诗集中略窥一斑,兹将其中有代表性的几次酬唱诗题按时间分组,罗列如下:

《顷创棋色之论,邦衡深然之,明日府中花会,戏成二绝》丙戌二月十六日

《二月十七日,葛守、钱倅出所和胡邦衡羊羔酒诗,再次韵简二公》丙戌

《戊子岁除,以栅代酒送邦衡,邦衡以诗见戏,仍送牛尾狸次韵》

---

① 关于周必大与胡铨的交往概况,可参考前揭邹锦良《周必大生平与思想研究》第四章(第210—216页)及李光生《周必大研究》第三章(第86—91页)。
② 胡嚞《胡忠简公年谱》(贵阳中央日报社,1945年版)仅记隆兴二年"闰十一月,公与尹穑并罢"。《宋史》本传则记"久之,提举太平兴国宫",由此推知此年闰十一月胡铨奉祠归乡。
③ 周必大:《跋胡忠简公和王行简诗》,《庐陵周益国文忠集》卷四七《平园续稿》卷七。

《邦衡再送二诗,一和为屠酥,二和牛尾狸》己丑正月十日

《胡邦衡生日,以诗送北苑八铃日注二瓶》己丑六月三日
《邦衡再和次韵》己丑六月六日
《邦衡侄季怀亦惠二诗,再次韵二首,一颂其叔侄之美,一解季怀生日不送茶之嘲》同前

《邦衡再送皇字韵诗来次韵》癸巳闰正月二十四日
《又次邦衡长子泳总干韵》癸巳
《又次邦衡族侄长彦司户韵》癸巳

这些诗都是在相关雅集活动中唱和写作的,除了周必大、胡铨,第一组还涉及葛守、钱倅①,这两位在周必大其他诗文中也曾多次出现,如《十二月二十二日葛守送羊羔酒戏占小诗》《葛守坐上出点绛唇道思归之意走笔次其韵》《答钱倅五月旦问候启》《转官回钱倅状》《戏答钱倅》等作品均是;第三组多出胡维宁,周必大里居时期与胡维宁的唱和陡增;第四组则有胡铨子胡泳、族侄胡长彦,周必大集中尚有《次胡长彦司户韵为其生日寿长彦新授桂掾》《次张钦夫经略韵送胡长彦司户还庐陵》等作。可见,一个以胡铨、周必大为核心,以胡氏家族成员胡维宁、胡泳、胡长彦等为羽翼,以地方官吏葛守、钱倅为辅助的庐陵诗人群体呼之欲出。耐人寻味的是,周必大与胡铨两人在重大的政治问题上是存在分歧的,胡铨为主战派干将,一生从未放弃恢复故土的理想,而周必大则与主和派关系密切,在对金态度上有游移的一面②。

---

① 据笔者考订,"葛守"当为葛立象,字像之,江阴人,葛次仲子。周必大《庐陵周益国文忠集》卷二〇《葛亚卿庐陵诗序》即云:"隆兴甲申,公子右朝奉大夫立象来守此邦。""钱倅"当为钱稚先,周必大《庐陵周益国文忠集》卷二七有《回吉州倅钱稚先启》。
② 参许浩然:《诗学、私交与对金态度——胡铨、周必大的乡邦唱和》,《井冈山大学学报(社会科学版)》2015年第2期。

不可否认的是，胡铨长周必大二十余岁，周对胡多有敬仰之情，他们的乡邦之谊更是冲淡政治分歧的主要原因，而另一个潜在的关系，即彼此的祠官身份认同恐怕也是不可忽视的作用因子。恰是祠官身份让两个年龄相差很大的庐陵人杰共聚乡间，在日常的饮酒、赏花、品茶、弈棋、庆寿、酬诗之中找到了情感共鸣，彼此的政治分歧由此得以搁置。

另一地域诗人群体的出现，是周必大庆元元年奉祠归乡时。在周必大的乡邦酬唱作品中，有一首比较特别，也很能表明周必大祠官书写的丰富性以及退居庐陵的闲居雅兴，那就是在杨万里罢祠时的次韵之作。周必大与杨万里早年即已相识，二人酬唱赠答的诗文，两人性格虽不相同，周必大有他稳重圆熟的一面，杨万里性格却比较刚直，但私交一直较好①。两位庐陵同乡在晚年的交往更是频繁，常有诗书酬答，现存周必大诗集中26首给杨万里的诗，有24首是六十岁以后写的，《鹤林玉露》"二老相访"条就记载了两人诗歌酬唱的生动场面。②庆元元年（1195），也即"党禁"前夕，周必大以醴泉观使的祠官身份里居在乡，六十九岁的杨万里也以提举万寿宫的祠官身份在庐陵。四月，杨万里祠官任满，作《四月二十八日祠禄秩满喜罢感恩进退格》诗：

> 随牒江湖四十年，寄名台阁两三番。全家廪食皆天赐，晚岁祠官是地仙。匹似分司转闲散，世无拜表及寒温。明朝更省毛锥力，十字名衔尚请钱。自注：白乐天得分司官，作诗夸拜表、行香、寒温之外并无职事；未知今日祠官，并行香、拜表，亦皆不赴。予以中大夫、秘阁修撰提举隆兴府玉隆万寿宫，辞满，系阶遂省十字云。③

---

① 关于周必大与杨万里的交往，参见李光生《周必大与杨万里政治关系考辨》(《上饶师范学院学报》2010年第5期)、邹锦良《杨万里与周必大交谊考论》(《井冈山大学学报（社会科学版）》2011年第6期)、杨瑞《周必大与杨万里交游考述》(《西南交通大学学报（社会科学版）》2013年第5期)等。
② 罗大经：《鹤林玉露》乙编卷五"二老相访"条，第210—211页。
③ 杨万里：《四月二十八日祠禄秩满喜罢感恩进退格》，《杨万里集笺校》第4册，中华书局，2007年版，第1901—1902页。

此时的杨万里提举万寿宫已无贬谪之感,而多有"佚老优贤"遗意,他在诗中以一贯的调侃笔法说自己"晚岁祠官是地仙",并不无自豪地与白居易分司官作比,说与分司官一般闲散,但连分司官的拜表、行香、寒温等一律省却。祠禄一罢,还省却了用笔多写"十字名衔"的工夫,所谓"十字名衔"即"提举隆兴府玉隆万寿宫"十字。这首诗一反祠官诗歌中常有的失落与不满笔调,而将罢祠写得值得庆贺。周必大读后即作《廷秀用进退韵格赋奉祠喜罢感恩诗次韵》:

寿宫均逸跨三年,谏纸停书剩几番。闻道君王开献纳,岂容公子散神仙。东华行踏京尘软,南涧休贪钓石温。三字底须论十字,券钱何似给餐钱。自注:来诗云十字名衔尚请钱。按外任及官祠随衙官支券钱,在内侍从职事官则给职钱食厨钱。①

周必大也回之以诙谐笔法,言及祠官罢了,尚有可能"君王开献纳",仍会被召回朝廷为官,祠官的"券钱"变成了职官的"给餐钱"。周必大与杨万里归乡之后,这种既将祠官身份逐渐看淡,又以此为契机呼朋引伴、诗酒酬酢的作派,愈发显示出二人在晚年奉祠期间淡化政治、强调私谊的趋向。从两人诗集中,我们可以勾稽出在他们周边聚集的如周必正(子中)、胡浚(季亨)、王子俊(才臣)、萧伯和、萧仲和以及庐陵的地方官员等一批共同诗友,俨然又一庐陵诗人群体。

总之,作为祠官的周必大归乡里居,利用充裕的时间写作、刻书,凭借自身的凝聚力和影响力,既带来了诗文创作和地方文化建设事业的丰收,也带动了周边文友的酬唱雅集。周必大与其他具有祠官身份的士人相聚合,更是多种力量激荡,促进了庐陵地区的文学活动,丰富了南宋祠官文学的创作风貌。

---

① 周必大:《廷秀用进退韵格赋奉祠喜罢感思诗次韵》,《庐陵周益国文忠集》卷四一《平园续稿》卷一。

三、祠官文学与南宋文人的心灵世界

上文从乞祠之时、领祠之际、归祠之后三个时段,以奏状、表启、诗歌等文体的创作,结合奉祠者和他者两个身份,阐述了周必大祠官文学的主要内容与基本结构。此外,像奉祠归乡的行记创作、代皇帝起草的他人奉祠"不允诏",以及讨论祠禄制度的奏章等,在周必大的文集中也有体现,但这些文体要么与奉祠心态关系不够密切,要么内容不多,就不再细谈。

在我们看来,政治制度对文学的影响,至少有三个重要缩合点。一是制度与文体形态。有些制度的设置,会催生新的文体,如设置官员弹劾制度就必定有相应的弹劾文产生,劝农制度则对应着劝农文的发展,科举制度所要求的考试文体更是典型;制度的新设,有时还会促进原有文体的变化与兴衰,比如唐代著作郎制度变迁带来碑志文的变化,宋代词科制度与四六文的发展也有关系。二是制度与文学空间。有些制度会促使文人进入特定的空间,而这些特定空间的存在,又常常意味着文人生活方式较之往常的转变,比如科举锁院制度带来的封闭空间创作、交通制度带来的风景转换、游幕制度促使文人走向边塞与地方,等等,都会因空间而改变文人的眼界、趣味、交游,从而影响文学创作的题材、意象乃至表达体裁的选择等。三是制度与文人心灵。有些制度是直接作用于文人心灵的,它们的设置、运作会造成文人心态的直接转变,比如贬谪制度就是明证。它将士人排除在中心、群体、政局之外,改变他们的心理状态,冲击他们的心灵,进而影响他们的文学精神。以上这三者当然并不是非此即彼的关系,而是相互依存、相互渗透、共同作用于文学。本节所要讨论的祠官文学,就是在祠禄制度影响下的特殊文学景观。祠禄制度在某种程度上类似于贬谪制度,它也是通过作用于文学空间与文人心灵的路径影响文学生态结构与文学创作面貌。从文学空间来说,我们以祠禄制度促成福建地域诗人群体形成为例,已作了一定探讨,兹不

再述。从根本上说,祠官文学还是一种独特心态的体现,是我们观察南宋文人心灵世界的一扇窗口。

这里不妨再以陆游和朱熹的两首诗歌略作申说。

陆游一生奉祠时间甚长,他在晚年时常感叹自己的仕宦遭遇,说"平生敽历半宫祠"(《自嘲》)①、"五侍仙祠两挂冠,此生略有半生闲"(卷六二《夏日感旧四首》其二,第3546页)、"宦游强半是祠官"(卷七一《剪牡丹感怀》,第3951页),反复表达他的祠官身份。陆游最长的奉祠经历,是绍熙元年(1190)至庆元四年(1198),其间连续提举武夷山冲祐观。至庆元四年九月,秩将满,七十四岁的陆游决定不再请祠,为此,他自入秋后连续写了多首诗作,准备告别祠官身份与祠禄收入,所谓"扫空祠禄吾何欠,陋巷箪瓢易属厌"(卷三八《新作火阁》,第2430页)之类。其中有一首《病雁》引人关注,题下注:"祠禄将满,幸粗支朝夕,遂不敢复有请,而作是诗。"诗云:

> 芦洲有病雁,雪霜摧羽翰。不辞道路远,置身湖海宽。稻粱亦满目,鸣声自辛酸。我正与此同,百忧双鬓残。东归忽十载,四忝侍祠官。虽云幸得饱,早夜不敢安。乃知学者心,羞愧甚饥寒。读我病雁篇,万钟均一箪。(卷三七,第2418页)

这首诗的写作背景是明确的,其象征寓意也非常明显。作者以病雁自况,而之所以有此感慨,皆因"四忝侍祠官",虽然能够获得一定的经济收入,"虽云幸得饱",但是报国无门,理想落空,仍只能似病雁一般"鸣声自辛酸"罢了。不复请祠的现实,促使他不断地回顾、反思自己多年奉祠的经历,"百忧双鬓残""东归忽十载",奉祠里居带来的痛

---

① 陆游:《自嘲》,《剑南诗稿校注》卷五二,上海古籍出版社,1985年版,第3089页。以下随文注。

苦与失落,此时全部迸发出来。这首诗充分体现出陆游对祠官身份的矛盾态度,是我们体察其晚年心理的重要作品之一。

另一位长期领任祠官的南宋文学家是朱熹。朱熹一生虽怀抱天下却与政治中心相疏离,他历主南岳庙、崇道观、冲祐观、云台观、鸿庆宫等,借助祠禄收入兴办书院、讲授学问。清代夏炘即云:"(朱熹)归即杜门食贫,不仕者二十年。每朝廷授官进秩,稍不以道,便辞谢退避。其所以养亲读书者,惟恃朝廷之祠禄耳。此区区祠禄,在廊庙有养贤之恩,在朱子无伤廉之取。"①将朱熹经济依赖祠禄的事实揭示出来。朱熹每每为请祠而致书朝廷,如乾道五年(1169)就反复给汪应辰去信,希望能斡旋准祠,云:"熹近拜手启,并申省状,自崇安附递,恳请祠禄,不审已得彻台听否?"②其心情可以想见。淳熙十二年(1185)《与刘子澄》云:"熹又三四日,祠禄便满。前日因便已托尤延之为再请,势必得之。"③亦言及托尤袤请祠之事。诸如此类往复请求他人帮助以获得祠禄的文书,在朱熹集中频繁可见。其中很显特别的一封,是淳熙十四年(1187)给刘清之(字子澄)的书信,其文不但提到"云台将满"(即提举云台观到期),另改新命提举鸿庆宫,而且录有绝句一首:

> 昨日拜鸿庆敕,偶得一绝云:"旧京原庙久烟尘,白发祠官感慨新。北望千门空引籍,不知何日去朝真?"年衰易感,不觉涕泗之横集也。④

这首七绝在朱熹诗集中即题作《拜鸿庆宫有感》,它与一般的奉祠诗

---

① 夏炘:《记朱子屡请祠禄》,《述朱质疑》卷一六,《续修四库全书》子部第952册,上海古籍出版社,1996年版,第146页。
② 朱熹:《答汪尚书书》,《晦庵先生朱文公文集》卷二四,《朱子全书》,第21册,第1098页。
③ 朱熹:《与刘子澄》,《晦庵先生朱文公文集》卷三五,《朱子全书》,第21册,第1547页。
④ 朱熹:《刘子澄》,《晦庵先生朱文公文别集》卷三,《朱子全书》,第25册,第4892页。

歌表现出非常不一样的情感旨归。全诗并未感叹自己的奉祠人生，而是以自己奉祠鸿庆宫，引起收复故土的思绪。鸿庆宫位于当时的南京(今河南商丘)，原为宋太祖所建赵宋宗庙，真宗时供奉太祖、太宗、真宗塑像，是一个具有王朝象征意义的宫观。南宋之时，鸿庆宫已在金国统治区。从祠禄制度的规定来说，朱熹自然不必实地上任，但此时提举鸿庆宫，在国家"恢复"的大背景下，主战的朱熹不免"北望千门"而"涕泗横集"。在奉祠作品中，表现出对南宋"恢复"大业的感慨，这是大量南宋祠官作品中较为罕见的，在朱熹的诗歌中也颇显特别。

明人崔铣曾指出"宋之祠禄，始也奸臣以置元老，终也儒者以当辟地"①，祠禄制度最终成了南宋士人的政治避风港，士人们在此制度的庇护之下开展大量文学学术活动，这种特殊环境下创作的作品也呈现出心灵世界的异样色彩，并与他们整体的文化性格遥相呼应。陆游和朱熹的这两首诗作，不过是南宋士人大量祠官文学作品中的代表，我们如将这些作品都辑录出来，结合具体历史语境，必定可以加深我们对南宋文学家心态的认识。而在周必大的祠官文学作品中，鲜有陆游长期奉祠后不复请祠的矛盾心理表达，也没有朱熹借奉祠的机会感叹故土恢复无望的愤懑与遗憾。他们三位各具面貌的奉祠心态，启示我们南宋祠官文学的丰富性仍有待进一步深入探索。

---

① 崔铣：《述言上》，《士翼》卷一，文渊阁《四库全书》本，台北商务印书馆，1986年版，第714册，第463页。

第二章
南宋诗人的诗艺探析

南宋诗歌总体成就赶不上北宋,但在技巧上又有新的发展,在表达形式和表现题材上亦多自我特点。更为突出的是,南宋的诗歌批评前所未有地发达,许多经典诗人的创作技巧为南宋文人津津乐道,在某种意义上来说,南宋是诗歌史的初步建构期,也是前代作家作品经典化的重要阶段。本章选取了三个个案,依次探讨了南宋诗话对诗歌技巧的探析,南宋诗人在诗和词中如何处理相同题材,以及钱锺书先生眼中南宋理学诗人的艺术缺陷等问题,由此或可管窥南宋诗学之侧影。

第一节 "石五六鹢"与南宋诗话中的 "交蹉语次""感官优先"

我们这里讨论一个特殊的诗艺话题,关于"石五六鹢"[1]。"石五六鹢"之句出自《春秋·僖公十六年》,云:"春,王正月,戊申朔,陨石于宋五。是月,六鹢退飞,过宋都。"[2] 刘知幾《史通》卷六"叙事"条下评之曰:"闻之陨,视之石,数之五。加以一字太详,减其一字太略。

---

[1] 又作"五石六鹢",此称典籍常见,但遮蔽了原文语言结构上的错综之法,故本书不采。
[2] 《十三经注疏》,中华书局,1980年版,第1808页。

求诸折中,简要合理,此为省字也。"①历代文学批评家由此都将其作为文贵其简、惜墨如金的典范,这当然是毋庸置疑的。但是,"石五六鹢"之句在我国修辞学史、文学批评史上的影响,恐怕主要不在于"五石六鹢,以详备成文"②的典范意义,而在于对它的两种不同解读方式所形成的语言修辞观与诗歌创作笔法。所谓两种不同解读方式,一种是由《春秋谷梁传》而衍生的解读,这种解读提出"后数""先数"概念的不对称性,从而发展为强调语法性的修辞功能,即修辞史上的"交蹉语次";一种是由《春秋公羊传》而衍生的解读,这种解读强调"以其先接于我者序之"③的时间线性发展顺序之语义表述,从而发展为一种文学性的诗歌创作笔法,即"感官优先"。两种解读原本都是经学的阐释,但在唐宋时候,文学家与批评家发掘了其中的诗艺意味,南宋诗话中更是指出了这种诗艺承传的潜在线索,给后来的诗文艺术技巧的发展提供了养料,产生了积极的文学影响。

一、从"错综"到"蹉对":交蹉语次与诗歌技法

《春秋谷梁传》说:"(陨石于宋五)后数,散辞也,耳治也……'六鹢退飞过宋都',先数,聚辞也,目治也。"④《谷梁传》看到了"陨石于宋五"与"六鹢退飞过宋都"之间数字的不对称性。因为从一般的语言对仗原则来说"陨石于宋五"的下句当作"退鹢过都六"之类,而"石五六鹢"之句却打破了这种对仗的对称平衡,出现了一个"后数"、一个"先数"交蹉语次的情形。这种整齐形式变而为参差形式的情况,被后来的修辞学家命名为"错综"⑤。

---

① 刘知幾:《史通》卷六,四部丛刊初编本。
② 刘勰著、范文澜注:《文心雕龙注》,人民文学出版社,1958年版,第22页。
③ 董仲舒:《春秋繁露》卷九,上海古籍出版社,1989年版,第57页。
④ 《十三经注疏》,第2398页。
⑤ 本文使用的"错综"概念,乃陈望道《修辞学发凡》"错综"一格之第二种,即"交蹉语次"(上海教育出版社,1976年版,第207页)。下文同。

"错综"的修辞手法在唐宋诗文中多有运用,其中最为大家所熟知的即韩愈《柳州罗池庙碑》"春与猿吟兮,秋鹤与飞"之句。欧阳修《集古录》卷八对此句提出质疑说:"碑云'春与猿吟而秋鹤与飞',则疑碑之误也。"①他的这一质疑被后人否定,并认为这表现出"欧韩文字之分"②。沈括《梦溪笔谈》卷一四着眼词语之修辞,议论最具代表性,他说:

　　　　韩退之集中《罗池神碑铭》有"春与猿吟兮秋与鹤飞",今验石刻,乃"春与猿吟兮秋鹤与飞"。古人多用此格,如《楚词》"吉日兮辰良",又"蕙肴蒸兮兰藉,奠桂酒兮椒浆"。盖欲相错成文,则语势矫健耳。③

沈括将韩文之句进行了语言规则上的解释归纳,认为是一种"相错成文",以取得"语势矫健"的效果。他又对此语言用法作了源头追溯,认为乃出自《楚辞》。沈括所谓"相错成文"的解释得到大家的认可,但是对于这种错综之法的语言源头,大家却并不一致以为乃从《楚辞》而出。晚宋学者王应麟《困学纪闻》卷二〇说:"《论语》'迅雷风烈必变',错综成文。'春与猿吟兮,秋鹤与飞'本于此,非始于'吉日辰良'。"④王氏将韩文错综之句的源头追溯至《论语》"迅雷风烈",显然亦看出了"错综"修辞格交蹉语次形成的语词不对称问题,但是仍未指出真正的源头所在。南宋陈善作《扪虱新话》,颇为得意地指出,他最先发现了这种交蹉语次"错综"修辞之法的源头,即是"石五六鹢"之句,其云:

---

① 欧阳修:《欧阳修全集》,中华书局,2001年版,第2272页。
② 陈长方:《步里客谈》,墨海金壶本。
③ 沈括著、胡道静校注:《新校正梦溪笔谈》,中华书局,1957年版,第150页。
④ 王应麟:《困学纪闻》,上海古籍出版社,2008年版,第2157页。

《楚辞》以"吉日"对"良辰",以"蕙殽蒸"对"奠桂酒",沈存中云:"此是古人欲错综其语,以为矫健故耳。"予谓此法本自《春秋》。《春秋》书"陨石于宋五;是月,六鹢退飞过宋都",说者皆以石鹢五六,先后为义,殊不知圣人文字之法,正当如此。且如既曰"陨石于宋五",又曰"退飞鹢于宋六",岂成文理?故不得不错综其语,因以为健也。《楚词》正用此法。其后韩退之作《罗池碑》曰:"春与猿吟兮,秋鹤与飞",以"与"字上下言之,盖亦欲语反而辞健耳。今《罗池碑》石刻古本如此,而欧阳公以所得李生《昌黎集》较之,只作"秋与鹤飞",遂疑石本为误。惟沈存中为始得古人之意,然不知其法自《春秋》出,盖自予始发之。①

这是第一次将错综修辞格追源至"石五六鹢",这种追溯的依据即《春秋谷梁传》"先数""后数"之读法,亦即陈善所谓的"石鹢五六,先后为义"。陈善这种沿波讨源的办法,不管其揭示的是一种潜在的发展之路,还是后来的追加之举,我们都有理由相信"石五六鹢"的错综句法对后世产生了极大影响。俞樾《古书疑义举例》卷一"错综成文例"云:"古人之文,有错综其词以见文法之变者。如《论语》'迅雷风烈'、《楚辞》'吉日兮辰良'、《夏小正》'剥枣栗零'皆是也……《春秋·僖十又六年》书:'陨石于宋五,六鹢退飞过宋都。'石五之于六鹢,亦错综以成文。"②这或可看作俞樾承袭陈善之见,并对前人诸种"错综"笔法意见的总结。

在古代的文学批评家眼里,这种"石五六鹢"类的交蹉语次"错综"修辞格同时又衍生出两种特殊形式,一曰"倒语",一曰"蹉对"。沈括在上文所引谈及"吉日兮辰良"等错综之语后又说:"杜子美诗:

---

① 陈善:《扪虱新话》,上海书店,1990年版,第49—50页。
② 俞樾:《古书疑义举例》,中华书局,1956年版,第7—9页。

'红豆啄余鹦鹉粒,碧梧栖老凤凰枝'此亦语反而意全。韩退之《雪诗》:'舞镜鸾窥沼,行天马度桥。'亦效此体。"可见,他是将这种倒装之句也算作"错综"修辞的。虽然李治在《敬斋古今黈》卷二中谈及"错综"时也说"凡经史中辞倒者,其义悉与此相近"①,就实际情形而言,"倒语"与"错综"之间也确实存在着千丝万缕的联系,甚至有些时候会重合。但若以严格的学术眼光审视,"倒语"与"错综"并不一样,"倒语"不以打破语句的对称性为目的,仅强调语次的调整倒置。而"错综"则在要求语次调整的前提下,以打破对称性为明显标志。"倒语"另有源头,自当别论。至于"蹉对",则确是由"石五六鹬"这种以打破对称平衡为明显标志的"错综"之法发展而来的。"蹉对"对诗文句法的影响较大。

最早记载"蹉对"概念的,也是沈括。《梦溪笔谈》卷一五说:"《九歌》'蕙肴蒸兮兰藉,奠桂酒兮椒浆',当曰'蒸蕙肴'对'奠桂酒',今倒用之,谓之蹉对。"②以同一语例解说"交错成文"与"蹉对"两个概念,显而易见,蹉对即交错成文,二者在最初是重合的,依然是以打破语言形式上的对称平衡为标志。南宋方回《文选颜鲍谢诗评》在评点鲍照《代结客少年场行》"九途平若水,双阙似云浮"两句时说:"此亦古诗蹉对句法。"③此句中"九途平若水"从形式对仗上来说,所对的应该是"双阙浮似云",但是鲍照却用"双阙似云浮"相对,这即是蹉对之运用,亦即"石五六鹬"之翻版。这时的蹉对即等于错综,二者并无区别。清人吴景旭言及《九歌》"蕙肴蒸兮兰藉,奠桂酒兮椒浆"句蹉对时,也是使用这种错综概念:

吴旦生曰:当以"蒸蕙肴"对"奠桂酒",今倒用之,谓之蹉

---

① 李治:《敬斋古今黈》,中华书局,1995年版,第18页。
② 沈括著,胡道静校注:《新校正梦溪笔谈》,第161页。
③ 方回:《文选颜鲍谢诗评》卷三,文渊阁《四库全书》本。

对。按《史记·封禅书》"率迩"、"遴听",《汉书·严安书》"驰车毂击",韩退之《罗池神碑》"春与猿吟兮,秋鹤与飞",此皆《楚辞》"吉日辰良"句法。盖欲错综成文,则语势矫健耳。然观《论语》"迅雷风烈必变"已有此格,非始于《楚辞》也。①

除了前文已提及的《楚辞》《论语》《罗池神碑》诸例,吴景旭又拈出《史记》《汉书》之例加以补充,这类蹉对都是强调语言形式的错综与不对称的。

但是,随着概念的发展,蹉对所指的不仅仅是语言形式上的打破对称了,而且发展到内容上的打破对称,即"交股用之"。南宋严有翼《艺苑雌黄》在论及王安石《晚春》"春残叶密花枝少,睡起茶多酒盏疏"之句时说:"此一联以'密'字对'疏'字,以'多'字对'少'字,正交股用之,所谓蹉对法也。"②王安石此联以"叶密"对"茶多"、以"花枝少"对"酒盏疏",从语言形式上来说,并未打破对称,但是从内容来说则已打破了对称,"密"当对"疏","多"当对"少",现在它们的位置却刚好错开,因而亦谓之"蹉对法"。明胡震亨《唐音癸签》卷四说:"沈存中以《九歌》之'蕙肴蒸'、'奠桂酒'为蹉对之祖,唐人七言起结对者多用此法,其中联如刘长卿'离心日远如流水,回首川长共落晖'亦蹉对之类。"③胡氏所引唐人刘长卿诗,也是以内容上的不对称而形成蹉对的。本来,从语言形式上说"日远"对"川长"、"流水"对"落晖"都是十分工整的,并不形成蹉对。但从内容上来说"日远"与"落晖"当为一句,"川长"与"流水"当为一句,现在却各自分散,交股用之,从而在内容上形成不对称。另如清何焯《义门读书记》说杜甫《秋兴》第一首

---

① 吴景旭:《历代诗话》卷八,文渊阁《四库全书》本。
② 严有翼《艺苑雌黄》一书已佚,今据胡仔《苕溪渔隐丛话》后集卷二五引,人民文学出版社,1962年版,第183页。
③ 胡震亨:《唐音癸签》,上海古籍出版社,1981年版,第32页。

"中四句虚实蹉对"①等也都是从内容角度来说的。内容上打破对称平衡的蹉对自然与"石五六鹢"这种语言形式上的错综之句已不尽相同,但是其源头依然在"石五六鹢",它们的精神实质是一致的:即仍以打破对称平衡为标志,追求一种不对称的参差美,从而跳出读者的阅读期待,给诗歌以审美上的新鲜体验,可谓"陌生化"的手段之一。

概言之,由《春秋谷梁传》"先数""后数"的语法对称角度切入,文学家从语言结构的修辞上来解读"石五六鹢",使得它的语词错综之美成为后来诗文创作的效法对象。这种"错综"修辞手法的广泛运用,是第一种读法衍生而出的语言修辞观在唐宋古典诗文中的实践,它让"石五六鹢"最为表面的错综语言形式得到弘扬,并由此扩大到内容上的蹉对,丰富了古汉语的语法结构和古诗文的句法安排,具有很强的语言修辞学价值和文学艺术技巧的实践意义。

二、知与见:感官优先的诗艺运用

《春秋公羊传》说:"曷为先言霣而后言石?霣石记闻,闻其磌然,视之则石,察之则五。……曷为先言六而后言鹢?六鹢退飞,记见也;视之则六,察之则鹢,徐而察之则退飞。"②在这里,《公羊传》将"陨石于宋五"按照感官认识过程分解为三步:先听到磌然之声,即"陨"的动作;再去看,确定为"石";最后察之,数量为"五"。又将"六鹢退飞过宋都"也分为三步:首先隐约所见天空飞翔物之数量为"六";近之观察,则知为"鹢";再因对象的由远及近,而知鹢为"退飞"。《公羊传》由此解释了"石五六鹢"句为什么会出现修辞上的错综情况,乃是因事情发展的真实过程与史官的认知过程如此,而并非

---

① 何焯:《义门读书记》卷五五,中华书局,1987年版,第1181页。
② 《十三经注疏》,第2254—2255页。

特意的一种语言修辞。即顾炎武所说："且如'陨石于宋五'、'六鹢退飞过宋都',此临文之不得不然。非史云'五石',而夫子改之'石五',史云'鹢六',而夫子改之'六鹢'也。"①

《公羊传》的这种解读法被广泛接受并多加演绎,如何休注云："鹢小而飞高,故视之如此,事势然也。"董仲舒《春秋繁露·观德第三十三》说："'陨石于宋五'、'六鹢退飞',耳闻而记,目见而书,或徐或察,皆以其先接于我者序之。"②何休所谓的"事势"、董仲舒所谓的"以其先接于我者序之",其实都指向同一目标,即"石五六鹢"的行文乃是遵循一种时间线性发展的实际顺序而展开,是"各随其闻见先后而记之"(杜预注),是一种客观的认知过程,一种从感性到理性的延展过程。《公羊传》的这种语义表述上的时间线性解读方式,与西方文艺理论不谋而合。十八世纪德国文艺理论家莱辛在其所著《拉奥孔》中指出:诗(语言艺术)的媒介符号是"用在时间中发出的声音",而"符号无可争辩地应该和符号所代表的事物相互协调",那么"在时间中先后承续的符号也就只宜表现那些全体或部分本来也是在时间中先后承续的事物"③。换言之,语言艺术是时间线性地表现出来的,而要表现的事物又应当与表现的媒介相一致,因而语言艺术最适合表现的是那些本来就是由时间线性前后承续发展的动作。即语言艺术宜于表现动作。也就是钱锺书先生在《读〈拉奥孔〉》中所说的："语言文字能描叙出一串活动在时间里的发展。"④"石五六鹢"的线性排列:陨、石、五、六、鹢、退飞,这都是按照活动发展与听觉、视觉、触觉等感官直觉的实际先后情况排列的。因而,我们可以说"石五六鹢"之句

---

① 顾炎武著、黄汝成集释:《日知录集释》,上海古籍出版社,2006年版,第269页。
② 董仲舒:《春秋繁露》,第57页。
③ [德]莱辛著、朱光潜译:《拉奥孔》,人民文学出版社,1979年版,第82页。程亚林《"五石六鹢"句探微》(载《古代文学理论研究丛刊》第6辑,上海古籍出版社,1982年版)对此有详细探讨,可参看。
④ 钱锺书:《七缀集》,上海古籍出版社,1994年版,第38页。

即是一种用书面语言表达出的与事物实际认知过程的前后承续相一致的表述方式。

"石五六鹢"的语义线性表述，或许只是一种不自觉的"各随其闻见先后而记之"，但是这种感官直觉先于理性判断的表述方式却被唐宋时候的文学家与批评家所关注，并由之形成了自觉的艺术表述法则——感官优先。潜移默化之下，文学家们将其广泛运用于诗文创作之中，丰富了诗文的表现技法，且产生了良好的艺术效果。如大家所熟知的王维《山居秋暝》颔联云："竹喧归浣女，莲动下渔舟。"这一联颇为评家赞赏，钟惺等所撰《唐诗归》即说："竹喧、莲动，细极！静极！"[1]其妙处正是因为感官词汇按照实际次序安排而造成的阅读冲击与美学效果：竹子的喧响，判断有人归来，最后见到浣女；直觉见到莲叶摆动，判断有东西下来，见到的是渔舟。这明显与"石五六鹢"那种语义时间线性表述一致。另如王昌龄《采莲词》"荷叶罗裙一色裁，芙蓉向脸两边开。乱入池中看不见，闻歌始觉有人来"等都因感官优先、理性置后而造成了更为强烈的美学效果。因为感官词语的前置，常常能将静与动、声与色融合，能够让诗歌语言充满层次感与表现力，让读者有身临其境之感。而这一点最具代表性的即杜甫诗歌。

杜甫的诗歌具有集大成的性质，他在诗歌字法、句法、章法等方面都有承前启后的意义，他的诗歌中运用感官优先的时间线性语义安排诗句，也显出很强的自觉性。南宋范晞文《对床夜雨》卷三就曾集中论及杜诗将色彩词置句首的情况：

> 老杜多欲以颜色字置第一字，却引实字来，如"红入桃花嫩，青归柳叶新"是也。不如此，则语既弱而气亦馁。他如"青

---

[1] 钟惺、谭元春：《唐诗归》卷九，《续修四库全书》影明万历刻本。

惜峰峦过，黄知橘柚来"，"碧知湖外草，红见海东云"，"绿垂风折笋，红绽雨肥梅"，"红浸珊瑚短，青悬薜荔长"，"翠深开断壁，红远结飞楼"，"翠干危栈竹，红腻小湖莲"，"紫收岷岭芋，白种绿池莲"皆如前体。若"白摧朽骨龙虎死，黑入太阴雷雨垂"益壮而险矣。①

这种将颜色字置于诗句开端的情况，显然是视觉感官优先的一种集中表现。如"碧知湖外草，红见东海云"之句，都是颜色先跃入诗人眼中，之后诗人再作出理性判断：绿色的是草，红色的是云。再如"绿垂风折笋，红绽雨肥梅"，也是诗人先见到绿与红抢眼之色，然后才作出判断："绿垂"是因"风折笋"，"红绽"是因"雨肥梅"。论者或将这种感官优先之句当作"倒装句法"，其言虽不算错，却似未解其中三昧。这些置颜色词于句首的情况都是"石五六鹢"那种时间线性语义安排的特别表现技巧。

当然，《对床夜雨》所提诸联中为大家讨论最多的还是"青惜峰峦过，黄知橘柚来"。南宋吴子良《荆溪林下偶谈》卷一说："钱起云'山来指樵火，峰去惜花林'，不若子美云'青惜峰峦过，黄知橘柚来'。"②钱起与杜甫的这两联诗，都是描写一种动态过程中的诗人感觉，且环境相似。但是钱起之联强调的是客体状态，而杜甫之联强调的却是主体感觉。在诗歌阅读效果上，显然杜诗更能引起读者共鸣，因而吴子良认为杜诗更好。在强调色彩视觉刺激的同时，杜诗又写出了舟行之速，青与黄的颜色要经过短暂的判断才知晓是峰峦与橘柚，而此时山峰已经过去，橘柚扑面而来。陈衍《石遗室诗话》解说此联最是切中肯綮：

---

① 范晞文：《对床夜雨》，丁福保辑《历代诗话续编》，中华书局，1983年版，第423—424页。
② 吴子良：《荆溪林下偶谈》卷一，王水照编《历代文话》第1册，复旦大学出版社，2007年版，第540页。

此首最妙在第三联,写下水船其去如箭之状,亦借两岸之峰峦橘柚形容之。工夫在一写过去,一写未来。过去者初未留神,迨见有一片青苍之色,始想是峰峦,而惜其已过矣。于是留神未来者,又见远远一片黄色,揣想之,知其为橘柚也。①

陈衍的解说突出了感官的先后,出句首先是"见色",然后是"始想",最后是"惜";对句首先也是"见色",然后是"揣想",最后是"知"。由直觉而判断,由感性而理性。陈衍解读杜诗此联,就好比《公羊传》解读"石五六鹢"之句,都抓住了事物发展的时间线性展开这一关键,当然同时也就揭示出了它们之间脉络相联的密切关系。

在杜诗中,"石五六鹢"的这种语义线性表述还有其他感官优先的例证。如《前出塞九首》之三:"磨刀呜咽水,水赤刃伤手。"描摹征夫心绪之乱,心不在焉,刃伤手而不觉,见到水变红了才知晓,这是将视觉前置,由视觉而及触觉。再如《重过何氏五首》之一:"花妥莺捎蝶,溪喧獭趁鱼。"先是看到花坠落,之后才发现乃因"莺捎蝶";先是听到溪水特别喧闹,走近才知乃因"獭趁鱼"。视觉、听觉之直观感受置前,理性判断出的事物出现之因置后。又如《即事》:"雷声忽送千峰雨,花气浑如百和香。"出句先写听觉"雷声",而后有视觉"千峰雨";对句先写嗅觉乃"花气",而后才有理性判断"如百和香"。如此等等,不一而足。这些都是以感官的实际先后为语义顺序安排诗句的例证,它们所达到的诗歌效果显然都是不同凡响的。这种感官优先的语义时间线性表述,突出了作者作为诗文创作主体的地位,将作者最强烈的感觉、动作写出来,而不是让这些感觉、动作成为事物叙述与理性判断的附庸,从而描摹出文学的现场感,增强了文学作品的感染力和穿透力。南宋孙奕《履斋示儿编》卷十有"知见"条,"知"即理性

---

① 钱仲联编校:《陈衍诗论合集》,福建人民出版社,1999年版,第312页。

判断,"见"即直觉感官,概举杜诗善用此法,谓其"横翔捷出,奇绝殊甚"①,可见杜诗对"感官优先"法则的多重演绎,不仅仅承续前人、启迪后人。与此同时,他也将这种艺术手法表现得淋漓尽致、发挥得登峰造极,并由此攀上了艺术之顶峰,创造了艺术之典范。由此亦足以折射出"石五六鹙"的第二种读法所产生的深远而积极的文学潜在影响。

综上所述,"石五六鹙"句的两种解读法都具有很强的诗艺意味。第一种解读让纯句法上的诗文修辞寻找到一种经学依据(这一点对古人来说十分重要)并由此开辟了一种句法修辞新技巧。这种修辞格在文学写作中的运用,打破了整齐划一、平衡对称一统天下的格局,为唐宋文学中的对仗带来参差错落之美。同时,它也从一个侧面告诉我们,古代的文学批评常常是修辞学批评,因而在研究古代的文学理论与古代文学的理论之时,我们应当重视基本的字法、句法、章法等修辞手段对诗文创作所起的作用及其美学效果,特别是讲究"句法"的宋人诗文更是如此。第二种解读所强调的感官优先法则,是我国古典文艺理论中长期存在却不被重视的一条艺术经验,它常被误读为仅仅是语法上的倒装,而其语义上的时间线性表述却总被忽视掉。这一艺术经验并未被历代文学批评家抽象总结,但是却在唐宋诗文中广泛运用,由此而产生出许多优秀的文学作品。"石五六鹙"句的第二种解读法值得我们予以特别申说。

第二节　同题异流:刘克庄的梅花诗与梅花词

梅意象早在先秦时期便已进入中国文学作品,《尚书》所谓"若作和羹,尔惟盐梅",《诗经》所谓"摽有梅,其实七兮"等,虽然意不在梅,而且这里的梅也非指梅花,但就其字面源头来说则此为其发轫之处。

---

① 孙奕:《履斋示儿编》卷一〇,中华书局,2014年版,第155页。

梅花意象大量进入诗歌并蔚为大观已是宋代的事,周必大《二老堂诗话》引陈从古《梅花诗自序》谈梅花入诗之事云:

> 在汉晋未之或闻,自宋鲍照以下,仅得十七人,共二十一首。唐诗人最盛,杜少陵才二首,白乐天四首,元微之、韩退之、柳子厚、刘梦得、杜牧之各一首。自余不过一二,如李翰林、韦苏州、孟东野、皮日休诸人,则又寂无一篇。至本朝方盛行,而余日积月累,酬和千篇云。①

陈从古的总体判断是基本符合事实的。据程杰统计,有宋一代诗歌中"梅花题材之作(含梅画及梅花林景题咏)4 700多首……咏梅词(含相关题材之作)1 120多首……现存宋代咏梅诗词……是宋以前咏梅总数的50倍"②。宋代文人对梅花文化品格的塑造起到了至为关键的作用,关于这一点程杰专著《宋代咏梅文学研究》有诸多较为详细的论证,另外李炳海教授也有一些自己的见解③,此处不再赘述。宋代咏梅文学十分繁盛,从文坛领袖到三家村秀才无一不对梅花倾心相顾,而在宋季出现的咏梅人物中,因咏梅而改变人生轨迹、由"梅花诗"而发展成"梅花案"并因此沉浮宦海者,首推刘克庄。

关于刘克庄所涉的"梅花诗案",在史籍中有三则较早的可信材料:一是罗大经《鹤林玉露》乙编卷四"诗祸"条;一是周密《齐东野语》卷一六"诗道否泰"条;一是方回《瀛奎律髓》卷二〇刘克庄《落梅》诗下注。虽三则材料略有出入,但宝庆三年(1227)前后刘克庄因"东风谬掌花权柄,却忌孤高不主张"之句触犯当权而闲废近十年则是不

---

① 周必大:《二老堂诗话》,何文焕《历代诗话》,中华书局,1981年版,第672页。
② 参程杰:《宋代咏梅文学研究》,安徽文艺出版社,2002年版,第17页。
③ 参李炳海:《净土法门盛而梅花尊——宋代梅花诗及其与佛教的因缘》,《东北师大学报哲学社会科学版)》1995年第4期。

争的史实①。诗案结束之后,刘克庄不无悲凄地吟道,"梦得因桃数左迁,长源为柳忤当权。幸然不识桃并柳,却被梅花累十年"②,道尽了满肚子的苦水。经历一场因梅花诗而起的政治灾难之后,刘克庄对梅花的感情也略有改变,他在《杨补之墨梅》一文中说:"予少时有《落梅》诗,为李定、舒亶辈笺注,几陷罪罟。后见梅花辄怕,见画梅花亦怕,然不能不为补之作跋。小儿观傩,又爱又怕,予于梅花亦然。"③由这段话并结合刘克庄自身的文学创作来看,我们与其相信刘克庄因梅花案而冷落梅花,不如相信他因梅花案而与梅花结下了更深的因缘。对梅花"又爱又怕"的情感表现在他的文学创作中,便是大量地用各种体裁书写梅花。

刘克庄笔下的梅花并未得到深入研究,④本节拟从刘克庄梅花诗与梅花词相互参照的角度来揭示刘克庄笔下梅花的形式分布与基本状况、表现手法与意义流变、历史地位与诗学评价等,并试图通过以上分析从微观上关照刘克庄的诗词创作笔法和诗词对同一题材的不同处理方法。

一、基本状况与形式分布

据统计,刘克庄现存梅花诗 96 首并残句 1 句⑤。这些诗中除《未

---

① 对这三条材料的辩证,可参看程章灿:《刘克庄年谱》,贵州人民出版社,1993 年版,第 99—102 页。据程章灿考辨,刘克庄因此闲废八年,绍定六年(1233)冬起废。
② 刘克庄:《病后访梅九绝》,《刘克庄集笺校》卷一〇,第 3 册,第 578 页。本节所引刘诗均据此版,以下随文注卷数。
③ 刘克庄:《杨补之墨梅》,《刘克庄集笺校》卷九九,第 9 册,第 4171 页。本节所引刘文均据此版,以下随文注卷数。
④ 前文提到的程杰与李炳海在谈及宋代咏梅作品时都稍涉刘克庄,仅仅一笔带过。对刘克庄笔下的梅花稍微有所探讨的,是王述尧《略论后村的咏梅诗及其他》(《阜阳师范学院学报(社会科学版)》2004 年第 3 期)一文,但比较粗略。
⑤ 程杰统计刘克庄咏梅诗 137 首(见《宋代咏梅文学研究》,第 24 页),不知其所据为何,疑误计因《梅百咏》而引起之唱和,诸如《诸人颇有和余百梅诗者各赋一首》者。王述尧因袭其论。又《全宋诗·刘克庄卷》卷四九所辑《梅》诗三首,乃陆游之作,《全宋诗》误收,参拙文《〈全宋诗〉指瑕四例》,载《古籍整理研究学刊》2006 年第 2 期。

开梅》①一首著作权还存在疑问外,余者均无问题。这96首咏梅诗分别是:《忆真州梅园》(卷三)1首、《落梅》(卷三)2首、《和方孚若瀑上种梅五首》(卷五)、《再和五首》(卷五)、《道傍梅花》(卷六)1首、《梅花五首》(卷七)、《留山间种艺十绝》之一(卷九)1首、《病后访梅九绝》(卷一〇)、《梅花十绝答石塘二林》十叠(卷一七)62首并一残句(因流传之故脱去四叠诗3首、五至七叠30首、八叠前4首)、《梅花一首》(卷二四)、《溪庵种艺六言八首》之六(卷二九)1首、《梅开五言一首》(卷四六)、《未开梅》(卷四九)1首、《梅花》(卷四九)1首。这些诗从体裁形式上来看,包括七言律诗15首、五言律诗2首、七言绝句78首、五言绝句1首、六言绝句1首;从内容来看,它们涉及种梅、赏梅、访梅及梅花诗唱和;从描摹梅花的状态来看,有含苞未放的梅花、有刚刚盛开的梅花、有凋谢的梅花;从所写梅花的地点来看,有路边的梅花、有屋边的梅花、有水边的梅花、有月下的梅花、有山间的梅花;等等。应该说,在刘克庄的诗歌中,他对梅花的描写是多角度、多侧面、多方位的,采用的手段也多种多样,基本反映出了梅花意象在他诗歌创作中的重要地位和梅花的各种风韵。

这96首咏梅诗中,至少前19首是"梅花诗案"之前的作品,中间75首为"梅花诗案"之后的作品,最后两首(即《未开梅》《梅花》)时间难以确定。可见刘克庄咏梅诗的主体是"梅花诗案"之后的作品。而其间的《梅花十绝答石塘二林》十叠(他在唱酬中称作《梅百咏》或《百梅诗》)则更是值得注意。这十叠《梅百咏》本是与其内侄林同、林合的唱和之作,但是这在他当时的交游圈中掀起了一场盛大的咏梅热潮,他后来回忆说:"余二十年前有百梅绝句,和者甚众。或缙绅先生,或江湖社友,体制各异。出而用世者,其言浏丽。处而求志者,

---

① 该诗收入《全宋诗·刘克庄卷》卷四九,所据为《分门纂类唐宋时贤千家诗》。同时该诗又收入《全宋诗·严粲卷》,所据为《中兴群公吟稿》戊集卷七。因该诗作者尚不可确定,此处暂算刘克庄之作。

其言高雅。"(卷九八)这一咏梅事件在刘克庄的文学创作中引出了一系列的连锁反应,诗歌如《诸人颇有和余百梅诗者各赋一首》(卷二〇)、《林知录和余梅百咏》(卷二五)、《总管徐侯汝乙和余梅百咏辄课七言一章以答来贶》(卷三七),文章如所序《徐贡士百梅诗》(卷九八)、《黄户曹梅诗》(卷一〇八)、《魏司理定清梅百咏》(卷一〇九)等都可以说是《梅百咏》的副产品。更让人意想不到的是与刘克庄相距千里的江咨龙居然对《梅百咏》"逐句逐字,笺其所本"(卷一一〇《江咨龙注梅百咏》),可见刘克庄掀起的这场咏梅诗歌高潮波及之深广了①。

与大规模引梅入诗不同,梅花在刘克庄的词中要显得寂寞许多。据统计,刘克庄直接写梅花的词作只有7阕,它们分别是《沁园春(梦中作梅词)》、《汉宫春(秘书弟家赏红梅)》、再和前韵、三和、四和、《长相思(惜梅)》(以上《后村词笺注》卷三)、《贺新郎(宋庵访梅)》(以上卷四)。虽然相对梅花诗来说,梅花词的数量十分有限,但就刘克庄词中直接抒写花卉的作品来看,梅花词依然名列前茅,而且这7阕词从形式来看有小令,有长调,也有组词;从内容来看有梦梅、赏梅、惜梅、访梅;从梅花的状态来看,有初开之梅、有盛开之梅,也有凋谢之梅。梅花词数量虽少,质量却不错。这7阕词目前尚未能确定其分别的具体创作时间,但根据"乌台旧案累汝,牵惹随司"(《汉宫春》三和)、"老子平生无他过,为梅花、受取风流罪"(《贺新郎(宋庵访梅)》)两句我们可以基本断定《汉宫春》组词与《贺新郎(宋庵访梅)》等5阕是诗案之后所作,而余者则极可能是诗案之前的作品。

以上是对刘克庄梅花诗与梅花词基本情况的描述,统而观之,若仍以"梅花诗案"为分界线,诗案之前刘克庄的梅花诗词至多23首,

---

① 关于这场梅花百咏的讨论,可以参考拙著《刘克庄的文学世界——晚宋文学生态的一种考察》第一章第二节。

诗案之后的梅花诗词至少有 80 首,后者是前者的近四倍。那么,刘克庄笔下的梅花在诗案前后有何异同? 从梅花意象的微妙变化中,我们可窥见刘克庄的人生经历与文学创作之间关系如何? 在同一时期里诗歌中的梅花与词中的梅花又有何异同? 他的诗歌创作与词的创作关系又是如何? 这些都是饶有兴味的话题。

二、表现手法与意义流变

韦居安《梅磵诗话》卷下有这样一段话:

> 梅格高韵胜,诗人见之吟咏多矣。自和靖"香影"一联为古今绝唱,诗家多推尊之。其后东坡次少游"槁"字韵及谪罗浮时赋古诗三篇,运意琢句,造微入妙,极其形容之工,真可企媲孤山。以此见骚人咏物,愈出而愈奇也。
>
> 南渡后,朱文公追和坡韵,世多诵之。近世陆放翁《雪后寻梅》诗云:"幽香淡淡影疏疏,雪虐风饕亦自如。自是花中巢许辈,人间富贵不关渠。"意高语爽,真不苟作。魏鹤山《雪后观梅》诗云:"远钟入枕递新晴,衾铁稜稜睡不成。起傍梅花读《周易》,一窗明月四檐声。"后两句寄兴高远,人所传诵。后村又有《百花绝句》,和者二十余家,信乎风月之无尽藏也。①

他在这段话中比较粗线条地描述了宋代咏梅诗歌的发展历程,勾稽出林逋、苏轼、秦少游、朱熹、陆游、魏了翁、刘克庄几位代表诗人。而这段话给我们最大的启示是:咏梅诗词实际上存在两种写法,抽象出来大体可以归纳为北宋的"造微入妙,形容极工"和南宋的"意高语爽,寄兴高远","造微入妙"因梅花形色之美,即所谓"韵胜";"寄兴高

---

① 韦居安:《梅磵诗话》卷下,《历代诗话续编》,第 574 页。

远"因梅花品格之高,即所谓"格高"。这两者均能表现梅之特性。换言之,咏梅可以是描写其清素雅澹之色、清新芬芳之香、疏瘦枯淡之形,从而表现梅之韵味百般;也可以是抒写其野逸孤寂之趣、凌寒独放之品、超然傲世之神,从而赞美梅之出尘脱俗。前者常常以观者的身份写梅,所以写到妙处便成"无我之境";后者常常将己意掺杂于写梅之中,所以多半乃"有我之境"。北宋诗人没有亡国之痛,常能超脱观梅赏梅,因而诗中屡有"疏影横斜水清浅,暗香浮动月黄昏"之美景;南宋诗人经历家国变换,往往写梅之中透有几分隐曲寄托,故其诗意偏出"自是花中巢许辈,人间富贵不关渠"之议论。

以这两种写法作为标准来看,刘克庄梅花诗词的主流乃是"意高语爽,寄兴高远"之作。如:

> 与梅交绝几星霜,瞥见南枝喜欲狂。便欲佩壶携铁笛,为花痛饮百千场。(卷一〇《病后访梅九绝》之六)
> 汉魏诸贤韵已卑,六朝人物复何为。平生老子羞由径,不识虫儿与玉儿。(卷一七《梅花十绝答石塘二林》二叠)
> 脂粉形容总未然,高标端可配先贤。不陪严子羊裘后,即傍王郎麈尾边。(同上三叠)

这几首都没有描写梅花的语言,写事而不造物,评论而不抒情,这样一种风格固然是宋诗的一般特色,但在咏梅诗中则与北宋诸作不在一路。在刘克庄词中同样存在这样一种倾向,只是较诗中稍为隐涩些,如这阕《沁园春·梦中作梅词》:

> 天造梅花,有许孤高,有许芬芳。似湘娥凝望,敛君山黛;明妃远嫁,作汉宫妆。冷艳谁知,素标难亵,又似夷齐饿首阳。幽雅意,纵写之缣楮,未得豪芒。　　曾经诸老平章,只一个孤

山说影香。便诏书存问,漫招处士;节旄落尽,早屈中郎。日暮天寒,山空月堕,茅舍清于白玉堂。宁淡杀,不敢凭羌笛,告诉凄凉。①

这里用了一连串的比喻来写梅的孤高,然后落笔在"幽雅意"上,于梅花之形象实无多少涉及。然而,虽然其主流是这样一种写意之作,但刘克庄笔下梅花也尝有风姿万千之态,如写落梅之飘然纷纷,有"飘如迁客来过岭,坠似骚人去赴湘。乱点莓苔多莫数,偶黏衣袖久犹香。"(卷三《落梅》之一中间两联)又有"枝疏似被金刀剪,片细疑经玉杵残。"(卷三《落梅》之二颈联)形象而富于动感。又如写梅花所处之幽寂,有"素芳林下超群匹,繁蕊枝头巧叠双。陇月照时霜剪剪,涧风吹处水淙淙。"(卷五《和方孚若瀑上种梅五首》之二中间两联)又有"雪疏雪密花添伴,溪浅溪深树写真。三弄笛声风过耳,一枝筇影月随身。"(卷七《梅花》中间两联),清远冲淡,韵味十足。再如写初开梅花之素雅高洁,"青女初晴,向丑梢枯干,幻出妍姿。休烦苑吏翦彩,别有神司。东皇太一,敕瑶姬、淡傅胭脂。还似得、华清汤暖,薄绡半卸冰肌。"(《汉宫春(秘书弟家赏红梅)》上阕)比喻恰当,语谐幽默。凡斯种种,似乎又足抵"造微入妙,形容极工"八字。

但是,从以上的分析中我们不难发现,"造微入妙"之作多半乃"梅花诗案"之前的作品,而"梅花诗案"之后的作品则往往"意高语爽"。出现这种状况的原因一方面自然是因为刘克庄的诗风在前后期本来就有所不同,但更为主要的原因,恐怕还是经过诗案之后,梅花的意蕴在刘克庄的心目中发生了改变。诗案之前,刘克庄笔下的梅花,更多的是随宋代咏梅潮流而作,不管是将其比作美人也好,还

---

① 刘克庄:《沁园春·梦中作梅词》,《后村词笺注》,第 226 页。本节所引刘词均据此版,以下随文注卷数。

是喻为高士也罢,它表现在诗词中总是一个"他者",作者的主体性并不显现。对于"他者",作者只给出观察的眼光,或者作出相当的评价,诗歌表现力也就如此而已。如:

瀑映梅华何所似,蚌胎蟾彩浴寒江。梦回东阁频牵兴,吟到西湖始竖降。雪屋恋香开纸帐,月窗怜影掩书缸。若将汉晋闻人比,不是渊明即老庞。(《和方孚若瀑上种梅五首》之三)

首联描写瀑布前面盛开的梅花,并用比喻;颔联由梅花而用杜甫"东阁官梅动诗兴"与林逋之典;颈联转而写惜梅之情状;最后用庞德公与陶渊明的品行来赞誉梅花。在这首诗中,作者并不活跃其间,若勉强将颈联说成是作者怜梅吧,那也只是怜梅而已,梅花与作者之间并没有一种默契与灵犀。因为没有默契,所以只是用冷静的笔墨去"运意琢句,造微入妙"。但在诗案之后的梅花诗词中,刘克庄总是把梅花写得与自己血脉相连,荣辱与共,梅花不再是"他者",诗人看到梅花似乎就看到了自己。在诗案之后的第一组梅花诗《病后访梅九绝》中这种情感表现得尤为热烈,且不说那"却被梅花累十年"(之一)的悲叹,也不说那"瞥见南枝喜欲狂"的欣喜、"为花痛饮千百场"(之六)的豪迈,单那所谓"后来谁判梅花案,断自孤山迄后村"的自信,便绝非诗案之前可能出现的。而其他作品中,诸如"林间翠羽偷相语,可是梅花累此翁"(《梅花十绝答石塘二林》之四)、"只愿玉关烽燧息,老身长作看花人"(二叠之四)、"后村老子无声画,压倒花光与补之"(三叠之九)、"平生恨欧九,极口说姚黄"(《梅花一首》)等,或诙谐、或自负、或承诺、或愤懑,种种语言都因梅花而起,写极自己与梅花如何也割舍不去的那份情谊。梅花不再仅仅是高士的象征,赞扬梅花也不仅仅是因为向往隐逸高士,更是因为梅花与诗人一起历经沧海变幻。如果说诗案之前刘克庄对梅花像是对待一位极其尊敬的熟人,那么诗案之后的梅花已然是刘克庄无以替换的尘世知己了。在这种情感的支配下,作者已借助诗歌深入梅花之魂,所以写出来的梅花诗词"意高语爽,寄兴高远",也就不足为奇了。

诗案之前,刘克庄曾在一首写海棠的诗中写道:"梅太寒酸兰太清,海棠方可入丹青。"(卷八《熊主簿示梅花十绝诗至梅花已过因观海棠辄次其韵》之五)诗案之后他在诗中却写道:"唐人未识花高致,苦欲为渠聘海棠。"一场因梅花而起的政治磨难之后,刘克庄不但对梅花的感情由浅而深,对梅花的态度也发生了很大转变。人生经历对文学创作具有如此大的影响力,由此可见一斑。

以上是从人生经历、意象内蕴及文学风格之关系来探讨刘克庄笔下的梅花。而从诗词分体与意象表现之角度来看,刘克庄笔下的梅花也各具特色。

刘克庄是江湖诗人的领袖,同时也是辛派词人的后劲,他在诗与词两个领域都取得了较高的成就。梅花在他的诗词中也都有极其出色的抒写,但是由于诗词之体各有所长,所以梅花的表现手法也因体之不同而各有所异。大体而言,词中写梅偏于体物,而诗中写梅则偏于言志。词中之梅因体物而略显几分拘谨,所以词与梅之间缺乏交流,判然二者;诗中之梅因言志而颇呈几分疏宕,故而诗与梅之间互相激荡,浑然一体。下面试析之。(为便于说明问题,所用之例子均为其诗案后之作品)

首先,从体物与言志的角度来检讨。刘克庄的七阕梅花词中,仅一阕为小令,余者均为长调。由于长调字数比较多,所以它利于铺排写梅,虽然我们前文说他的某些词也有"寄兴高远"之味,但这种寄兴往往是从笔法的赋化之中写出。如:

墙角残红,恍徐娘虽老,尚有丰姿。纷纷绛节,导从不要街司。随波万点,似阿房、漂出残脂。休懊恼丹铅褪尽,本来冰雪为肌。

老子平生心铁,被色香牵动,愁上双眉。且祝东风小缓,沥酒芒儿。道伊解冻,甚潘郎鬓雪难吹。犹忆侍钧天广宴,万红舞袖披披。(《汉宫春》四和)

这是一首写凋谢梅花之词,上片用很浓重的笔墨描写落梅片片,或以徐娘风姿喻之,或以阿房宫之胭脂喻之,又以姑射仙子冰雪之肌衬之,极写梅花凋谢之美。下片承上片之赞誉,再宕开一笔,极写爱梅惜梅之情。这里写梅乃传统咏物笔法,虽不能说它是"造微入妙",但也算篇章布局安排稳妥了。然而,他没有用长于铺叙的歌行体写梅,而以短小的绝句写梅最多。绝句之体,短小精悍,长于抒写思想短暂间碰撞之火花。刘克庄见到梅花实在有太多话要说,或者是自身之感怀,或者是对梅花之怜爱,这些情感以绝句出之往往点到为止,而给人"寄兴高远"之感。如"和靖林间欸嗽时,一边觅句一边饥。而今始会天公意,不惜功名只惜诗"(《病后访梅九绝》之四),与其说他在写梅花,不如说他在写自己,借梅花抒写心中之怀抱。这样的例子在他诗中俯仰可拾,正因为此,刘克庄笔下的梅因词之体物与诗之言志截然而别。

其次,从诗词与梅花的关系来检讨。或许因为刘克庄经历的是梅花"诗"案,而非梅花"词"案,所以在刘克庄笔下,梅跟诗的关系比跟词的关系要紧密得多。例如:

自是君诗无警策,梅花穷杀几人来。(《病后访梅九绝》之七)
可怜铁汉今衰飒,榾柮炉边自锻诗。(《梅花十绝答石塘二林》之一)
无梅诗兴阑珊了,无雪梅花冷淡休。(同上,之三)
江南气候闽尤暖,只用诗催也自开。(同上,之六)
悬知千载难湔洗,留下沉香结绮诗。(二叠,之五)

獠奴窃笑翁迂阔,因甦梅诗忘午炊。(同上,之九)
老对梅花无意味,欠诗欠笛欠花翁。(同上,之十)

这些诗直接将梅花与作诗联系起来,没有梅花好像便没法作诗了,而若没有诗歌,即便面对梅花也了无兴趣。这固然因为刘克庄与梅花之间有着一段铭心之情,但梅花与诗之间的关系如此紧密却是那个时代的共同认识,只是在刘克庄这里表现得最为突出罢了。如姚勉在《梅涧吟稿序》中说:"求诗于诗,不若求诗于梅。"①韦居安《梅磵诗话》也有这样一段记载:"杜小山未尝问句法于赵紫芝,答之云:'但能饱吃梅花数斗,胸次玲珑,自能作诗。'戴石屏云:'虽一时戏语,亦可传也。'余观刘小山诗云:'小窗细嚼梅花蕊,吐出新诗字字香。'罗子远诗云:'饥嚼梅花香透脾。'亦此意。"②这些表述虽然有些夸张,而当时之风尚则一目了然矣。这样一种诗梅互动的关系,在词中是绝少看到的。词中写梅,写了便写了,词中之梅并没有走进词人的生活。这是由于梅花在刘克庄这里已然与自身生活融会在一起了,刘克庄在生活中更多地表现出来的是作为诗人的士人,而不是作为词人的骚客。诗是刘克庄的生活方式,而词可以不是,比如梅花诗中多的是交游之间的赠答唱和,而梅花词中则没有。所以诸如诗中之梅远远多于词中之梅、梅在刘克庄诗中比在词中承载更多的社会责任与个性抒发、诗与梅之关系远远亲密于词与梅之关系,这一切现象都因诗人对诗体与词体不同的社会定位而显得顺理成章。

总而言之,刘克庄的梅花诗词若以"梅花诗案"为分界,则之前的多是"造微入妙"之作,之后多是"寄兴高远"之作;若以诗词之体为分

---

① 姚勉:《梅涧吟稿序》,《姚勉集》卷三七,上海古籍出版社,2012年版,第428页。
② 韦居安:《梅磵诗话》卷中,《历代诗话续编》,第562页。

界,则词中多用"造微入妙"之手法,诗中多含"寄兴高远"之意味。也就是说,刘克庄笔下的梅花从纵向来看,诗案之后的比诗案之前的更饱含个人情感;从横向来看,诗歌中的比词调中的更贴近诗人内心。然而,这一百余首梅花诗词所获得的社会评价是否与刘克庄所倾注的醇厚情感相称呢?这恐怕还是个问题。

三、历史地位与诗学评价

一般来说,宋人咏梅成就颇为可观,但是在这个问题的评价上也存在另外一种声音。明代杨慎就曾经针对宋人咏梅说过极为刻薄的话,其《升庵诗话》"芳梅事"条云:"梅花诗被宋人作坏,令人见梅枝条可憎,而香影无味。"①他认为宋人批量生产梅花诗词,乃是侮辱了梅花。其实这种观点在刘克庄那里就已经有所表达了。刘克庄在《陈迈高梅诗》(卷一〇九)一文中说:

> 其后举世皆咏梅,无论山林之士,虽市朝之人莫不有作,累数千百篇而不敢望前贤之一联半句,于是不足以誉梅、重梅,而反以亵梅、轻梅矣。余往赋百绝先犯此戒,和者二十余家,仙溪陈先辈最后和,而押韵用事新新无穷。君妙年,有场屋之债,宜且参取王沂公两句,未可作此冷淡生活。

贪多务博,率性而作,对梅花感情无多而作品泛滥,这样一种风气致使宋代咏梅文学出现了"泡沫文学"倾向,刘克庄对此现象给予了毫不客气的批评,委婉奉劝后辈不要再这样作梅花诗了,同时他也进行了自我检讨。虽然我们说刘克庄的《梅百咏》中有许多饱含情感的作品,但既是叠诗,便也有摇笔便来、率尔操觚之嫌,其中滥竽充数的作

---

① 杨慎著、王大厚笺证:《升庵诗话新笺证》卷一二,中华书局,2008年版,第769页。

品也并非没有,如:

> 东邻安得如渠白,西域何曾有许香。苏二聪明真道著,杏花恐不敢承当。(《梅花十绝答石塘二林》之二)
> 唐时才子总能诗,张祜轻狂李益痴。管甚三姨偷玉笛,诳他小玉写乌丝。(同上三叠之一)

诸如此类,刘克庄未曾贯注自己的情感在这些诗中,而且也没有写出梅花之形神,只是插科打诨般地用历史上与梅花有关的典故凑了几句,实无多大意思。而于诗歌技法来看,这些诗用事冗塞,语言鄙俗,也无多少可取者。当然,一百首作品之中偶尔出现这样的情况也是可以理解的,韦居安所谓"后村又有《百花绝句》,和者二十余家,信乎风月之无尽藏也"(《梅磵诗话》卷下),这样的评价,刘克庄的《梅百咏》诗也还能够承担得起。

在诗词评论界,有月旦品评之风,对于梅花题材的诗词,人们也津津乐道于排出第一、第二来。

> 诗之赋梅,惟和靖一联而已。世非无诗,不能与之齐驱耳。词之赋梅,惟姜白石《暗香》、《疏影》二曲,前无古人,后无来者,自立新意,真为绝唱。太白云"眼前有景道不得,崔颢题诗在上头",诚哉是言也。[1](张炎《词源·杂论》)
> 古今梅词,以坡仙"绿毛幺凤"为第一。[2](杨慎《词品》)

从上面材料可以看出,刘克庄的梅花诗词与写梅出名的林逋、苏

---
[1] 张炎:《词源》,唐圭璋编《词话丛编》,中华书局,1986年版,第265页。
[2] 杨慎:《词品》卷二,人民文学出版社,1960年版,第88页。

轼、姜夔等比较,似乎并不入方家法眼。但是这样的评论都具有十足的主观意味,各自的评价标准不一样自然就有不一样的结果。而且他们并未给出评价标准如何,所以往往难以说服不同观点。倒是清李调元在《雨村词话》中给出了比较明晰的标准来评价梅花诗词,其云:

> 各家梅花词不下千阕,然皆互用梅花故事缀成,独晁无咎补之不持寸铁,别开生面,当为梅花第一词。①

若以"不持寸铁"为标准来衡量梅花词,刘克庄的一阕《长相思·惜梅》(卷四)实可与之颉颃。刘词如下:

> 寒相催,暖相催,催了开时催谢时,丁宁花放迟。　角声吹,笛声吹,吹了南枝吹北枝,明朝成雪飞。

这首词有别于刘克庄其他任何梅花诗词,写得清新玲珑,不用典,不写事,并将惜梅之情十分含蓄蕴藉地表达出来,而且意味无穷。俞陛云评此词说:"词为惜花,而殊有悟境。"②洵为的论。

刘克庄在《梅百咏》后自注中称赞李伯玉的梅花诗"下字清新,用事精切,音节流丽",而这三处优点在他自己的梅花诗词中均有突出表现:"下字清新"者如"雪疏雪密花添伴,溪浅溪深树写真"之联、"用事精切"者如"梦得因桃数左迁,长源为柳忤当权"之联、"音节流丽"者如"寒相催,暖相催,催了开时催谢时,丁宁花放迟"之句等。因而不管是从刘克庄诗词所承载的情感厚重感来说,还是从诗词创作技

---

① 李调元:《雨村词话》卷二"梅花第一词"条,《词话丛编》,第1403页。
② 俞陛云:《唐五代两宋词选释》,上海古籍出版社,1985年版,第472页。

巧所达到的流转风格来说，刘克庄的梅花诗词在他的整个诗词创作中都具有不可替代的地位。方回《瀛奎律髓》说："后村诗其病有三，曰巧、曰冗、曰俗。"①这三点从刘克庄的整体风格来说并没错，然其梅花诗词却冲出了这种评价藩篱，由其对仗之精切来看，梅花诗词巧而能通达，由其反复叠唱而成《梅百咏》来看，冗而不显拖沓。至于"俗"这点，由于所咏的梅花本来就是因其脱俗而备受宋代文人推崇，所以这点几乎不见于刘克庄的梅花诗词，因而可以说刘克庄梅花诗词达到了形式表达与内容趣味的统一。

综上所述，虽然从整个咏梅文学之长河来看，刘克庄的梅花诗词或许并没有举足轻重之地位，但是就其个人文学创作来看，他的梅花诗词所达到的艺术水平与创作水准则在其总体平均水平之上，这一点是必须肯定的。

第三节　理学、气节与诗艺：钱锺书《容安馆札记》批评许月卿发微

钱锺书先生手稿集《容安馆札记》②逐一评点了宋代300余位诗人，从大家、名家到中小作家，遍下断语，宏富精审，胜义纷披，引人入胜；其间又钩摘诗句，旁征博引，连类对比，阐幽抉微，不仅勾勒了独特的"钱氏宋诗发展史"，而且还展示出钱先生大量的艺术经验与审美体验，不啻为一部宋诗研究的宝藏。犹引人注目者，乃在钱先生对南宋诗人特别是对南宋中后期大量中小诗人的艺术评价，其中大部分作家作品历来无人评论，钱先生以犀利的学术眼光与敏锐的艺术感觉批抹平章，议论风生，可谓毫无依傍，自心而出，填补了宋诗研究的空白，显得弥足珍贵。

---

① 方回著、李庆甲集评：《瀛奎律髓汇评》卷二七，上海古籍出版社，2005年版，第1216页。
② 钱锺书：《钱锺书手稿集·容安馆札记》（全三册），商务印书馆，2003年版。

作为一部带有私密性的学术笔记①,《容安馆札记》充分体现出钱先生对诗人诗作的真实看法。他在评论时,既能褒扬诗人的艺术特色与创作优点,也从不回避批评诗歌字法、句法、章法等方面的缺点,比如批评文天祥《正气歌》承袭太多,逻辑有问题,就是显例。而在钱先生评论的这300余位宋代诗人中,批评笔墨之多、所持态度之严、所下词语之狠者,首推宋末诗人许月卿。在对许月卿的这段批评之中,钱先生用大量笔墨、从多个角度对其诗文进行了毫不宽贷的指斥,而无一句肯定之词,这与钱先生评点诗人"瑕瑜互见"的惯常模式全然不同。钱先生所持态度与这段批语所涉的问题,透露出许多学术讯息,其中折射出钱先生对气节、理学与宋末诗歌关系的看法,更是宋诗研究中的重要问题,本节即对此略作探讨。

一、《容安馆札记》批语试诠

钱先生批评许月卿的总评在《钱锺书手稿集·容安馆札记》第1册第101则,其文如下:

> 许月卿太空《先天集》十卷,四库(健按,应作"部")丛刊续编本。向在吕晚村、吴孟举《宋诗钞》中睹月卿诗,只觉其纤薄。今观全集,乃知吊诡逞奇、破律坏度,近体诗每首复见字之多过于张文潜、赵子昂,对仗拈弄仅次于钱蒙石,则以篇什少也。怪而不妙,滑而不巧,只观其卤莽灭裂耳。又好作道学语,酸腐可厌。文之刻意者,艰涩不可句读(如卷九《天多许记》),却又时时染语录俚俗之习,或以五七字诗句搀入(如卷八《上程丞相元凤书》、《志乐平朱氏荣乐堂》、《答吴丞相潜书》)),宋末文章之衰如此,方

---

① 关于《容安馆札记》的性质,可参看王水照《〈钱锺书手稿集·容安馆札记〉与南宋诗歌发展观》一文,载《文学评论》2012年第1期。

秋崖评之最当。①

该总评后有 3 000 余字的诗句摘录和具体评论,钱先生的总评与具体例证是相互发明的。鉴于许月卿其人其诗学界较为陌生,这段评语内涵又较为丰富,我们结合钱先生的摘录材料,略释其语,以便讨论。

(一) 首先介绍许月卿的情况。许月卿(1216—1285),字太空,徽州婺源人(今江西婺源),晚号"山屋先生"。他的父亲许大宁以学问见知于理学大家魏了翁,号"友仁先生",可见其成长的大小环境都与理学密切相关。他后来从董梦程、魏了翁问道,也让他真正成长为一时理学名家。淳祐四年(1244),许月卿赐进士及第,授濠州司户参军,后又历任濠州教授摄知录参军、临安府学教授、两浙西路安抚司干办公事、江西提举常平公事,与当时名流如吴潜、董槐、汪立信、汤汉、刘辰翁等均有交往。他性格刚介,不仅诋斥过史嵩之、丁大全,还曾积极率领太学生为徐元杰、刘汉弼的暴卒鸣冤,被宋理宗目为"狂士"。后来贾似道提拔他入馆阁,他却犯颜诵文,狠狠奚落了贾似道一番后罢归乡里,此后著书授徒,从者翕然。宋亡后,他改字为"宋士",闭门谢客,只书"范粲寝所乘车"六字明志,竟五年不言而卒。谢枋得曾经拜访过许月卿,于其门书"要知今日谢枋得,便是他年许月卿",以许作为自己的榜样。许月卿卒前曰:"死矣,履善甫得其所矣,不可复作矣。谢君直与予皆不苟合与世者矣,是尝顾此于予,是深知予者也。"②将文天祥、谢枋得评说一番,便是他的遗言。事迹俱见《先天集》附录其子许飞所撰《宋运干山屋先生行状》(以下简称《行状》)。

---

① 钱锺书:《钱锺书手稿集·容安馆札记》第 1 册,第 167 页。
② 许飞:《宋运干山屋先生行状》,见《先天集》附录,《四部丛刊》续编本。

许月卿著述丰富,《行状》言"其所著述累十余万言,时时为人取去,其仅存者十二三",目前存《百官箴》六卷,《先天集》十卷。《四库全书》仅收其《百官箴》,《四部丛刊》初编则收录明嘉靖刊本《先天集》,为目前最古版本,钱先生所阅即是此本。该本前六卷为诗歌,分体编排,共 288 首;后四卷为文章,共 21 篇。集前有明人谌若水序,后有附录两卷,卷上为时人写给许月卿的书札,卷下为行状及他书所载许月卿事迹等。就历代对其评说及其本人定位而言,许月卿是一个并不以诗文见称、也不以诗文见长的有气节的理学家。

(二)《宋诗钞》有《先天集钞》,录诗 46 题 48 首,前缀小传一篇。与其他诗人小传中多少涉及诗歌不同,该传只字不提许月卿诗歌渊源与艺术特色,而仅就其履历简述了一番,并称许月卿与文天祥、谢枋得均有气节,无愧为宋末"三仁"。所选诗作多写景之语,意境虽偶得清新,下字造句却无力振起,颇类江湖之体,这大概是钱先生认为其诗作"纤薄"的一个重要原因。

(三)再看全集的"吊诡逞奇,破律坏度"。钱先生睹其全集而发此感慨,于下所举第一例,即卷一五古《送碧梧入府》的押韵问题,钱先生云:"以支、灰、微三韵通押,而又曰'史册香万古,日月名常在',此种叶法,惟乾隆御制有之。"①如果说三韵通押尚不违古诗押韵规律的话,在韵脚处独用"在"这个去声韵,就真是"破律"太过了。这大概是所谓"破律"的具体表现之一。

许月卿诗歌"吊诡逞奇,破律坏度"更重要的表现,在于分述的"近体诗每首复见字之多""对仗拮弄""怪而不妙,滑而不巧"等,我们试结合其具体作品来看这几点:

1. 诗歌复字问题,钱先生在《宋诗选注》论张耒、《谈艺录》论赵孟頫时,均特别言及。《宋诗选注》说张耒"作的诗虽不算很多,而词意

---

① 钱锺书:《钱锺书手稿集·容安馆札记》第 1 册,第 167 页。

每每复出叠见",又说"朱熹说他'一笔写去,重意重字皆不问',还没留心到他在律诗里接连用同一个字押韵都不管账"①。这层意思,《容安馆札记》中论述得更详细:

> 《京师废宅》(《张右史集》卷二十二),按此诗似乐天,中两联云"古窗积雨昏残画,朽树经阴长寄生。门下老人时洒扫,旧时来客叹平生","生"字韵复。文潜近体诗字多重见,《朱子语类》卷百四十多言之,此乃至韵脚复出。卷十九《早秋感怀》云:"莫疑虎兕率旷野,正见虎豹守天关。"对字相犯,不检甚矣。卷二十五《宿潘君草堂闻蛙声》云:"我亦闲来无鼓吹,不烦通夕短长吹。"两"吹"字亦未安。卷十七《自海至楚途次寄马全玉》之六云"村远荒凉三四家"、"身似飞鸿不记家"亦然。王观国《学林》卷八"诗重韵"条历举《文选》诗、韩孟元白篇什,而以杜犯此尤多,恐未可引为解嘲。(《渔隐丛话》前集卷十七引《学林》此节及《漫叟诗话》、孔毅夫《杂记》等书论重押韵,又《日知录》卷二十一"古人不忌重韵"条、又吴景旭《历代诗话》卷四十九"重用字"条。)②

而赵孟頫也存在这样的缺点,但比张耒略好,钱先生《谈艺录》云:

> 一题之中,一首之内,字多复出,至有两字于一首中三见者。此王敬美《艺圃撷余》所谓"古人所不忌,而今人以为病",正不可借口沈云卿、王摩诘辈以自文。《云溪友议》卷中记唐宣宗与李藩等论考试进士诗,已以一字重用为言,是唐人未尝不认此为近

---
① 钱锺书:《宋诗选注》,第127页。
② 钱锺书:《钱锺书手稿集·容安馆札记》第1册第687页右起第8行及页眉、页下、页边插文。

体诗忌也。宋元间名家惟张文潜《柯山集》中七律最多此病,且有韵脚复出。松雪相较,稍善于彼。然唱叹开阖,是一作手。①

虽然二家同有此缺点,但无论是对张耒还是对赵孟頫,钱先生给的整体评价都不低。如说张耒"才情远在秦晁之上,七言古近体尤擅长,古体每上接张王乐府,近体每上接香山而下开剑南,然独到处较二家苍润含蓄"②,说赵孟頫"诗洲亮雅适"③"学盛唐之操调高朗、晚唐之琢词绵丽以救江西、江湖、四灵之敝"④。且认为张耒造成这个缺点的原因是"往往写了几句好句以后,气就泄了,草草完篇,连复看一遍也懒"⑤,只是性情疏懒,诗作草率而已,并不关乎诗才、诗识;赵孟頫则依旧"唱叹开阖,是一作手"。

可是,对许月卿这个缺点,钱先生丝毫未有宽待,这并非钱先生特别苛责许月卿,而完全因为他使用此等手法太过。检《先天集》,无论近体古体,诗中反复用字的现象均很严重,甚至已经严重到阻碍文气、语句难通的程度。比如卷一五古《送碧梧入府》开篇八句:"人劝公入相,我劝公早归。今以副枢入,好以元枢回。《易》为六经宗,学《易》贵知时。时止则时行,时义大矣哉。"重复字数之多,已毋庸细言。如果说古诗篇幅空间较大,尚允许有这种句法上的回环,在艺术手法上能够得到同情理解的话,对近体诗中仍频繁使用复字,就让人很难接受了。如五卷二律《明月》:"明月天双鉴,清湖地万弓。人行杨柳外,身在画图中。天阔双眸快,楼高万象融。故山应更好,杨柳映芙蓉。"短短40字,重复的字就有"天""双""万""杨柳"5个;又如卷二五律《甥馆》其一:"月色真图画,风声古瑟琴。月风天地职,风月圣

---

① 钱锺书:《谈艺录》,第227页。
② 钱锺书:《钱锺书手稿集·容安馆札记》第1册,第683页。
③ 钱锺书:《谈艺录》"赵松雪诗"条,第227页。
④ 钱锺书:《钱锺书手稿集·容安馆札记》第1册,第603页。
⑤ 钱锺书:《宋诗选注》张耒小传,第127页。

贤心。竹砌水如璧,梧冈朋盍簪。不须联句得,天籁竹梧吟。"其中"月""风"重复三次,"天""竹"重复两次。如此等等,不一而足,已非张耒、赵孟頫的率意出之、偶然一见,而似刻意为之、俯拾皆是。由此深知钱先生批评之狠,确实事出有因。

2. 关于"对仗拈弄",所指较为模糊,但钱先生评语将此与钱载诗相关联,即给我们挑明了线索。《谈艺录》对钱载(萚石)的诗有过详细论述,其中"萚石七律对联"和"萚石萃古人句律之变"两篇①,重点叙述了钱载七律对仗句法中突出的现象,即在"字面句眼上作诸变相","颠之倒之",就是所谓的"当句对"。其典型如钱载的"晚来花重晓来枝,今日人看昨日诗""春好已知春老又,画人何不画花兼"等联。他在论述"当句对"时,也曾明确将此和"拈弄"一词联系在一起,于"萚石萃古人句律之变"一篇中说"杜荀鹤近体起结处最好反复拈弄字面"。但似乎"当句对"与"拈弄"也存在细微的差别,比如他所举杜荀鹤的例子"好随汉将收胡土,莫遣胡兵近汉臣""廉颇解武文无说,谢朓能文武不通"等联,就和"晚来花重晓来枝,今日人看昨日诗"这样的句式并不完全相同。大概"当句对"属"拈弄",但"拈弄"不仅指"当句对",还包括杜荀鹤这种一联中出句与对句字面相重复的情况。因而,钱先生批评许月卿"对仗拈弄",应有两重所指,而这两种情况,在许月卿诗中均表现突出。

"当句对"之例,如卷三《八角》"籁寂寂时星历历,泉涓涓处山苍苍"、《寄顾次岳五首》"亦有白衣双白玉,不孤黄菊万黄金"、《和赵资相》"玉陛九重将玉立,珠帘十里看珠联"、卷五《起来》"旦公待旦霜如雪,时夜如时月似钩"、《次韵晓行》"暗露湿萤仍湿草,晓风残月更残更"等,仅许月卿120首七律而言,这样的联句就不下20联,难怪钱先生说"次于钱萚石,则以篇什少也"。而就一联之中出句与对句的

---

① 钱锺书:《谈艺录》,第474—491页。

字面拈弄,其例亦多。这种手法就其艺术佳处来说,似有回环往复的韵味,但缺点也很明显,钱先生评价钱载拈弄对仗时就说他"弄巧成拙,作法自苦,昔人弊止俳滑,此则趣归钝滞",又说其"有诗胆而乏诗心,故仅就字面句眼上作诸变相,读之徒觉其蛮作杜撰,煞费气力"①,这两句恰可移评许月卿。

需要说明的是,钱先生对这种"当句对"句法,并不全持否定态度,比如他在补注黄庭坚诗第二十五则"野水自添田水满,晴鸠却唤雨鸠归"一句时,不但丝毫没有否定这种句法的意思,还认为"此体创于少陵,而名定于义山"②,并将这种句法的历代佳句,如数家珍般列出。并且还说"倘有诗人,能善用诸格,未尝不彬彬然可亲风雅也"③。但是,他也明确指出:"鼹鼠之巧,五技而穷;鹦哥之娇,数句即尽。意在标新逞巧,而才思所限,新样屡为则成陈,巧制不变则刻板。"④这样的讨巧句法,偶一为之,能让人耳目一新,特别是作者才思奔涌时,更能取得很好的审美效果,若将此作为一种机械化的诗句操作方式,就不免落入新的窠臼,"每如俳谐打诨",读之令人生厌了。许月卿作品不多,又才思窘迫,此等技法使用频率却极高,自然难得钱先生青眼。

3. 至于"怪而不妙,滑而不巧"以致"卤莽灭裂",则又非仅指某一种技法了,而在于许月卿诗歌整体所表现出立意造境、遣词下字的弱点。所谓"怪"常是语意新奇而达到的审美效果,"怪"在一定情形下能够导向诗歌的"妙"境,但许月卿诗却仅"怪"而未能"妙";"滑"主要指诗歌造句的草率俳滑,"俳滑"也并非全然不好,有时能透露出诗人匠心,显得工巧,而许月卿的俳滑却并未达到"巧"。非但未能妙、巧,

---

① 钱锺书:《谈艺录》"萚石萃古人句律之变"条,第490页。
② 钱锺书:《谈艺录》"黄山谷诗补注"条,第16页。
③ 钱锺书:《谈艺录》"萚石萃古人句律之变"条,第488页。
④ 钱锺书:《谈艺录》"萚石七律对联"条,第475页。

反倒卤莽灭裂,钱先生所举例中,卷一《除月二十三日夜梦》一首就是如此。该诗开篇言梦境"仙君重瞳衮衣明,红云一朵当殿楹。千官拜舞环佩鸣,中有一人摄高升。琅琅敷诵百辟惊,首云有臣许月卿",描述梦中有仙人降临,并指明要见许月卿,其意起篇不可谓不怪,但接下来叙述梦的结局是"亲授秘诀餐长生""梦回题诗香枕屏",却并不妙。然后就是一大段感慨,感慨的内容是"新安新安别无奇,只有千万山。千山万山中,其奇乃出焉。……忽生朱晦庵,追千万世前,示千万世后,如日月当天。呜呼新安生若人,不知再生若人是何年",这里不但五字句和七字句错杂相陈,句内节奏突然变化成"追/千万世前,示/千万世后",让诗篇滑而不巧,颇显卤莽灭裂,而且在并无铺垫的情形下突然冒出朱熹来,内容上颇有突兀之感,也足证其诗的怪而不妙了。

(四) 复次释其"好作道学语,酸腐可厌"。许月卿毕竟是个理学家,在诗中常有道学语,也是情理之中。钱先生在《谈艺录》论"朱子书与诗"、《宋诗选注》"刘子翚"小传,都有对道学与宋诗的集中论述,其态度虽不是积极表彰,但也并不全然鄙弃。不过,从审美效果来说,钱先生论诗中"道学语"常将其与"酸腐"并言却是一以贯之的,如《宋诗选注》"刘子翚"小传说道学家诗"迂腐粗糙",《谈艺录》说陆游、刘克庄以理学成篇的诗"宽腐不见工巧"[1],理学家用虚字是"冗而腐"[2]等。以道学语入诗,带来的晚宋诗歌的酸腐之气,非一人之习,乃一时之风,这一点钱先生有大量论述,我们下文再详细探讨。仅就许月卿的诗歌来说,其中道学语如卷二《吊程贡元》"仲尼仁者静,下惠圣之和",卷三《天道》"天道尊高父道同,地亲如母祀先农",卷六《首夏》"首夏清和如惠夷,心情熙洽似唐虞"等,都足证钱先生所言不诬。

---

[1] 钱锺书:《谈艺录》"随园论诗中理语"条,第576页。
[2] 钱锺书:《谈艺录》"诗用语助"条,第183页。

以上笺释均是诗歌批语,之后所言则是就许月卿文章而发,因与题无涉,暂且不表。可以说,我们的"试诠"既是一种"照着说"的工作,也是一种"稀释",在钱先生短短百字的批语中,已经包藏了一篇扎实而富有新见的学术论文,足见钱先生批语的学术含金量之高。《容安馆札记》中评论许月卿的材料,有两条已被钱先生吸纳进《管锥编》和《谈艺录》补订①,但主体部分未曾披露。可以毫不夸张地说,这段批语是至今为止唯一一篇探讨许月卿诗文艺术的学术性札记,而类似的对许多宋代中小诗人的艺术评论,钱先生的《容安馆札记》恐怕都是"唯一"的评论材料。

钱先生批评许月卿诗文的一大价值,自然因为它的"唯一性",但还有更大的隐含价值,就是启示着我们关注钱先生对宋末诗歌的两个重要问题的看法:理学、气节与宋末诗歌的关系。

二、理学与宋末诗歌

宋末元初,理学已在思想界占据官方主导地位,它对诗歌创作的影响也已深入骨髓,钱先生在《谈艺录》中有一段议论,颇中肯綮:

> 纪晓岚《瀛奎律髓刊误序》斥虚谷论诗三弊,其二为"攀附洛闽道学",诚中厥病,惜未知此乃南宋之天行时气病也。山谷已常作道学语,如"孔孟行世日杲杲"、"窥见伏羲心"、"圣处工夫"、"圣处策勋"之类,屡见篇什。……曾茶山承教于胡康侯,吕东莱问道于杨中立,皆西江坛坫而列伊洛门墙。……名家如陆放翁、辛稼轩、洪平斋、赵章泉、韩涧泉、刘后村等,江湖小家如宋自适、吴锡畴、吴龙翰、毛翊、罗与之、陈起辈,集中莫不有数篇"以诗为

---

① 即《管锥编》"洪兴祖楚辞补注"第13则(中华书局,1986年版,第626页)和《谈艺录》"黄山谷诗补注"第26条补订(第18页)。

道学",虽闺秀如朱淑真未能免焉。至道学家遣兴吟诗,其为"语录讲义之押韵者",更不待言。(参观《宋诗选注》论刘子翚)①

《谈艺录》这段话的源头在《容安馆札记》论陈起诗时所发议论②,两段话基本意思一致且内涵十分丰富,如指出了"攀附洛闽道学"是南宋诗坛的整体风气、黄庭坚为首的江西诗派与理学的内在关联、江湖诗人借道学语自重等,都是颇具识见的大判断。我们这里仅就其一端来作研析,即宋末诗歌的两大群体——"道学诗人"与"江湖诗人"诗作中均深染道学习气的问题。

前文已及,许月卿是一个以理学名世的诗人,《先天集》附录的《临汝书院讲义》"出林隐程复心章图四书"就说他的学问:"提携康成而不悖圣贤之学,真能发先儒未发之蕴,宜乎为萧大山诸公所敬叹也。"而在钱先生所区分的理学对诗歌影响的两个方向,"以诗为道学"和"道学家吟诗"中,许月卿应算是"道学家吟诗"阵营中的"下层成员"——"上层成员"自然就是《宋诗选注》所认为的"诗人里的道学家"们刘子翚了——他的诗歌存在的许多缺点,都是这个特殊身份所内在决定的。比如,邵雍对他的影响,就是不可忽视的重要因素。本来,许月卿与朱熹是同乡,理学思想也更亲近朱熹,而在诗歌上他却与邵雍更近,离朱熹较远,他的诗歌应可归作"击壤派"。这个观点,钱先生没有明确提出,但从相关材料来看,似也有迹可寻。

许月卿曾"以《易》学魁江东",名本集为"先天集",邵雍开"先天象数学",其中是否有直接关联,没有材料可证明,却颇惹人联想。至少,在钱先生批评许月卿诗歌的诸多缺点中,有几点也和邵雍诗歌相类。

---

① 钱锺书:《谈艺录》"朱子书与诗"条,第215页。
② 原文与《谈艺录》所论相似,此处不引,可参《钱锺书手稿集·容安馆札记》第1册,第712—713页。

钱先生在论"当句对"时,所列诸家即有邵雍的《和魏教授》"游山太室更少室,看水伊川又洛川"、《所失吟》"偶尔相逢即相别,乍然同喜又同悲"等句。在论诗中"掂弄"时则说:

> 北宋则邵尧夫寄意于诗,驱遣文字,任意搬弄,在五七字中翻筋斗作诸狡狯。除当句对不计外,如《和吴冲卿》云:"人人可到我未到,物物不妨谁与妨";《恨月吟》云:"栏干倚了还重倚,芳酒斟回又再斟";《南园花竹》云:"因把花行侵竹种,且图竹径对花开";……皆掉臂径行,不受格律桎梏。后来白沙、定山虽亦步趋,都无此恣肆。①

虽是肯定邵雍诗句能够驱遣自如、变化无端,但掂弄文字的技法却与许月卿是一样的。另外,邵雍在《击壤集序》中曾言"所作不限声律",从某种程度上来说,这与许月卿的"破律坏度"也是一个问题的两种表达而已。可见,许月卿与邵雍之间,应有潜在的脉络。只是,关于许月卿的材料太少,我们无法坐实。但我们可以说许月卿虽然没有进入金履祥的《濂洛风雅》,却正是"击壤派"的成员。明白了这点定位,也就能看清许月卿在宋末诗坛中的位置了:他实在不是一个真正的诗人,而是"只在道学家里充个诗人",他诗歌中所犯的各种错误,在钱先生看来,是理学诗人颇具代表性的缺点,因而批评得也就更严厉。

总体来说,钱先生对宋末元初那批"击壤派"理学诗人是持否定态度的,他说"《濂洛风雅》所载理学家诗,意境既庸,词句尤不讲究"②,在评价许多宋代诗人诗作时,一旦涉及道学,都与"酸腐"相连。

---

① 钱锺书:《谈艺录》"薛石萃古人句律之变"条,第486页。
② 钱锺书:《谈艺录》"随园论诗中理语"条,第575页。

除了上文笺释时所举《宋诗选注》《谈艺录》的例证外,《容安馆札记》中也有类似的说法。比如说刘子翚《听詹温之弹琴歌》"叶韵讲章,板腐可厌"①,陈安卿《北溪全集》第五门四卷"真所谓押韵语录,最为酸腐拙劣"②,徐经孙《徐文惠公存稿》"腐拙不足道"③,徐鹿卿《清正存稿》"诗文多理学语,殊苦钝腐"④等,似乎都将道学思想、道学语视为诗歌审美的消极因素,这大概也是"诗歌与哲学之间的旧仇宿怨"在中国古典诗歌艺术中的表现吧。

不过,在宋末诗人中,也有运用理学语言而能得钱先生青眼者:

> 自宋以来,能运使义理语,作为精致诗者,其惟林肃翁希逸之《竹溪十一稿》乎。肃翁得艾轩、网山、乐轩性理之传(参观所作《乐轩诗筌序》,见《隐居通议》卷三)。于庄、列诸子,皆著有《口义》,又熟宗门语录。其为诗也,虽见理未必甚深,而就词藻论,要为善于驱遣者矣。如"那知剥落皮毛处,不在流传口耳间";"划尽念头方近道,扫空注脚始明经";"但知绝迹无行地,岂羡轻身可御风";"蛇生弓影心颠倒,马齝其声梦转移";"须信风幡元不动,能如水镜却无疵";"酰鸡瓮中世界,蜘蛛网上天机";(按"天机"与"蛛丝"双关,故与简斋之"天机衮衮山新瘦"、定山之"溪边鸟共天机"语不同。)"蚯蚓两头是性,桃花一见不疑";"非鱼知鱼孰乐,梦鹿得鹿谁诬";"若与予也皆物《庄子》,执而我之则愚《关尹子》"。无不字斟句酌。有为理语诗摘句图者,斯焉取斯。其自《题新稿》云:"断无子美惊人语,却似尧夫遣兴时",盖亦自居"濂洛风雅"。从来无道及其人者,故标举于此。⑤

---

① 钱锺书:《钱锺书手稿集·容安馆札记》第1册,第209页。
② 钱锺书:《钱锺书手稿集·容安馆札记》第1册,第543页。
③ 钱锺书:《钱锺书手稿集·容安馆札记》第1册,第552页。
④ 钱锺书:《钱锺书手稿集·容安馆札记》第2册,第926页。
⑤ 钱锺书:《谈艺录》"随园论诗中理语附说十七"条,第576页。

林希逸常被归入江湖诗派,依循旧例,应算作江湖诗人用理语的代表——尽管笔者很不情愿将他看做江湖诗人,因为他既不曾流落过江湖,他的诗也并非典型的"江湖体"——而钱先生很明显地指出,他也是"自居'濂洛风雅'"的。《容安馆札记》评价林希逸诗时说:

> 竹溪诗妥致而能流活,为理语作诗之最工者,庶几以刘潜夫之笔写邵尧夫之旨,刻画风物,亦复新切。①

可以说,林希逸是最具代表性的一个以理学语入诗而得钱先生肯定的宋末诗人。在林希逸的诗中,钱先生找到了"理学语"与"精致诗"结合的佳例,他曾经说过:"假如一位道学家的诗集里,'讲义语录'的比例还不大,肯容些许'闲言语',他就算得道学家中间的大诗人。"②以这则标准来衡量,林希逸显然可以算作"道学家中间的大诗人"。同时也恰恰说明,在钱先生眼中"诗歌与哲学"并非真正的"旧仇宿怨",道学语与诗歌审美之间,并不是天然的不兼容,而在于诗人的手眼能否巧妙捏合二者。林希逸"以刘潜夫之笔写邵尧夫之旨",其所表达的诗歌旨趣未尝不是理学家的那番道理,在"诗意"上并不新鲜,但他能够运用像刘克庄一样的工巧之笔来表达,在"诗艺"上已高出一般理学诗人一筹。钱先生正是看中"诗艺"而非"诗意",才对林希逸予以肯定的。

许月卿与林希逸,一乃理学家而充当诗人,一乃诗人而兼为理学家,就诗人身份来说,一为道学诗人,一为江湖诗人(如果我们遵守成见的话),但在钱先生笔下则是一反一正,一劣一优。在理学与宋末诗歌的关系中,反者、劣者是主流,正者、优者是例外。对许月卿的否定

---

① 钱锺书:《钱锺书手稿集·容安馆札记》第 2 册,第 1024 页。
② 钱锺书:《宋诗选注》"刘子翚小传",第 246 页。

意见,折射出的是钱先生对理学消极影响宋末诗歌的总体判断,而对林希逸的肯定,则完全是以艺术标准衡量的结果,抛弃主题先行的硬套,也丝毫不为先入为主的成见所左右,这是钱先生一贯的学术姿态。

同时,林希逸这个例外的出现,提示了我们关于"理学语"与"精致诗"之间的复杂关系,远非一句否定的话可以定调。《宋诗选注》说罗与之"在江湖诗人里,他作的道学诗比例上最多"①,《容安馆札记》则云"罗与之与甫《雪坡小稿》二卷,好以七律为理语,如卷二之《动后》、《文到》、《卫生》、《谈道》、《默坐》、《此悟》诸首,皆《击壤集》体之修饬者"②。由此来看,宋末理学与诗歌之间的关系,恐怕就不能只看到消极影响的一面,也要看到理学语与诗歌之美达成"默契"的一面,因为后者更能于细微处见出二者的互动关系,这一点恐怕是我们研究理学与宋诗关系时最当留意的。

三、气节与宋末诗歌

与许月卿理学家身份相关联的,是他的气节。黄宗羲在《宋元学案》中说:

> 新安之学,自山屋一变而为风节,盖朱子平日刚毅之气凛不可犯,则知斯之为嫡传也。彼以为风节者,意气之未融,而以屈曲随俗为得,真邪说之诬民者也! 先师尝言,东汉之风节,一变至道,其有见于此乎!③

他认为许月卿是继承了朱熹刚毅之气的真正学者,其他人"自许山屋外,渐流为训诂之学矣",《先天集》附录《请建山屋书院文移》中也说

---

① 钱锺书:《宋诗选注》"罗与之小传",第 421 页。
② 钱锺书:《钱锺书手稿集·容安馆札记》第 2 册,第 996 页。
③ 黄宗羲、全祖望:《宋元学案》卷八九,中华书局,1986 年版,第 2974 页。

"婺源先贤自朱子以后,惟胡文峰、许山屋二人为最,山屋之学为文峰所推,而忠风义概尤其所仰慕"。张寿镛《宋季忠义录序》表达得更具普遍性:

> 昔赵宋之兴也,承五季涂炭之后,务农兴学,慎罚薄敛,又复释藩镇兵权,绳赃吏重法,以塞浊乱之源,世有典则。及其既衰,始困于金、辽,卒亡于元,乃开夷狄主中夏之局,然当时朝野之士,以死御侮,矢不臣奴外夷者,皆是也。论者以谓有宋诸大儒提倡道义教泽之化,比诸有政,故节烈之行群习以为固,然气蕴之含结者深且固也。①

总之,是理学家身份灌溉出节义风操。在他们看来,宋末之所以会出现大批节义之士,乃在于宋儒提倡的道义思想起了作用,将其与理学的道义教化深刻关联在一起。其言是否正确且不论,却真实反映了宋末以来士人们的主流看法。

宋末的诗人,因为遭遇了黍离之悲,其诗文以宋亡为界,多有从低靡衰气向凌然正气转变的痕迹,若按以上说法,则正是理学的潜在滋养与亡国的现实局势相碰撞,成就了宋末元初遗民诗人的思想崇高与文学升华,比如《宋诗选注》里评论的文天祥、汪元量、萧立之等,大概都是如此。不过,许月卿比较特殊,他在宋亡后就停止了创作,《先天集》里的作品均为宋亡之前的,都是吟咏山水、与人唱和之作,《宋诗选注》评论文天祥时说的"为相面、算命、卜卦等人做的诗",在《先天集》里的比例也不小。我们或许可以猜测,如果许月卿在宋亡后继续创作,就也能写出一些像文天祥一样沉痛的作品,但是,能否改变钱先生现在对他的总体评价,则依然是个问号。因为我们在《容安馆札记》

---

① 万斯同、张寿镛辑:《宋季忠义录》,四明丛书本。

中能明显感觉到,气节问题基本不影响钱先生对诗歌艺术的评价。

钱先生的《宋诗选注》因未选录文天祥《正气歌》曾引起学界广泛而持续的讨论,这一举动之所以会成其为人们热烈关注的问题,主要原因恐怕并非《正气歌》达到了极高的艺术水准,而在于作者特殊的爱国诗人身份和《正气歌》所体现出的高尚情操与浩然正气。但在钱先生看来,这并非问题。《容安馆札记》代表了他真实的想法,他所秉持的是纯粹的艺术标准,他是以挑剔的艺术审美眼光来审视宋诗的。当然,《宋诗选注》和《容安馆札记》是两种性质完全不同的著作,前者需要考虑大众与形势,后者则只顾及自我的艺术世界。所以,钱先生在《宋诗选注》中不仅赞扬文天祥写了"极沉痛的作品",也说萧立之是"有坚强的民族气节的诗人",以示其对志节的褒扬。

我们知道,《宋诗选注》的小传基本都能在《容安馆札记》中找到源头,试检索《宋诗选注》里评价过的几位宋末高洁之士在《容安馆札记》中的形象,则会发现,对他们的艺术定位早已在《容安馆札记》里写定,而对气节的评价则是《宋诗选注》里才有。比如钱先生评文天祥一则:

> 文天祥《文山先生全集》二十卷。文山《指南录》以前篇什皆犷滑,时时作道学腐语。《指南》多抄《吟啸集》,即事直书,虽不免浅率,而偶然有真切凄挚之作矣。刘水云极推重文山,而《隐居通议》卷十二所摘皆出《吟啸集》中,于以前之作则惟《茶诗》四绝颇佳,余不及也,洵为知言。《正气歌》本之石祖徕《击蛇勿铭》,则早见董斯张《吹景集》卷十四跋末,《茶香室丛抄》卷八亦言之,实则亦本之东坡《韩文公庙碑》:是气也,"在天为星辰,在地为河岳。幽则为鬼神,而明则复为人"云云也。①

---

① 钱锺书:《钱锺书手稿集·容安馆札记》第2册,第1099页。

丝毫不见《宋诗选注》里所谓的"抵抗元兵侵略的烈士"的形象，评萧立之、谢翱、真山民等，也均如此。尤有意味的是，钱先生评价谢枋得时，对谢诗反复使用同一典故的现象含而不发：

> 卷二《求纸衾》："宁持龚胜扇，不著挺之绵"按下句用陈后山《故事》，上句意集中层见叠出，如同卷《和曹东谷》云："不为苏武即龚胜，万一因行拜杜鹃。"《和叶爱梅》云："了知死别如龚胜，未必生还似子卿。"《和毛静可》云："此生何恨为龚胜，来世谁能知少连。"《初到达宁赋诗》："天下久无龚胜洁，人间何独伯夷清。"《辞二刘兄惠寒衣》："平生爱读龚胜传，进退存亡断得明。范叔绨袍虽见意，大颠衣服莫留行。"卷三《崇真院绝粒偶书》："西汉有臣龚胜卒，闭口不食十四日。"卷四《与参政魏容斋书》："惟愿速死，与周夷齐、汉龚胜同垂青史。"①

谢枋得诗反复使用龚胜的典故，其用意显然在于表彰龚胜不事二主的高尚气节，以此阐明自己的立场。钱先生肯定并非不知其中缘由，却点到为止，只字不予发挥。在他笔下，想要说明的只是典故本身在诗歌中重复出现的艺术意味，而并不想借此阐发谢枋得的人格与节操。

其实，钱先生也不是刻意回避气节，而在于诗人的气节与人格是不是已经真正影响到艺术本身的表达，这才是他关注的。正因此，他在评论舒岳祥时就说：

> 舒岳祥舜侯《阆风集》十二卷，多野调戏笔，不免犷佻，而忧时伤乱，出以奇思诡趣，劲气直干，颇自辟蹊径。虽早岁见赏于

---

① 钱锺书：《钱锺书手稿集·容安馆札记》第2册，第858页。

吴荆溪,未尝以晚唐体自局也。多识虫鱼草木,亦与寻常诗家漫兴花鸟、以蟹为六跪二螯者异撰。①

钱先生认为舒岳祥的作品,因为忧时伤乱而出现了"奇思诡趣,劲气直干,颇自辟蹊径"的艺术新变,因而特别予以拈出。由此,我们再回过头来看钱先生对许月卿的评价,也就能够理解,他为什么能丝毫不顾许月卿人品之高洁,而纯作批评否定之议论了,这正体现出钱先生作为一个诗歌艺术的精微鉴赏者的本色。

总之,从钱先生对许月卿诗歌的评价中,我们感受到了《容安馆札记》像《谈艺录》《宋诗选注》《管锥编》一样,体现出钱先生着迷"具体的文艺鉴赏和评判"程度之深和评论含金量之高,但《容安馆札记》的学术性内涵与学术史意义则仍未引起学界足够重视,亟待努力开掘。本节仅是从许月卿而引申出来的一点思考,理学、气节与宋末诗歌的关系问题,仍有待我们进一步探索。

---

① 钱锺书:《钱锺书手稿集·容安馆札记》第2册,第841页。

第三章
楚辞学在南宋：洪兴祖与《楚辞补注》

楚辞学虽是专门之学，某种意义上亦当视为传统诗学的一部分。一般认为，《楚辞》一书自西汉由刘向结集并命名①，其中收入屈原、宋玉诸赋，并附汉季贾谊、淮南小山、东方朔、严忌、王褒等人承袭模仿屈宋之作及刘向自己的作品《九叹》一章，成十六卷。其后东汉王逸作《楚辞章句》，又附入自作《九思》一卷，成十七卷。故而，《楚辞》一书通行十七卷，而《楚辞章句》则是今传《楚辞》的最早注本。《楚辞章句》广采旧说，训诂精当，阐隐发微，是《楚辞》研究的奠基之作。南宋是楚辞学的重要发展期，与《楚辞章句》并行于世的就是《楚辞补注》，所谓"补注"即补王逸《楚辞章句》之未备。该书于正文每句之下先列王逸章句，再以"补曰"二字区别之，引出自己的见解，或精校异文、或遍考方言、或广征文献、或阐发思想、或训释音义，又及考订史实、探幽神话、详证名物、辨析地理、厘清章节，可谓细大不捐，洞微见著，发扬屈意，驳正旧注，成为《楚辞》一书流传最广、影响最大的注本之一，它是对从汉至宋一千余年的《楚辞》注释与研究工作的总结，具有里程碑式的意义。楼钥在一首诗中回顾南宋楚辞之学

---

① 汤炳正认为："《楚辞》一书的纂成，既非出于一人之手，也不出于一个时代；它是不同时代和不同的人们逐渐纂辑增补而成的。"并进一步指出："刘向则不过是纂辑者之一，而且不是重要的纂辑者；他只是增补了四篇作品。对屈原作品搜集最多的是淮南王或其宾客。"参氏著《〈楚辞〉成书之探索》，载《屈赋新探》，齐鲁书社，1984年版，第85—109页。

时说"练塘后出号详备,晦翁集注尤精明。比逢善本穷日诵,章分句析无遁情"①,"练塘"即指洪兴祖,"晦翁"即朱熹,洪兴祖《楚辞补注》与朱熹《楚辞集注》可谓当时的两座楚辞学高峰,二书均能博采善本,分析章句,各有成就,自一问世即获得了长久的赞誉。

《楚辞补注》始撰于洪兴祖年轻时,定稿于晚年,经其反复修订,是他的一部力作。但是由于古籍传抄本有之讹漏变更,加上洪兴祖曾得罪权臣秦桧,所以今日所见之《楚辞补注》已远非该书原貌:一、《楚辞补注》原有的序文今已亡佚,乃因洪兴祖得罪秦桧,后人惧祸而删削;二、洪兴祖所作单行本之《楚辞考异》已散入《楚辞补注》相应句子之下,其顺序多在"补曰"之前;三、古本《楚辞释文》②也已散入《楚辞补注》之中,或在"补曰"前,或在"补曰"后,顺序紊乱;四、楚辞的某些五臣注亦不知何时由何人混入《楚辞补注》之中③,多在"补曰"之前。大体而言,今本《楚辞补注》除楚辞正文外,还包括:王逸《章句》、王勉《释文》、洪兴祖《考异》、五臣注、洪兴祖《补注》。《楚辞补注》至少两次成书,要认识此书的成书背景,我们还是先从作者洪兴祖的生平行履入手。

第一节 洪兴祖生平行履与《楚辞补注》的成书

洪兴祖一生著书颇勤,经史子集各方面均有著述,如《周易通义》《春秋本旨》《论语说》《老庄本旨》《续史馆故事》《杜诗辨正》《楚辞补注》《韩子年谱》等均是影响一时之作,其中《楚辞补注》《韩子年谱》两

---

① 楼钥:《林德久秘书寄楚辞故训传及叶音草木疏求序于余病中未暇因以诗寄谢》,《楼钥集》卷五,浙江古籍出版社,2010年版,第128页。
② 余嘉锡认为《楚辞释文》的作者是南唐王勉,见《四库提要辨证》卷二〇,云南人民出版社,2004年版,第1041页。
③ 汤炳正认为:"今本'补曰'之前所引'五臣曰'云云,本当为《补注》之语,浅人散附《考异》时,妄移于'补曰'之前。见《楚辞类稿》"洪兴祖《楚辞考异》散附《楚辞补注》问题",巴蜀书社,1988年版,第100页。

部传世之作更是得到历代学者之称扬。他的学识俨然为学者们所看重,大儒朱熹就曾在多本著作中称引洪兴祖的观点,并赞誉其学识不凡,所谓"近世考订训释之学,唯吴才老、洪庆善为善"[①]是也。然而由于洪兴祖秉性刚直,触犯权臣秦桧,他的诗文著作之流传因之受到极大冲击,他的行迹也因之日渐隐晦,虽然《宋史》《京口耆旧传》等书对其一生有所记载,但只见大略而已,于今日学术研究而言,实有必要对其生平事迹进行较为完备而详细之充实,故而作此节,以备参详。

本节叙及洪兴祖家世、亲友、交游、著述等生平事迹,于需说明处下按语,考辨该年事迹,订补文献缺误,辨正诸家观点。我们得益最多的为以下三篇文章,特致谢忱。为避冗赘,行文中采用简称:李大明《洪兴祖生平事迹及著述考》(载《四川师范大学学报(社会科学版)》1989年第2期)一文简称《考论》;李温良《洪兴祖〈楚辞补注〉研究》第三章(台南成功大学硕士学位论文,1994年)简称《研究》;昝亮《洪兴祖生平著述编年钩沉》(载《杭州大学学报》1997年第4期)一文简称《钩沉》。

洪兴祖,字庆善。

据《宋史》本传,其他各书无异辞。

号练塘。

周𬙊《清波别志》卷二曰:"向见洪练塘言止用宰执通亲王书启之式。"胡铨《程瑀墓志铭》(载《新安文献志》,不见于今本《澹庵文集》)云:"公酷嗜《论语》,研精覃思,随所见疏于册,练塘洪先生兴祖早以是书从公析疑辨惑者二十年。"清人葛万里《别号录》卷一亦以"练塘"为洪兴祖号。《宋元学案补遗》卷一"洪氏家学"条(此条见于《四明丛书》一百卷本,不见于稿本四十二卷本)下冯云濠据胡铨《程瑀墓志铭》案曰:"是尚书为先生讲友,练塘其号也。"按:依以上四则材料,

---

[①] 朱熹:《朱子语类》卷一三八,《朱子全书》第18册,第4266页。

可断定其号为"练塘"。"练塘"为洪兴祖家乡丹阳地名(《元和郡县志》卷二六有载,又称练湖),以籍贯地名为号乃古人通常之法。

本姓弘。

洪兴祖《丹阳洪氏源流考》曰:"丹阳之洪,本姓弘,唐以避孝敬帝讳改洪。"(见上海图书馆藏《蛟西洪氏宗谱》)又,《宋史》有其叔洪拟传,言其先世本姓弘,因避南唐讳,改今姓。

镇江丹阳荆林人。

《宋史》本传:"洪兴祖,字庆善,镇江丹阳人。"又洪兴祖作《韩子年谱》其序落款云:"荆林东斋洪兴祖书"。按:镇江丹阳荆林,今江苏省镇江丹阳市云阳镇。丹阳市原有荆林镇,公元2001年荆林镇并入云阳镇。又洪兴祖于《楚辞补注》中自称"曲阿洪兴祖",盖"曲阿"乃丹阳之旧称耳,《考论》有详述。

哲宗元祐五年(1090) 庚午 一岁

洪兴祖生。

《宋史》本传云:"(洪兴祖)卒年六十有六。"又李心传《建炎以来系年要录》(以下简称《要录》)卷一六九云:"(绍兴二十五年八月)癸巳,左朝散大夫昭州编管洪兴祖卒。"按:依以上两条材料互推,知公生于本年,《研究》《钩沉》均以此为是。然《宋代文化研究》第三辑(四川大学古籍所编,四川大学出版社,1993年版)载尹波《洪兴祖生卒年》一文,其依据《宋会要辑稿》崇儒五之三五云:"绍兴二十七年五月二日,故左朝散大夫洪兴祖男箴(健按:当作'葳')以父兴祖先尝编纂《徽宗皇帝御集》七十二卷上之,已降付史馆,未蒙推恩。诏兴祖特赠直敷文阁。"推知洪兴祖卒于绍兴二十六年(1156),生于1091年。尹文所据史料与其他史料抵牾颇多,故其推论亦难成立。从《宋会要辑稿》(以下简称《辑稿》)之外的史料来看,《要录》卷一七一载:"绍兴二十六年正月甲子(1156年正月二十二),故左朝散大夫昭州编管人洪兴祖特赠直敷文阁。"此条明确说明兴祖"特赠直敷文阁"在二十六年,二十七年说难以成立。从《辑稿》之内的材料来看,《辑稿》选举之二三云:"绍兴二十五年十月十六日诏左朝散大夫洪兴祖昨缘罪犯,编管昭州,卒,许归葬,从其子葳请也。"则在绍兴二十五年洪兴祖已经去世,推论作绍兴二十六年也明显不符史实。基于以上分析,定洪兴祖生年为元祐五年为妥。

先祖经时。

《蛟西洪氏宗谱》收《洪氏宗谱世系追远图·丹阳荆村派》云:"唐宣歙观察使经纶公同祖弟经时公后,世望丹阳。"洪经时在唐,不知为兴祖几世祖,故称作"先祖"。

七世祖备。

同上。洪昉一栏注云:"祖备,居荆村洪巷东,名东洪,号前宅。"洪昉之祖于洪兴祖为七世祖。

六世祖谐。

同上。洪昉一栏注云:"父谐。"洪昉之父于洪兴祖为六世祖。

高祖昉。

同上。由世系表上推知昉为洪兴祖之高祖。

曾祖溥。

同上。洪昉一栏注云:"生四子:渊、溥、滋、渭。"洪昉之子于洪兴祖为曾祖。

祖固,赠特进、赠通奉大夫、赠右金紫光禄大夫。娶邓氏,赠永宁郡夫人,邓氏本年五十二岁。

同上。洪溥之子于洪兴祖为祖。洪固一栏注云"赠特进士","士"疑为衍文。楼钥《攻媿集》卷一○一《洪子忱墓志铭》云:"(洪蘩)曾大父固,赠特进。"程俱《北山小集》卷二三《给事中洪拟明堂大礼封赠父赠通议大夫固赠通奉大夫》。又张扩《东窗集》卷七《徽猷阁直学士左通议大夫提举亳州明道宫洪拟父固赠右金紫光禄大夫制》《母邓氏赠永宁郡夫人制》。《至顺镇江志》卷一九言及洪拟时云:"会赵万之变,郡不能御,时母年八十九。"《京口耆旧传》卷四文同。按:赵万之变在高宗建炎元年(1127),由此上推,可知邓氏本年五十二。

父揄,赠朝奉郎。

同上。洪揄一栏注云:"赠朝奉郎。"按:王应麟《玉海》卷五一云:"洪褕纂《太祖创业故事》十二卷,凡二百三十七条,不克上,子兴祖随事著论训释,又后录一卷附。"《宋史·艺文志》著录《创业故事》十二卷,作者作"洪榆"。刘兆佑《宋史艺文志史部佚籍考》曰:"《创业故事》一二卷宋洪褕撰。褕,兴祖父,始末待考。"(台北"国立"编译馆中华丛书编审委员会,1984年版,第358页)洪兴祖叔父名"拟"确凿无疑,据传统取名规则,一辈人中常以同一部首取之,而上海图书馆藏《蛟西洪氏宗谱》正作"揄",与"拟"同部首,故采《宗谱》之说作"揄",而非"褕"或"榆"。

本年,叔父拟二十岁。

《宋史·洪拟传》:"卒,年七十五,谥文宪。"《要录》卷一五三:"绍兴十有五年壬申,徽猷阁直学士、提举亳州明道宫洪拟卒,谥文宪。"由绍兴十五年(1145)上推,知洪拟本年二十岁。按:洪拟,字成季,一字逸叟(见《宋史·洪拟传》)。世称净智先生。有《净智先生集》十六卷(见《宋史·洪拟传》《嘉定赤城志》卷三十四)、《注杜甫诗》二十卷(见《宋史·洪拟传》),今已亡佚。妻邓氏(程俱《北山小集》卷二三《妻宜人邓氏封令人制》)。《钩沉》参《宋史艺文志补》《光绪丹阳县志》二书,大体不错,唯《注杜甫诗》作《杜诗注解》。

岳父丁志夫二十五岁。

许景衡《横塘集》卷一九载《丁大夫墓志铭》曰:"公,字刚彛。经行(丁昌期)之季子。……婿曰迪功郎淮宁府商水主簿洪兴祖。"又言丁志夫卒于宣和二年(1120),卒年五十五,由此推知丁志夫本年二十五岁。按：洪兴祖娶丁志夫女为妻尚有以下两则材料可证：《夷坚志》卷一一曰："洪庆善妻丁氏，温州人。"又，张纲《华阳集》卷二三有《跋洪庆善先夫人丁氏诗文手墨》言丁氏"贤而有文"。洪兴祖何时娶丁氏已不可考，姑系于此。

元祐九年、绍圣元年(1094)　甲戌　五岁

是年，叔父拟登进士第甲科。

刘宰《京口耆旧传》卷四："(洪)拟应上庠及选试南宫皆为《春秋》第一，擢绍圣元年进士甲科。"《咸淳毗陵志》卷一一载"元祐九年毕渐榜"有洪拟。《嘉定赤城志》卷三四谓洪拟"绍圣元年中第"。三者均合，以《京口耆旧传》最详。

绍圣四年(1097)　丁丑　八岁

本年，乡贤葛胜仲进士及第。

《宋史·葛胜仲传》："葛胜仲字鲁卿，丹阳人。登绍圣四年进士第，调杭州司理参军。"《咸淳毗陵志》卷一一载"绍圣四年何昌言榜"有葛胜仲。按：《宋史·艺文志》云葛胜仲《丹阳集》八十卷，而《直斋书录解题》卷一八载葛胜仲有"《丹阳集》四十二卷，《后集》四十二卷"。顾吉辰《〈宋史〉考证》以八十卷为不妥(华东理工大学出版社，1994年版，第455页)。原书今已散佚，卷次已不可考，四库馆臣由《永乐大典》辑得《丹阳集》诗文二十三卷并合女婿章倧等作行状、谥议一卷为二十四卷。葛胜仲与洪兴祖关系密切，故附于此。

崇宁二年(1103)　癸未　十四岁

读《礼》等经典，绩文日进。

《宋史》本传："少读《礼》至《中庸》，顿悟性命之理，绩文日进。"姑系于此。

是年，从弟遘登进士第。

《至顺镇江志》卷一八："洪遘,兴祖从弟,崇宁二年登进士第。"《咸淳毗陵志》卷一一载"崇宁二年霍端友榜"有洪遘。按：《钩沉》疑《至顺镇江志》以"遘为兴祖从弟"为误，不言所据,若依年龄来看,十四岁或更小中进士科可能性不大,则《钩沉》所疑有理。

大观元年(1107)　丁亥　十八岁

于柳闳处得东坡手校本《楚辞》或在此年左右。

陈振孙《直斋书录解题》卷一五"《楚辞考异》一卷"下注曰："兴祖少时从柳展如得东坡手校《楚辞》一卷。"按：所谓"少时"或在弱冠之前,姑系于此。《至顺镇江志》卷一九曰："柳闳,字展如,东坡之甥,居北固山下,有诗见《京口集》。"又费衮《梁谿漫志》卷四载"柳展如论东坡文"乃"东坡自海南归"时之事,孔凡礼《苏轼年谱》将此事定在建中靖国元年(中华书局,1998年版,第1409页),疑柳闳正是在建中靖国元年得东坡手校本《楚辞》。

政和五年(1115)　乙未　二十六岁

是年,遘弟遂登进士第。

《至顺镇江志》卷一八："洪遂,遘弟,政和五年登进士第。"

政和八年、重和元年(1118)　戊戌　二十九岁

是年,洪兴祖擢进士第。

《宋史》本传："登政和上舍第,为湖州士曹,改宣教郎。"《京口耆旧传》卷四："政和八年擢进士第,赐上舍出身,主陈州商水簿,试中教官,除汾州教授,改越州,未赴。"《至顺镇江志》卷一八："政和八年,登进士第,为陈州商水主簿,试中教官,为汾州教授。"陈骙《南宋馆阁

录》卷七注曰:"嘉王榜,上舍出身。"嘉王楷正在政和八年中榜。按:《宋史》《京口耆旧传》《至顺镇江志》三者所述洪兴祖职官之变迁,以《京口耆旧传》为最详,并与其他二书相合,下文所述洪兴祖职官权以《京口耆旧传》为线索。而关于洪兴祖所第究属何者,《研究》认为洪兴祖乃是上舍生与辟雍贡士混合通考成新科进士,其说无据,今暂阙如,仅疑兴祖乃殿试赐上舍出身。

从兄弟造同登进士第。

《京口耆旧传》卷四:"(洪兴祖)从兄造。造,字彦袭,擢政和戊戌上舍第,授歙州黟县尉。"《至顺镇江志》卷一九:"洪造,字彦袭,丹阳人,与兄兴祖同登政和八年进士第,授歙州黟县尉。"按:《研究》《钩沉》均据《京口耆旧传》将洪造作洪兴祖从兄,而《镇江志》则言洪兴祖为兄,其中孰是孰非,尚不可辨。

宣和二年(1120)　庚子　三十一岁

五月初七,岳父丁志夫因医治瘟疫,感染而亡。洪兴祖为其作行状当在本年。

许景衡《横塘集》卷一九载《丁大夫墓志铭》:"京师方大疫,太学诸生多感疾,公躬督医者治疗之,日问其食饮卧起状,多士感悦。居无何,公亦病矣。俄致其事于朝,讫不起,宣和二年五月丙午也,年五十五……仲宁(丁志夫子)以洪兴祖状泣请铭。"

本年在淮宁府商水主簿任。

许景衡《丁大夫墓志铭》曰:"婿曰迪功郎淮宁府商水主簿洪兴祖。"按:陈州,宣和元年升为淮宁府,具体时间未知,见《宋史·徽宗纪》。

十二月,洪造死于方腊之变。

《京口耆旧传》卷四:"方腊起睦州,连陷郡县,睦距黟为近,造与蕲门尉王季渊分据险阻。……季渊遁走,造不得已,独引所率与贼相持……明日贼入城,首出公于狱,击杀之。"《至顺镇江志》卷一九所载同。按:《皇宋通鉴长编纪事本末》卷一四一"讨方贼"条云:"十二月丙戌,方腊陷歙州……于是婺源、绩溪、祁门、黟县官吏皆逃去。"则造正死于本年十二月。

宣和三年(1121)　辛丑　三十二岁
《楚辞补注》之第一次成书已近尾声。

《钩沉》提出《楚辞补注》两次成书之说,本文采纳其观点。魏仲举《五百家注音辨昌黎先生文集》卷二七《衢州徐偃王庙碑》题下注引兴祖曰:"徐偃王事,见《史记》《后汉书》《博物志》《元和姓纂》,然《后汉书》云'楚文王灭之',《楚辞》亦云'荆文寤而徐亡'。按周穆王时无楚文王,春秋时无徐偃王,予尝辨于《楚词补注》中。"此条为魏仲举辑录《韩文辨证》之文,其中引《楚辞》所谓"荆文寤而徐亡"乃《七谏》之句,《七谏》在《楚辞》中已属倒数第五卷,由之可见兴祖作《韩文辨证》时,《楚辞》补注之工作已接近尾声或已基本完成。而《韩文辨证》在宣和四年已经完成,详后。故有此说。

宣和四年(1122)　壬寅　三十三岁
已集诸本参校《韩愈文集》,并撰成《韩子年谱》一卷、《韩文辨证》一卷。

《京口耆旧传》卷四载兴祖有《韩文辨证》《年谱》各一卷。《直斋书录解题》卷一六"《昌黎集》四十卷《外集》一卷《附录》五卷《年谱》一卷《举正》五卷《外抄》八卷"条下云:"《年谱》,洪兴祖撰,莆田方崧卿增考,且撰《举正》以校其同异,而刻之南安军。"洪兴祖《韩子年谱序》:"予校韩文以唐本、监本、柳开、刘烨、朱台符、吕夏卿、宋景文、欧阳公、宋宣献、王仲至、孙元忠、鲍钦止,及近世所行诸本参定,不敢以私意改易。凡诸本异同者,兼存之。考岁月之先后,验前史之是非,作《年谱》

一卷,其不可以岁月系者,作《辨证》一卷。所不知者阙之。"孙傅《韩子年谱跋》云:"右洪庆善所次昌黎年谱,宣和壬寅夏得于其叔成季。"按:《韩子年谱序》落款作于宣和七年,当为其增广时所作,而孙傅之《跋》言本年已得《韩子年谱》,则兴祖本年或更早已校正《韩愈文集》并作《韩子年谱》,故系丁此。而《韩文辨证》依《自序》所言,乃《韩子年谱》之附属物,亦当在本年或更早。《宋史》本传未载洪兴祖关于韩愈的一系列著作,然《宋史·艺文志》载洪兴祖有《韩子年谱》一卷、《韩文年谱》一卷、《韩愈年谱》一卷,《考论》疑此三书为一书之异名,所疑有理。《郡斋读书志》记《韩文辨证》为八卷,或版本相异,又或后有增补,不得而知。洪校《韩愈文集》今已不传,《韩文辨证》也已亡佚。今存洪兴祖《韩子年谱》收集在魏仲举《韩文类谱》《五百家注音辨昌黎先生文集》之中,今人徐敏霞辑校《韩愈年谱》(中华书局,1991年版)录有此书。

宣和六年(1124)　甲辰　三十五岁

孙傅至迟本年六月九日作《韩子年谱跋》。

孙傅《韩子年谱跋》落款云:"右洪庆善所次昌黎年谱,宣和壬寅夏得于其叔成季。……六月九日孙傅伯野父题。"孙傅落款仅见日期不见年份,因宣和七年四月四日兴祖即已增广完成《韩子年谱》,则至迟于本年已作《韩子年谱跋》提出商榷意见。

冬,洪造赠通直郎。

《京口耆旧传》卷四:"宣和六年冬,诰:故迪功郎洪造,夫士有忘身殉国而功弗白于当世者,朕悼。……可特赠通直郎,与一子将仕郎。"《至顺镇江志》卷一九同。

宣和七年(1125)　乙巳　三十六岁

增广《韩子年谱》,四月四日作《韩子年谱自序》并《后记》。

《韩子年谱自序》落款作"宣和乙巳夏四月四日荆林东斋洪兴

祖",《后记》又云:"乙巳岁再加考正而增广之。"

钦宗靖康元年(1126)　丙午　三十七岁

叔父拟避地宁海,并定居于此。

《嘉定赤城志》卷三四:"洪拟,丹阳人,字成季,绍圣元年中第,官至吏部尚书,靖康中避地宁海。"按:《钩沉》认为在此年前后。《至顺镇江志》卷一九有言赵万之乱时,洪拟自海州归,则避地宁海事应为建炎元年之前,故系于此。

靖康二年　高宗建炎元年(1127)　丁未　三十八岁

叔父拟由宁海归奉洪兴祖祖母邓氏。

《宋史·洪拟传》:"初,拟自海州还居镇江。赵万叛兵逼郡,守臣赵子崧战败,遁去。拟挟母出避,遇贼至,欲兵之,拟曰:'死无所避,愿勿惊老母。'贼舍之。他贼又至,临以刃,拟指其母曰:'此吾母也,幸勿怖之。'贼又舍去。"《至顺镇江志》卷一九文同。按:据《宋史·高宗纪》,赵万于建炎元年九月乙卯陷镇江府。

建炎二年(1128)　戊申　三十九岁

除湖州司士曹,改秩为湖州教授,当在本年六月前后。

《京口耆旧传》卷四:"除湖州司士曹,用荐者改秩,就除州学教授,俄拜太常博士。"按:《辑稿》崇儒二之一一云:"绍兴三年十日诏:'建炎二年六月内复置教授处共四十三州,至建炎三年六月内并罢,任满更不差人,今将建炎二年复置教授窠阙并行存留。'从给事中黄叔敖之请也。"由之可知,本年六月始复置教授,《京口耆旧传》所谓"用荐者改秩"当指复置教授而改洪兴祖职务事,故依洪兴祖仕宦履历,本年为湖州教授职。

妻丁氏卒当在本年，作丁氏墓志铭。

洪迈《夷坚志》卷一一："洪庆善为湖州教授日。……是年妻丁氏捐馆。次年女亡。"又张纲《华阳集》卷二三《跋洪庆善先夫人丁氏诗文手墨》云："夫人贤而有文，盖得于庆善所作志铭旧矣。"则可见洪兴祖为其妻作墓志铭。按：丁氏卒于洪兴祖为湖州教授日，明年洪兴祖改职，故系此。《夷坚志》虽为记荒诞神怪之书，然作者洪迈与洪兴祖本有交往，这由该书卷一一所谓"六事皆庆善说"可见，故虽其所记为怪，而云洪兴祖妻丁氏捐馆之事则定不为随便之言，故采其说。

建炎三年(1130)　己酉　四十岁

最晚本年拜太常博士。

按：参上一年"除湖州司士曹，改秩为湖州教授"条下。

本年，一女夭亡。

按：参上一年"作丁氏墓志铭"条下。

建炎四年(1130)　庚戌　四十一岁

是年始，洪兴祖丁父忧。

《京口耆旧传》卷四云："(兴祖)俄拜太常博士。丁父忧。服除，召试馆职，除秘书省正字。"《南宋馆阁录》卷八"正字"条下云："洪兴祖,(绍兴)二年十二月除。"若保守估计，依二十七月守制，则本年八月左右洪兴祖父揄丧。按：《钩沉》将此系于建炎元年，不知所据为何。

七月，叔父拟为起居郎兼权中书舍人。

《要录》卷三五："(建炎四年七月)是月，朝请大夫洪拟为起居郎兼权中书舍人。拟，光祖父也。宣和中，尝为侍御史，为王黼所逐，至是复用之。"李正民《大隐集》卷二有《洪拟起居郎制》。

绍兴元年(1131)　辛亥　四十二岁

十月初二,叔父拟试吏部尚书。

《要录》卷四八:"给事中洪拟试吏部尚书。"又李心传《旧闻证误》卷三:"十月二日,洪成季始自锁闼迁吏书,为言者论去。"按:程俱《北山小集》卷二四有《给事中洪拟除吏部尚书》,其父固赠通议大夫、母邓氏封令人当在此前。《钩沉》将程俱此制系于绍兴三年洪拟兼权吏部时,然从《北山小集》看,《吏部尚书洪拟除龙图阁待制知温州》一制在《给事中洪拟除吏部尚书》一制后,故系此为妥。

十月初九,叔父拟罢为龙图阁直学士,知温州。

《要录》卷四八:"壬申,吏部尚书洪拟罢为龙图阁直学士,知温州。拟初除尚书,而侍御史沈与求言其未尝历州县,乃命出守。"又程俱《北山小集》卷二四有《吏部尚书洪拟除龙图阁待制知温州》。

绍兴二年(1132)　壬子　四十三岁

五月,岳父葛师望卒。续弦葛师望次女至迟在本年五月之前。

葛胜仲《丹阳集》卷一四载《中奉大夫葛公(师望)墓志铭》"(绍兴二年)五月甲子日终",知葛师望卒于本年。又其中云:"次适驾部员外郎洪兴祖。"则娶葛师望次女之事定在此前。按:葛胜仲所作墓志铭在绍兴三年八月之后,这由其所谓"明年八月丙申葬于凤戈乡之丁陆原"可见。绍兴三年五月,洪兴祖除驾部员外郎,故此处言"驾部员外郎洪兴祖"。

九月,叔父拟为礼部尚书。

《中兴小纪》卷一三:"(九月)丙戌,诏龙图阁待制知温州洪拟为礼部尚书。"綦崇礼《北海集》卷一一有《赐新除礼部尚书洪拟辞免恩命不允诏》《赐试礼部尚书洪拟辞免转官并减磨勘不允诏》,沈与求《龟溪集》卷四有《赐新除礼部尚书洪拟赴阙诏》。按:《要录》卷五八云:"(九月)己未,龙图阁待制知温州洪拟试吏部尚书。"依上述其他相关材料,此处以《中兴小纪》为是。

  洪兴祖为左宣教郎,十二月十二日除秘书省正字。

  《要录》卷六一:"绍兴二年十又二月戊戌,左宣教郎洪兴祖为秘书省正字。兴祖,拟兄子也,尝为太常博士,以内艰去。及是,与左承事郎孔端朝、左文林郎张炳、左从事郎周林四人俱召试,上览策,谓大臣曰:'兴祖所论谠直,切中时病,当为第一。'遂与端朝并除正字,而炳林令吏部与诸州学官。"《南宋馆阁录》卷八"正字"条下云:"洪兴祖,(绍兴)二年十二月除。"按:据《京口耆旧传》卷四,洪兴祖母当在其罢任江东提刑后去世,则《要录》所言兴祖"以内艰去",非丁母忧,而是丁父忧之误。

绍兴三年(1133)　癸丑　四十四岁

  正月,洪兴祖为著作佐郎,成《续史馆故事录》一卷。

  《南宋馆阁录》卷七"著作郎"条下有兴祖,注云:"三年正月除,五月为驾部员外郎。"又卷八"正字"条下有兴祖,注云:"三年正月为著作郎。"按:陈振孙《直斋书录解题》卷六有《续史馆故事录》署名作"著作佐郎洪兴祖庆善",则《续史馆故事录》当成于洪兴祖为著作郎期间。

  三月初一,叔父拟兼权吏部尚书。

  《要录》卷六三:"三月丙辰朔,礼部尚书洪拟兼权吏部尚书。"

  五月,洪兴祖除驾部员外郎。

  《南宋馆阁录》卷七"著作郎"条下有兴祖,注云:"三年正月除,五月为驾部员外郎。"

十月，叔父洪拟罢，为徽猷阁直学士、提举江州太平观。

《要录》卷六九："礼部尚书兼权吏部尚书洪拟罢为徽猷阁直学士、提举江州太平观，以殿中侍御史常同论其阿附王黼在铨曹专任胥史故也。"《宋史·洪拟传》："绍兴三年，以天旱地震诏群臣言事……寻以言者罢为徽猷阁直学士、提举江州太平观。"《京口耆旧传》卷四："三年秋，以地震求直言，上疏历诋政事之偏，谓非所以下顺民心、上答天变，于是执政切齿，即上章丐闲，遂以徽猷阁直学士奉祠。"按：《要录》所言洪拟罢免之缘由与《宋史》《京口耆旧传》稍有出入，或两者兼有之。又綦崇礼《北海集》卷一一有《赐新除徽阁直学士提举江州太平观洪拟辞免恩命不允诏》和《赐徽猷阁直学士左中大夫提举江州太平观洪拟辞免特转太中大夫恩免不允诏》。

十二月二十日，序丹阳洪氏家谱，作《丹阳洪氏源流考》。

《蛟西洪氏宗谱》载《丹阳洪氏源流考》落款为"绍兴三年十二月二十日孙左宣郎守尚书驾部员外兴祖"，全文见后附。

绍兴四年(1134)　甲寅　四十五岁

二月十一日，洪兴祖被罢。

《要录》卷六九："(绍兴四年二月)辛卯，驾部员外郎洪兴祖、比部员外郎范振、枢密院编修官许世厚并罢，坐席益所荐引，为御史常同论列也。"

十月二十四日，与葛胜仲同寓龙泉宝溪，葛胜仲为洪兴祖所藏韩、范诸公帖作跋。

葛胜仲《丹阳集》卷一〇《跋洪庆善所藏本朝韩范诸公帖》落款云："绍兴甲寅十一月己亥谨书，时与庆善同寓宝溪。"又《丹阳集》同卷有《跋洪庆善所藏东坡书杜诗并判讼牒》一文。按：今《丹阳集》落款作"十一月己亥"，核诸陈垣《二十史朔闰表》，绍兴四年十一月并无己亥日,疑"十一月"之"一"字为衍文,十月己亥即十月二十四日。

绍兴五年(1135)　乙卯　四十六岁

十一月九日作《修阙里谱系序》,本年订补、刊行《阙里谱系》一卷。

民国孔德成主编《孔子世家谱》载洪兴祖《修阙里谱系序》落款作:"绍兴五年十一月九日丹阳洪兴祖谨叙。"宋陈骙等撰、清赵士炜辑《中兴馆阁书目辑考》卷三录《阙里谱系》一卷,其注云:"元丰中,孔子四十六代孙宗瀚刻而传之。绍兴五年,洪兴祖正其阙误,又作《先圣年表》列之卷首。"《玉海》卷五〇文同。按:南宋黄震《黄氏日钞》卷三二云:"右《阙里补系》……绍兴五年,洪兴祖守广德军,刊于郡斋。"此处黄氏言绍兴五年洪兴祖守广德军,然据《广德州志》卷二五,绍兴五年守广德军者为汤鹏举,洪兴祖乃汤鹏举后的第二任,故其说不取。

绍兴七年(1137)　丁巳　四十八岁

洪兴祖与顾禧唱和。

按:顾禧《志道集》有载与洪兴祖唱和诗《赠洪庆善兴祖和壁闲沈□□韵》《洪善庆兴祖偕访升上人即景次韵》两首,不知其年。范成大《吴郡志》卷二二载:"顾禧,绍兴间郡以遗逸荐,闲居五十年不出,名重乡里。"推其大略,唱和当为绍兴年间事,姑系于此。

绍兴九年(1139)　己未　五十岁

守广德军,为范仲淹遗像置之学宫,并邀汪藻为之记。

《宋史》本传、《京口耆旧传》卷四均言其守广德军,然年份不详。汪藻《浮溪集》卷一八载《范文正公祠堂记》:"公(范仲淹)卒二十年,高邮孙觉莘老为广德军……又六十九年丹阳洪兴祖庆善来守……庆善乃求公遗像绘而置之学宫,使学者世祀之,而属予记其事。"按:《钩沉》据《广德州志》载孙觉乃于熙宁三年知广德军而推知洪兴祖于是年知广德军。又《广德州志》载知广德军洪兴祖前为汤鹏举、钱观复,后乃鲍延祖,钱观复年份不详,而汤鹏举为绍兴五年、鲍延祖为绍兴十一年,由此推断兴祖绍兴九年起知广德军应属合理。李之亮《宋两江郡守易替考》将洪兴祖知广德军事系于1144年(巴蜀书社,2001年版,第277页),其说误矣,今不采。

葛胜仲作诗送洪兴祖赴广德军。

《嘉定镇江志》卷二一有《送庆善赴广德军》诗残句云:"五年心迹寄沧洲,邂逅连墙接俊游。"按:诗谓"五年",当指绍兴四年至今,洪兴祖被罢的年份。上文断为兴祖本年赴广德军,故系于此。又该诗残句《丹阳集》不载,《全宋诗》亦未录,可补。

绍兴十年(1140) 庚申 五十一岁

在守广德军任上。八月七日,上书褒扬李彭年。

《辑稿》礼六一之一〇载:"(绍兴十年)八月七日权发遣广德军洪兴祖言:本军广德县左迪功郎李彭年言行有常乡里称孝……诏赐旌表门闾。"《要录》卷一三七文同。

绍兴十一年(1141) 辛酉 五十二岁

守广德军秩满,奉祠。除江东提刑。

《京口耆旧传》:"(守广德军)秩满,奉祠,除江东提刑。"按:《广德州志》载知广德军鲍延祖为绍兴十一年。故洪兴祖本年秩满。

为方勺《泊宅编》作序,至迟在本年。

方勺《泊宅编》载洪兴祖序云:"一日过予于桐汭,出所著《泊宅编》示予。"桐汭,广德之旧称,洪兴祖本年离任广德军,故系于此。

绍兴十二年(1142)　壬戌　五十三岁

在江东提刑任。夜宿池州梅山与禅师谈论"饭僧嚼金"当在本年前后。

晓莹《云卧纪谭》"饭僧嚼金"条下云:"池州梅山愚丘宗禅师,因练塘居士洪庆善持江东使节,夜宿山间,相与夜话。"则此事为洪兴祖任江东提刑时事,姑系于此。按:觉岸《释氏稽古略》将此事系于大观二年,误。

岁时至梁企道夫人处展贺,当在本年左右。

周煇《清波杂志》卷五:"洪庆善尝入梁企道阁学幕府,后守番阳,企道夫人尚在,岁时亦以大状称'门生'以展贺。士大夫并为美谈。"按:番阳即鄱阳,洪兴祖除江东提刑(治所在鄱阳),姑系于此。入梁企道幕府事已不可考,此一并系之。

绍兴十三年(1143)　癸亥　五十四岁

在江东提刑任。九月初四前,欲上石碑。

《中兴小纪》卷三一:"九月丁巳,宰执奏江东提刑洪兴祖欲进石碑事。"宋董更《书录》卷上文同。

与洪皓唱和事,在此年前后。

洪迈《容斋五笔》卷三载洪兴祖诗残句曰:"愿公十袭勿浪出,六丁取将飞辟历。"又洪皓《鄱阳集》卷二有《洪庆善韩美成观所藏宣和殿书画庆善有诗次韵》一诗,末句云"万里怀归为公出,往事宣和空历历",正是次洪兴祖之韵。按:洪迈云"提刑洪庆善",洪皓诗注云"以下在饶州作",江东提刑治所在饶州鄱阳,二者相合,故系于此。

赠洪适法帖事在此年前后。

洪适《盘洲文集》卷一载有《谢洪庆善提刑遗法帖》诗,因本年兴祖在江东提刑任,故系于此。

绍兴十四年(1144)　甲子　五十五岁

六月前,在江东提刑任内。六月十三日,降二官,为左奉议郎。六月二十四日,遣知饶州,不赴。

《要录》卷一五一:"(六月癸巳)宣州言泾县魔贼俞一等窃发……降兴祖二官,为左奉议郎,自今不得与监司差遣。兴祖行遣在六月甲辰。"《京口耆旧传》卷四:"(兴祖)罢任久之,犹坐泾县魔寇窃发,镌二秩,知饶州。以母忧不赴。"

与建康知府张守作诗唱和。

张守《毗陵集》卷一五有《洪庆善提刑罢官过建康惠诗和答》。洪兴祖提刑罢官在本年,故系于此。

是年,乡贤葛胜仲卒。

按:《钩沉》云:"兴祖与葛胜仲、葛立方父子唱和之事不晚于此年。葛胜仲《丹阳集》卷十八《次韵庆善九日》、《再和庆善》、《送庆善之江阴》,卷十九《次韵庆善九日》、《庆善再和复和》、《次韵和庆善游圆觉寺归四首,时仆亦方自径山归》等九首诗,均不晚于此年。葛立方《归愚集》卷一《九日庆善示诗次韵》从用韵来看,与乃父之作同时。而《次韵洪庆善同饮道祖(章倧)家赏梅》四首,或稍前或稍后,待考。"其说可从,照录。

本年,丁母忧。

《京口耆旧传》卷四:"除江东提刑,罢任久之,犹坐泾县魔寇窃发,镌二秩,知饶州,以母忧不赴。"本年洪兴祖罢江东提刑任,并坐泾县贼起事,故知其母卒于本年。

绍兴十五年(1145)　乙丑　五十六岁

三月二十七日叔父洪拟卒,年七十五,谥文宪。

《宋史·洪拟传》:"卒,年七十五,谥文宪。"《要录》卷一五三:

"（绍兴十五年三月）壬申，徽猷阁直学士、提举亳州明道宫洪拟卒，谥文宪。"

绍兴十七年(1147)　丁卯　五十八岁

是年，洪兴祖与秦桧谈论《周易》。

《京口耆旧传》卷四云："绍兴十七年，秦桧当国，兴祖见之私第，坐间论《乾》、《坤》二卦，至《坤》上六'阴疑于阳，必战'，兴祖谓'阴终不可胜阳'，恶夫干正者。秦桧以为讥己，大怒，谓兴祖曰：'前辈自有成说，今后不须著书。'闻者知其必重得罪而兴祖自视无愧，处之恬然。"按：《丹阳县志》卷二〇文同。惟"兴祖谓'阴终不可胜阳'"后有"犹臣终不可胜君，'嫌于无阳'"之句。

为李亦作《天台县学记》。

林表民《赤城集》卷七录洪兴祖《天台县学记》，其中云："始于丙寅之冬，落成于丁卯之夏。"则此文之作亦当在丁卯。

为苏庠《后湖集》作序，至迟在本年。

《苕溪渔隐丛话后集》卷三六胡仔言："洪庆善与养直皆丹阳人，予以问庆善，庆善云：'初无此事，乃曾端伯得之传闻之误耳。余于《后湖集序》尝言之云：不待访丹砂于岣嵝，依羽人于丹丘，而罗浮之客，九转之丹至矣……'"按：苏庠，字养直，本年苏庠卒，故系于此。

绍兴十八年(1148)　戊辰　五十九岁

知真州，兴学校。

《隆庆仪真县志》卷一四载沈立方《宋真州重建学记》曰："绍兴戊辰，丹阳洪侯兴祖来殿是邦。"知兴祖本年知真州。

上书请复一年租。十一月十九日，复左承议郎。

《要录》卷一五八："癸卯，降授左奉议郎、知真州洪兴祖复左承议郎。以赦叙也。先是州残于兵,民之疮痍未复。兴祖始至,即上疏请复一年租,从之。"

本年,友人陈长方卒,兴祖作祭文悼之。

《唯室集》卷五载宋胡百能《陈唯室先生行状》云:"年三十一,凡三上春官,绍兴戊午擢进士第。"又云:"以疾终,享年四十有一。"由之可推,陈长方卒于本年。《唯室集》卷五载洪兴祖《祭陈唯室文》一文,当作于本年。

与周煇谈论叶梦得事,当在本年之后。

周煇《清波杂志》卷七:"叶少蕴云:'某五十后不生子,六十后不盖屋,七十后不作官。'然晚年以子舍之多,不免犯六十之戒,屋成而公死矣。二事得于洪庆善。"本年叶梦得卒,故此事当在本年后。

绍兴十九年(1149)　己巳　六十岁

在知真州任,再请复一年租。

《宋史》本传:"兴祖始至,请复一年租,从之。明年再请,又从之。"《要录》卷一五八、《京口耆旧传》卷四、《隆庆仪真县志》卷一所言意同。按:《钩沉》云:"兴祖有《拂云亭》诗曰:'黄云收尽绿针齐,江北江南水拍堤。野老扶携相告语,儿童今始识锄犁。'拂云亭在真州东园,诗中所描绘的当是州人垦荒之事,见《隆庆仪真县志》卷之十四诗文考诗类。"其说可从,照录。

是年,为陈旉刊《农书》三卷,并撰序。

《农书》附《洪兴祖序》云:"绍兴己巳,(陈旉)自西山来访予于仪真。时年七十四,出所著《农书》三卷。"又附《陈旉跋》:"此书成于绍兴十九年,真州虽曾刊行,而当时传者失真。"

梦持六刀。

《宋史》本传:"徙知饶州,先梦持六刀,觉曰:'三刀为益,今倍之,其饶乎？'已而果然。"明年知饶州，故系于此。

  至迟本年，已撰成《春秋本旨》二十卷。

  洪适《盘洲文集》卷五三有《贺饶州洪郎中启》，其中云："伏审春深前席，宠拜左符。……超卓见闻，束《春秋》之五传；增多训故，说《离骚》之一经。网罗阙里之蝉嫣，是正昌黎之鱼鲁。沛然学问，籍其声名。"由"宠拜左符"句可知此文为兴祖初知饶州时，洪适所作，其中"超卓见闻，束《春秋》之五传"当指《春秋本旨》一书。明年洪兴祖知饶州，则成书定在其知饶州前，故系于此。

  至迟本年，进张汝明《张子卮言》于朝廷。

  《嘉靖惟扬志》卷一二"张子卮言"条下注云："张汝明撰，郡守洪兴祖上于朝。"按：惟扬属真州，明年洪兴祖即秩满，故系于此。

  至迟本年，为葛胜仲《丹阳集》作序。

  《直斋书录解题》卷一八："《丹阳集》四十二卷、《后集》四十二卷，显谟阁待制江阴葛胜仲鲁卿撰。绍圣四年进士，元符三年词科，洪庆善序其文。"按：《归愚集》卷一〇《谢洪郎中启(兴祖)》文曰："猥蒙高谊，特眷遗编。于铃斋啸诺之时，命莲幕纪刚之觉。伐木邻境，惠工四方。雕镂殆阅于一期，雠校尽刊于三豕。亲著冠篇之序引，曲记平生之话言。远迩争传，存没俱耀。"又《四库全书总目》卷一五六《丹阳集》下云："据其婿章倧所作行状，称有文集八十卷、外集二十卷，初刊版于真州。"合而观之，疑洪兴祖知真州时刊刻《丹阳集》并作序。《钩沉》所疑同，从之。

绍兴二十年(1150)　　庚午　　六十一岁

  知饶州，新风俗。

  《京口耆旧传》卷四："秩满，再知饶州。旧例，民有婚葬，官抑使市酒，吏缘为奸小不慊，有破家者，民不堪，则宁因循不举。兴祖知之,下车即弛其禁。于是,同日婚葬者至数百家。其他政多可纪。"按:洪兴祖知饶州事,《要录》卷一六〇:"(绍兴十九年九月)壬寅,左朝散郎陈琦知饶州代还论。"卷一六七:"(绍兴二十四年七月)丙辰,敷文阁待制提举台州崇道观苏符知饶州。"由之可知,洪兴祖知饶州在绍兴十九年九月至绍兴二十四年七月之间,今姑系于此。

洪适为洪兴祖作《贺饶州洪中郎启》当在此时。

洪适《盘洲文集》卷五三有《贺饶州洪郎中启》,其中有"宠拜左符"句,结合标题可知此文当作于洪兴祖初知饶州时。

绍兴二十一年(1151)　辛未　六十二岁

在知饶州任。三月七日,充参详官。

《辑稿》选举二〇之九:"二十一年三月七日以权礼部侍郎陈诚之……左朝奉大夫洪兴祖……并充参详官。"

绍兴二十二年(1152)　壬辛　六十三岁

在知饶州任。《春秋本旨》二十卷、《楚辞补注》十七卷、《楚辞考异》一卷之刊行当在本年前后。

《直斋书录解题》卷三"《春秋本旨》二十卷"条下署"知饶州丹阳洪兴祖庆善撰",则该书当刊行于洪兴祖知饶州期间。又《直斋书录解题》卷一五"《楚辞补注》十七卷"条下署"知饶州曲阿洪兴祖补注",则该书亦刊行于洪兴祖知饶州期间,今不可确考其年月,姑系于此。

绍兴二十三年(1153)　癸酉　六十四岁

在知饶州任。作《跋天隐子》至迟在本年。

吴曾《能改斋漫录》卷五"灭动心不灭照心"条引"洪郎中庆善兴

祖跋天隐子"。按:《能改斋漫录》载其子吴复《后序》言:"绍兴癸酉,始自敕局改右承议郎……未几以祖母忧去职。既免丧而放于旧隐间,谓复曰:予自少至壮,奔走四方,从贤士大夫游,所得多矣。"由之可见,吴曾成此书在癸酉之后,故而其书中所记所闻当在癸酉之前。

绍兴二十四年(1154)　甲戌　六十五岁

十一月二十二,洪兴祖依所乞差主管台州崇道观。

《要录》卷一六七:"十二月丙戌,左朝散郎魏安行送钦州编管、左朝散大夫主管台州崇道观洪兴祖送昭州编管。"又在此条下《要录》注云:"《日历》又于去年十一月二十二日丁未书:'左朝散大夫知饶州洪兴祖依所乞差主管台州崇道观。'按,王珉第二疏称:'谨按,知饶州洪兴祖。'又云:'兴祖今知饶州,人皆怨嗟,日望其去。'兴祖去年已得宫观,则珉何以出此言?疑兴祖祠命在今年十一月二十二日辛未,而《日历》误系之去年也。"按:洪兴祖主管台州崇道观一事,《宋史》本传、《京口耆旧传》卷四等均未载,盖因刚被准许,即被编管昭州之故也。今依《要录》注文系于此。

未几,又复知饶州。

《京口耆旧传》卷四言:"丐祠得请,民欲其留,列治状以叩外台者日数千人。外台以闻,诏令复任。未几,昭州之命下。"则准主管台州崇道观后又让复知饶州。

十二月初八,因忤秦桧,编管昭州。

《要录》卷一六七:"十二月丙戌,左朝散郎魏安行送钦州编管、左朝散大夫主管台州崇道观洪兴祖送昭州编管。"《宋史》本传:"兴祖坐尝作故龙图阁学士程瑀《论语解序》,语涉怨望,编管昭州。"《京口耆旧传》卷四文同。按:洪兴祖忤秦桧事已久,此编管昭州实多年积怨之爆发,《京口耆旧传》言秦桧先令王珉上疏言洪兴祖之过,因王珉上疏不力又令董德元再诬,实见秦桧与洪兴祖过节之深,亦可见他刚正不阿之格。

绍兴二十五年(1155)　乙亥　六十六岁

八月十八日,兴祖卒。

《要录》卷一六九:"癸巳,左朝散大夫、昭州编管洪兴祖卒。"按:葛立方《洪庆善郎中兴祖挽诗四首》当作于此时,见《归愚集》卷四。又葛立方作《洪兴祖墓志铭》,《要录》卷七三:"葛立方撰兴祖墓志,称因上封事罢去。"兴祖本年卒,其著作尚有以下诸部因亡佚,作年不可考,今依四部分类姑次于下:

1. 《周易通义》二十卷:《宋史》本传著录,未言卷数。《京口耆旧传》卷四录作《周易义》二十卷。

2. 《系辞要旨》一卷:《宋史》本传著录,未言卷数。《宋史·艺文志》著录《系辞要旨》一卷,不言作者。《考论》《研究》均认为当为洪兴祖此书,其说可从。

3. 《古易考异》十卷:《京口耆旧传》卷四著录。

4. 《易古经考异释疑》一卷:《宋史·艺文志》著录。疑此书与《古易考异》为一套。

5. 《古今易总志》三卷:《京口耆旧传》卷四著录。

6. 《孝经序赞》一卷:《京口耆旧传》著录。《宋史》本传作《古文孝经序赞》。

7. 《左氏通解》十卷:《京口耆旧传》卷四著录。

8. 《论语说》十卷:《宋史·艺文志》、《京口耆旧传》卷四著录。按:今宫云维、昝亮有《洪兴祖〈论语说〉辑佚》载《文献》1997年第4期,得《论语说》二十五条。

9. 《圣贤眼目》一卷:《宋史·艺文志》、《直斋书录解题》、《京口耆旧传》卷四著录。

10.《语林》五卷:《宋史·艺文志》著录。

11.《注黄庭内外经》二卷:《京口耆旧传》卷四著录。

12.《老庄本旨》不言卷数:《宋史》本传著录。

13.《杜诗辨证》二卷:《宋史·艺文志》著录。《郡斋读书志》作一卷。

14.《杜诗年谱》不言卷数:《郡斋读书志》于《杜诗辨证》下曰"《年谱》列于前"。

另《至顺镇江志》卷七载兴祖有《华阳抚掌泉诗》一首载于《京口集》,今已佚。

十月,秦桧卒。

见《宋史·秦桧传》。

十月十六日,洪兴祖归葬。

《宋会要辑稿》选举三二之二三:"二十五年十月十六日,诏左朝散大夫洪兴祖,昨缘罪犯编管昭州,卒,许归葬,从其子葳请也。"

绍兴二十六年(1156)　丙子　去世一年

特赠直敷文阁。

《要录》卷一七一:"故左朝散大夫昭州编管人洪兴祖特赠直敷文阁。"《宋史》本传:"明年,诏复其官,直敷文阁。"按:《辑稿》礼六一之一〇云:"二十七年五月二日,故左朝散大夫洪兴祖男葳以父兴祖先尝编纂《徽宗皇帝御集》七十二卷上之,已降付史馆,未尝推恩,诏兴祖特赠直敷文阁。"此段时间疑误,故不采。又有所谓洪兴祖"先尝编纂《徽宗皇帝御集》七十二卷"今不见他处言及,亦存疑。

张纲作《洪庆善挽词》悼念洪兴祖。

张纲《华阳集》卷三八有《洪庆善挽词》二首,其末句云:"遭谤身虽贬,全名死不沉。君恩为昭雪,归窆得家林。"则当在复官之时。

附一：丹阳洪氏源流考①

按丹阳之洪，本姓弘，唐以避孝敬帝讳改洪。在春秋时，有曰演者，事卫懿公，狄人入卫，杀公，遗其肝，演自远使还，报命，盼肝，因自刺其腹纳公之肝以死。齐侯闻之，遂救卫于楚丘，世称其忠。凡言弘者，自演始。

西汉有弘成子者，或遗文石，吞之，为时通儒。曰宏者，广陵江都人，汉末为江夏太守，避王莽，徙晋陵。吴孙权时有曰咨者，居曲阿，娶孙坚女，号知之。尝荐诸葛瑾于权。咨孙璆，仕吴，为五官中郎将，后除中书令，太子傅。曰讷者，仕晋，为尚书郎，论卞壸死事，宜崇赠典有直声。曰升者，居晋陵，为安固令，娶西域县侯副女修容。曰恭言为扬州从事。曰礿旸，为毗陵主簿，宏十八世孙。曰文嶷，仕陈，为桂阳王国侍郎。文嶷生荣，仕唐，为雷州司马。荣生师袭，徙于江都。曰绰者，为四门助教。曰执恭、曰君举，执恭居晋陵，与君举皆以词学知名。曰察者，居毗陵，高宗时为监察御史，以谨正著称。师袭生孝威，与天台司马子为[物]外之友，娶琅玡王氏，生含光，居茅山，号玄静先生。执恭之子孙与察皆避讳改洪氏，含光及刑部郎中曰播者又改姓李。刘子玄《史通》云："今有弘氏者，以避国讳改为李氏，自汉以来或居江都，或居曲阿。"

察生子舆，开耀二年擢进士第，神龙元年又中绝伦，自通直郎守著作佐郎，迁起居舍人，其制云："雅淡不群，清慎自远。学探微旨，词造幽玄。立心有恒，常慕直臣之节。书法无隐，事称良史之才。但列轩墀，益光铅椠。"子舆生经纶，天宝十六载擢进士第，为谏议大夫。自察而上皆氏弘，自经纶而下皆氏洪，其世次之详，始得而考也。

绍兴三年十二月二十日孙左宣郎守尚书驾部员外兴祖谨序

---
① 此文收入上海图书馆藏《蛟西洪氏宗谱》，为洪兴祖佚文，他书不见载，《全宋文》亦失收，故附于此，以备参考。

附二：洪兴祖家族世系表

（据上海图书馆藏《蛟西洪氏宗谱》癸部礼集所附《洪氏宗谱世系追远图·丹阳荆村派》）

唐：
宋：

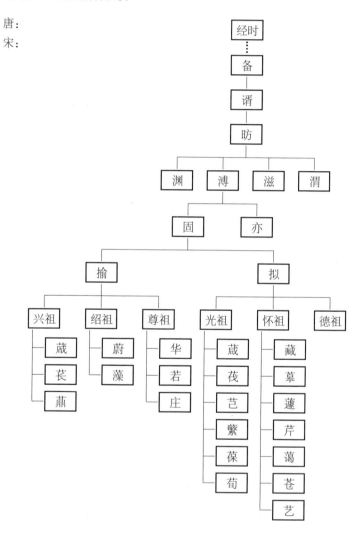

第二节 互文性阐释:《楚辞补注》中的"以骚注骚"

洪兴祖的《楚辞补注》①在楚辞学史上具有极高之地位,它的成就是多方面的,如训诂之精当、探赜之幽远、阐发之适度、体例之规范等均是其可贵之处。在《楚辞补注》诸多优点之中,"以骚注骚"方法的运用可以说既是其注释、阐发楚辞的一大特色,又充分地展示出洪氏对楚辞整体把握的深度和其自身所持有的阐释思想。前人虽然十分看重《楚辞补注》的学术地位,但却缺少对其进行微观方面的探索,下面我们不妨审视《楚辞补注》中的"以骚注骚",以彰显其在楚辞本体研究之外的价值。

一、互文与"以骚注骚"

当代楚辞研究大家汤炳正曾经指出:

> 所谓"以屈证屈",即在众说纷纭之中,如果能以屈赋本身断之,则是非立定,异说自息。研讨微言大义者当如此,涉及文字训诂者亦当如此。例如《离骚》"折若木以拂日兮,聊逍遥以相羊"。王逸注对"拂日"的"拂"已有歧说,故云:"拂,击也,一云蔽也。"后人各断以己见,训"击"训"蔽",二说并行。但屈子的本意如何,则当只有一说。按《悲回风》有句云:"折若木以蔽光,随飘风之所仍。"是屈原本意盖借"拂"为"芾",芾,蔽也。故《离骚》之"拂日"实即《悲回风》之"蔽光"耳。又如《离骚》巫咸扬灵的那段话,从"勉升降以上下兮"起,列举史事以见意。或谓此乃上承灵氛劝其去国之语,或谓此与灵氛相反,乃劝其留而不去之言。清

---

① 本文所引《楚辞补注》内容皆据白化文等点校本《楚辞补注》,中华书局,2002年版。

> 梅曾亮等即主后说。晚近注家,遂各是其是。但此处所谓"勉升降以上下兮,求矩矱之所同",显然与上文灵氛所言"勉远逝而无狐疑兮,孰求美而释女",是一个意思,皆劝其离国远去。"求美"之"求"谓君求臣,"求榘矱"之"求"谓臣求君。而且"升降上下"亦与"远逝"为同义语。词意前后对应,何来歧异?以屈证屈,不难确定是非。况仅从屈子此处所举史事来看,伊尹、吕望等,皆本非商周之臣,乃异国之士来归于商周而得志者。如巫咸劝屈留楚反举去国求合之例,恐非屈骚本意。①

在这里,汤炳正用具体的例证阐释了"以屈证屈"研究方法的重要性,而这一方法在《楚辞补注》中已经有了比较广泛的使用。我们所谓的"以骚注骚"也即"以屈证屈",就是指利用楚辞各章之间或一章之内具有某些关联的句子对文本进行字词的训诂、名物的互证,情感的应照和事件的比勘等,从而取得对楚辞中字句理解的准确、名物认知的清楚、情感取向的认同和具体事件的证实。这种阐释方式,正可谓之"互文性阐释"。

"互文"本是儒家经典阐释中一个十分重要的术语,"互文见义""互文求义""互文推义"常常出现在儒家经典阐释著作中,如《毛诗正义》卷六《葛生》章"葛生蒙楚,蔹蔓于野"句下注云:"此二句互文而同兴。"又如林栗《周易经传集解》注"复"卦云:"不言于遯而言于临者,此则互文见义、相为表里,是故系之以月也。"②可见"互文"以释经典的观念早已为经学阐释者们所熟用,而且他们已经感觉到了作为"互文"乃有"相为表里"的相互阐发之作用。同时"互文"也由经学阐释发展成为一种普遍的诗文技巧阐释,如《文选》李善注释江文通《恨

---

① 汤炳正:《渊研楼屈学存稿》"以屈证屈,本义自见"条,华龄出版社,2013年版,第68页。
② 林栗:《周易经传集解》卷一二,文渊阁《四库全书》本。

赋》"或有孤臣危涕,孽子坠心"句下注云:"然心当云危,涕当云坠,江氏爱奇,故互文以见义。"① 再如《义门读书记》解杜甫《课小竖锄斫舍北果林枝蔓荒秽净讫移床三首》第三首之颔联"日斜鱼更食,客散鸟还来"云:"是眼前无俗物,鱼鸟皆来亲人也。日斜客散,互文见意。"② 如此等等,似乎均足以说明"互文"可视为中国传统阐释方法中颇为独特之一类。但是这种"互文"所着重的是经书、文章行文之中所表现的一种文句安排与修辞,它并不是一种阐释理论,它作为阐释学理论的意义也没有凸显和发掘出来。

与中国固有的"互文"概念不同,西方当代文论所提出的"互文性(或译为'文本间性',intertextuality)"理论虽然在文章字句的"相为表里"这一层面依然坚守,但其视域之开阔已远非中国传统儒学之士所企及。法国著名符号学家、女权主义批评家朱莉娅·克里斯蒂娃(Julia Kristeva)在其所著《符号学:符义分析探索集》中提出"互文性"概念,指出:"任何文本的建构都是引言的镶嵌组合;任何文本都是对其他文本的吸收与转化。"③ 她的理论被大家所接受,如法国当代作家菲力普·索莱尔斯曾对"互文性"作一阐释说:"每一篇文本都联系着若干篇文本,并且对这些文本起着复读、强调、浓缩、转移和深化的作用。"④ 这些论说当然还只是局限在"本文"与其他"本文"的关系之中,而随着理论的不断发展,西方当代"互文性"理论已经发展到涵盖文学批评其他三要素(作者、世界、读者)任何之一与"本文"的互动,包括作者文学观与作品创作、世界形态与作品生成、读者先见与作品阐释等。中国传统解经学中的"互文"与西方理论中的"互文性"

---

① 萧统:《文选》卷一六,中华书局影印胡刻本,1977年版,第236页。
② 何焯:《义门读书记》卷五五,第1175页。
③ 朱莉娅·克里斯蒂娃:《词语、对话和小说》,收入史忠义译《符号学:符义分析探索集》,复旦大学出版社,2015年版,第87页。
④ 参蒂费纳·萨莫瓦约著、邵炜译《互文性研究》所引菲力普·索莱尔斯《理论全览》语,天津人民出版社,2003年版,第5页。

诚然有着本质的不同,但是它们都注意到文本之间密切的关联性却是一致的,传统"互文"手法中所表述的"互文见义、相为表里"与西方"互文性"理论中所谓的"许多行文的镶嵌品"在肯定文本之间的联系层面上具有很强的趋同性。

对于"互文性"理论所强调的这样一种"本文"对其他"本文"的吸收与转换,中国传统文学理论并没有提出过类似观点,但是在浩如烟海的古代典籍阐释著作中,这种凸显若干"本文"之间"互文性"的阐释方式却一直默默存在于儒林士人解经析文的实践之中。这种实践已经大大突破解经传统提出的句内"互文"概念,而成为中国传统阐释学的一个最为重要的阐释方法。周裕锴先生在其《中国古代阐释学研究》中颇有见地地指出:"中国最正统的阐释著作所采用的方法,几乎使用的都是以其他文本来解释或印证'本文'的方法。……正因为如此,我们或许可以将中国古代笺注类著作中的这种意识称为'互文性阐释学'(intertextual hermeneutics)。"[①]这一论点十分精辟。但是在以其他文本印证"本文"的主流互文性阐释之外,"以骚注骚"却是以"本文"印证"本文"的互文性阐释。这种"本文"内部的互文阐释可以被视作传统"互文"概念与隐然存在的互文性阐释实践相结合的产物,它既看到了"本文"内部的互相阐发作用,即传统解经中所谓的"相为表里",又看到了"本文"是"许多行文的镶嵌品",即"本文"与"本文"之间的联系。梁启超在《清代学术概论》中总结清代学界正统派学风特色时特意拈出"以经证经",认为这"可以难一切传记"[①],足见这种阐释方法在中国传统学术中的重要地位。而《楚辞补注》的"以骚注骚",正是将这种方法大量引入文学作品注释的典型代表。

[①] 梁启超:《清代学术概论》,上海古籍出版社,1998年版,第47页。

二、《楚辞补注》中"以骚注骚"的阐释学审视

经统计，洪氏在《楚辞补注》中"以骚注骚"近 60 处，他的"以骚注骚"涵括了上文提到的四个方面：

(1) 字词训诂方面。如《离骚》"惟庚寅吾以降"句下补曰："《天问》：'皆归射鞫，而无害厥躬。何后益作革，而禹播降？'《九叹》：'赴江湘之湍流兮，顺波凑而下降。徐徊徊于山阿兮，飘风来之匈匈。'降，乎攻切，下也。见《集韵》。""降"字之义，王逸《章句》已有解释，洪氏本可直训其音，而这里却引用了《天问》和《九叹》含"降"的句子，然后再进行解释，这达到了两点效果，其一某种程度上揭示了《楚辞》所运用的语言之间的关联性，说明其读音"hong(阴平)"，与"躬""匈"押韵，以证明《离骚》中"降"与"朕皇考曰伯庸"之"庸"押韵，让读者回到了《楚辞》所具运用的语言大背景下，从而能更为准确地理解字的意义和《楚辞》的音韵；其二避免了在《楚辞》中进行同样词语的反复解释。

(2) 名物互证方面。如《大招》"脍苴蒪只"句下，《章句》解释为"苴蒪，蘘荷也"。《补注》引用《本草》《博雅》对蘘荷作出详细的解释之后，再"以骚证骚"曰："《九叹》蘘荷注云：蒪菹也"。在卷一六《九叹》"耘藜藿与蘘荷"句下又证之曰："即《大招》所称苴蒪也。"同一植物在《楚辞》的不同地方以不同名称出现，造成了某些理解障碍，洪氏利用它在《楚辞》中的不同名称进行两相照应，两相证实。这避免了重复解释，更重要的是能够看出同一名物在《楚辞》不同语境下所承载的相似或不同的内涵意义，从而最为贴切地领会诗句中作者之用心。

(3) 情感应照方面。如《九章·抽思》"悲秋风之动容兮"句下，《补注》全文云："《九辨》曰：'悲哉秋之为气也！萧瑟兮草木摇落而变衰。'意与此同。"在该句下除了引《九辨》之文外，别无它言，这说明洪兴祖十分重视这样的情感应照。屈原《抽思》之悲与宋玉《九辨》之悲同出一脉，触发其情感之境遇都是寥落之秋景，宋玉受屈原之影响也

可从中窥见一斑。另,在《抽思》"悲秋风之动容兮"句下,《章句》曰:"风为政令。动,摇也。言风起而草木之类摇动,君令下而百姓之化行也。"不管这种对《楚辞》的比附性阐发是否正确,但这无疑是对屈原忧国之心的一种阐发。而在《九辨》的"悲哉秋之为气也"句下《章句》却仅云:"寒气聊戾,岁将暮也。"只是在季节上作了说明,并未作相应情感的更多阐发。洪兴祖在《抽思》中言《九辨》与之意同,毫无疑问,这也间接地给《九辨》的"悲哉秋之为气"作了极好之阐释,并有余味萦绕其中。同时,将《九辨》开篇一句与《抽思》"悲秋风之动容兮"应照,也给《九辨》定下了"闵惜其师"的基调。这样的一种情感应照,给读者"以心会心"理解楚辞提供了有效途径。

(4)事件比勘方面。如《九章·哀郢》"至今九年而不复"句下《补注》引:"《卜居》言:屈原既放,三年不得复见。"然后就此问题洪兴祖引用《楚世家》《屈原传》《六国世表》《新序》等加以说明,并得出结论:"其云既放三年,谓被放之初。又云九年而不复,盖作此时放已九年也。"通过《哀郢》和《卜居》的比较,洪氏对屈原"复放"与"复用"的问题进行了说明。在《楚辞》内部,特别是在同一作者的作品内部进行事件的比勘,这样得出的结论更为科学、更为合理、更为可信。洪兴祖在事件的考证上运用"以骚注骚",无疑可见其补注之科学态度。

洪兴祖从这四个方面进行"以骚注骚",应该说取得了较大的成就。从文学史的角度来看,《楚辞》是一部以地沿命名的诗歌总集,乃"皆书楚语,作楚声,纪楚地,名楚物"之作,与其他总集不同,《楚辞》不仅文献分类特别,它是总集,却不在四库总集目内,而是别为一家。正如四库馆臣所言:"《隋志》以《楚辞》别为一门,历代因之,盖汉魏以下,赋体既变,无全集皆作此体者,他集不与《楚辞》类,《楚辞》亦不与他集类,体例既异,理不得不分著也。"① 而且从文学角度来看也很特

---

① 《四库全书总目·楚辞类小叙》。

别,其他文学类总集多有自己选目之文学内容上的共性①,如《昭明文学》的选文标准是"事出于沉思,义归乎翰藻"(《昭明文选序》),《玉台新咏》的选文标准是"缘情之作"(《玉台新咏序》),等等,均在各自的序文中明确说出。而《楚辞》结集成书的过程比较复杂,虽然从体裁上来说是选入具有同一性的"骚体",但并没有明确标明其篇目文学内容之共性。洪兴祖的"以骚注骚"通过大量的相似语句的相互提示,无疑给我们呈现出他眼中的《楚辞》篇目之文学共性。他的"以骚注骚"主要集中在屈原的作品《离骚》(32处)、《九歌》(11处)和《九章》(8处),由此可见他眼中的《楚辞》篇目即是以屈原作品为参照系而展开的,并且更多的是与屈原具有相同、相通之情感的篇目,如前文所提到的《九章·抽思》与《九辨》之间的情感同脉之类。这一点恐怕是从其他诸种未运用"以骚注骚"的《楚辞》注本中难以发现的。当然,从这个角度来看"以骚注骚"的价值虽然尚可自圆其说,但终归显得有些底气不足。然若从中国古代阐释学的角度来审视洪氏《楚辞补注》的"以骚注骚",不仅别有一番天地,而且更有价值。

关于中国的阐释学,学界颇多争议②,但不管如何,正如周裕锴先生在《中国古代阐释学研究》中所言:"只要有文本需要阅读和理解,就一定有相应的阐释学理论,不论其理论形态如何。因此,尽管'阐释学'一词译自西文,尽管阐释学作为一种理论是从德国传统中发展出来的,但这并不妨碍中国文化中同样存在着一套有关文本理解的阐释学思路。"③基于此,我们不妨用阐释学的眼光来审视洪氏的"以

---

① 这里强调的是古代眼光下的文学总集,所以位列经部的《诗经》不在此列。
② 周光庆、李清良、严春友、洪汉鼎和周裕锴等对中国阐释学均有所讨论。相关具体内容可参看《中国经典诠释学研究(专题讨论)》(《河北学刊》2004年第5期)、《2003:诠释学与中国》(《山东大学学报(哲学社会科学版)》2005年第1期),以及各位学者的专著:李清良《中国阐释学》(湖南师范大学出版社,2001年版);周光庆《中国古典解释学导论》(中华书局,2002年版);周裕锴《中国古代阐释学研究》(上海人民出版社,2003年版)等。
③ 周裕锴:《中国古代阐释学研究》,上海人民出版社,2003年版,第1页。

骚注骚"。

从上文对"以骚注骚"四方面的分析,我们可以看出词语的训诂、名物的互证、事件的比勘三方面是一种客观的解释,而情感的应照则多少有主观的阐发赋予其中。这与李清良在其著作《中国阐释学》中总结的中国阐释学基本阐释方式——"解喻结合"十分吻合,其曰:"在'解喻结合'中,所谓'解',主要是指名物训诂以及字词章句的串通,其目的是使文本的基本意思即'原意'或称'文义'得以呈现;所谓'喻',则指在文本的'原意'基本明了的基础之上,通过提供若干不同的具体语境,全面呈现作者的'用心'。"①显然,词语训诂、名物互证、事件比勘即为"解",情感应照即为"喻"。洪氏的"以骚注骚"充分调动了"双重还原法"②,即"解"之本质还原法和"喻"之存在还原法,但"以骚注骚"与一般的"解喻"不同,它能提供更为接近诗文原初的文意,能更为有效的消除"先见"和"偏见"。

第一,从"解"的方面来说,一般的词语训诂是以同一大背景下的古代汉语作为参照系的,如训上古音义,即以上古其他文献中的语言、释义进行训诂;训中古音义,即以中古文献语言作为参照系等。而"以骚注骚"的训诂参照系则是更为具体的以同一人之语言相训、以同一集之名物相证,这种训诂方法是"回到事物的本来面目、原初状态"最为有效的途径。

第二,从"喻"的方面来说,中国阐释学中的"喻"是从解经上发展过来的,又特别是从今文经学家一路发展下来的,今文经学家的"喻"常常招致"穿凿附会"之讥,且不管这种发挥经义的"喻"是好是坏,但为历代学人所诟病则是不争的事实。洪兴祖补注《楚辞》是有寄托的,班固曾"诋毁"屈原,洪兴祖借补注王逸《离骚后叙》,针对王逸批

---

① 参李清良:《中国阐释学》,湖南师范大学出版社,2001年版,第 472—473 页。
② "双重还原法"乃李清良所概括的中国阐释学的方法论,即**本质还原法——向事物之原初状态的还原**"和"存在还原法——向领会之原初状态的还原"。

驳班固而大加发挥,并斥班固、颜之推的观点"无异妾妇儿童之见",这正是借机对当时的政局表示不满,因而朱熹在《楚辞辩证》卷上中曾称赞洪氏曰:"其言伟然,可立懦夫之气。此所以忤桧相而卒贬死也,可悲也哉!近岁以来,风俗颓坏,士大夫间遂不复闻有道此等语者,此又深可畏云。"①可见,洪氏在《补注》中也多少力图发挥文义,以此参与现实政治、表达政治观点,但是要做到对文义进行适度的阐发,既避免穿凿附会,又要力呈心意却并不容易。"以骚注骚"无疑给出了阐释的最佳平衡点,在进行自我阐释发挥的同时又借《楚辞》中本有的、蕴涵同样思想情感的句子进行应照,可谓得兼。如洪氏在补注王逸《离骚后叙》中认为"屈原之忧,忧国也;其乐,乐天也"为了支撑其屈原所乐乃乐天之观点,便引《远游》之句加以阐发,《远游》曰:"道可受兮不可传,其小无内兮其大无垠。无滑而魂兮,彼将自然。壹气孔神兮,于中夜存。虚以待之兮,无为之先。"然后,洪氏得出结论云:"此老、庄、孟子所以大过人者,而原独知之。"从而将屈原忧乐之在家国推广到忧乐之在天下。这正不失"喻"之本旨,同时也持之有据。

更进一步说,《楚辞补注》对屈原形象的阐释,是屈原受容从"忠君"到"爱国"转变重要一环。虽然《离骚》不是屈原的史传,《楚辞》各篇中所塑造的那位高冠切云、长剑陆离、好奇服而佩香草的长者形象也与真实的屈原有着相当的距离,但是历代的文人学士,总是愿意从诗文之中去解读真实的屈原,而解读不仅是一个还原的过程,还是一个创造的过程,解读不同,屈原的形象自然也就有所不同。这里所谓的形象着重的当然不是外在,而是人格与风度。屈原的历史形象是一个不断累积、不断改变的过程,不仅仅因为每个人对屈原辞赋有着不同的解读,而且还因为不同的人对屈原相同的行为有着不同的看

---

① 朱熹:《楚辞辩证》卷上,见《楚辞集注》,上海古籍出版社、安徽教育出版社,2001年版,第173页。

法与评价。在屈原形象流变的历史之中,《楚辞补注》的重要就在于:南宋之前屈原忠直之臣、高洁之士、迁谪之客的形象,在洪兴祖的阐释中俨然升华成忧世存国之仁者形象。当然,这种升华在最开始并不具有典范意义,仅为一家之言而已。也就是说,虽然洪兴祖已经将屈原阐释为一个为了国家而"不顾其死,特立独行,自信而不回者"(《楚辞补注·离骚后序》),但是关于屈原的各种评价并未停止,甚至有愈演愈烈之风。到了近代,特别是中华人民共和国成立以后,"屈原是爱国主义诗人"的价值判断已然占据统治地位(尽管后来存有异说,但仍未改变这一判断的主流地位),这一观念的形成与洪兴祖在《楚辞补注》中对屈原作的评价有着极为密切的联系,因为从整个屈原形象流变史来看,只有到了洪兴祖这里,屈原形象才真正有了从忠君到爱国的转变,也是到洪兴祖这里,屈原形象才于爱宗族之国中添入了爱民族之国的意味,宋代社会的"近世指向性"在屈原形象的流变中打下了深深印记。

从李清良的"解""喻"这两个角度观察,"以骚注骚"无疑是解的合理、喻之有度。另外,从中国古代固有之阐释模式——"我注六经"与"六经注我"来看,"以骚注骚"则是融合二者、兼取并包的阐释方法之典范。"以骚注骚"中常常出现这样的情况,即原句与所引之句在用词上有重合,在立意和情感上也有近似,而洪氏并不明确指明他是在释词还是在解意,如《离骚》"高余冠之岌岌兮,长余佩之陆离"句下引《九章》"带长铗之陆离兮,冠切云之崔巍",在这里区别不了洪氏是在解"陆离"一词,还是在证"怀德不用,复高我冠"之意。而从这点,我们恰恰可以看到"我注六经"与"六经注我"两种模式的交融。从"我注六经"的角度,我们可以视其在作字词本义的发掘与呈现;从"六经注我"的角度,我们也可以把他看作是洪氏自己情感的一种认同与强调。两种曾经水火不容的解经方式到这里不仅未发生矛盾,而且互相依存。不管是从中国古代阐释学史来看,还是从洪兴祖本人的阐释实践来看,这样的阐释方式都是游离在阐释主流之外的,但这种边缘化的阐释方式又积极地补充了古代典籍的阐释方法,也算是洪氏对构建中国阐释学的一种贡献吧。

以上是对洪氏"以骚注骚"诸多方面之肯定,但并不是说洪氏的"以骚注骚"就是完美的,它同时还存在一些局限和不足。

就"以骚注骚"作为一种相互阐发的阐释方法本身来看,它的运用范围是有限的,它只可能出现在《楚辞》这样的以单个作者为核心而结集的总集的注解中。换言之,它不可能被运用于《文选》这样系统庞杂、文体繁富、作者众多的总集的注释阐发上。即便是有,它也不可能如《楚辞》这般能大规模运用,并成为一种常用方法。因而,这种方法在总集的注释问题上也就不具有普遍性,当然这种文字与句子互相阐发的方法在面对单一作者的文本时还是具有意义的。

就洪兴祖在《楚辞补注》中"以骚注骚"方法的运用来看,洪氏虽然已经有自觉运用的成分,但却并没有充分展示这种阐释方法的魅力。主要表现在两方面。

第一,他没有穷尽性地"以骚注骚"。《楚辞》各篇章之间相似句子频繁出现,如马茂元在其《楚辞选·前言》①中提到:"《九辩》里有直接袭用屈原作品或接近屈原作品的句子,计有《离骚》十例,《哀郢》四例,《惜诵》《惜往日》《思美人》各一例。"这大量的相似句子,在洪氏补注中只提到少部分。若能将这类句子全部罗列出来并加以阐释,对理解屈原与宋玉、贾谊、东方朔等其他楚辞作者的关系和考镜"骚体"之流变都具有更大的意义。

第二,就文学技巧上的阐发来看,洪氏也没有运用"以骚注骚"这一颇为有效的阐释手段。洪氏在补注《楚辞》的过程中注意到了文学技巧阐发,如《九歌·东皇太一》"吉日兮辰良"句下,洪氏补注引沈括

---

① 马茂元:《楚辞选》,人民文学出版社,1998年版,第27页。

《梦溪笔谈》的话云:"沈括存中云:吉日兮辰良,盖相错成文,则语势矫健。如杜子美诗云:'红豆啄余鹦鹉粒,碧梧栖老凤凰枝。'韩退之云:'春与猿吟兮,秋鹤与飞。'皆用此体也。"这虽不是他自己的观点,但既然引入到他的补注中就说明他注意到了这一点。然而,由于洪氏多少被束缚在王逸《楚辞章句》的阐释思路之中,对纯粹的文学技巧并不十分关注,所以他忽略了从文学技巧层面运用"以骚注骚"。其实,在《楚辞》中这种句法的相近、下字的相类、篇章组织的相同均有可阐发处。马茂元在《楚辞选》中进行了20余处的"以骚注骚",但他除了字句训诂外,却更为注重诗句的艺术技巧性分析,如对《离骚》的"芳与泽其杂糅兮"注云:"与《怀沙》'同糅玉石'句法相同。"洪兴祖忽视了这一点,无疑也让"以骚注骚"的阐释方法缺少了一层文学阐释的意义。

综上所述,洪兴祖《楚辞补注》中"以骚注骚"互文性诠释方法的运用虽然有其局限性,但不管是对理解《楚辞》本身来说,还是对认识洪兴祖持有的诠释思想来说,"以骚注骚"都可以作为一扇独特的窗口,让人窥见不同的风景。而中国诠释学的建构或许也能从中得到有益之启示。洪兴祖"以骚注骚"互文性诠释方法突破了那种只将诠释目光投向"本文"以外的传统方式,从"本文"内部寻求一种印证诠释。它作为一种"内向型"互文阐释,既不同于传统经典阐释中的"互文见义",又不完全契合当今的"互文性"理论,有着极为特别的阐释意义。这种"内向型"互文阐释乃"本文"与其自身建立一种"互文性",这种"互文性"的建立有助于"本文"的融会贯通,也更有助于读者对"本文"的理解。江藩说"以本诗证本诗,亦以经注经之例也。案断精确,妙有神解"①,恰可移评《楚辞补注》的"以骚注骚"。

---

① 王文诰:《苏文忠公诗编注集成》卷三三《感旧诗》"我心久已降"句下引,台北学生书局影印道光二年武林韵山堂本,1979年版,第3114页。按,中华书局1982年版孔凡礼整理本《苏轼诗集》已删去此段。

下 编

结构与程式：
南宋文章的知识考察

第四章
南宋骈文的审美结构与知识世界

宋代骈文因"有嬗变之风流""得常新之光景"①而获"宋四六"之专名。宋四六之成就值得特别重视,陈寅恪先生所谓"就吾国数千年文学史言之,骈俪之文以六朝及赵宋一代为最佳……其骈俪之文遂亦无敌于数千年之间矣",②将宋四六与六朝骈文相提并论,足见宋四六成就之斐然可观,是对宋四六的高度评价。这可观成就表现在两个方面,一是宋人四六文数量惊人,且宋人在四六文写作实践中,能够跳脱前代骈文藩篱,别开蹊径,在文体风格上独成一派;二是随着文体意识的自觉,宋人对四六文的创作进行了理论性批评总结。如果说之前宋四六默默潜在于文苑的话,那么四六话的出现则标志着宋四六已然卓卓独立于世间。创作实践与理论批评的相互促进与成熟,让宋四六不但成为宋代文学的独特景观,也是骈文史上别放异彩的一篇。本章主要讨论南宋骈文的审美结构与知识世界,各节所涉乃四种不同角度,一是作家个案之剖析,二是笺注之作的绍介,三是骈文总集之研究,四是四六类书的探讨。各个角度都只是管窥蠡测,期能展现南宋丰富的骈文世界之一隅。

---

① 彭元瑞:《宋四六选序》,彭元瑞、曹振镛编《宋四六选》,清乾隆四十一年刻本。
② 见陈寅恪:《论再生缘》,载《寒柳堂集》,三联书店,2001年版,第72页。

第一节 洪适与两宋之际的四六文

近来学界已经对宋四六给予了相应的关注，宋四六研究的著作虽不多，但较从前已有明显发展①。若要对宋四六之渊源流变与总体艺术风格作出准确而深刻的理解与把握，则必须从单个作家的四六文入手，深入分析它的文学性，溯流探源，从而得出客观的结论。有鉴于此，本节特拈出南宋洪适的四六文为个案予以分析阐述，从而揭示南宋学术环境对四六文的影响，南宋四六文的文学技巧与文学价值，以及宋四六文在南宋的发展趋势等问题。

洪适（1117—1184），字景伯，号盘洲，是南宋前期十分出色的四六文作家，有《盘洲文集》八十卷传世②。关于他的生平，《宋史》有传，他自己作有《盘洲老人小传》（《盘洲文集》卷三三），其婿许及之作有《洪公行状》（《盘洲文集》附录），周必大作有《洪文惠公神道碑铭》（《盘洲文集》附录），清钱大昕有《洪文惠公年谱》一卷（后有洪汝奎《洪文惠公年谱增订》一卷），综合参略可见洪适一生概貌。学界以前对他的研究，主要集中在金石学，虽偶有涉及其诗文者，但总体来说仍很欠缺，而作为洪适文学创作主体的四六文也没有得到深入的研究③，这就为我们留下了论说的空间与论述的必要。

---

① 有两部专著，分别是江菊松《宋四六文研究》（台北华正书局，1977年版）和施懿超《宋四六论稿》（上海古籍出版社，2005年版）。相关论文以及关于宋四六研究的文献综述，可参看施著第一章"宋四六研究综述"。
② 关于《盘洲文集》的基本情况，祝尚书《宋人别集叙录》（中华书局，1999年版，第935页）有基本介绍。康笑菲《洪适诗作考略》（载北京大学中文系古典文献专业编《古典文献研究论丛》，北京大学出版社，1995年版）一文有更为详细的考辨。本节所引《盘洲文集》，乃据四部丛刊初编本，不再出注。
③ 近来情况略有改观，出现了两部以四洪（洪皓及其三子洪适、洪遵、洪迈）文学为主要研究对象的论著：一是李菁的《南宋四洪研究》（武汉大学博士学位论文，2005年）；二是沈如泉《传统与个人才能：南宋鄱阳洪氏家学与文学》（巴蜀书社，2009年版）。后者对四洪四六有整体论述，但是缺乏深入辨析。

一、南宋文学生态与洪适四六创作

现存洪适《盘洲文集》八十卷,虽然存在少量缺页、缺文、缺字的情况,但基本保持了原本面貌,集子按照文体依次编排,内容庞杂但眉目清晰。除开十卷诗歌与三卷乐章,其余六十七卷均可纳入文章范畴,而这六十七卷文章有四分之三强是四六文。洪适的四六文曾名重一时,清彭元瑞《宋四六选序》盛称"盘洲之言语妙天下",并在《宋四六选》中录洪适四六40余篇,仅次于李刘、汪藻,足见洪适在南宋四六文坛的分量。洪适这些四六文涉及的文体名目繁多,有德音、御札、赦文、制、诰、诏书、批答、口宣、宣答词、敕书、青词、道场朱表、祝文、疏文、檄文、露布、表、婚书、启、致语、上梁文等,这里面单表、启就近达350篇之多。洪适之所以会留下数目如此庞大的四六文作品,可以从外在环境与自我经历两方面来解释。

洪适生活在南宋前期,这一时期是宋四六最为鼎盛的时期[①]。谢伋《四六谈麈序》有这样的论述,大体可见南宋前期宋四六繁荣的原因:

> 三代两汉以前,训诰、誓命、诏策、书疏,无骈丽粘缀,温润尔雅。先唐以还,四六始盛,大概取便于宣读。本朝自欧阳文忠、王舒国叙事之外,作为文章,制作混成,一洗西昆碟裂烦碎之体。厥后学之者,益以众多。况朝廷以此取士,名为"博学宏词",而内外两制用之。四六之艺,咸曰大矣。下至往来笺记启状,皆有定式,故谓之应用,四方一律,可不习知?[②]

从这段材料的表述中,我们可以看出宋四六在当时繁盛的原因主要

[①] 关于这一点,曾枣庄在其《论宋代的四六文》(载《文学遗产》1995年第3期)中已经明确指出,并认为表现在三个方面,即名家辈出,名作如林以及出现了不少总结四六文写作经验的专书。
[②] 谢伋:《四六谈麈序》,《历代文话》第1册,第33页。

有以下三点:

首先是欧阳修、苏轼、王安石等四六大家彻底纠正了西昆体的弊端,突破了制约四六文发展的瓶颈。南宋人称扬说:"四六偶俪之文,起于齐、梁,历隋、唐之世,表章诏诰多用之。然令狐楚、李商隐之流,号为能者,殊不工也。本朝杨、刘诸名公,犹未变唐体。至欧、苏始以博学富文,为大篇长句,叙事达意,无艰难牵强之态,而王荆公尤深厚尔雅,俪语之工,昔所未有。"① 欧、苏、王对四六文的成功改造,让南宋后学们在古文运动的舞台背后看到了新鲜的骈文面貌:能用四六文顺畅地叙事达意,而不至文意支离。这自然为四六文争取到一批新的作者,即所谓"学之者益以众多"是也。

其次,朝廷以"博学宏词"取士,并且内外两制都规定了一些篇目必须使用四六文,这一无形的指挥棒让许多士人穷研四六,促成了四六文的大发展。北宋后期科举罢诗赋仅取经义进士,官员"穷经淹贯者,或拙于文;摛藻遒丽者,又短于学"(《盘洲文集》卷五二《谢试中词学启》)的弊端日益暴露出来,朝廷为了革除弊端,力取既有文学(语言驾驭能力强)、又通经史(学养博雅)之士,于绍圣元年(1094)设"宏词科",次年乃开科取士。王应麟《辞学指南》序言对词科之设及科目安排有较为详细的记载②,据其所载不管是绍圣初的"宏词科",还是绍兴三年后的"博学宏词",都明确规定章表、露布、檄书三体必须用四六,要想通过词科而入仕途,四六文的写作是必过之关。同时,随着制度的进一步发展,词科取士的考生报考条件逐渐放宽,这让更多的士人瞄准了这一条"终南捷径"③。词科制度的设立,除了给士人们提供了仕途新径之外,也意外地让四六文得到了长足的发展,"自词

---

① 陈振孙:《直斋书录解题》卷一八,上海古籍出版社,2015年版,第526页。
② 可参王应麟《辞学指南》,《历代文话》第1册,第907页。
③ 关于四六文与词科设置之关系,可参视尚书《宋代词科制度考论》一文,载《文史》2002年第1辑。

科之兴,其最贵者四六之文"①的观点已成为大家的共识,包括欣赏四六和抨击四六的人。

第三,当时风气,世人常爱用四六来写作书信。私人启文也好,国家移文也罢,四六文因其程式固定,便于套写与宣读,故而深受客套往来之人们的欢迎。时人文集中充满了贺启、谢启、回启等即为明证。《四库全书总目·四六标准提要》所谓"至宋而岁时通候、仕途迁除、吉凶庆吊,无一事不用启,无一人不用启,其启必以四六"正是对这一风气夸张而不失其真的总结。因此,也就出现了"四方一律可不习而知"的状况。

正是由于四六文文体自身所获得的发展空间进一步拓展,选拔制度给四六文发展的推动力进一步加强,广大士人对四六文程式进一步地认可与接受,让四六文不仅参与了国家机器的运转,也渗透到一般士人的社会生活之中。尤当指出的是,上文所引谢伋的话写于绍兴十一年(1141),距洪适考中词科仅早一年,洪适正是生活在谢伋所描述的大环境之中,创作出大量四六文的。

洪适大量创作四六文除了外在环境影响之外,其自身经历也是重要原因。家学渊源,更不可略。这从后人据其弟洪迈笔记所辑的《容斋四六丛话》中也可以看出,特别是所谓"吾家四六"条,更凸显出这个家族对四六骈文的偏好。洪适出身于书香门第,"幼敏悟,日诵三千言"(《宋史》卷三七三洪适本传)让他拥有了基本的属对作文之素质。父亲洪皓虽不以文章名世,但亦是一时儒士,从今日所存四六文来看,洪皓之文亦有一家之特色。当然,父亲因早年出使金国而不见归,对洪适及其兄弟四六创作之影响或不甚大,促使洪适及其兄弟三人努力词科,苦习四六,最重要的人物恐怕是其舅沈松年②。《盘洲

---

① 叶适:《宏词》,《水心别集》卷一三,见《叶适集》,第803页。
② 据文渊阁四库全书本《无锡县志》卷三上载:"沈松年,字性仁,无锡人。大观三年举进士,为润之金坛县,以文学擢太博,会靖康之难,丐归田里,以图史自娱。"

老人小传》记载了这样一段：

> 时河南复为王土，尝拟《宰臣贺表》，以"齐人归郓、谨之田"对"宣王复文、武之土"，舅氏爱其语，谓某曰："甥若加鞭不休，词科不难取。"乃同二弟闭门习，为之夜不安枕者余岁。

这里所谓"舅氏"，许及之《洪公行状》中明言为"仲舅博士沈公松年"。在洪适未参加词科之前，也就是洪适二十六岁之前，他是因父恩得除浙西提举、常平司干办公事的小官①，偶尔拟作贺表，大概亦是风气使然，这时的他对博学宏词科恐怕还取犹豫之态度。沈松年的鼓励显然起到了十分明显的效果，洪适因其鼓励而有闭门习文、夜不安枕的干劲。《无锡县志》卷三上记载说："时语：非松不能有甥若是。"更是将沈松年的引导与鼓励视作洪氏兄弟考中词科的关键因素。

由于沈松年的鼓励与引导，洪适开始在词科上花功夫，而选择了备考词科就意味着选择了苦攻四六文。比如《盘洲文集》卷二五至卷二六的"词科习稿"大概就是受舅父鼓励时所作，其中所录26篇，有16篇四六文，占五分之三强。另外，按照绍兴年间博学宏词科的制度，参加词科考试的士人须在考试之前将所业投礼部②，名为"纳卷"或"进卷"，今《盘洲文集》卷二七至二八的24篇文章即为此，其中亦有12篇为四六文。在绍兴十二年（1142）洪适与二弟洪遵考中词科之后，洪适旋即除左宣教郎、敕令所删定官，之后又历任秘书省正字、通判台州军事，然后九年侍亲，之后再历任知荆门军、知徽州、提举江东路常平茶盐兼提点刑狱等职，这期间洪适写作四六文，主要集中在表启二体，用于亲朋书信与向上陈情等，如《谢赐先君谥中宣表》《荆

---

① 见许及之《洪公行状》。钱大昕《洪文惠公年谱》"绍兴十一年"条下亦载。
② 祝尚书《宋代词科制度考论》一文引《宋会要辑稿》与《建炎以来系年要录》对此有所说明，此不赘述。

门军谢到任表》《贺饶州洪郎中启》等。隆兴二年(1164),洪适除中书舍人,之后又除翰林学士、左中奉大夫知制诰仍兼中书舍人,这期间洪适跻身两制,大量写作四六公文,所存公文即今所见《盘洲文集》卷一一至卷二四的内外两制文章。乾道四年(1168),年仅五十二岁的洪适退休致仕,从此退居家乡十六年,这期间洪适四六文已经基本抛开制诰公文,除日常应用的表启之外,其他文体如上梁文等也成为其四六文的重要组成部分。

纵观洪适一生,词科习稿与进卷、内外两制之制诰、平时公务之表笺、朋友交往之启文以及代人所作之公文构成了其四六文之主体。洪适的生活与四六文紧密联系在一起,家庭长辈之促成、任职公务之必须、朋友交往之应酬让洪适投入了大量精力在四六文的创作之上。南宋的学术环境与洪适个人经历促使他选择了四六文,而四六文也为洪适开辟了词科道路、赢得了文坛盛名。

二、洪适四六的审美分析与南宋四六的创作技巧

骈文是最能反映中国文学特色的文体之一。骈俪所讲究的隶事属辞与律令气调别具一格地体现出"汉字的魔方"的魅力。宋四六发展到南宋前期,其自身特色得到充分的发展,审美机制日趋成熟,创作技巧逐渐丰富。从当时以及稍后的四六话评论中,我们可以清晰地窥见这种审美机制的形成轨迹与创作技巧的丰富过程。元代陈绎曾在《文章欧冶》所录《四六附说》中将"用事亲切为精妙,属对巧的为奇崛"看作"宋人四六之新规"[①],实为中的之论。这种"新规"在南宋四六文中表现最为典型,洪适四六自不例外。但是,若仅仅如此,则终会有"组织繁碎而文格日卑"(《四库全书总目·四六话提要》)之病,故而南宋的四六能手行文之时往往能于精巧隶事属对之内化入

---

① 陈绎曾:《文章欧冶·四六附说》,《历代文话》第 2 册,第 1267 页。

古文之气格,正如明汪焕《跋雅歌堂文集后》所言"作时文稍分古文气息,便是绝妙时文"①,洪适四六也因此而卓然不群。

当年舅父沈松年十分称赏洪适《代宰臣贺收复河南州县表》(《盘洲文集》卷二五)一文中之一联:"宣王复文、武之土,永固洪基;齐人归郓、讙之田,不失旧物。"洪适本人对这一句似乎也颇为得意,在《回钱枢密启》(《盘洲文集》卷六一)一文中又出现过类似的句子:"齐人归郓、讙之田,大儒有效;宣王复文、武之土,中兴可期。"究此句之妙,其一是用事十分符合"收复故土"之主题。宣王复土意寓中兴,齐人归田乃因服义,正合当时世人所期待之时局,又得贺表之体制。其二是用语真知四六创作之三昧,《四六谈麈》认为:"四六经语对经语,史语对史语,诗语对诗语方妥帖。"②已道出四六文用语的奥秘所在,《归潜志》说:"古文不宜蹈袭前人成语,当以奇异自强;四六宜用前人成语,复不宜生涩求异。"③也点出了四六用语的特殊性。即能在表现语言驾驭能力之时(由此而见文学"宏词"),又能同时表现出作者学养(由此而见经史"博学")。洪适这联之中"宣王复土"一语见《诗经·车攻小序》:"《车攻》,宣王复古也。宣王能内修政事,外攘夷狄,复文、武之境土。"而"齐人归田"一语见《春秋·定公十年》:"齐人来归郓、讙、龟阴田。"正合经语对经语,圆熟通畅,是为妥帖。

"明理引乎成辞,征义举乎人事"(《文心雕龙·事类》),四六文通过引成辞、举人事达到行文表意的效果,但是"引乎成辞"也容易走进堆砌的泥潭,《西塘集耆旧续闻》卷五就指出"四六用经史全语,必须词旨相贯,若徒积叠以为奇,乃如集句也"④。但是,从上文的分析中我们可以看出,洪适用语能跳出这种"徒积叠以为奇"的陷

---

① 王葆心:《古文辞通义》卷三"一宜广揽诸家,取舍长短"条下引,《历代文话》第8册,第7176页。
② 谢伋:《四六谈麈》,《历代文话》第1册,第34页。
③ 见刘祁:《归潜志》卷一二,中华书局,1983年版,第138页。
④ 见陈鹄:《西塘集耆旧续闻》,中华书局,2002年版,第334页。

阱,从而达到语词的浑化相贯。陈绎曾《四六附说》总结四六创作之用事技巧说:

> 事意深长,有非片言可明白者,于是作者取古人事意与此相似者,点出所数字,而以今日事意串使成联,使人闻之,不可尽言之深意,朗然可见于言外,此四六之妙用也。①

洪适对这种剪裁事意技巧的纯熟运用绝不单单《代宰臣贺收复河南州县表》里之一联,而是一种普遍可见之方法。如《虞允文端明殿学士同签书枢密院事制》(《盘洲文集》卷二〇):"一扫兵氛,微管仲民其左衽;再开幕府,用李勣贤于长城。"句中管仲一事见《论语·宪问》:"微管仲,吾其被发左衽矣。"而李勣一事见《新唐书·李勣传》"今我用勣守并……贤长城远矣",两事都是称扬臣子护卫国家之功的,正所谓"取古人事意与此相似者",然后衬托今事,得"深意朗然,可见于言外"之效果。高步瀛曾评价洪适四六用事云:"用古皆如己出,绝无牵缀之痕,故自可喜。"②在文章用事方面,这一评价是很高的,当然也是符合洪适四六文实际的。

洪适四六用事之巧妙还通过生熟相佐的技巧表现出来。王铚《四六话》卷上云:

> 四六有伐山语,有伐材语。伐材语者,如已成之柱桷,略加绳削而已。伐山语,则搜山开荒,自我取之。伐材,谓熟事也;伐山,谓生事也。生事必对熟事,熟事必对生事。若两联皆生事,则伤于奥涩;若两联皆熟事,则无工。盖生事必用熟事对出也。③

---

① 陈绎曾:《文章欧冶·四六附说》,《历代文话》第2册,第1268页。
② 见高步瀛:《唐宋文举要》(下),中华书局上海编辑所,1963年版,第1665页。
③ 王铚:《四六话》卷上,《历代文话》第1册,第8页。

这与宋代诗歌创作中存在的"工拙相半"的技巧有异曲同工之妙。工拙相半在诗歌中的运用常常能让诗句充满张力,而生熟相佐在四六文中的运用则能让四六联句充满艺术陌生化美感的同时又能准确而流畅地表达出文意。如洪适《谢除秘书省正字启》(《盘洲文集》卷五二)一联云:"乃刻楮以偶成,致吹竽而滥中。""刻楮偶成"乃"伐山语",是"自我取之"而成;"吹竽滥中"乃"伐材语",是由成语"滥竽充数"而"略加绳削"成之。两句话都是自谦之语,表达的意思流畅一致,然一生一熟,既得工稳之体,又无奥涩之味。

如果说生熟相佐是洪适四六用事形式上的表意技巧的话,那么事无泛用则是其用事内容上的表意特色。《四六话》卷上记载:"先子尝言:四六须只当人可用,他处不可使,方为有工。"①洪适用事正合"当人可用"四字,绝非泛泛而谈。如他写给洪兴祖的启文《贺饶州洪郎中启》(《盘洲文集》卷五三):"超卓见闻,束《春秋》之五传;增多训故,说《离骚》之一经。网罗阙里之蝉嫣,是正昌黎之鱼鲁。沛然学问,籍甚声名。"这段赞扬洪兴祖"沛然学问"的话,所用之语一句一事,句句落实,洪兴祖著有《春秋本旨》《楚辞补注》二书,又曾订补刊行《阙里谱系》、校雠《韩愈文集》,四事均无泛用,真正做到了"他处不可使"。洪适四六文之用事通过各种技巧剪裁融化,自然中见切当。

不仅用事如此,洪适四六用语亦能于工巧中见浑成,如《楚望楼上梁文》(《盘洲文集》卷六八)一联:"江汉分楚望,昔闻骚客之辞;西北有高楼,兹占蜒洲之景。""江汉分楚望"乃颜延年《始安郡还都与张湘州登巴陵城楼作》之句,"西北有高楼"乃《古诗十九首》之句,正是诗语对诗语,而这之中又恰恰镶入了文章所要表达之主体——楚望楼,可谓绝妙。再如《祭勾芒神文》(《盘洲文集》卷七一)一联:"天子命我尽牧南海之民,农人告予将有西畴之事。"前一句乃韩愈《送窦从

---

① 王铚:《四六话》卷上,《历代文话》第1册,第12页。

事序》一文语:"皇帝临天下二十有二年,诏工部侍郎赵植为广州刺史,尽牧南海之民。"而后一句乃陶渊明《归去来辞》之句:"农人告余以春及,将有事于西畴。"也是化用而不留痕迹之典范,杨囷道《云庄四六余话》就将此文与苏轼《祭春牛文》作比,并认为它"意虽与东坡不同,而词语瑰妙似之"①。

用事与用语本自相互纠结,比次事意的同时也正在融裁古语,上文勉为分别论之,只为见洪适四六隶事属辞如何达到"用事亲切,属对巧的"。钱基博评价洪氏父子四六云:"父子兄弟,世擅四六;而比事属辞,则事无泛用;古语新裁,斯语妙浑化。"②"事无泛用"与"语妙浑化"正可作为洪适四六文用事裁语的基本特征。然而,不管是事无泛用还是语妙浑化,用事裁语的技巧总还是停留在"较胜负于一联一字之间"(《四库全书总目·四六话提要》),一联一字的雕琢于诗自然最为当行本色,而于文则很容易导致气格的卑弱。在分析洪适四六文隶事属辞的技法之外,我们还必须看到他在四六行文之中律令气调的疏宕开合,而律令与气调的恰当融合也是南宋四六文最具时代特征的一点。

律令与气调是相辅相成的两个方面,在四六文之中,律令即骈文所要求的全篇对偶之法;而气调则是对偶之中表现出来的气势与对偶之外表现出来的笔力运转、起承转合,是古文文法在四六行文中的一种内化。具体来说,洪适的四六文既能组织出精巧的对偶,又能在谨守对偶行文规矩之外善运古文气调。对偶内部之精巧前文已经谈及,其外部之律令如句式方面,大抵也是四字六字句为主。日本学者古田敬一作《中国文学的对句艺术》一书,书中引用彼邦佐佐丰明《文海知津》一书将骈文句式分类为独句、短对、隔对三种,其中独句分

━━━━━━━━━━━━
① 杨囷道:《云庄四六余话》,《历代文话》第1册,第129页。此条不见于一卷本《云庄四六余话》,而仅见于《说郛》本。
② 见钱基博:《中国文学史》第五编第四章,第574页。

三：发句、傍句、漫句；短对分三：壮句对、紧句对、长句对；隔对分六：轻隔对、重隔对、疏隔对、密隔对、平隔对、杂隔对①。按照他的句子分类法，我们可简单分析《贺饶州洪郎中启》一文：

> 伏审眷深前席，宠拜左符。燕寝棠阴，方画戟新临于风月；螺洲芝岭，皆绣衣旧领之山川。初布教条，远聆讴颂。恭惟某官书轻倚相，识博胥臣。超卓见闻，束《春秋》之五传；增多训故，说《离骚》之一经。网罗阙里之蝉嫣，是正昌黎之鱼鲁。沛然学问，籍甚声名。开天禄之陈编，光分太一；赐喻麋之佳墨，文应列星。乃持刺举之权，常奉平反之笑。卖剑正传于淮甸，梦刀复至于江城。召王褒而作诗，将闻宣室；见盖公而问治，欲避正堂。即有褒纶，入参禁橐。某睽违之久，慕仰益深。顷讲宗盟，不弃它扬之谍；兹叨河润，尚稽维梓之恭。岁事向阑，郡章多暇。愿谨鼎祎之节，益隆襟履之休。

整篇句式依次是：发句、紧句对、四八杂隔对、紧句对、傍句、紧句对、轻隔对、七字长句对、紧句对、重隔对、六字长句对、七字长句对、重隔对、紧句对、傍句、紧句对、轻隔对、紧句对、六字长句对。文中使用最多的是紧句对(即四字句对)达六联之多，其次是重隔对(即六四隔对)和轻隔对(即四六隔对)，可见洪适还是比较遵守四六律令的。再如《汤思退罢尚书左仆射同中书门下平章事兼枢密使特授观文殿大学士提领江州太平兴国宫依前特进岐国公制》(《盘洲文集》卷一一)一文，共二十联，其中以四六句式为主的就有十八联，这种谨守四六句式律令的风格在他的四六文中是很突出的。

---

① 各种句子的分类标准参日本古田敬一著、李淼译：《中国文学的对句艺术》，吉林文史出版社，1989年版，第245—248页。

与遵守四六句式一样,洪适四六文也十分注意文句声律。四六文之声律是四六律令的一个重要组成部分,王铚《四六话》卷下记载:"王文恪公陶尝言:四六如'萧条'、二字须对'绰约',与'据鞍矍铄'须对'揽辔澄清',若不协韵,则不名为声律矣。"①这里面不仅提及联句节奏点平仄相对的问题,还存在双声、叠韵的对称问题。洪适四六在这两个方面都能基本做到"协韵",如《赐崇信军节度使开府仪同三司充万寿观使赵密乞致仕不允诏》(《盘洲文集》卷一三):"据鞍矍铄,谁谓伏波之衰;扣楫扫清,未减祖生之志。"其中以"扣楫扫清"对"据鞍矍铄",与《四六话》中提到的所须用的"揽辔澄清"不仅在意义对仗上异曲同工,在声律上也一样相协。

以上乃着重关注洪适四六遵守律令的一面,但是更为重要的是洪适四六善运古文气调的一面。同样以上文提到的《贺饶州洪郎中启》为例,洪适此文中各种句型基本错开而不连用,并且其中出现了发句、傍句等独句,文章气脉开合有序而不致呆板,这就是对偶杂用表现出的流动之气调。程杲序《四六丛话》曰:"四六对法,一句相对者,为单对;两句相对者,为偶对。一篇中,须以单偶参用,方见流宕之致。"②洪适四六正是"单偶参用"而见流宕之致。文中句式的参杂变化,如其中七字长对出现两次,而四八杂隔对的出现更是突破了四六字律令。当然,洪适四六中有时也会连续出现句式相同的对偶而没有"单偶参用",这个时候为了保持文气之跌宕,各联句子内部节奏就常常要改变,如《缘边残破州军德音》(《盘洲文集》卷一一):"怜彼此之无辜,约叛亡之不遣。可使归正之士,咸起宁居之心。"两联六字长句对连用,第一联一二一二句式,第二联则为二二二句式,虽然外部字数是一样的,但内部节奏并不相同,这样同样能够调节文气,使之活泼疏宕。

---

① 王铚:《四六话》卷下,《历代文话》第1册,第19页。
② 程杲:《四六丛话后序》,《历代文话》第5册,第4227页。

除了各种对句之变化外,虚词的运用也是洪适四六文文气运转的重要因素。之、而、于、以四个语气助词屡屡见于句中,这是宋四六之一般特色,洪适四六自然也一样,而更值得指出的是洪适四六文中其他连词、副词等虚词的恰当运用。杨万里《诚斋诗话》记载这样一条:

中书舍人张安国知抚州,自抚移苏,《谢上表》云:"虽自西徂东,周爱执事;然以小易大,是诚何心。"增"虽"、"然"二字,而两州东西小大,乃甚的切。①

可见连词的恰当使用能达到准确表意的效果,洪适四六如《贺建康张相公启》(《盘洲文集》卷六〇):"扪参历井,国功遂固于西垂;踏晋批周,相业岂谈于前代。"其中"遂""岂"二字就起到了准确表意的效果。而连词、副词等虚词在文中的另一层作用是能让文气连贯流转,洪适《贺饶州洪郎中启》:"乃持刺举之权,常奏平反之策。卖剑正传于淮甸,梦刀复至于江城。召王褒而作诗,将闻宣室;见盖公而问治,欲避正堂。"其中"乃""常""正""复""将""欲"等词杂于句中让文章抑扬有节、流转自如,打破了四六联句的单向平行关系,而让隔句对有了"流水对"的味道。

通过上文的分析,我们可以看出,若从艺术表征来审视洪适四六,其文之隶事属辞与律令气调两个层面都具有自己的特色,洪适四六在事无泛用、语妙浑化、谨守律令、善运气调等方面所获得的效果不仅当得起"藻思绮句,曾见叠出"(《四库全书总目·盘洲文集提要》)的评价,更可见其四六"警切而务为疏宕"②的风格。南宋四六所强调的文意(事无泛用)、文辞(语妙浑化)与文气(善运气调)三方恰

---

① 杨万里:《诚斋诗话》,《历代诗话续编》,第151页。
② 见钱基博:《中国文学史》第五编第四章,第571页。

到好处地融合,在洪适这里得到了充分展现。而南宋四六文的审美机制与创作技巧也正是在文人的实际创作与四六文理论批评的双重影响下逐渐丰富、日趋成熟。

三、洪适四六各体风格与南宋四六发展趋势

前文已经提及,洪适四六文所涵括的文体既包括以典雅为尚的奏议类文章(如代王言的制诰、批答等),也包括以气势为胜的檄文和露布,还包括以畅达为宗的各类启文,又包括以流丽为趣的致语、上梁文等。所以,若要用一个词语来概括洪适的四六风格,恐怕比较困难。曹丕《典论·论文》曾提出"四科八体"之说,即所谓"奏议宜雅,书论宜理,铭诔尚实,诗赋欲丽"的文体风格论,而《文心雕龙》更是以20篇之多论及各体风格之异尚。我们所谈的四六文乃是一种从语言形式角度区分于散文的文章分类,并不具有文体学分类意义,所以即便是同一人的四六文,在不同文体上也会呈现出不同的风貌。因而"事无泛用、语妙浑化、谨守律令、善运气调"虽然能够基本概括洪适四六行文时体现出的艺术表征,却不见得能够作为其四六文总体风格之评语。其实,洪适四六文各体之间呈现出的风格是不一样的。

杨囷道《云庄四六余话》在谈及四六文各体之间风格的区别时说:"大抵制诰笺表,贵乎谨严;启疏杂著,不妨宏肆。"这里他提及两类文体及相应风格,即作为官方文书的制诰笺表应该以谨严为尚,而作为私人书信的启疏杂著等文体则不妨宏肆。洪适四六在这两类文体上也基本体现出这样一种风格特征——官方文书谨严而典雅,个人启疏畅达且宏肆。先说洪适的官方文书,其内容主要包括内外两制和表文。制乃代王立言之文,表乃呈情于上之书,二者都是关乎国家荣辱与自身沉浮的大事,所以其行文之时能谨慎而合于法度。如洪适《缘边残破州军德音》一文的"顾尔何辜,皆予不德",用皇帝自责的口吻写出了国家对百姓之关切,并用"歌鸿雁之诗,期奠桑麻之业;息貔貅之

戍,俾无金革之声"这种饱含期待的句子,鼓励军民努力前程。文章不仅代言得体,而且用语质朴而稳妥,造句典雅而含情,基本体现出洪适制诰等官方文书的风格,达到了对制诰表章一体所谓"刚正之气形见于笔墨间,读之使人耸然"①的要求。洪适个人启疏书信较之官书则要显得随便许多。创作态度不够严肃,文章所表现出来的风格特征自然也就不同。如《上荆南刘两府启》(《盘洲文集》卷五七):"十六年之去国,久鬲鹓行;三千里而遡江,远叩鱼契。……探金匮六弢之祕,分狼弧参伐之威。贯日月以输忠,挫犬羊而夺气。袴襦安堵,洽惠露于群黎;樽俎折冲,作长城之重镇。某自怜肮脏,获托骈欔。异世荆州,复有依刘之幸;列侯万户,何比识韩之荣。"一气贯之,文笔流转,而且文中还杂有自谦戏谑之味,这与代王言谨慎合度之风格明显不一样。

除了以上二体之外,洪适四六别具一格者即其致语与上梁文,这类四六文表现出流丽而精巧的风格特征。如《花信亭上梁文》(《盘洲文集》卷六八):

> 东阁西楼,仅有一牛鸣之隔;左花右竹,几乎两蜗角之争。弗芥蒂于胸中,若羁縻于化外。灰心久矣,唾手得之。胡越为一家,无尔界此疆之异;云梦吞九泽,合远山近水之奇。草木皆知,燕雀相贺。画栋侈丹青之饰,雕栏呈红紫之妍。四时携酒,则亲朋足以娱嬉;千里命驾,则故旧斯焉款曲。野无青草,拥春径之名葩;鞠有黄华,送秋林之清馥。阅冬蒨夏,敷之相继;任朝荣暮,落之自然。

文章写出了一派良辰美景之趣,利用夸张、拟人等修辞手段,又杂以颜色词藻,把理想中的花信亭写得美轮美奂,若现眼前。洪适许多致

---

① 费衮:《梁谿漫志》卷三"元城了翁表章"条,上海古籍出版社,1985年版,第33页。

语、上梁文应该说都含有游戏成分在其中,其创作态度不但不严肃,甚至以游戏与闲情为最终旨趣,如其较为著名的《容膝斋上梁文》(《盘洲文集》卷六八)亦是如此。与现实应用性很强的制诰启表相比,这类致语、上梁文其实更具辞章艺术之美,某些致语、上梁文的意境甚至可以企美诗歌,故而其所独具之艺术特色自然也就别为一类。

制表之典雅、启疏之畅达、致语与上梁文之流丽构成了洪适四六文的主要文体风格,而由文体风格结合事无泛用、语妙浑化、谨守律令、善运气调等艺术表征综合审视洪适四六文,我们不难发现它的渊源所自。《云庄四六余话》有这样一段话:

> 皇朝四六,荆公谨守法度,东坡雄深浩博,出于准绳之外,由是分为两派。近时汪浮溪、周益公诸人类荆公;孙仲益、杨诚斋诸人类东坡。[1]

北宋四六分为两派,一是王安石的"谨守法度""标精理于简严之内者"(明王志坚《四六法海序》),可算作"尊体"一派;二是苏轼的"雄深浩博","藏曲折于排荡之中者"(明王志坚《四六法海序》),可算作"破体"一派。至南宋时尊体派以汪藻、周必大为代表,破体派以孙觌、杨万里为继承。洪适之四六渊源,追溯到北宋两派,大体当属王派,这从前文分析的常用经语典故和谨守四六律令上能看出来。苏派四六虽然也用典,但语言较平淡,不及王派典雅。而且从句式来说,苏派四六文中联句常出现十数字者,王派虽然有超出四字句、六字句者,但很少出现上十字的联句。这些都是十分明显的。但是,若从洪适四六文的开阔动荡一面观之,我们又能十分清楚地看到其中间出苏派四六的余风,如前文所论善运气调者,即是明证。这看似矛盾,实

---

[1] 杨囷道:《云庄四六余话》,《历代文话》第1册,第119页。

则不然,由宋四六之发展史来看,王派四六与苏派四六在南宋四六的发展脉络中,并不是分道扬镳、越走越远,而是各取所长、相互糅合,所以若要将南宋某人四六文完全划入某一派,作出非此即彼的判断是十分困难的,上文所引《云庄四六余话》所谓的"类某人"也仅仅所言其文特色之偏向而已。如汪藻的四六文即是综合二派之长而最为显著者,即所谓"汪彦章则游乎苏、王之间"①也,吴子良评价陈耆卿的四六文时也说:"以文人之华藻,立儒者之典刑,合欧、苏、王为一家者也。"②其他南宋初期诸位四六名家也是能合二派之长者,只是在二派之间有侧重于苏者,有侧重于王者罢了。洪适之四六同样如此,其总体风格倾向于王派,但是又能融合苏派排荡开合的气调。钱基博曾将洪氏四六风格渊源概括为"庶几不乖四六之律令,而善运欧苏之气调者也",③这种评价是十分允当的,并且准确地反映出南宋时期四六文坛所出现的王、苏二派合流的情况。

与《云庄四六余话》将汪藻与孙觌分别算作王、苏两派成员一样,据王楙《野客丛书》所附《野老记闻》记载,李邴也曾将汪藻与孙觌看作侧重不同表现手法的两派:"李汉老云:汪彦章、孙仲益四六各得一体,汪善铺叙,孙善点缀。"④由于汪、孙二人在洪适成年之前就已是南宋四六文坛之巨擘,对南宋四六之发展产生了较为深远的影响,所以从汪、孙二者的四六表现手法角度来观察洪适四六源流也是有意义的。其实,从铺叙与点缀两种写作手法来看,洪适乃是沿汪藻一路而下。关于汪藻四六善铺叙的特点,施懿超《宋四六论稿》曾以汪藻多篇文章作为范例加以剖析,此不赘述。而洪适四六之铺叙特点,我

---

① 袁桷:《清容居士集》卷四二《答高舜元十问》之"问四六格式及速成之方检阅之书"条,中华书局,1985年版,第727页。
② 见吴子良:《荆溪林下偶谈》卷二"四六与古文同一关键"条,《历代文话》第1册,第555页。
③ 见钱基博:《中国文学史》第五编第四章,第574页。
④ 王楙:《野老记闻》,《野客丛书》附录,中华书局,1987年版,第356页。

们依然可以《花信亭上梁文》为例以见一斑。文章先简单介绍了搭建花信亭的背景:"历载买山,方策勋于此日;群芳得地,有喜报之祥风。乃作新亭,用酬胜概。"然后就是大段铺叙理想中的花信亭,既写东阁西楼、左花右竹,又写画栋之饰、雕栏之妍;既想象亲朋如何欢醉期间,又想象四季自然如何变化;既描摹亭外放眼望去之山水,又描摹亭边举目既见之花草。围绕花信亭之描写,真可谓极尽铺叙之能事,几近于赋化。同样是上梁文,孙觌《西徐上梁文》则不同,这篇被高步瀛评为"《鸿庆集》压卷之作"①的四六,应该说是可以代表其"善点缀"的特点的。文章开篇以较长篇幅交代了作者自象郡得归西徐的背景,然后再进入"筑室"的主题:

> 乃占吉日,爰举修梁。邻翁异争畔之嫌,山灵有筑垣之助。地偏壤沃,井冽泉甘。岂徒恋三宿之桑,固将面九年之壁。老蟾驾月,上千岩紫翠之间;一鸟呼风,啸万木丹青之表。黄帽钓寒江之雪,青蓑披大泽之云。行随乌鹊之朝,归伴牛羊之夕。拥百结之褐,扪虱自如;拄九节之筇,送鸿而去。闾里缓急,皆春秋同社之人;兄弟团圞,共风雨对床之夜。盍馨善颂,以佐欢谣。②

从筑室地势写到周边环境;从风月雪云之风景,写到行归坐卧之举动;又从客观景物写到人事交往。文章直线展开,从点到点,跳跃不断,构成流畅之画面,这与洪适文章缠绕在一点而铺叙开来截然不同。如果说洪适四六手法如同涟漪一样,层层铺开而不离中心的话,那么孙觌四六手法则如溪流,流动跳跃,但亦在矩矱之中。在"王安石—汪藻"与"苏轼—孙觌"之间,洪适四六应该说是以前者为圭臬的。

---

① 见高步瀛:《唐宋文举要(下)》,中华书局上海编辑所,1963年版,第1660页。
② 孙觌:《西徐上梁文》,《鸿庆居士集》卷二八,文渊阁《四库全书》本。

总之,无论从洪适四六自身运用之技巧、呈现之特色来看,还是从整个南宋四六流变发展史来看,洪适的四六文都具有自己独特的一面,在宋四六继承与发展的链条上,洪适四六是重要的一环,也是不可忽略的一环,南宋四六的诸多特性与发展因子都能从洪适的四六中窥出。以洪适四六为窗口,我们既能看到南宋的社会制度在四六文发展中所起到的推动作用,也能窥见南宋四六写作中所讲求的技巧规律。至于南宋四六所呈现出的独特文学价值以及发展运动的趋势,我们更能以洪适为关节点分析把握,这也正是对洪适四六进行个案分析的意义所在。

第二节 《洪平斋四六笺注》与南宋启文结构

《四库全书总目·陈检讨四六提要》云:"四六之文,非注难明。"大概正是因为这个原因,明代开始,出现了四六文专集的笺注。如明孙云翼《校注橘山四六》《笺释梅亭先生四六标准》、清程师恭《陈检讨四六笺注》、清许贞干《八家四六文注》等,都是四六文笺注中流传较广的著作。目前所见明清笺注的宋人四六文专集共计3种,即上举孙云翼笺注两种及本文所要讨论的《洪平斋四六笺注》一书。

《洪平斋四六笺注》(以下简称《笺注》)二卷4册,历无书目著录,谅未刊刻印行,上海图书馆藏两部清钞本,其中一部仅2册,为残本①。该书笺注者暂不可考,其成书年代,据笺注所引图书最晚近者乃成于雍正元年(1723)左右的《南宋杂事诗》②,则该书定出自清人之

---

① 施懿超对此书有简要介绍,参《宋四六论稿》,上海古籍出版社,2005年版,第183页。笔者编成出版《洪咨夔集》(浙江古籍出版社,2015年版),已将此书整理收录于后,本书所引《洪平斋四六笺注》文本,均据此整理本。
② 该书注《谢庄中书举自代启》"锦绣胸"一词时,引用了沈嘉辙《南宋杂事诗注》。《南宋杂事诗》的成书年代,据虞万里考证,应在雍正元年(1723)左右(参《南宋杂事诗·点校说明》,浙江古籍出版社,1987年版,第5页)。

手。此书选录南宋中后期文学名家洪咨夔的启文55篇进行笺注,是目前洪咨夔文章的唯一注本,对解读洪文具有重要价值,在宋四六文接受史和研究史上颇显独特,特别是其中反映出的南宋中后期启文的审美共性和内在结构,更是我们深入探究宋代骈文发展的一把钥匙。不过,该书似未经仔细斟酌,抄写又屡有讹误,尚存许多不足,远非精善之作。本节兹就该书的学术价值、缺失和文章学意义略作探讨。

一、征典释语:《洪平斋四六笺注》的价值

洪咨夔(1176—1236),字舜俞,号平斋,於潜人(今浙江临安),嘉定二年(1209)进士,累官至刑部尚书、翰林学士,知制诰,加端明殿学士,卒谥忠。有《平斋文集》三十二卷,《平斋词》一卷,《春秋说》三十卷传世。他是南宋中后期官至高位的文学家,仍具有宋代士人官僚、学者和文人三位一体的明显特征,并且在诗、词、文诸文学领域都取得了颇为突出的成绩。但因文学史观念的学术盲区,其文学成就始终未能引起当代文学史家的足够重视。[1] 这部《笺注》的存在,也充分说明了他的四六文取得了瞩目成就,理应成为宋代骈文研究不可或缺的组成部分。

洪咨夔《平斋文集》三十二卷,包括了赋一卷(卷一)、诗歌七卷(卷二—八)、讲义两卷(卷二七—二八)、故事一卷(卷二九),余二十一卷均可纳入文的范畴。这二十一卷文章,以骈文形式写就的则有表一卷(卷一三)、内制三卷(卷一四—一六)、外制七卷(卷一七—二三)、启文三卷(卷二四—二六)。《笺注》所录即启文55篇,囊括了其本集的所有启文,并且编排次序完全一致,而对其他四六文体却未收

---

[1] 目前有关洪咨夔的研究论文仅有陶文鹏《论洪咨夔诗歌》(《北京联合大学学报》2006年第2期),潘易《富贵·激壮·爽致——略论洪咨夔〈平斋词〉的艺术特色》(《淮北煤炭师范学院学报》2010年第1期),刘荣平、丁晨晨《洪咨夔行年考》(《中国韵文学刊》2011年第4期)和管琴《洪咨夔年谱》(《国学学刊》2012年第2期)等少数文章。钱锺书《宋诗选注》和《容安馆札记》对洪咨夔的诗作评价颇高,并有精彩论述,可参看。

一篇,故所谓"洪平斋四六笺注",实际上只是"启文笺注"。为何笺注只选录启文,而不及其他,其中重要原因,估计是启文的实用性最大、适用面最广,因而需求较大、笺注较多。孙梅《四六丛话》卷一四论"启"云:"是以骈俪之文,其盛也,启之为用最多;其衰也,启之为弊差广。"①在目前保存的宋人四六文专集中,绝大多数篇幅也都是启文,特别如宋刻本《四家四六》所收的《巽斋先生四六》《壶山先生四六》《矐轩先生四六》《后村先生四六》诸本,虽都名作"四六",亦只收录启文。从这一点来说,该书名为《洪平斋四六笺注》而专收启文,倒也符合传统习惯,不算特例。

冯浩在《玉溪生诗笺注发凡》中解释"笺注"二字说:"笺者,表也;注者,著也。义本同归。今乃以征典为注,达意为笺,聊从俗见耳。"②作为"笺注"的题中应有之义,征典和达意也是《笺注》一书的目的,该书从典故出处、史实背景、官职制度、天文地理、音读俗语等角度,对所选文章进行注解,其主要价值正在此处,我们分别介绍如次:

1. 典故出处。骈文在内容上的最大特点便是使事用典的密集,所谓"论策之文观其识,四六之文观其学"③,正着眼于骈文的用典特点。从作者角度来看,典故征引的广泛、运用的灵活、剪裁的恰当、对偶的精工与否,乃是骈文好坏的重要标准。而从读者角度来说,对典故的把握程度直接影响到对骈文文意与艺术的理解程度。因而,《笺注》一书的着重点即在于征引各类典故出处以释意,包括古典与今典、事典与语典等。如《谒庄提举启》首句"铁砚关心,莫续盘洲之脉",《笺注》释"铁砚"引《五代史》后晋桑维翰铸铁砚事,乃释古典;释"盘洲之脉",引《续资治通鉴长编》洪适事,则是释今典,盖洪适号盘洲,著有《盘洲集》,乃洪咨夔同姓先贤,作此文时,洪咨夔正在饶州,

---

① 孙梅:《四六丛话》卷一四,《历代文话》第5册,第4525页。
② 冯浩:《玉溪生诗笺注发凡》,《玉溪生诗集笺注》,上海古籍出版社,1979年版,第822页。
③ 娄坚:《读史商语序》,《学古绪言》卷一,文渊阁四库全书本。

而此地正是洪适故里,其用典颇为切当。又如《谢李坡举自代并应诏启》首句"草贞元之谏疏",《笺注》释"贞元谏疏"引《资治通鉴》李泌在贞元五年上疏荐人之事,乃为事典;以联"人惊再推毂于期月之顷",笺注释"推毂"引《汉书·郑当时传》及颜师古注文"言荐举人如车毂之运转也",则为语典。总之,征引典故以疏通文意,而不作自我解说,乃此书笺注之模式,也是其笺注之大宗,可谓甚得笺注之体。

2. 史实背景。除了对启文典故出处的征引解释外,《笺注》又注意联系洪咨夔当时史实,对文章的写作背景有所探索,对作者的写作处境有所揭示,对启文的赠与对象有所指明。如《通崔安抚启》,《笺注》指出崔安抚乃崔与之,时崔与之正主管淮东安抚司事。文中有句"其去也,诸公挽留而莫可;其归也,四辈趣召而后来",《笺注》释"四辈趣召"云:

> 《新唐书·马周传》:"中郎将常何言:'臣客马周,忠孝人也。'帝即召之,未置,遣四辈趣之。"按:理宗端平三年,召崔与之参知政事,不至,与之自成都乞归广州,每有除命,皆力辞不起。及拜广东安抚,会摧锋军士作乱,纵火惠阳郡,长驱至广州城,与之肩舆登城,叛兵望之俯伏,听命而散。因即家治事,帝注想弥切,召参大政,与之力辞,帝乃遣使趣之。则知"四辈趣召"之语非阿私好也。①

这里不但解释了"四辈趣召"的语典来源,更联系到崔与之个人的具体经历,解释洪咨夔在此文中用这个语汇背后的史实,"非阿私好",乃是写实。由此让读者对该文的写作背景有了更深切的感受和了解。在笺注《通李参政启》的"郁攸煽焰而薄京师"时,除了解释语源

---

① 《洪咨夔集》附录一,第891页。

外,《笺注》亦联系史实云:

> 宁宗时,四书临安大火。《鹤林玉露》:"宋绍定辛卯,临安之火比辛酉之火加五分之三,虽太庙亦不免,而史丞相府独全。平斋先生诗云:'殿前将军猛如虎,救得汾阳令公府。祖宗神灵飞上天,可怜九庙成焦土。'时殿帅乃冯榯也,人言籍籍,迄今不免。"①

指出了南宋临安的几次大火与文章句子的对应关系,特别是引用《鹤林玉露》的材料,联系洪咨夔诗作对辛卯火灾的描写,使得文章背后的内涵更为丰富。此外如释《贺庙堂定策启》"某官相先帝十七年之治",《笺注》云:"弥远至理宗绍定六年方卒,独相凡二十六年,权倾内外。平斋先生寓规于贺,结以'事莫难于谋始,功尤重于图终',所以警之者至矣,而弥远不悟。虽拥宁立理,功恶足以掩其罪哉。"也充分表明笺注者注意还原文章的具体语境。至于点出《回薛观文启》对象为薛极,《回赵制使启》对象为赵方,《回杨侍郎启》作于中书舍人时等,都说明笺注者在典故之外,特别努力揭示文章的历史信息,为读者"知人论世"提供了重要线索。

3. 官职制度。《笺注》作为清代的著作,对宋代的官职、制度也有辨析。如对宋代"十科取士""免试升上舍"的解读,又如《添倅到任谢庙堂启》注云:"《说文》:'倅,音翠,副也。'今郡倅称半刺,犹半刺史之职也。"在《通交代林教授启》中,更是引用《文献通考·选举考》《宋会要》等书,对"教授"之称、"教授"在宋代的职掌变迁等予以说明辨正。这种对启文赠与对象官职的详细说明,不只在于笺注标题内容,更在于让读者能充分理解文章句意,因为启文的一大特点便是:一种官

---

① 《洪咨夔集》附录一,第935页。

职有一种官职在遣词造句与使事用典上的内在要求。这可以从类书性质的《圣宋名贤四六丛珠》的各章标题看出,也可以从宋刻《四家四六》的启文分类窥见,它们都十分注重启文赠送对象的职务,并以此为标准,对所收内容进行详细的分类。如《圣宋名贤四六丛珠》卷三〇"启",对应的部门是"户部",其下再分尚书、侍郎、郎中、员外郎、度支、金部、仓部等具体职务。① 换言之,对于阅读启文来说,赠与对象的职务与文章语言密切相关,只有内容与职务"桴鼓相应",不可移置,才算得上好的启文。《笺注》作者深知此中三昧,故对此多有注意。

4. 天文地理。启文偶涉天文地理,《笺注》均能广引文献,加以释读。天文方面如《迓郑制置启》"招摇所临,欃枪如洗"句,注引《尔雅》、《易》京房注、《汉书·天文志》、《晋书·天文志》乃至《后汉书·崔骃传》、杜甫诗等文献,从多个角度对彗星欃枪进行了解释。其他如释"太微法星""荧惑吐芒""手弄参旗"等,亦堪称准确精当。地理方面如释"赤崖""双剑""洙泗"也能要言不烦地予以笺注。对于一些难解地理,如"螺觜",作者也引用《名山记》等资料,叙说源流变迁,使人明了于心。

5. 音读俗语。《笺注》对于字音字义并不太着意,偶遇生僻难解者,则予解释。如读"轶轧"音"央札",读"玒"音"贡",读"蜗"音"瓜"等,又如释"骯脏"引《韵汇》,释"破白"为宋人俗语,意为举员得初状等。当然,这些都是《笺注》之末节,就不再赘述。除了以上五个方面之外,《笺注》也偶有关注文章遣词造句处,如《谢庙堂差干官启》"巴西此日之放麑,可谓仁矣"之句,注者引《说苑》以明其本事,又引《石林诗话》:

> 古今人用事有趁笔快意而误者,虽名辈有所不免。苏子瞻"石建方欣洗腧厕,姜庞不解叹蟏蛸",《汉书》"腧厕"本作"厕

---

① 叶寘:《圣宋名贤四六丛珠》目录,《续修四库全书》子部1213册,影明钞本。

牏"。黄鲁直"啜羹不如放麑,乐羊终愧巴西",本是"西巴",见《韩非子》。盖贪于得韵,亦不暇省尔。①

《石林诗话》这段文字在于说明"巴西"乃"西巴"之误,不过注者按语接着说:"先生倒用'西巴',却有所本。"意谓洪咨夔用"巴西"而不用"西巴",并未错误,是承袭黄庭坚而来。

《笺注》作为洪咨夔文章的选本,在文献上也具有一定校勘价值。洪咨夔的《平斋文集》三十二卷,目前仅有宋刻本一部,庋藏日本内阁文库,流传范围十分有限。四部丛刊本以影宋钞本补配宋刻本,流传最为广泛。其他诸本如四库全书本、晦木斋丛书本则割裂拼凑,已失原书旧貌。其中,最为精善的内阁文库藏宋刻本有多处墨丁,显非传抄之阙。如《回胡判院启》有句:"枕书清樾之底,谁与唤醒;拾■落花之边,更烦举似。"墨丁处四库本作"句",《笺注》本作"翠"并对"拾翠"一词进行了注释。虽然我们仍无法完全确定《笺注》本是否正确,但它丰富了异文,为我们疏通文章提供了更多选择。

以上拉杂所述即是《笺注》一书的价值所在,实亦一般"笺注"类著作的应有之义,并不值得大书特书,然也表明该书确为"达标"之作,已尽"笺注"之责,不应一直遭遇沉晦无闻的命运。

二、错文乱序:《洪平斋四六笺注》的疏失

作为唯一一部对洪咨夔文章进行笺注的著作,《笺注》征引广泛,辨析精彩,经史文集而外,佛道两藏,纬书医籍,无所不引,颇便读者,具有开启山林之功。但是该书笺注未能精益求精,抄写过程又多有讹误,不免留下许多遗憾。遍检全书,兹将各类疏失归纳举隅如下:

1. 张冠李戴,误署出处。《笺注》引书偶有失误:(1) 有些是内容

---

① 《洪咨夔集》附录一,第 886 页。

相近而误,如释《谒庄提举启》"长铗",注引冯谖事,署作《史记·孟尝君列传》,而文字实出《战国策》,盖二书所记相类,注者误甲为乙。类似情况还发生在《资治通鉴》与新旧《唐书》之间,注者多有将二者混淆时。其他如引《庐阜杂记》陶渊明事而误署《晋书》,引《云麓漫钞》而误署《墨庄漫录》等均属此类。(2) 有些则属记忆误差,如杜荀鹤诗署"杜少陵",黄庭坚诗署"王荆公",徐安贞诗署"宋昱",杜甫诗题《遣兴》误署为《示骥子宗武》等。释《通李参政启》"一网",引王拱辰、鱼周询"一网打尽"语,却误鱼周询为鱼朝恩,谅亦为记忆之误。(3) 另有一些应属笔误,如释《谢丘安抚举改官启》"白面书生",引《宋书·沈庆之传》而误署"宋史",引《后汉书·王霸传》误署"汉书"等。

2. 时序混乱,体例失范。《笺注》在解释文辞典故时,常常引用多方材料印证,给读者理解文本带来许多便利。然而注者在组织材料时,并不按照一定规范,而是随心所欲,将早期文献与后出文献错杂陈列。这虽不影响阅读,却不免刺眼。如释《回程内翰启》"龙尾",先引宋方勺《泊宅编》,再引唐姚合《寄右史李定言》;又如释《谢庄中书举自代启》"痴儿说梦",先引方回《瀛奎律髓》,再引《列子·周穆王篇》,继引《冷斋夜话》,如此等等,都显得不伦不类,幸好这类疏忽不算太多。

3. 以今释古,舍近求远。笺注之作,乃追寻作者用词用事之源头,以给读者理解原文提供线索,实为利用原文文本与前人文本的"互文性",阐释文本内涵。从理论上说,笺注所引文献一般应为所注文本之前的作品,至少应是相近时期的文本或权威著作①。但是《笺

---

① 陈永正《诗注要义》(上海古籍出版社,2017 年版)"要义篇"特列"引用"一章,说明"不引用后出的资料"一条,可以参考。值得玩味的是,钱锺书在《谈艺录》中,特别就引后以证前的注释方式,作了特别说明。他在《谈艺录》初稿中批评李壁注王安石诗"好引后人诗作注,尤不合义法",又于"补订"中特别修正此说:"余此论有笼统鹘突之病。仅注字句来历,固宜征之作者以前著述,然倘前载无得而征,则同时或后人语自可引为参印。若虽求得词之来历,而词意仍不明了,须合观同时及后人语,方能解会,则亦不宜沟而外之。"(第185 页)

注》一书,却多有用明清文献来解释洪咨夔文章的情况,以今释古,违背了"笺注"之作的一般原则。如引用明代的著作则有谢复诗句(正统)、陈禹谟《说储》(万历)、周应治《霞外麈谈》(万历)、陆应阳《广舆记》(万历)、夏树芳《词林海错》(万历)、黄秉石《偶得绀珠》(天启)、来集之《樵书》(崇祯)等;引用清代的著作则有王士禛《蜀道驿程记》(康熙)、潘永因《宋稗类钞》(康熙,或题李宗孔撰)、沈嘉辙《南宋杂事诗》(雍正)等。特别是《宋稗类钞》,全书引用 20 余次,且所引的这些材料,并非《宋稗类钞》保留的珍贵文献,基本都能在传世的宋代笔记甚至《宋史》中找到源头。如释《谢李坡举自代并应诏启》"荐唐介"一段,《宋史·吴中复传》即有相同文字;又如释《上刘阁学启》"文章散落"一段,朱弁《曲洧旧闻》《风月堂诗话》都有记载,而注者依然引用《宋稗类钞》,可谓舍近求远之典型。其实,注者所引大多数明清著作,文字基本都是关于宋人的,因此也都能在宋代文献中找到出处。如释《通李参政启》"夹袋",注者引陈禹谟《说储》,《宋史·施师点传》即有相类文字;《霞外麈谈》文字则是抄录《鹤林玉露》而来;等等。造成这类现象的原因,恐怕与注者自身的知识结构与手头书籍直接相关,否则如《宋史》这类常见书,不应该为作者所忽视。奇怪的是,《笺注》一书引用《宋史》多达 80 处,作者对《宋史》理应比较熟悉,却偏偏有多处舍《宋史》而就明清典籍,这或许又关乎注者的笺注理念与治学态度罢。

4. 漏标出处,文字脱讹。《笺注》征文必标明出处,这一点做得很好,偶有个别漏标处,如注《宗教谢庙堂启》"羽翼群经",漏标杨倞《注荀子序》。而至于文字脱讹则多达几十处,如"吴中复"脱"复"字,"孟东野"脱"东"字,"韩定辞"脱"辞"字等。又如"广州浛洭县","浛洭"误作"洽崖";"葛氏《肘后救卒》";"救卒"误作"细碎";"独异志","异"误作"辨";等等,则纯属讹误。如此之类,究竟责在注者还是抄者,亦莫能明辨。

以上疏失,如张冠李戴、文字错漏等,借助今日电子文献检索,基本可以予以纠正完善。而其他错误,笔者在整理该书时,则一仍其旧,保留原貌。

另外,《笺注》在体例上对一些重复的词条,一般采用"某词见某篇注"的处理方式,但也有一些词条重复注释致体例不纯,如释"瓣香"引陈师道《观六一堂图书诗》,分别出现在《谢叶提刑荐启》《谢崔安抚举改官启》《谢制使李尚书举改官启》三文中,重复三次;释"头颅如许"引陶弘景《与仲兄书》,分别出现在《宗教谢庙堂启》《谢丘安抚举改官启》《答吴总卿札子》三文中,也重复三次。类似例子,还有"乘雁""缌衣""面壁""冯唐""元戎""类我",等等,都是重复出现,自违体例。

在对《笺注》一书引文进行复核时,我们也发现注者极可能利用了诗注和类书。如释《生日回程宰启》"老我",引沈括《笔谈》:

> 欧公有《奉使回寄刘原父》诗云:"老我倦鞍马,谁能事吟嘲。"王荆公《赠弟和甫》诗云:"老我孤主恩,结草以为期。"言"老我"则语有情,上下句皆惜老之意。若作"我老",与"老我"虽同,而语无情,诗意遂颓惰。此文章佳语,独可心喻。

这则材料不见于《梦溪笔谈》,《稗海》本《续笔谈》有此则,但文字有异[①]。与《笺注》作者引用的表述较为一致的,却是《王荆公诗李壁注》所引文字[②]。又如释《谢叶提刑荐启》"列戟",注者引《新唐书》:

> 韩休语子曰:"杨将军不数年门列画戟,尔辈独守蠹简,学组绣对偶,比杨将军远矣。"

[①] 参沈括撰、胡道静校注:《新校正梦溪笔谈》,第341页。
[②] 见《王荆文公诗笺注》,上海古籍出版社,2010年版,第5页。

这则材料并不见于《新唐书》，而在《分门集注杜工部诗》卷一五《魏将军歌》的苏注部分，应属"伪苏注"。可见《笺注》作者是利用过古代诗注的。当然，他是直接利用还是通过类书间接利用，则仍需考辨。因为在《笺注》一书中，也留下了明显利用类书的痕迹。如释《上刘阁学启》"孤忠"一词，《笺注》云：

>《宋史》："韩琦曰：'如琦孤忠，每赖神道相助，幸而多有成。'"

而《宋史》并无此条，仅见清康熙时期修撰的《佩文韵府》署出自《宋史》，且与《笺注》所引完全一致。① 又如释《谢制置崔阁学启》"四蜀"，《笺注》云：

>《说文》："蜀江之水非一，而岷、泸、洛、巴为四大川，四川之名昉此。"

从表述方式即可看出，此则文字不可能出自《说文解字》，而与此完全相符的也是《佩文韵府》②。如此之类，尚有多处，恕不一一。据此，我们自然不敢遽下断论说《笺注》作者利用了《佩文韵府》，类书常常辗转承袭，《佩文韵府》或许也是从其他类书抄来，不过，《笺注》显然利用了类书，则是可以肯定的。类书内容来源芜杂，蹈袭稗贩，容易造成文献的混乱与文字的脱漏，《笺注》的一些错误恐怕与它利用类书不无关系。

总体而言，《笺注》虽有失范、失误、失宜之处，给我们利用它带来了一些麻烦，但尚未影响该书的整体质量，特别是经过规范的整理努

---

① 见《佩文韵府》卷一之二，"忠"字部"孤忠"条下，上海古籍书店，1983年版。
② 见《佩文韵府》卷一六之九，"川"字部"四川"条下。

力后,尚可弥补许多缺失。

三、审美的程式化:《洪平斋四六笺注》与南宋启文的内在结构

笺注之作的创作动机,常常指向的是读者,力图给读者提供文章密码的解码钥匙,搭建文本与读者之间的信息桥梁,以便读者捕获作者的意义表达和艺术技巧。另一方面,当我们从作者角度来观察笺注之作时,也会发现它能在一定程度上反映出作者创作时调动的知识储备和文学传统,以及文本潜在的审美结构、艺术标准和创作程式。特别是像《笺注》一书的"陈列式"笺注,更是在意义层面减弱了笺注者的主观意味,增强了作者的意图再现,展示出文本的内在结构。如果再深究一层,它反映出的作者和文本的这些信息,又何尝不折射出时代之风会?

前文已及,《笺注》在罗列洪咨夔启文的用典出处时,常常会有重复的词条出现。这些词条少则重复一两次,多则重复三五次,在仅仅55篇作品的基数上,重复词条竟有近20条之多。显然,笺注词条的重复背后正是作者创作时频繁使用的相似典故和词汇。我们当然可以将这种现象理解为洪咨夔本人的写作习惯使然,但是有趣的是,我们发现如下几个笺注例子:

(1)释《回鄱阳章宰启》"八面当锋",《笺注》引李梅亭《贺武官生日启》:"谈笑词锋,足当八面。"

(2)释《回鄱阳章宰启》"寸禄",《笺注》引李梅亭《代陈县尉上卫参帅启》:"半生一第,寸禄八年。"

(3)释《贺侍御启》"升班",《笺注》引李廷忠启:"宸廷孚号,柱史升班。"

(4)释《回金判袖启》"贺白",《笺注》引李廷忠启:"才名跨乎贺白。"

(5)释《龙州到任谢庙堂启》"梦想不到",《笺注》引李梅亭启:"心虽同于白水,梦不到于青云。"

以上用例虽然不多,但是窥斑知豹,洪咨夔四六文不仅仅自己内部在重复词条,还与李梅亭(李刘)、李廷忠四六文使用相同词汇,如果仔细比较,他们之间的重复词汇量是非常可观的。甚至《笺注》所引文字,某些时候也和《校注橘山四六》完全一致。李刘、李廷忠都是南宋中后期重要的四六文作家,分别有《四六标准》《橘山四六》流传于世。《笺注》作者在有意无意之间,将洪咨夔四六与李刘、李廷忠联系在一起,已经透露出了这个时期四六文的一个共同特点,那便是"程式化写作"。

南宋中后期的四六文在艺术风格上存在什么样的共性,这在一般的骈文史著作中已有较为一致的论断,[①]《中国骈文发展史论》更是认为宋骈的一大变化便是"公式化之因袭作风日盛"[②]。《笺注》一书反映出的洪咨夔启文与李刘、李廷忠启文之间用词的趋同,固然是作为公文的"启"在规定结构上的雷同造成的,但更是一时之风气与骈文自身发展的内在规律造成的。

骈文发展到两宋之际,可谓进入了六朝之后的第二个高峰期,出现了一批骈文作手,一批名作佳作。在理论批评上,更是有了王铚《四六话》、谢伋《四六谈麈》、杨囷道《云庄四六余话》等著作,被学者认为是"作为专门文体学的骈文批评的开端"[③]。这个开端,尤以王铚《四六话》为代表。它的出现,是对四六文特有的审美结构和艺术表征的自觉,其中论述的许多问题都抓住了四六作为"美文"的关键,其

---

① 早期如于景祥《唐宋骈文史》(辽宁人民出版社,1991年版),近期如曹丽萍《南宋骈文研究》(江西高校出版社,2009年版)等,都对南宋中后期骈文有所论述。前者认为骈文在南宋中后期"复归于浮艳绮靡,出现单纯追求形式美的唯美主义倾向"(第198页),并且"渐渐由慷慨纵横变为拘泥雕琢、浮靡工巧,文格卑弱不振,成为华而不实的病态美文"(第222页);后者认为此时"骈文呈现出一种格律日益谨严的倾向"(第85页)。其他多部著作都持类似观点。
② 叶农、叶幼明:《中国骈文发展史论》,澳门文化艺术学会,2010年版,第133页。
③ 奚彤云:《中国古代骈文批评史稿》,华东师范大学出版社,2006年版,第70页。

焦点放在了隶事之精、对偶之切、声律之谐、藻饰之丽上,注重文章的本体论,而非其他。《四库全书总目·四六话提要》说:

> 铚之所论亦但较胜负于一联一字之间。至周必大等承其余波,转加细密,终宋之世,惟以隶事切合为工,组织繁碎,而文格日卑,皆铚等之论导之也。然就其一时之法论之,则亦有推阐入微者,如诗家之有句图,未可废也。

四库馆臣认为王铚之论导致了后来的"组织繁碎,文格日卑",此说未免言过其实,甚至颠倒了因果。实际的情况,可能是一时文风转加细密,才有了《四六话》的"较胜负于一联一字之间"。而南宋骈文的程式化,恰与《四六话》所代表的这种讲究一字一联的隶事精工理论相吻合。

骈文的"程式化"也与它自北宋开始退守相对固定的应用性文章领域相关,陈绎曾《四六附说》对各类实用骈体文写作程式的总结,就是集中表现。他在《四六附说·式》中将诏、诰、表、笺、露布、檄文、青词、朱表、致语、上梁文、宝瓶文、启、疏等文体的写作结构和行文规范,一一总结。在"启"之一体下,他又分谢启、通启、陈献启、定婚启、聘婚启、贺启、小贺启等类别,将各自行文程式加以述说[①]。可见,当时实用性骈文已经形成了一套简单适用的操作规范,写作者只要再配以相关类书资料如《圣宋名贤四六丛珠》《圣宋千家名贤表启翰墨大全》等,就能批量生产出四六作品,以合社会应用之需。此时的骈文真可谓"类书之外编,公牍之副本"[②],流弊至此已极。孙梅《四六丛话凡例》说:"四六至南宋之末,菁华已竭。元朝作者寥寥,仅沿余波。至明代,经义兴而声偶不讲,其时所用书启表联,多门面习套,无复作

[①] 陈绎曾:《文章欧冶·四六附说》,《历代文话》第 2 册,第 1272 页。
[②] 《四库全书总目·四六标准提要》,第 2165 页。

家风韵。"①等于将骈文的句号画在了南宋之末。

但是,程式化写作带来的也并非全是文学的消极。从积极的方面来说,程式化让四六文表面的篇章结构、行文意脉变得凝固不动,而内部结构、遣词造句、隶事属辞则更趋精美。换言之,"程式化"的背后其实是"美文化",文章的应用表意功能减弱,文辞审美意义加强。这就如同近体诗歌创作,虽然篇章字数、基本结构乃至起承转合都已经规定一致,高明的作者仍然能在其中变幻招数、出奇制胜,创造不同于他人的艺术风格与审美效果。对于南宋中后期的骈文,我们也只有更细微地去体会其中之妙,才能抓住各家骈文的特殊面貌,而不是把此时的程式化写作个个都看成梁山上的焦挺"没面目"。程杲《四六丛话后序》有段论述颇中肯綮,其云:

> 四六中以言对者,惟宋人采用经传子史成句为最上乘,即元明诸公表启,亦多尚此体,非胸有卷轴不能取之左右逢原也。以事对者,尚典切忌冗杂,尚清新忌陈腐。否则陈陈相因,移此俪彼,但记数十篇通套文字,便可取用不穷,况每类皆有熟烂故事,俗笔伸纸便尔挦撦,令人对之欲呕。然又非必舍康庄而求僻远也,要在运笔有法,或融其字面,或易其称名,或巧其属对,则旧者新之,顿觉别开壁垒,庄子所云腐臭化为神奇也。②

程杲犀利地看到了四六文写作中"移此俪彼"的拙劣手法,指出"但记数十篇通套文字,便可取用不穷",深刻地针砭了程式化写作的弊端。但他也承认,这种程式化的写作方式其实是不可避免的,抛开胸中烂熟的故事和四六文程式去写作,无疑是"舍康庄而求僻远"。纠正程

---

① 孙梅:《四六丛话》,《历代文话》第 5 册,第 4232 页。
② 见孙梅:《四六丛话》,《历代文话》第 5 册,第 4228 页。

式化流弊的办法,只在"运笔有法",便能"腐臭化为神奇"。也就是说,四六发展到程式化阶段,某种程度上,强迫作者将行文关注点放在了语言组织本身上,即《四六话》那般"较胜负于一联一字之间"。

对程式化写作有如上认识后,我们再回过头来看《笺注》出现的重复词条。虽然引用典故是一样的,但是语言字面的表达却并非完全相同。仍以上文提到的"头颅"为例,《笺注》引陶弘景《与仲兄书》共解释三次,分别出现在《宗教谢庙堂启》《谢丘安抚举改官启》《答吴总卿札子》三文中。而三文的字句并不相同,分别是:

《宗教谢庙堂启》:头颅如许,敢谓绨绤有封侯之方;面目可憎,自知管城非食肉之相。

《谢丘安抚举改官启》:肝胆轮囷,据鞍之髀易满;头颅萧飒,读书之眼尚明。

《答吴总卿札子》:更加牙颊之春,欲起头颅之暮。

第一句"头颅如许"乃是成句,与出自《送穷文》的"面目可憎"相对,属于成句对成句,未经剪截,在语意上也承袭陶弘景原文的"头颅如许,不如早去"之意;第二句"头颅萧飒"与"肝胆轮囷"相对,已属剪裁融化而成,与"读书之眼尚明"相连,其意义也发生了重要改变;第三句以"头颅之暮"对"牙颊之春",也已经剪裁,要表达的意义甚至与原文完全相反了,陶弘景原文是悲观的,这里反倒变成了乐观的。

同样的词语,却又有如此不同的表达,这其中的差异其实就是所谓的"剪截"和"融化"。在骈文理论中,多有"四六之工,在于裁剪"[①]的说法,面对同样的成句、典故,作者进行再次的重组,进行语言技巧的展示和审美意味的改写。这种持精工艺术论主张,将焦点放在语

---

① 谢伋:《四六谈麈》,《历代文话》第1册,第34页。

言本身上的文学创作论,与西方形式主义文论的观点不谋而合,它们共同指向文学作为语言艺术的本质:"文学不是传达观念的媒介,不是社会现实的反映,也不是某种超越真理的体现;它是一种物质事实,我们可以像检查一部机器一样分析它的活动,文学不是由事物或感情而是由词语制造的。"①《四六附说》在论骈文之"法"时即云:

> 后世益以文华,加之工致,又欲新奇,于是以用事亲切为精妙,属对巧的为奇崛。此宋人四六之新规,而王介甫氏之所取法也。变而为法凡二,一曰剪截,二曰融化。能得之者,则兼古通今、信奇法也;不能者用之,则贪用事而晦其意,务属对而涩其辞,四六之本意失之远矣,又何以为文哉?②

陈绎曾将"剪截"和"融化"看作宋人四六的两种"法",并且还细化为"熟""剪""截""融""化""串"六法,认为能熟练运用这些"法"的,便能兼古通今。其重点不在用与不用,而在会不会、善不善于用。优秀的四六作家,恰恰就是会剪截融化者,正所谓"抽青妃白,选义考辞。参差叶凤管之和,组织尽鸳机之巧。极雕镂之能事,而妙若天成;驱卷轴之纷纶,而工如己出",③南宋中后期四六文凡能自成一家者,莫不在"剪截融化"四字,洪咨夔自然名列其中。

总而言之,《笺注》中反映出的洪咨夔四六存在的程式化倾向,乃一时风气之体现。在善于剪截融化的作家手中,程式化带来的是审美的精致化,其理论指向甚至与诗歌理论的字法、句法相似,无怪乎四库馆臣评价《四六话》品评字句的特点时说它"如诗家之有句图"④。

---

① [英]伊格尔顿著、伍晓明译:《二十世纪西方文学理论》,陕西师范大学出版社,1987年版,第4页。
② 陈绎曾:《文章欧冶·四六附说》,《历代文话》第2册,第1267页。
③ 孙梅:《四六丛话》卷四,《历代文话》第5册,第4372页。
④ 《四库全书总目·四六话提要》,第2743页。

在传统的文道论、文气论评价体系中,关注一字一联的做法自然无法获得认同,但在文术论、文法论视野中,我们应当给予南宋中后期四六文的语言技巧以更高的评价。

综上,在中国散文史、文章学史上,文章专集的笺注之作实与文话、评点、选本等著作形态一样,折射出文章及文章学的多种嬗变样态,其内蕴的文章学意义值得我们深究。

第三节　复调的戏谑:《文房四友除授集》的形式创造

宋理宗淳祐六年(1246),罢相多年的郑清之(1176—1251)"以少师领奉国节钺,留侍经帷,寓第涌金门外养鱼庄,日有湖山之适",而门人林希逸(1193—1271)正擢任秘书正字,"官闲无他职,颇得奉公从容",二人相与往从,时有诗文酬唱。郑清之戏作"文房四友除授",为毛颖(笔)、石虚中(砚)、陈玄(墨)、褚知白(纸)拟一制一诏二诰,共4篇;林希逸戏拟回应,作谢恩三表一启,亦共4篇。淳祐八年(1248),林希逸外补知兴化军,于此年十二月将二人8篇作品结集,名《文房四友除授集》,刊于郡斋。同年秋,刘克庄(1187—1269)读到这8篇作品,仿郑、林二人,戏拟一制一诏二诰三表一启,又计8篇,续于郑、林二作之后,成《文房四友除授集》第二版。淳祐十年(1250),新安士人胡谦厚客居杭州,于书肆见《文房四友除授集》第二版,读后兴致盎然,继作弹文一、驳奏三,名《拟弹驳四友除授集》,于宝祐四年(1256)刊刻并续于郑、林、刘三人作品后,成《文房四友除授集》第三版,是为今日所见《百川学海》本[①]。

这部收录了20篇游戏文章的《文房四友除授集》,虽然谈不上湮

[①] 以上引文及信息参看《文房四友除授集》林希逸序、刘克庄序、胡谦厚跋、陈垲跋,《百川学海》本。本文所引《文房四友除授集》内容均据此版,不再出注。

没无闻,却鲜有专门研究者①。学界在审视俳谐文学传统时,常会提及此书乃继刘宋袁淑《俳谐集》之后又一重要的俳谐文总集,但却忽视了该集更丰富的学术意义。倘若我们从文本生成、形式创造与文学生态关系角度来审视此书,则不仅可以见出这些作品的写作脉络、内部结构与特殊趣味,也可窥见一个时代的文学精神与文学生态。可以说,《文房四友除授集》作为一个整体,其内部充满了层叠与对话,犹如音乐演奏上多声部的"复调"②,各种声音相互影响,彼此呼应,应被视作一种"有意味的形式",围绕它而引起的广泛的文章唱和现象,更是显现出晚宋文坛的特殊样态,具有相当的文学史意义。

一、假传与拟体:从《毛颖传》到《文房四友除授集》

古代游戏俳谐文章的创作,在六朝时获得长足发展,出现了袁淑《鸡九锡文》《驴山公九锡文》、沈约《修竹弹甘蕉文》、韦(一作王)琳《鲲表》等一系列作品。③ 到了宋代,这种俳谐传统得到进一步弘扬,有学者统计宋代俳谐文多达150余篇④,可谓蔚成大国。这些俳谐文,虽统之于"俳谐"一词之下,其体却又各不相同,举其大者而言,假

---

① 笔者所见唯一一篇专论,是程章灿的《文儒之戏与词翰之才——〈文房四友除授集〉及其背后的文学政治》(《清华大学学报(哲学社会科学版)》2017年第5期)。另有祝尚书《论宋季的拟人制诰》(《北京化工大学学报(社会科学版)》2002年第3期)及拙著《刘克庄的文学世界——晚宋文学生态的一种考察》(复旦大学出版社,2013年)第一章第二、三节,第五章第二节第对此集也有多处讨论,但都未探讨该集收录的作品本身。
② 本节所言的"复调",借用的是该词在音乐上的原始意义,即指《文房四友除授集》的文本所体现的多种发言立场与书写角色,各自独立而又彼此和谐地结合一体,犹如音乐上的多声部。巴赫金曾用"复调小说"指称陀思妥耶夫斯基小说,本节并不是对此理论的套用。
③ 魏晋六朝俳谐文学的研究,学界成果丰硕,比如谭家健《六朝诙谐文述略》(《中国文学研究》2001年第3期)、徐可超《汉魏六朝诙谐文学研究》(复旦大学博士学位论文,2003年)、张影洁《唐前俳谐文学研究》(华东师范大学硕士学位论文,2005年)、陈玉强《南朝公文体俳谐文的文体学意义》(《中山大学学报(社会科学版)》2010年第1期)等都是重要成果,兹不一一列举。特别需要说明的是,本节所言"拟体"俳谐文概念,即出自徐可超文。该文虽未明确定"拟体"含义,但所指是清楚的,即从动物、物品的角度,以拟人口吻写作的官场公文书。
④ 参刘成国:《宋代俳谐文研究》,《文学遗产》2009年第5期。

传与拟体即是两途。从时间角度来说,拟体诞生较早,前面所举南朝袁、沈诸篇均已是成熟的拟公文之作,而假传的诞生则要迟至韩愈《毛颖传》的写作。① 从二者的关系来看,韩愈假传之作,应该受到了拟公文的影响,叶梦得即言:"韩退之作《毛颖传》,此本南朝俳谐文《驴九锡》《鸡九锡》之类而小变之耳。"②王应麟也指出:"《驴九锡》封庐山公,《鸡九锡》封浚鸡山子。《毛颖传》本于此。"③但是,假传显然与拟公文体俳谐文不同。拟体仅将事物拟人化,然后予以奏表封赐或弹劾缴驳,呈现的是拟人对象的官场片断,而假传则沿袭了史传特点,书写的是对象的重要人生轨迹,从字号籍贯、家族世系一直到官职升降、立朝大节,件件入文,写作也多依史传格式。不过,到了南宋,拟体写作又呈现出新的面貌,我们要讨论的《文房四友除授集》既是六朝以来拟体俳谐文传统的继续展延,又明显受到假传的影响,在假传的基础上衍生而出,可谓假传"反哺"拟体而形成的新的拟公文体品类。

在《毛颖传》之前,所有的拟公文体俳谐文都是独立成篇的,几乎不存在亲缘文本,一篇拟体公文不会与其他拟体俳谐文形成关联与对话,如袁淑《鸡九锡文》的鸡"浚鸡山子",《大兰王九锡文》的猪"大兰王"等拟名,至少现存的唐前俳谐文中都没有再度作为主人公出现④;沈约的《修竹弹甘蕉文》中,修竹和甘蕉甚至没有获得一个像样的人名,更没有再进入他人文章。这些拟体文在南朝大量出现,自然存在彼此影响的关系,但就所拟事物本身来说,并没有明显的承袭和搬用,无法构成写作序列。而《毛颖传》诞生之

---

① "假传"概念的提出,最早是明代徐师曾的《文体明辨序说》,他认为自司马迁《史记》创"传体","其品有四:一曰史传,二曰家传,三曰托传,四曰假传"(参《历代文话》第 2 册,第 2124 页)。
② 叶梦得:《避暑录话》卷下,《全宋笔记》第二编第十册,大象出版社,2006 年版,第 338 页。
③ 王应麟:《困学纪闻》卷一七,第 1855 页。
④ 明代有大兰王传,但这种做法显然已是受到《毛颖传》影响的结果。

后,该传"颖与绛人陈玄、弘农陶泓及会稽褚先生友善,相推致,其出处必偕"①之句所虚构的四位人物毛颖、陈玄、陶泓、褚先生都不断地在后来的仿效之作中出现,甚至其他三位也被作为假传的主人公来书写,如洪刍即撰有《陶泓传》(已佚),明代易宗周撰有《陈玄传》,褚先生也被坐实为"褚知白",文嵩撰《好畤侯传》即是。由此,"四友"的假传作品逐渐形成了系列性,它们之间也具有了一定的关联度,可视为彼此支撑的亲缘文本。我们可以将唐宋时期文房四友的假传及其命名列出如下:

  韩愈《毛颖传》:中山毛颖、绛人陈玄、弘农陶泓、会稽褚先生

  文嵩(陆龟蒙)《管城侯传》②:宣城毛元锐、易玄光、石虚中、褚知白

  文嵩(李观)《即墨侯传》:宣城毛元锐、燕人易玄光、南越石虚中、华阴褚知白

  文嵩《好畤侯传》:宣城毛元锐、燕人易玄光、南越石虚中、华阴褚知白

  文嵩《松滋侯传》:毛元锐、燕人易玄光、南越石虚中、华阴褚知白

  苏轼《万石君罗文传》:歙人罗文、毛纯(毛颖后裔)、墨卿、褚先生

  周必大《即墨侯传》:齐人即墨松、管城毛颖、歙人罗文、鲁人褚先生

---

① 韩愈:《毛颖传》,《韩昌黎文集校注》,上海古籍出版社,1986年版,第566—569页。本节所引《毛颖传》均据此,不再注。
② 北宋苏易简《文房四谱》收录文嵩《管城侯传》《即墨侯传》《好畤侯传》《松滋侯传》四文。《全唐文》卷九四八录前两文,《唐文拾遗》卷五一录后两文。其中《全唐文》卷八〇一又系《管城侯传》于陆龟蒙名下,高似孙《砚笺》卷四又署《即墨侯传》作者为李观。

可以看出这些四友假传命名的交错性非常明显,虽然中间也有一些差异,如《毛颖传》里的笔叫"毛颖",而《管城侯传》中笔名"毛元锐",《万石君罗文传》中的笔叫"毛纯";《毛颖传》称砚为"陶泓",而《管城侯传》中的砚已名作"石虚中",《万石君罗文传》中的砚则改姓更名为"罗文";同是褚先生,有占籍华阴,有占籍鲁地;等等。但是他们的趋同性显然高过差异性。正是这样的假传群落,给拟体俳谐文创作提供了新的土壤,以"四友"为中心的成组的专题系列拟体公文开始出现,《文房四友除授集》便是肇端之作。

笔墨纸砚在《文房四友除授集》的除授制诰中交叉出现,互相呼应,已然一体。如郑清之《陈玄除子墨客卿诰》"尔与毛颖、陶泓之俦,娱侍始皇,乃能黤黮盖覆,知黑守白",《褚知白诰》"朕稽古之暇,富于著述,方与毛颖、陶泓、陈玄三人者,朝夕从事,独卿怀长才",在提到四友之一时,均不忘其他三者;林希逸《代毛颖谢表》则有"褚知白尝反面,以臣点污而见疑;石虚中恃粗才,欲臣流落而后已"之句,《代石虚中谢表》亦有"毛颖以尖新相夸,陈玄以刚介自许"之联,以四友为对偶语辞,都表现出拟体组篇的彼此照应。这些拟体文赖假传而生,与假传可谓已经互为表里,没有前人的假传对文房四友各自人生的勾画与描摹,它们的拟除授便缺少了有力的文献支撑。我们可从郑清之《中书令管城子毛颖进封管城侯制》与《毛颖传》的关系,一窥假传对拟体的"反哺"路径。

在《毛颖传》中,韩愈充分利用了前人描摹毛笔的典故,再加以自己的想象,采取拟人、隐语、双关、夸张等修辞手法,虚构了中山人毛颖的传奇一生。他的思路展开,乃是按照毛笔制笔的过程,由兔子被获,再取毛、束毛、毛笔制成使用直到被弃用为线索。韩愈撰写此文时,除了驱使了许多典故,如兔名明眎出《礼记》,韩卢逐兔出《战国策》,蒙恬制笔出《博物志》等,更多的是创造了许多新情节,将典故通过截取、剪裁、变形等手段,融入史传新思路中去。诸如毛颖被赐之汤沐、拜中书令、封管城子，与陈玄、陶泓、褚先生友善等经历，以及强记便敏、善随人意、不喜武士的性格，都是切合毛笔之特性而作无中生有之想象的。《毛颖传》里的这些传统典故与新创情节，都在郑清之《中书令管城子毛颖进封管城侯制》一文中得到继承，其文曰：

> 制曰：造书代结绳之政，孰与图回？将军拔中山之豪，式隆任使。载畴爵秩，庸贲时髦。中书令、管城子、食邑若干户、食实封若干户毛颖，美秀而文，神明之胄，本长生于月窟，亦分配于日辰。何特显于秦汉之间，盖自别于卫聃之裔。记凤标于明眎，得而称焉；昔见逐于韩卢，非其罪也。俾归掌握，爰布腹心。简牍是资，拔一毛利天下；文明以化，知百世俟圣人。通篆籀于古今，公《春秋》之褒贬。自蒙恬始资其用，至韩愈复传其功。博学强记，无以尚之；殚见洽闻，有如此者。虽尝赐汤沐之邑，未能展摹画之规，赏不酬劳，位宜称德。爰剖丹书之券，大开孤竹之封，期益广惠施之五车，毋但乐渭川之千畮。分土壤黑，勒勋汗青。於戏！万里封侯，岂效昔贤之投笔；三朝受籍，通观寰宇之同文。往尽乃心，毋替朕命。可进封管城侯，依前中书令，加食邑若干户、食实封若干户。

该文标题中书令、管城子、毛颖三个要素，已经昭示了与《毛颖传》的直接关系，而上文中加点部分，更是能在《毛颖传》中找到源头，其中"将军拔中山之毫""盖自别于卫聃之裔""简牍是资""虽尝赐汤沐之邑"等句，或为《毛颖传》成句，或乃《毛颖传》首次拈出，特别是"至韩愈复传其功"就直接点明了《毛颖传》的文本渗入，一种互文结构隐然存在。可见，正是有了《毛颖传》提供的语辞、思想、情节资源，作者才能驰骋翰墨，设想毛颖加官进爵，由管城子擢为管城侯。同时，也因建立在《毛颖传》的基础之上，读者阅读此文时便已有"前理解"，也就更容易获得共鸣,戏谑的效果更明显。从这个意义上说,《毛颖传》是《中书令管城子毛颖进封管城侯制》的"母体"。

《毛颖传》因其独创性与经典性,影响至为深远,唐宋时期文房四友的其他几篇假传对《除授集》的影响,自然没有《毛颖传》这么明显、这么强烈,但它们当中的许多文辞情节也多少参与了《除授集》拟体的创作,成为"郑清之们"写作拟体时必须调动的文本资源。郑清之笔下的四友之名就是综合了多个假传的名称而成,毛颖来自《毛颖传》、石虚中来自《即墨侯传》、陈玄来自《毛颖传》、褚知白来自《好畤侯传》。而且内部用名也是多个假传的名字混合一体,《陈玄除子墨客卿诰》和《褚知白诏》均用陶泓代砚,而郑清之为砚所作诰命,却使用的是石虚中之名。陶泓是烧土制成,石虚中则是采石而成,材质有所区别,文章的用典、双关也就会取材不同。林希逸《代毛颖谢表》"对扬麻卷,幸袭元锐之封",所谓"元锐之封"也出自《管城侯传》毛元锐袭爵管城侯。《除授集》的作者们这种杂糅多篇假传的写法,看似逻辑混乱,实则并未冲淡该集肌理中拟体与假传的密切关系,倒是更能说明假传对拟体的"反哺"乃是群体性的渗透,非仅名篇效应而已。

当然,《文房四友除授集》的拟体也不是完全笼罩在假传的阴影之下,尚有更丰富的文学取资和新的创造,这从郑清之、林希逸、刘克庄、胡谦厚四人拟作递相争奇的比较中就可清晰看出。

二、对话、双簧、反拟:《文房四友除授集》的文本结构与形式创造

笔墨纸砚因乃文人文房的日常用具,很早就进入了文学世界,"笔赋""砚歌""纸诗""墨铭"之类的专门性文章辞赋层出不穷,由此形成了一定的书写传统。北宋初年,苏易简(958—997)即编成《文房四谱》一书,备选前代文献中关于笔墨纸砚的典故诗文,以叙事、制作、杂说、辞赋四类统摄相关材料,大体展现出文房四友的书写脉络。

到了南宋理宗嘉熙元年(1237),林洪又撰《文房图赞》,罗列了文房十八种用具,开篇即是笔墨纸砚四友,并仿照《毛颖传》将它们分别命名赐官,笔名毛述,字君举,为毛中书;墨名燕玉,字祖圭,为燕正言;纸名楮田,字为良,为楮待制;砚名石甲,字元朴,为石端明。目前来看,《文房图赞》稍早于《文房四友除授集》,但细味郑清之所言"某尝为文房四友除授制诰,因官湖外而归,旧稿蠹蚀不复存,今仅能追忆一二语"之辞,则郑清之首次创作应不会晚于《文房图赞》[①]。大体同时出现的这两部著作,均给文房用具集体拟文授官,不同的是《文房图赞》行文非常简略,如其中《毛中书》条,全文仅言:"唐中书维颖有声,至我宋有自宛陵进者,亦颖之孙。二公在当时,帝方欲柄用,发皆种种矣。使天相之早仕,以究所学,则昌黎、和靖翁亦安有可怜不中书之叹?呜呼!科目资格之弊如此夫。"[②]语调诙谐,感叹深长,但终究言短意薄,情节和辞章没有充分展开,各篇之间也鲜有照应。《文房四友除授集》则不同,它不但采用六朝拟体模式,吸收假传营养,篇幅相对较长,而且更重要的是,这些文章从一开始就是以组篇的形态出现,并经多人多次反复唱和、模拟、反转,逐渐形成了多层级的文本空间,展现出游戏文章融诙谐调侃与对话竞技为一体的特殊美感。在该书中,一种充满戏剧性的情节结构,成为文章写作的逻辑起点,所讲求的角色扮演也在文本冲突中表现出来,可以说,它从内容到形式都突破了传统的书写模式。

《文房四友除授集》的成书过程,前文已经谈及,乃是先有郑清之的4篇制诰,再有林希逸的4篇谢表,刘克庄又循郑、林故辙,仿写8篇,若干年之后胡谦厚反郑、林之意而行,拟弹驳文4篇,由此形成了

[①] 所谓"因官湖外而归,旧稿蠹蚀不存",则郑清之四友除授第一次成文当作于从湖外归京之前。检其仕履,自嘉定十年(1217)中进士后,为外官时间仅前五年,后三十年均为京朝官,保守估计这组文章第一次成文当在1223年前后。
[②] 林洪:《文房图赞》,收入《文房四谱(外十七种)》,上海书店出版社,2015年版,第87页。据罗宁兄赐示,《云仙散录》记载薛稷给笔墨纸砚封九锡,然今只见所封官名,不见九锡文。

三个不同版本的《除授集》,而最后的版本可谓一个稳定传续的最终版本,已形成了一个文本整体,它的内部则呈现出既互相联系又各自独立的三个文本层级和意义单元。

第一文本层级乃是郑、林二人的文学对话。郑清之作《中书令管城子毛颖进封管城侯制》《石乡侯石虚中除翰林学士诰》《陈玄除子墨客卿诰》《褚知白诏》四文,采取了三种不同文体给文房四友除官,其中前两文用骈体,后两文乃散语。揣摩全书,郑清之所作似是最容易的,因为他是第一个写,可供调遣的典故最多,辞藻选择余地最大,思路展开最自由。前文已经分析了《中书令管城子毛颖进封管城侯制》与《毛颖传》的密切关系,说明他充分吸收了前人假传的营养。同时,在假传基础上,他又熔铸了一些比较常见的典故成辞,如"爱剖丹书之券,大开孤竹之封。期益广惠施之五车,毋但乐渭川之千畮"之句,所用均是大家熟知的语辞故实。四六骈文的写作,本就讲究"经语对经语,史语对史语"①,而且以运用成语为得体,所谓"四六宜用前人成语,复不宜生涩求异"②,郑清之首倡之作,在这一点上自然容易占得先机。像孤竹之封、渭川千亩,已成书写竹子的套语,以至于林希逸《代毛颖谢表》"上林借一枝,已愧卓锥之贫士;渭川封千亩,重怀孤竹之清风"、刘克庄《代中书令管城子毛颖进封管城侯加食邑封制》"提笔居公槐之位,久倚任于英豪;剖符拓孤竹之封,肆褒崇于勋旧"、《代毛颖谢表》"上林一枝,今以借汝,亲逢明主之右文;渭川千亩,比之封君,深愧古人之辞富"等句,都复加剪裁,虽有别出之心,亦不得不承袭沿用。

然从另一个角度考虑,郑清之的写作又很不容易,第一次成组写作文房四友除授文,自然是开启山林、无复依傍的创举。因有著名的《毛颖传》在前,《中书令管城子毛颖进封管城侯制》尚有相对丰富的

---

① 谢伋:《四六谈麈》,《历代文话》第1册,第34页。
② 刘祁:《归潜志》卷一二,第138页。

辞章与情节资源可资凭借,而其他三篇吸收文嵩所撰假传的成分就明显减少,更多出于郑清之的重新建构。如他作《褚知白诏》,开篇即言"朕读司马迁《史记》,知褚先生名旧矣。想其议论风采,恨不同时",并未承袭文嵩《好時侯褚知白传》的思路,而是从与《史记》密切的褚先生起笔。褚先生,名少孙,是西汉后期著名的学者,因增补过《史记》而闻名儒林。此"褚先生"与褚知白,实无多大关系,仅因姓氏相同而已,郑清之以他起笔,正似诗歌中的"比兴"之法;另外两篇,亦能跳出假传窠臼,写石虚中从磨镌石器开篇,写陈玄又以李斯起笔,都能宕开一笔,自铸伟词,真不愧林希逸"巧而不斫,雅而能华"的赞誉。

林希逸面对郑清之的四篇文章,一方面感叹郑"年德俱崇,健笔雄词,不少减退""非晚辈所可企望其万一",另一方面又说"此前人文集所未有也,然既有除授,而无谢,可乎?遂各为牵课表启一首以呈"(均参林序)。我们可以揣摩林希逸当时的复杂心理,既推崇拜服于郑作,又跃跃欲试,燃起了创作的欲望,甚或还有在郑清之面前展示文才、以获青眼的想法①。但窃以为,林希逸最主要的心理状态,恐怕还是觉得郑作有趣味,所以尝试从日常公文制度角度,将之补全为一次完整的官员除授活动,由此营造更真实的氛围,以获得更强烈的戏谑效果。林希逸的4篇谢表,均以骈文写就,他的展开思路与郑清之一样,既建立在前人假传基础上,又吸收其他典故资源;与郑清之不同的是,他在写作谢表时,不能完全自由发挥,必须考虑与郑清之除授文之间的对话。仍以《褚知白诏》为例,郑清之文章写了三层意思:一是褚知白操行高洁,"躬自厚而薄责于人";二是褚知白博学多识,"学贯九流,事穷千载";三是怀想长才,诏其入宫,"与众贤杂沓而进,

---

① 程章灿认为:"林希逸作此四篇表启,既是与郑清之之间的文字酬答,也是晚辈致敬前辈的一种礼仪行为。从政治角度来看,这是作为'备数校雠府'的闲职下僚的林希逸,向前权相也可能是未来宰相郑清之表现自己词翰才华的一个绝好机会。"可备一说,参前揭《文儒之戏与词翰之才——〈文房四友除授集〉及其背后的文学政治》。

以抒心画,以展素蕴"。林希逸《代褚知白谢表》承此思路,首言:"云隔几重,自喜卷舒之适;风驰一札,俾陪杂沓之贤。""杂沓之贤"的词汇复现,足见对话口吻明显;次言"臣源流好畤,飘泊剡溪",乃是就纸张的制作、特性展开双关性叙述;最后说"裁其偏侧,束以规绳",准备进宫奉侍,结束谢表。行文过程中,林希逸十分注意恰如其分地回应郑文,通过剪裁制诰之辞入表文,从而加深制诰与表文之间的关联性,形成一定的互文效果。比如《褚知白诰》说:"朕稽古之暇,富于著述,方与毛颖、陶泓、陈玄三人者,朝夕从事,独卿怀长才,以佣书自给,浮湛市肆间,人情番薄,坚忍不顾。"林作则对之"岂陈玄、毛颖之流,力期推挽;念左伯、蔡伦之后,久叹寂寥"之句,与诏文呼应,让褚知白的除授与谢恩显得更为真切,以增强俳谐的趣味。林希逸的四篇谢表,表面上是四友与皇帝的对话,深层来看则是他和郑清之的对话,所以郑清之才有"某屡尝以词翰荐兄,信不辱所举矣"(见林序)的回应。

郑、林之间的对话是《除授集》最简单、也是最基本的文本结构,他们采用最常见的下行文书制诰和上行文书表,通过拟人的方式,展开了文房四友一次完整的除授文书往来,为后来广泛的仿作、反拟活动奠定了基调,规定了方向。尤其是林希逸的和作行为,激活了周边文人的写作兴趣,由此掀起了文学史上引人注目的俳谐文唱和事件。

第二文本层级是刘克庄一个人的双簧,双簧背后凸显的是文人群体写作中强烈的竞技意识。刘克庄一个人模拟两种身份写作,一是中书舍人以皇帝口吻撰制诰,即郑清之扮演的角色,二是除授对象撰谢表,即林希逸扮演的角色。从骈文艺术角度来看,刘克庄之作明显胜出郑、林二人。其作不但能够游刃有余地驱使更多新鲜故实,而且对郑、林二人已经使用过的典故成语,也能再加剪裁融液,表达得更为清通畅达,颇得宋体四六流动的神韵。比如《代石乡侯石虚中除翰林学士诰》:"具官某内涵珍璞,外凛丰棱。不肤挠于他人,亦眼高于余子。膺朝廷之物色,得于筑岩;加师友之切磋,可以攻玉。性非燥湿所迁变,语不雕镌而混成。一泓之水未足多,万斛之源所从出。"每联对仗都极工稳,又句句切中砚台特性,真可谓一大作手。刘克庄在跋中坦言创作机缘云:

> 右一制一诏二诰,今傅相越公安晚先生老笔;三表一启,公客竹溪林侯肃翁所作。本朝元老大臣多好文怜才,王魏公门无它宾,惟杨大年至则倒屣,晏公尤厚小宋、欧阳九,居常相追逐唱和于文墨议论之间,不待身居廊庙,手持衡尺,然后物色而用,盖其剂量位置固已定于平日矣。竹溪所以受公之知,公之所以知竹溪有以也。夫竹溪出牧于莆,以副墨示其友人刘克庄,亦公门下客也。虽老尚未废卷,因拾公与竹溪弃遗,各拟一篇,公见之必发呈武艺、舞柘枝之笑。淳熙戊申季秋望日克庄书。

这一年(淳熙戊申,1248),刘克庄"就畀宪节,即家建台",以福建提刑任而驻家办公,正在莆田;林希逸"自玉堂翠帷求奉太夫人出临莆郡"①,知兴化军,治所亦在莆田。刘、林二人本即深交,得遇良机,自是唱和频繁。刘克庄见此奇文,不免技痒,虽然自谦"公见之必发呈武艺、舞柘枝之笑",但如此一人能兼施两职,并且呈献给郑、林二人,不说其必胜的信心,至少也觉得可以与二人旗鼓相埒,颇具以一敌二的豪情。他在郑、林二人的文章对话中,看到了争奇斗巧的空间,他曾说"四六是吾家事"②,显然具有阐扬骈文创作的自觉意识,而这次恰是高扬主张的重要契机。刘克庄在文体选择上,完全重仿郑、林二人故态,也是六篇骈文和两篇散文(诰、诏),与郑、林二人面临的处境不同的是,他必须在文辞上另辟蹊径、再翻新招,《跋翀甫侄四友除授制》即云:

---

① 均见林同:《竹溪鬳斋十一稿续集序》,《全宋文》第353册,第282页。
② 刘克庄:《跋翀甫侄四友除授制》,《全宋文》第330册,第10页。按,中华书局出版的《刘克庄集笺校》关于四友除授的一组文章不但笺释时多讹误,文本校勘亦多错漏,本节不采。

此题安晚倡之,竹溪和之,后余联作,已觉随人脚跟走矣。既而胡卿叔献及仓部弟各出奇相夸,里中士友如林公掞、方至、黄牧竞求工未已,然止有许多事用了又用,止有许多意说了又说,譬如广场卷子,虽略改头换面,大体雷同,文章家之大病也。①

刘克庄清醒地认识到,只有翻空出奇,才能避免文章大病,而自己的困境就是容易"随人脚跟走"。但从实际效果来说,他在这里不免还是自谦。《方名父松竹梅三友除授四六后语》记载了这次仿作获得郑清之的赞赏:"安晚郑丞相两宰天下,名位之重,机务之繁,虽操化权而未尝一日释笔砚。尝为文房四友除授制诰,客录本示余,戏拟数篇,依本葫芦尔,公见之击节。"②看似依样画葫芦,却如诗中窄韵、险韵的次韵酬唱一般,因难见巧,愈和愈奇。刘克庄的8篇仿作虽仍蹈袭郑清之的起笔思路,却能在用意上突过前人。如《赐褚知白诏》,郑清之原唱乃以"朕读司马迁《史记》,知褚先生名旧矣"起笔,从褚少孙逗引出褚知白;刘克庄仿作亦承此,开篇云:"汉儒推尊谊、仲舒至矣,然于谊曰贾生,于仲舒曰董生,友之而已,独于褚先生者师称之,其为世所崇尚如此。"所言其实也由褚少孙引出褚知白,但在用意上又较郑清之转深一层,更显典重雅正,增强了谨严的文本与虚无对象之间的冲突之感,也就更具俳谐效果。

刘克庄的8篇仿效之作,一人之笔,两种口吻,以双簧方式在仿作内部展开了新的对话,又以整体方式与郑、林二人之作形成了文思、文辞、文意的竞技,这是《除授集》文本形态结构的新突破,也是除授文章达到的艺术高峰。

第三文本层级是胡谦厚的四篇弹驳除授文,他更改了文体,凸显

---

① 刘克庄:《跋翀甫侄四友除授制》,《全宋文》第330册,第10页
② 刘克庄:《方名父松竹梅三友除授四六后语》,《全宋文》第330册,第97页。

的是文学创作上"影响的焦虑"。四友除授、谢表，展现的已是一个相对完整的官场活动，除非破坏这一过程，否则只能像刘克庄一样，再次仿写郑、林之作，这无疑是困难的。胡谦厚在跋中记载："予中表李几复，且作一奏三状代辞免。吁！至是又穷矣。小子狂简，辄为弹文一驳奏三，以附编末。"李几复的"代辞免奏状"，显然破坏了郑、林拟定的除谢结构，因为林希逸既已作"谢表"，表示接受了除授，再有辞免就错乱了秩序，所以李几复的作品无法融入进郑、林的既定结构之中。与李几复相似的是张端义，刘克庄记载："有张端义者，独为四友贬制，自谓反骚，然材料少，边幅窘，非善辞令者。"①由除授改作贬谪，张端义之作显然完全改变了郑、林的写作结构，等于另起炉灶，更无法与原有作品形成有效对话。胡谦厚的写作却不同，他似乎意识到要继续在原有思路中写作，已无法超越前人，于是引入了新的因素，添入否定性的弹驳，在不破坏郑、林原有结构的前提下，有了继续增进整个故事情节的可能。弹驳文的写作，既能够吸收原有除授谢表的基本情节，又能更容易地避免文辞与用意的重复。如《拟驳陈玄除子墨客卿奏准中书门下省送到录黄一道今月日奉圣旨陈玄除子墨客卿令臣书读者》一文，缴驳除授陈玄子墨客卿，云："陈玄不能洁己，动辄污人。石虚中见谓刚方，首遭蒙昧；褚知白继被点黜，终难扫除。"又云："刮垢磨光，虽幸见收于此日；知白守黑，必难自全于他时。"所言均能体现墨之特性，而又确实反其道而行之，特别是将四友的亲密关系，离间成伤害关系，更是意料之外，情理之中。

胡谦厚的拟弹驳通过改变文体走出了郑、林、刘的阴影，并且由此构成了与前三人的依赖和对话关系。郑、林、刘之作都不出除授谢表范围，弹驳文写作身份是御史和门下给事中，从官场文书的流转次序上来看，乃是在除授之后，而与谢表几乎平行，所以它能够以一对

---

① 刘克庄：《跋翀甫侄四友除授制》，《全宋文》第330册，第10页。

多,既可谏言皇帝,否定除授,又能反诸四友,回应谢表,由此成功地弥合了多重文本间可能产生的次序矛盾。4篇文章虽然题作《拟弹驳四友除授集》,实则已无法完全独立单行,而只能依赖《四友除授集》一起流播,一旦离开了《文房四友除授集》,《拟弹驳》便成了无源之水。所以,从形式构成上来说,胡谦厚的拟弹驳就成为了四友除授不可分割的重要部分,获得了与除授集并列传播的可能。同时,《拟弹驳》的加入,给《除授集》整体结构带来了新突破,丰富了四友除授的故事情节,拓宽了四友除授文唱和活动的维度,让 20 篇文章犹如联章组诗一般获得了逻辑上的稳固,是俳谐文总集的形式创获。

总之,《除授集》三个文本层级逐渐叠加,它不同于简单类聚的文章总集和诗词酬唱集,而是在多层级的文本内部充满了呼应、对话、焦虑、抗争、剪接等因子,它们互相交织,形成一张意义之网,完成了一种新的形式创造。全书作品呈现出的不但是四位作家的机敏才思和骈文创作的精工妥帖,更有宋代文人所特有的书卷精神和戏谑趣味,围绕《文房四友除授集》而产生的俳谐文唱和与衍生,更成为晚宋文学的一大景观。

三、和声与独奏:晚宋文人群体性唱和的承袭与突破

自郑、林、刘的拟体唱和发其嚆矢,晚宋文坛掀起了一阵拟体文的创作热潮,持续时间颇长①,波及范围亦广,堪称宋代俳谐文的高峰期。② 因文献散佚,我们已无法了解全貌,但在时人文集及《文章

---

① 刘成国《宋代俳谐文研究》认为本次唱和时间不长,所言无据。从现有材料来看,仅刘克庄周边文友时隔十余年,仍有唱和者,如刘克庄所记《翀甫侄四友除授制》即是。该文至早成于景定元年(1260),翀甫所作离郑清之首倡,十余年矣。(按:《后村先生大全集》卷一○六有《庚戌写真赠徐生》成于淳祐十年(1250),此文后第三篇有《黄孝迈长短句》,可知《黄》文大体亦成于此年或更晚;卷一○八有《再题黄孝迈短长句》云"十年前曾评君乐章",则《再题》文至早成于淳祐十年之后的第十年,即景定元年(1260),而《翀甫侄四友除授制》又列于《再题》之后,可推知该文至早作于景定元年。)
② 前揭祝尚书《论宋季的拟人制诰》对此有初步勾稽,刘成国《宋代俳谐文研究》亦有涉及。

善戏》中,我们尚能管窥一斑。在郑清之之前,现存文献尚无为四友作除授拟体者,而在他之后却作者蔚起,林希逸说:"昔安晚先生以帝师留经席,时取文房四友入之北扉西掖之文,继而作者不翅数十家。"①今"数十家"的多数已湮没无闻,文献可考者,除了林希逸、刘克庄、胡谦厚之外,尚有如下人物参与唱和仿写:

  刘翀甫,刘克庄侄,莆田人,余不详,作《四友除授制》。②
  胡颖,字叔献,号石壁,湘潭人,绍定五年(1232)进士,见《宋史》本传,作《四友除授制》。③
  刘希仁,字居厚,刘朔孙,刘克庄从弟,莆田人,嘉定四年(1211)进士,弘治《兴化府志》有传,作《四友除授制》。④
  林公掞,莆田人,余不详,作《四友除授制》。⑤
  方至,字善夫,莆田人,方子容后裔,曾任白鹭洲书院山长,著有《鄮能小稿》,作《四友除授制》。⑥
  黄牧,又名以牧,字景渊,莆田人,咸淳元年(1265)进士,作《四友除授制》。⑦

---

① 林希逸:《跋方持叟岁寒三友制诰》,《全宋文》第335册,第358页。
② 《后村居士大全集》卷一〇八《翀甫侄四友除授制》,《全宋文》第330册,第10页。
③ 《后村居士大全集》卷一〇八《翀甫侄四友除授制》有"既而胡卿叔献及仓部弟各出奇相夸"之句。刘克庄又有《送胡叔献被召》"信庵丞相如通讯,为说狂生霜满头"句,信庵即赵葵,与胡颖入赵葵、赵范幕经历合。
④ 《后村居士大全集》卷一〇八《翀甫侄四友除授制》有"既而胡卿叔献及仓部弟各出奇相夸"之句,仓部弟即刘希仁,拙著《刘克庄的文学世界》第69页脚注有详考。辛更儒《刘克庄集笺校》(第1482—1483页)认为仓部为刘希谦,误。弘治《兴化府志》卷四七有刘希仁传,云:"宝祐三年,除仓部官。"
⑤ 《后村居士大全集》卷一〇八《翀甫侄四友除授制》有"里中士友如林公掞、方至、黄牧竞求工未已"之句,卷一三〇有《答林公掞监场书》云:"诸文惟有韵与无韵之作为近古,偶俪最俗下,不必苦求工,然不工又不可读。"可见其骈文水平稍欠。
⑥ 《后村先生大全集》卷一〇六有《方至文房四友除授四六》。余参拙著《刘克庄的文学世界》,第141—143页。刘成国《宋代俳谐文研究》言方至为睦州分水人,方回宗兄,误。
⑦ 《后村居士大全集》卷一〇八《翀甫侄四友除授制》有"里中士友如林公掞、方至、黄牧竞求工未已"之句,其他信息参卷一〇七《跋黄牧四六》,卷一三三《与淮阃贾知院书》《与方蒙仲制幹书》。

蔡伯英,林希逸友,余不详,作《四友集》。①

张端义,字正夫,晚号荃翁,姑苏人,著有《贵耳集》《荃翁集》,作《四友贬制》。②

李几复,胡谦厚表兄弟,余不详,作《文房四友辞免奏状》。③

方岳,字巨山,号秋崖,祁门人,绍定五年(1232)进士,著有《秋崖先生集》,《宋史翼》有传,作《拟文房四制》《再拟文房四制》。④

郑楷,字持正,号眉斋,三山人,余不详,作《文房拟制表》。⑤

以上11位,均是模仿、唱和郑清之诸人之作,所拟均不脱郑、林文房四友除授之范围。与此相应的是,受郑、林四友除授启发、影响,当时不少文人创作了其他物品的除授谢表之文,今亦可考知若干作者如下:

方至,字善夫,同上文,作松竹梅"岁寒三友"除授。⑥

吴必大,字万叔,临川人,淳祐七年(1247)进士,有《山林素

---

① 林希逸:《鬳斋续集》卷一三《跋蔡伯英四友集》,《全宋文》第335册,第365页。
② 《后村居士大全集》卷一〇八《翀甫佺四友除授制》"有张端义者,独为四友贬制"句。
③ 胡谦厚《文房四友除授跋》:"予中表李几复,且作一奏三状代辞免。"
④ 方岳《秋崖集》卷一八有《拟文房四制》《再拟文房四制》,小序云:"文房四制,经安晚、后村老笔,无复着手处矣。日长无事,试一效颦,亦可知文章之无尽藏也。"《全宋文》第341册,第308页。
⑤ 郑楷著有《文房拟制表》,见收于《文章善戏》,可参金程宇《静嘉堂文库所藏〈文章善戏〉及其价值》,《稀见唐宋文献丛考》,第93—126页。关于郑楷的活动年代,金文因误读孙德之《郑持正毛颖制表序》,而定于1192年左右,误。该序云:"嘉定庚午,予侍先君子官中都,危逢吉、李公甫俱克词章,间相过,戏草《洪国夫人竹氏进封制词》……危则裂之,李稿今犹在集中也。……三山郑君持正与处几年,一日以所拟制表等作见示,大抵假托以寓其言者也。"所言"嘉定庚午"即1210年,孙德之19岁,显非此序作年,乃是其侍奉父亲,见危、李二人作文之年。序中说"危则裂之,李稿今犹在集中",足见作序已与嘉定庚午相隔甚久,联系郑清之作文房四友除制乃是1246年之事,有理由肯定,郑楷文章及孙德之之序,定晚于1246年。另,姚勉(1216—1262)有《回郑持正书》,语气颇不客气,谅郑楷年龄与姚勉相仿。
⑥ 欧阳守道《题方山长鄙能小稿》云:"又得见近作数十篇,通旧作为一集,题曰《鄙能》。如岁寒三友召除辞谢之类,视旧为文房四友作,尝经先生品题者,愈出愈奇,不知先生见此又如何其叹赏也。"《全宋文》第347册,第37页。

封集》,作松竹梅"岁寒三友"、螃蟹"无肠公子"除授。①

张立道,四明人,尝入福建宪幕,余不详,作松竹梅"岁寒三友"除授。②

方名父,字持叟,方晋子,莆田人,作松竹梅"岁寒三友"除授。③

胡锜,字国器,括苍人,著有《耕禄稿》,作田谷农具等除授文二十五篇。④

宋无,字子虚,号翠寒,余不详,作《文房十八学士制》。⑤

上列 6 位与前文所列 11 位,去重后共计 16 位,再加上郑、林、刘、胡四人,目前可以考知的四友除授及其周边写作群体即可达 20 人之多。这个群体以莆田为中心,而辐射全国,其规模之大、范围之广,引人瞩目。究其原因,一是郑清之、刘克庄的文坛影响力颇巨,门生故旧众多,追随唱和自然就多;二是南宋词科与骈文写作有着密切联系,撰写此类游戏作品,可作词科之练习⑥;三是晚宋刻书产业发达,能让《文房四友除授集》在全国范围内迅疾传播,从而引起了各地士人的仿效,由此造成了一次具有广泛文学史影响的拟体俳谐文的

---

① 刘克庄《后村先生大全集》卷一〇九《跋吴必大检察山林素封集》一文言其集收有 17 篇拟体俳谐文。今《文章善戏》收录其《岁寒三友除授集》11 篇、《无肠公子除授集》3 篇,或即《山林素封集》的部分内容。林希逸《跋方持叟岁寒三友制诰》亦云:"既又转为岁寒三友除授,余向留京,已得之同朝临川吴万叔,及还三山,得之宪幕四明张立道。"祝尚书《论宋季的拟人制诏》,刘成国《宋代俳谐文研究》言吴必大,字伯丰,兴国人,误。
② 作《岁寒三友除授》,林希逸《跋方持叟岁寒三友制诰》云:"既又转为岁寒三友除授,余向留京,已得之同朝临川吴万叔,及还三山,得之宪幕四明张立道。"
③ 刘克庄《后村先生大全集》卷一一一有《方名父松竹梅三友除授四六后语》,林希逸《虑斋续集》卷一三有《跋方持叟岁寒三友制诰》。
④ 胡锜《耕禄稿序》云:"近之学士大夫游情翰墨,且以褚知白、石虚中、竹媛之类作为制诰矣。锜,牛衣子也……辄辑农书为诏为制诰为表,凡二十五篇,名曰《耕禄稿》。"(百川学海本)
⑤ 《文章善戏》收录宋无《文房十八学士制》,参前揭金程宇《静嘉堂文库所藏〈文章善戏〉及其价值》。
⑥ 刘成国《宋代俳谐文研究》已指出此点,参该文第 38 页注二。

唱和。

现存模拟酬唱的创作作品中,方岳与郑楷的拟体除授之作最值得关注。

方岳写有两组八篇四友除授,即《拟文房四制》和《再拟文房四制》,两组文章立意不同,所取得的艺术成就也不同。第一组仍是完全承袭郑清之,他在序中说:"文房四制,经安晚、后村老笔,无复着手处矣。日长无事,试一效颦,亦可知文章之无尽藏也。"①所作题目与郑作几无二致,行文思路也步郑、刘故辙。如《赐褚知白诏》云:"顾侯颍侯泓而卿玄,几若汉朱云所谓相吏者,至知白,则独师尊之曰楮先生,奈何不与三子者俱耶?"②简直完全出自刘克庄《赐褚知白诏》"独于褚先生者师称之"之意,真如刘克庄所言"止有许多事用了又用,止有许多意说了又说,譬如广场卷子,虽略改头换面,大体雷同"③。但是另一组除授,方岳显然更具竞技意识与创新思维,努力跳出了郑、刘窠臼。《再拟文房四制》序说:"予既为四制,或曰前二骈俪,后二散文,纸墨得无有语? 乃为二诏二诰,使之前二散文,后二骈俪云。"④他改变文体,更换语体,随之而来的就是行文思路的全部更新,所作分别题《赐毛颖辞免进封管城侯恩命不允诏》《赐石虚中辞免翰林学士恩命不允诏》《陈玄除凌烟阁学士依旧子墨客卿封松滋侯诰》《褚知白赐号纯素先生诰》。可以见出,方岳前两篇是"不允诏",它所对应的官文书流转体系,与制书明显不同。从文书的次序来看,先有制文除授,再有辞免谢表,然后才有"不允诏",所以方岳这里其实省略了一个环节,即辞免谢表,而直接写作了皇帝回复的"不允诏"。这也就从拟体情节上突破了郑、林原有的除一谢结构,形成了新的潜在结构:

---

① 方岳:《拟文房四制序》,《全宋文》第 341 册,第 308 页。
② 方岳:《赐褚知白诏》,《全宋文》第 341 册,第 310 页。
③ 刘克庄:《跋翀甫侄四友除授制》,《全宋文》第 330 册,第 10 页。
④ 方岳:《再拟文房四制序》,《全宋文》第 341 册,第 310 页。

除授—上表辞免—不允—谢表。后两篇又新增了凌烟阁学士、松滋侯、纯素先生三个官职称谓,其情节自然与郑清之的除授有异,用词遣句也有了新的空间。如果说方岳的第一组文章仍是四友除授合唱中的同调而已,那么第二组显然就已变为合唱中的异响。这种异响增添了四友除授活动的辞免、不允情节,与郑、林、刘、胡同声相和,而又别出心裁,是四友除授中的别样音符。

至于郑楷的《文房拟制表》(更确切地应称《毛颖制表》),①更是从形式到内容都突破了《文房四友除授集》的框架,添入了更多的个人创造,形成了新的模式。《毛颖制表》仅取毛颖一人来写,但却达12篇之多,郑楷所汲取的最直接的营养,仍是《毛颖传》和《文房四友除授集》,但其题已大大扩展,拟体所依赖的故事情节变得愈为复杂,分别是《毛颖封管城子诰词》《毛颖辞免管城子恩命第一表》《赐毛颖上第一表辞免管城子恩命不允批答》《毛颖辞免管城子恩命第二表》《赐毛颖上第二表辞免管城子恩命不允仍断来章批答》《管城子毛颖谢上表》;《除管城子毛颖特授守中书令余如故制》《管城子毛颖辞免中书令恩命第一表》《赐管城子毛颖上第一表辞免中书令恩命不允批答》《管城子毛颖辞免中书令恩命第二表》《赐管城子毛颖上第二表辞免中书令恩命不允仍断来章批答》《新除守中书令毛颖谢表》。

这12篇文章分为两组,第一组是毛颖封管城子,其基本情节为封诰—辞免—不允—再辞免—再不允—谢表;第二组是授毛颖中书令,情节设置与第一组同。管城子和中书令两个头衔,是在韩愈《毛颖传》中已经赐封的,所以郑楷的逻辑起点,就与郑清之进封毛颖管城侯不同。更具个性的是,郑楷虽也是模拟皇帝与毛颖两种口吻,但全组文章仅有一个除授人物,写作总量又增至12篇,比之此前任何

---

① 全文参金程宇《静嘉堂文库所藏〈文章善戏〉及其价值》,《稀见唐宋文献丛考》一书所附,第93—126页。孙德之有《郑持正毛颖制表序》,据全部文本来看,名集为《毛颖制表》应更切当。

一位作者所需要调动的文学资源都更有挑战性。同时，如此大规模地为一个人写作制诰、辞免、谢表之文，其中所涉层面与叙述立场也变得更多端，制诰是从他者角度赞美毛颖，辞免奏状是从自身角度谦虚退让，带有一定自贬意味，谢表又从变而从自身角度肯定自我，如此回环往复地书写，将毛颖这位虚拟人物的内心活动和个人品性表达得愈为丰满，一支毛笔可以双关、拟人的各种特性和功能，都得到了前所未有的、最充分的发挥。

特别是《毛颖制表》新添入的辞免与批答环节，这是郑、刘之作中所未有，也是其他模拟酬唱之作所少有，显示出郑楷锐利的写作气势和饱满的仿拟热情，展现了四友除授写作"无尽藏"的文学可能。对比宋代官场习惯，《毛颖制表》无疑更为真切地体现出当时官场文书往来的现实复杂性，加强了制诰谢表书写的真实感。其中煞有介事的写作态度、往复来回的文书环节与丰赡的成语典故、多变的文章手法，构成了这组文章端庄严肃、渊纯典雅的文本世界，而这个文本世界与子虚乌有的主人公毛颖之间产生了更为巨大的落差，从而形成了俳谐组篇的特殊张力。可以说，与四友除授多位人物的简单除谢模式相比，《毛颖制表》围绕一人展开的多次往复，形成了俳谐文新的审美趣味，其意蕴颇堪玩味。

总之，围绕郑清之的四友除授文，晚宋文坛出现了一次文学史上难得一见的拟体俳谐文写作高峰，这些作品多数都是以假传为依托的新型拟体，它们或直接模拟唱和郑、林之作，或间接受此影响，由此延伸开去，扩大了拟体俳谐文的写作范围，创新了俳谐组篇的规模形式，并且不断从宋代官场文书流转中借鉴新的因素，让声势浩大的拟体文合唱与独奏交相辉映，促进了拟体俳谐文的形式创造与内容发展。《文房四友除授集》及其周边亲缘性文本在晚宋的涌现，既是俳谐文学史上的壮阔景观，也是晚宋文人群体酬唱和文本传播的特殊样态，展现出晚宋文坛的重要一隅。

第四节 四六类书的知识世界与晚宋骈文程式化

骈文发展至宋代,因遭遇了著名的"古文运动",似乎受到前所未有的打击。但也是在宋代,骈文迎来了第二次辉煌,只是与六朝骈文几乎占领整个文坛不同,宋代骈文已退缩至特定的公文领域,而作者队伍也从上层贵族、士大夫扩展到一般的知识人,这一特征到了晚宋更为明显。晚宋以骈文名家者,官至高位的大作家较少,多是如王子俊、危稹、李廷忠、李刘等专攻一体的中下层文人[①]。与此相应的是,骈文的社会日用趋向愈发明显,生活礼仪功能加强,所谓"至宋而岁时通候、仕宦迁除、吉凶庆吊,无一事不用启,无一人不用启,启必以四六",[②]典型总结了以书启为代表的四六文在宋代社会的广泛运用状况。作为一种特别讲究隶事用典、剪裁经史的文章体制,要从上层士人扩展到下层社会,必然有合适的文学生态加以孕育催生,否则很难推广普及,而这诸多力量构成的互动性文学生态之中,四六专门性类书的兴盛就是重要的组成部分。本节即拟探讨这批四六类书呈现出的别样知识世界,以及与此相应的晚宋骈文变化趋向。

一、南宋社会文化与四六类书之兴

宋代是我国类书发展的重要阶段,宋初即出现了诸如《太平御览》《册府元龟》等大型类书,到了南宋不但大型类书编纂依然持续,而且还出现了大量专门性类书,比如植物类书《全芳备祖》,地理类书

[①] 如《三家四六》作者赵汝谈、王子俊、李刘,《四家四六》作者方大琮、王迈、刘克庄、危稹,都算不上严格意义上官至高位的大作家。
[②] 《四库全书总目·四六标准提要》,第 2165 页。

《方舆胜览》①、科考类书《群书会元截江网》等,品种繁杂,编次多样,呈现出勃兴之态。在南宋涌现的这些专门性类书中,有一类专门为四六文写作而辑纂,乃四六专门性类书。这种类书的知识构架相对稳定,编纂旨趣也明显地指向四六创作,与一般的诗文类书有较大差异,与后来的日用型类书也不尽相同。比如它不会编录历代诗词,而多取骈文联语,这就区别于同样为文学创作服务的综合型类书,如《海录碎事》《事文类聚》《新编通用启札截江网》之类;又比如它选入骈文篇章,鲜有前代经典作品,而多取当时应用之文,这又与搜罗、保留前代文献的《北堂书钞》《艺文类聚》颇相异趣;它摘取篇章联语的范围,仍然集中于士大夫官场文书,而绝少纯粹民间启札,这与后来日渐兴起的日用交际型类书,如《事林广记》《新编事文类聚启札云锦》《新编事文类要启札青钱》②等广泛涉及民间日常生活,亦不完全相同。可以说,四六类书从取材范围、编次结构到整体呈现的知识框架,都有着自具特色的稳定表征,带着强烈的时代文化气息,展示出当时骈文创作、批评的话语焦点与知识体系,是南宋产生的一种新型专门性类书,算得上宋代骈文批评的重要现象。

宋代的四六类书,施懿超《宋四六论稿》曾叙录四种,即叶蕡《圣宋名贤四六丛珠》(以下简称《四六丛珠》)③、不著撰人《圣宋千家名贤表启翰墨大全》(以下简称《表启翰墨大全》)、不著撰人《翰苑新书》、周公恕《诚斋先生四六发遣膏馥》(以下简称《四六发遣膏馥》)④,这四

---

① 《方舆胜览》原名《新编四六必用方舆胜览》,虽一般被目为地志,却迥异于前人的《元和郡县志》《太平寰宇记》典型地志作品,是一部地理性类书。
② 关于宋元交际应用型类书的研究,可参考全建平《宋元民间交际应用类书探微》,中国社会科学出版社,2015年。
③ 此书作者,宋刻本《圣宋名贤五百家播芳大全文集》署作"叶棻",明抄本《圣宋名贤四六丛珠》则署作"叶蕡",其字子实,《诗经》有"有蕡其实"之句,考虑名和字之间的联系,似当以"蕡"为是。
④ 关于这四部书的基本情况,可参施懿超《宋四六论稿》第七章"类书类四六文叙录",上海古籍出版社,2005年版,第195—222页。

种四六类书均出现在南宋中后期,堪称代表。但仍有遗珠,比如祝穆的《新编四六宝苑群公妙语》(以下简称《四六宝苑》)亦当定性为四六类书①,如此则目前所存宋代四六类书共有五种。四六类书在南宋中后期的兴起,不仅有骈文发展的内在要求,更与南宋的社会文化有着密切的关联。

"古文运动"之后的四六文写作,被广泛应用于宋代官场文书,高层文人跻身"两制",代王立言,必用四六,这是众所周知的。以至于南宋特设"词科",专门选拔骈文写作高手,这在制度上促成了南宋四六文的一度繁荣②。当然,我们可以料想,专攻词科既得高位的文人,绝不需要再通过四六类书来创作骈文。但这一社会风尚给一般士人带来的骈文书写冲动,亦不可完全忽视。而就当时士人的日常交际来看,四六写作也已经必不可少,启文的繁荣就是一大明证③,四六类书对帮助一般士人的日常交际启文写作,自然颇有价值。同样的影响因素,是宋代的磨勘转官制度。士人一旦迈入仕途,无论是选海沉浮,还是晋升京官、朝官,步步都离不开四六应用文。比如按照宋制,如需从"选人"磨勘改官为"京官",一般需要五位举荐人④,改官成功之后,被举荐人依惯例应给五位举荐人各写一篇"谢某某举改官启",同时一般还需再写一篇"改官谢丞相启",共计至少六篇。不但升官需要写各种启表之文,就是贬官,仍然需要写作谢启乃至谢表,如苏轼元丰年间所作《到黄州谢表》《谢量移汝州表》《乞常州居住表》之类

---

① 此书性质曾遭遇长期误解,时被视为诗话,时被看作文话,盖因学界通行本乃台北"国立中央图书馆"所藏明钞本二卷,实则中山大学图书馆藏有另一明抄本残本,题四十三卷,存十三卷。据此残本目录,可知该书前三卷为类编"议论要诀",第四至十一卷为类编"名公私稿",第十二至二十五卷为类编诸家文选,第二十六至四十三卷为类编"散联",其性质应当看作四六书。可参本书第五章第三节的讨论。
② 参祝尚书:《宋代词科制度考论》,《文史》2002 年第 1 辑。
③ 参周剑之:《新型士人关系网络中的宋代启文》,载《北京师范大学学报》2016 年第 6 期。
④ 可参苗书梅《宋代官员选任和管理制度》(河南大学出版社,1996 年版)第四章第三节"叙迁制度"和何忠礼等《南宋史稿》(杭州大学出版社,1999 年版)第十章第一节"南宋的官职制度"。

即是明证。换句话说,宋代士人进入官场后,无论骈文写作能力如何,都必须创作四六。既然如此,便捷有效的四六类书对普通士人来说,就显得更为重要了。

无论是高层文人代王立言,还是下层官僚沉浮宦海,四六写作一直伴随左右,这是有宋一代贯穿始终的文化现象。为何到了南宋中后期,四六类书才如此勃兴起来？这恐怕不得不考虑另外两个南宋时期新的重要因素：一是下层游幕文人对四六类书的内在需求；二是蓬勃发展的坊间刻书产业对图书编纂的物质支持。

南宋已是相当成熟的科举社会,大量士人试图通过科举改变命运,但是背海立国的政权,版图缩小,官阙亦随之减少,落第士人奔走江湖、流落地方者不在少数。与此同时,南宋战事紧张,地方军政势力加强,各地制阃、漕司、宪司、仓司大量招揽人才,"遂至四方游士,挟策兵间,补授书填,比比皆是"①。这些江湖士人,谋职地方军政幕府,相当一部分均需从事公牍文书写作。如著名文人刘克庄,早年游历江湖,曾陆续入提举江西常平司袁燮、江淮制置使李珏、广西经略安抚使胡槻等人幕下,代撰了大量四六表笺启文。刘克庄暮年于《杂记》中曾回忆自己早期四六文写作学习过程：

> 初筮靖安主簿,年二十四,庚使絜斋袁公被旨来摄豫章,辱致之幕。教官拟贺冬年表不合,忽蒙改委,公不易一字。因白事,留语："主簿它日必以四六名家。"余答："非素习,黾勉为之耳。"公曰："君年事未也,而四六乃有李汉老风骨,它日岂易量？"余谢不敢。②

---

① 李曾伯：《除淮阃内引第二札》，《可斋杂稿》卷一七，《全宋文》第 339 册，第 109 页。此条材料承四川大学戴路兄赐示，特致谢忱。
② 刘克庄：《杂记》，《刘克庄集笺校》卷一一二，第 10 册，第 4672 页。

材料叙述了他初入仕途即代人撰写贺表(笺)的经历,很有代表性。特别是后来在李珏幕府,刘克庄代撰诸多表奏书檄之文,结集为《油幕笺奏》,以表启为主体,共收文章34篇,集中展现了他早年的骈文创作成绩。① 刘克庄的经历绝非个案,记载南宋文人游幕代撰四六公文的类似材料还有很多。同样在刘克庄文集中,就有《跋黄孝迈四六》一文记云:"君挟所长游四方,裘马(窜)[穿]羸,栖栖为诸侯客,岂非洴澼絖之类欤? 昔王初寮、汪浮溪微时代人表笺,已为世传诵,厥后终为词臣,君勉之!"此处不但指出了黄孝迈游于幕府,代人撰文的事实,也提到了王安中、汪藻早年亦有类似经历,可以想见这个群体在南宋时期是非常庞大的。我们暂无材料证明刘克庄、黄孝迈等人在幕府代作四六时使用了类书,但作为一个初涉四六公文写作的下层文人,对四六类书的内在需求,肯定比高层文人要强烈得多,这是可以推测的。面对如此庞大的急需掌握四六写作技巧、格式乃至辞藻、典故的中下层文人群体,专门性类书的编撰可谓应运而生。

有了潜在的市场,还要有基本的物质条件,那就是南宋蓬勃发展的刻书产业。刻书业在南宋的发达,已是学界的共识,无须多言。特别需要指出的,是以逐利为目的的民间书坊在此时获得了长足的发展,为四六类书的编纂刊刻,提供了重要的外部条件。目前所存五种四六图书都与福建地区有密切关系。《四六宝苑》的作者祝穆是崇安人,《四六丛珠》的作者叶菁(菜)乃建安人,《四六发遣膏馥》虽为庐陵周公恕编类,却仍署有"建安三请余卓校刊"字样②,也打下了福建的印记。至于《表启翰墨大全》《翰苑新书》二书,作者已不可考,但《表启翰墨大全》前有"锦溪吴夐然景仲"作于庆元六年(1200)的序文,此人亦曾于庆元二年(1196)为《四六丛珠》作序,有理由怀疑《表启翰墨

---

① 关于刘克庄入幕代撰四六的具体论述,可参考拙著《刘克庄的文学世界——晚宋文学生态的一种考察》第二章第二节。
② 参杨忠《〈四六膏馥〉与南宋四六文的社会日用趋向》,《北京大学学报》2005年第3期。

大全》的作者亦当为福建人①;《翰苑新书》,范邦甸《天一阁书目》卷三著录《新编翰墨新书》题"进士刘子实茂父著",虽不知其籍贯,但《铁琴铜剑楼藏书目录》卷一七著录《新编簪缨必用翰苑新书》,言"前集题莆阳锦水亭主人纂辑,潭阳三槐堂主人校阅",则刘子实或许即"莆阳锦水亭主人",莆阳亦属福建②。我们有理由相信,福建士人如此集中地表现出对四六类书编纂的热情,绝非某一个人的趣味使然,而更应当看作是福建地区文化氛围,特别是繁荣的刻书业的影响。

既有骈文在宋代一贯的发展趋势使然,又有南宋特殊的文化、物质环境促成,作为新型专门性类书的四六类书,很快就参与进互动性的南宋文学生态之中。

二、警联:四六类书的关注焦点

南宋的福建不但刻书业发达,而且热衷类书编纂的出版人也早已形成了特殊传统,除了四六专门性类书,还有其他著名类书如叶廷珪《海录碎事》、陈元靓《事林广记》、谢维新《古今合璧事类备要》、林駉《新笺决科古今源流至论》等,纂者全部都是福建人;之后编纂《新编事文类聚翰墨全书》的刘应李,也是福建人。同时,我们也发现现存福建麻沙本文集多为类编,比如《类编增广老苏先生大全文集》《类编增广颍滨先生大全文集》《类编增广黄先生大全文集》等,全部标举"类编"与"增广",以加大对普通读者和学习者的吸引力;即使未标举"类编"者,如上海图书馆藏宋刻本《后村先生诗集大全》(又题作《刘

---

① 清水茂曾指出顾祖禹《读史方舆纪要》卷九七载建阳县有锦溪,在县东,与刊刻《圣宋名贤四六丛珠》的建安颇近,疑吴炎然即建阳人。参日本《天理图书馆善本丛书》汉籍之部第九卷《圣宋千家名贤表启翰墨大全》所附解题,八木书店,1981年版,第8页。
② 参见范邦甸《天一阁书目》(上海古籍出版社,2010年版,第285页)和瞿镛《铁琴铜剑楼藏书目录》(上海古籍出版社,2000年版,第442页)。余嘉锡认为该书署作"莆阳锦水亭主人"乃"书贾冒署其书坊之名,以谋专利"(见《四库提要辨证》卷一六,云南人民出版社,2004年版,第842页),推测也可成立,如此仍与福建刻书有关系。

后村分类诗集》),从版式和内容判断,亦当为福建地区刊刻的类编性诗集。群体性的类编书籍出版活动自然有着牟利的现实驱动力,故而他们不得不站在读者的角度,考虑图书销售的目的乃在于提供范文示例,让一般读书人较快掌握诗文的创作要诀,进行一定的知识储备。这也就从客观上反映出福建地区出版人对诗文创作特点的认识,特别就四六类书而言,它们所集中表现出的文体、修辞、主题诸方面的骈文文章学观念,非常值得注意。

我们将五部四六类书细作比较即可发现,它们一大突出的共同点就是特别注重骈文散联警语的摘录。《四六宝苑》最后十八卷全部为警联,且言骈文中各类句联"莫不各欲工致,今选奇拔萃,字字珠玑"①,讲究选择警联的工巧;《表启翰墨大全》每类中均有"句联"一目,所占篇幅往往最多;《四六发遣膏馥》除了编选杨万里和李刘的四六全文外,绝大部分篇幅也都是对句和长联的类编;《翰苑新书》这方面看似稍弱,但仍有相当篇幅的"四六警语",并且将之以发端、起联、警联、结联四类分列;就是以记录地理风土为旨归的《方舆胜览》也在每州之后特列"四六"句联,表现出祝穆们对骈文警联摘句的极大热情。当然,最典型的四六摘句之作,还数叶棻《四六丛珠》。

叶棻与魏齐贤"各出所有,辟馆以居之"②,于绍熙元年(1190)年编成《圣宋名贤五百家播芳大全文粹》一百卷(以上),收录宋代文章4400余篇,四六文占去三分之二强。六年后(庆元二年,1196),叶棻以一己之力编成《圣宋名贤四六丛珠》一百卷。检视两书目录分类,特别是《四六丛珠》的四六摘句来源,它们之间的关联性非常强,《四六丛珠》许多散联均可在《播芳大全》中找到全篇,故而将《四六丛珠》视为《播芳大全》的副产品是恰当的③。但是,两书虽然同出一手,它

---

① 参中山大学图书馆藏残本《新编四六宝苑群公妙语》目录卷二八注文。
② 许开:《圣宋名贤五百家播芳大全文粹序》,《中华再造善本》影宋刻本。
③ 施懿超已经指出二者的关系,参《宋四六论稿》第200—201页。

们的编撰旨趣以及对四六创作的意义,却迥然有别。《播芳大全》广选文章,既在搜罗奇篇,保存奥帙,又能提供骈文模习范本,然较之其他同时期的四六总集、别集,虽篇幅巨大,意义则近似;《四六丛珠》偶录全篇,主要注重骈文摘句,备录佳联:它每目下设总说、故事与四六三部分,然总说与故事并不常设,许多目下仅有四六;四六下设全篇与对句,全篇亦不全设,许多目下仅有散联对句。这种图书编纂作派,看似体例不严,却充分表现出叶薿对骈文创作中散联对偶地位重要性的认识,而重视散联警语地位的骈文批评思想,与同时期的四六话确是高度一致的。

  南宋出现了王铚《四六话》、谢伋《四六谈麈》、洪迈《容斋四六丛谈》、杨囷道《云庄四六余话》等四六话著作,它们最为偏爱的批评方式,就是摘录警联,讨论散联的隶事之精、对偶之切、声律之谐、藻饰之丽,散联在某种程度上成为了骈文批评的基本单元。《四库全书总目·四六话提要》说:"铚之所论亦但较胜负于一联一字之间。至周必大等承其余波,转加细密,终宋之世,惟以隶事切合为工,组织繁碎,而文格日卑,皆铚等之论导之也。然就其一时之法论之,则亦有推阐入微者,如诗家之有句图,未可废也。"①馆臣认为王铚之论导致了后来的"组织繁碎,文格日卑",这未免言过其实,甚至颠倒了因果。实际的情况,可能是一时文风转加细密,人们认识到警联在全篇中的重要性,才有了包括《四六话》在内的诸种四六类著作都"较胜负于一联一字之间"的对偶理论。我们不妨再看《四六宝苑》的"议论要诀"部分,虽然全篇围绕四六体制、审题立意、造句炼字、审美风格诸方面作了周到的论述,但细读每一条"要诀",绝大多数都是围绕一联展开,而鲜有就篇章整体展开论述者。若将这一特点与古文的评点做一比较,更显出古文、骈文在创作准备和批评焦点上的异趣。

---

① 《四库全书总目·四六话提要》,第 2743 页。

南宋时期古文批评极为繁盛,除了与骈文同样有文话、选本之外,还兴起了骈文所没有的评点之作①。文章评点之著名者如《古文关键》《崇古文诀》《文章轨范》等,都鲜收四六之文,而在评点古文时,它们亦少有将一句话剥离篇章而展开批评的,即便讨论某个句子,也侧重于句子在篇章整体中的作用或者句子与句子的关系;讨论全篇立意、结构、文势、笔法占据了古文点评的核心位置。这一做法也和论述古文的文话著作一致。古文与骈文,在文气、文脉、转结等问题上,自然有许多相通之处,吴子良就曾说"四六与古文同一关键"②,强调骈文在文人华藻之外,还应有儒者典刑,但这种超迈时人的卓见,毕竟是少数。骈文与古文在批评焦点上的分疏,与创作所需的知识储备不同密切相关。吴凫然《圣宋千家名贤表启翰墨大全序》说:"学者束于科举颡门之累,而四六笺翰等作,实艰其才。涑水学无所不通,而必以四六非长,力辞内相;眉山学无所不能,而必以发遣三昧,归其僚属。"③这里表达的正是四六创作所应有的特殊储备,与一般的学问相异。而就当时的社会功用来说,四六文虽比不上古文、时文,却也另有用处,所谓"施之著述则古文可尚,求诸适用非骈俪不可"④的看法并不少见。宋末元初的刘壎在回顾南宋文坛时即言:"士大夫方游场屋,即工时文。既擢科第,舍时文即工四六,不者弗得称文士。大则培植声望,为他年翰苑词掖之储,小则可以结知当路受荐举,虽宰执亦或以是取人,盖当时以为一重事焉。"⑤可见,南宋不少文人在科举中第之后,为了适应社会的某些具体场合,可能会转攻骈文。

---

① 专门的骈文评点之著,就笔者有限眼光所及,当至清代才出现。曹丽萍《南宋骈文研究》指出《辞学指南》所收范文有 7 篇可以算作骈文评点(见江西高校出版社,2009 年版,第 124 页),固然不错,但并非评点专著。古文创作可利用一般类书,故而似乎亦无专门为古文创作而编纂的类书。古文、骈文看似仅语言行文不同,背后却联系着更深层的话语体系。
② 吴子良:《荆溪林下偶谈》,《历代文话》第 1 册,第 554 页。
③ 见前揭日本天理图书馆善本丛书本,第 5—6 页。
④ 吴凫然:《圣宋名贤四六丛珠序》,《续修四库全书》第 1213 册,第 196 页。
⑤ 刘壎:《隐居通议》卷二一"骈俪一·总论",海山仙馆丛书本。

而骈文又需要特殊的知识准备,尤其是散联的精警与否,直接关乎世人对文章的评价,俨然成为骈文创作准备的关键一环。可以说,类书散联的摘录与当时骈文的篇章认知、批评话语、学识准备紧密相关,而南宋骈文批评聚焦于一联一句的风气,无论是好是坏,也不管对现实创作的意义是大是小,都真切地代表了南宋士人对骈文创作和鉴赏的普遍认识。福建的这群图书编纂者,始终紧紧抓住骈文散联展开类编,恰好体现了骈文在南宋中后期最一般、也是最核心的创作观念。

傅增湘称赞《四六丛珠》"叙列详赅,裁对工丽"①,这可移作四六专门类书编纂的理想境界。知识的详备与对仗的工巧,恰是福建出版人在编撰四六类书时至为关注的地方,我们自然不能说这些类编行为引领了南宋骈文的创作风气,但至少可以说他们推动了这种"以用事亲切为精妙,属对巧的为奇崛"②的骈文文风的发展,在互动互促的文学生态中,占据了重要位置。

三、社会政治礼仪与四六类书的知识呈现

四六类书的主体构成,除了散联警语以外就是典藻故实了。这些典藻故实既包括相关的典故成语,也包括历史事件、制度源流等内容,它们多为征引经史之文,常常列在每类开篇,以便览者尽快掌握背景知识,"选义按部,考辞就班",以为临文之储。如《四六丛珠》有"总说"和"故事",《表启翰墨大全》有"总叙"和"事偶",《翰苑新书》有"历代事实""皇朝事实""群书旁引""群公精语"等,都为读者准备了相关领域知识的快速入门。试以《四六丛珠》卷五〇"贺启"下"经略

---

① 见《续修四库全书》第 1213 册所收明钞本题跋(第 195 页),收入《藏园群书题记》后改作"叙述翔实,裁对清新"(上海古籍出版社,1989 年版,第 926 页),改"叙列"为"叙述","工丽"为"清新",反倒未能抓住该书特点。
② 陈绎曾:《文章欧冶·四六附说》,《历代文话》第 2 册,第 1267 页。

使"条为例①,该条"总说"先从该职名肇始的唐代说起,并举元结、戴叔伦为例,再言宋朝该职的废启情况,实是一部简略的官制发展史;"故事"则列举了唐代的刘雍和宋代的尹洙任职经略使期间的事件,提供了该职务的事例,以便撰文用典。又如《表启翰墨大全》卷四"贺表"下"建储"条,"事偶"下列主器、承祧、东储、前星、尊宗庙、重社稷、奉粢盛、朱明服、青盖车、綦组绶、人心定、天下本、克明克哲、以德以卜、以长以贵、元良之寄、羽翼固、先贤德等 18 则词语,于每词之下注明来源,均与立太子相关,这让使用者能较快地掌握"贺建储"表文的核心语辞。其他诸书也都如此,不赘述。如此便利的类编知识,为骈文的创作提供了丰富而准确的典故获取路径,难怪四库馆臣有"此体一兴,而操觚者易于检寻,注书者利于剽窃,辗转稗贩,实学颇荒"②的感慨。

我们或可将散联警语视为骈文语辞技巧的集中呈现,典藻故实则可算作是骈文历史脉络的类次展开。不过,这种典藻故实的罗列其实乃一般类书编纂的题中应有之义,并无特殊之处,晚宋四六专门性类书区别于一般类书之处主要还在于它们独特的编次体系。将它们与《艺文类聚》、明代何伟然《四六霞肆》、游日章《骈语雕龙》相比较,我们即能发现这三部书均从天文开始,依照人们最普遍的认知世界的方式展开③,虽同为类书,甚至同为四六类书,却与晚宋四六类书背后关联的知识结构很不相同。如果我们说散联警句的胪列、典藻故实的征引是晚宋四六书的血肉,那么编纂体系的分类分目就可以说是它们的骨骼。散联警句、典藻故实所构成的知识世界指向丽辞华藻和隶事属辞,是文学历史的世界;而类目结构所指向的则是更

---

① 《续修四库全书》第 1213 册,第 519 页。
② 《四库全书总目·类书类序》,第 1669 页。
③ 葛兆光在谈《艺文类聚》的分类时即言:"它体现的思路,也就是对于面前这个广袤的世界的理解和叙述,是从象征着时间和空间的天地开始的。"见氏著《中国思想史》(第一卷),复旦大学出版社,1996 年版,第 600 页。

为广泛而现实的社会政治礼仪与士人交际网络。

如前所述,四六文在南宋主要作为应用文领域的写作文体,它既在科举考试(词科)中占有一席之地,更在现实生活中参与国家机器的运转和官僚群体的酬酢,因而这批四六类书的图书市场受众,既面向一般士大夫,又面向考试诸生①。陈绎曾《四六附说》"目"列台阁、通用、应用三类,厘分得最为清楚。其中台阁类包括诏、诰、表、笺、露布、檄,乃是朝廷公用文体;通用类包括青词、朱表、致语、上梁文、宝瓶文,乃是特定场合专用文体;应用类包括启、疏、札,则为官僚士人的日常应用文体。② 与此相应,四六类书结构的编排类次,也主要突出了士人的政治、社会生活诸种层面,从文体分类来看,也就是表(分贺表、谢表等)、启(分贺启、谢启、婚启等)、青词、释疏、祝文、乐语、上梁文、祭文诸类,尤以表启为核心,其所对应的主要社会身份属性即在臣子与官僚。不过,这种文体分类在晚宋四六类书中显得并不太重要,因为这与当时一般的文集编排并无二致。就其特出而重要者言,乃在于这些文体之下更细致的分目。我们仔细分析四六类书的分类分目可以看到,它们在各文体之下几乎都是将散联、典故按照职官、地理、姓氏、时节四大块分类,从而构成了纵横交错的四六类书框架,血肉丰满而骨骼挺立,特别是职官,占据了分目的主要位置。

我们可以《四六丛珠》的表启部分和《表启翰墨大全》来作说明。《四六丛珠》表启部分共七十三卷,占全书百分之七十强;《表启翰墨大全》共一百四十卷(现仅存目录、卷一至八、卷一八至二六)。两书都可谓巨制,在分类上也非常近似。《四六丛珠》表启分为贺表、贺笺、谢表、启、诸州郡、贺启、谢启;《表启翰墨大全》则分为贺表、贺笺、谢表、陈表、贺启、谢启、上启、回启、类姓、州郡事迹。后者仅较前者

---

① 比如四六类书中的表、露布等文类,在一般下层士人中使用机会较少,而王应麟《辞学指南》明确点出词科考试中表、露布等为必考项目且必用四六。
② 陈绎曾:《文章欧冶·四六附说》,《历代文话》第2册,第1269页。

多出了陈表、上启、回启、类姓的分类,而上启、回启实则已笼括在前者的启下。尤为引人注目者,乃在于《四六丛珠》"启"与《表启翰墨大全》"贺启"之下所列诸种官职差遣,从宰相、三公而下又三省六部直至县尉、钤辖等,共列近300种,几乎囊括了宋朝官僚体系的所有职位。换句话说,给任何一种官场角色撰写启文,它们均提供了足够参考的辞藻故实。除了官职外,还有官场上的诸种事务,比如《表启翰墨大全》"贺启"下就列有爵封食邑、殿阁加职、建节、迁秩、章服、被召、宫观、致仕、退居复起、平寇、到任、满替、妇封、杂贺、生辰、贺冬、贺正、贤良试中、状元及第、发举等;除去重复的部分,《四六丛珠》"启"下尚有起复、求退、求外任、辞免、素餐、被降、得罪、待罪、省咎、辩诬、赦罪、复官职、使过等,"谢启"下又还有子加恩、祝颂、试中馆职、试中宏辞、升上舍、铨试。可以说,一个人自踏入仕途以来(上学),磨勘迁转,各类遭遇,直至他退出官场(贬谪或致仕),他以任何身份在官场上遇到的任何一种值得庆贺或必须谢恩的状态,给任何职务的官员奉送启文,都有了准确对应的知识谱系。四六类书如此繁复的职官分类,充分表现出四六文在士人普通社会生活中的必要性,也展示出宋朝官场的诸多应酬性礼节和一般士人庞杂的日常写作。与此相关的是政治礼仪,这在表中最为突出。仍以《表启翰墨大全》为例,我们可以看到贺表从皇帝登极开始,然后囊括了庆寿、建储、册妃、改元、郊祀、亲蚕、起居等30类;谢表又从辞免、除授、到任、迁秩一直到赐礼物、赐生饩、赐汤药,反映出臣子与皇帝之间的礼仪关系。《翰苑新书》也是如此。作为一种有意识的知识编排活动,四六类书花了大量的篇幅按照职官事务进行细致分类,它从皇权的确立开始,到官员的致仕结束,仿佛画出了一个官僚一生的微缩图景,这显然是将具体的知识世界与社会的价值秩序相对应,将士人的社会身份转换与不同四六文的写作相勾连,从编织成了一张严密的知识网络,展示出四六写作与社会身份之间无可逃避的紧密关系,正所谓:"朝廷之庆贺祝颂,郊庙之享祼禋望,辞命之交际来往,非藉庄雅之词、和谐之韵,何以严君父而格天地,交神鬼而通人心哉?"[1]

地理的分类也颇重要。《表启翰墨大全》自临安府至太原,共列州郡事迹177目,惜正文亡佚,不知如何组织编排;《四六丛珠》亦自临安府至太原[2],共列诸州郡184目,依然分"故事"和"四六"两类(有时仅取一种)编排,将诸州郡的区划沿革、重要地名、历史故事等简单罗列,每州郡下散联亦不多。可以猜想,《四六丛珠》的"地理"其实是服务于"职官"的,比如为赴任某地的某官撰写启文,只要文中一联点明地理州郡,即能做到不可移至他人。从这个层面考虑,《方舆胜览》虽主要是一部地志,但最初撰作动机——为四六创作准备材料,在当时应该仍是重要的属性。相似的一个例子,是晚些时候的刘应李《新编事文类聚翰墨全书》,其"州郡门"本亦为日用文书写作而设,但不久即单行为《大元混一方舆胜览》三卷,从日用写作类书中蜕变出来,成为了独立的地理志。

除了职官和地理,还有姓氏与时节,这两类虽然并不一定所有四六类书都有,却仍传递出重要的信息。文学作品的用典,讲究"当人可用",宋人更是爱用同姓之典写作具有交际意味的作品,以切合为能事,进而展现作品的独属性质。所谓"赠人诗多用同姓事",启文的交际性极强,又何尝不是这样,特别是婚启之类,更需强调姓氏联姻的重要了。四库馆臣即已指出:"迨乎南宋,启札盛行,骈偶之文,务切姓氏,于是《锦绣万花谷》《合璧事类》各有类姓一门。"[3]《表启翰墨大全》类姓中共收99个姓氏,几乎涵盖了所有常见姓氏,虽正文亦佚,仍可推想其编纂方式定是类聚同姓历史故实;《翰苑新书》后集类

---

[1] 王明嶅:《宋四六丛珠汇选叙》,《四库全书存目丛书》子部第172册,齐鲁书社,1995年版,第618页。
[2] 目录列至太原为止,但正文在太原之后又补充了宣州、徽州的"四六"联语,疑为抄写者所为。
[3] 《四库全书总目·万姓统谱》,第1791页。

姓则收126姓,列"姓纂"与"事实",较之更为丰富。它们的目的无非就是提供给作者写作启文时足够的同姓故事,以在短期内写成"当人可用"的作品,从而获得社会交往的文名,正所谓"四六须只当人可用,他处不可使,方为有工"①。时节类亦复如此,《四六发遣膏馥》卷一即主要以季节分类,从立春而至季冬,《四六丛珠》"内简换易"目下首列四季,仍是此类;其他诸书也都特别列出了贺冬、贺正这两个宋代重要节日仪式。时间因素的周密考虑,更是四六类书在实用性上不可或缺的部分。

总而言之,职、地、姓、时四种类目结构,与散联警语和典藻故实相互交织,四六类书提供给人们的就不仅仅是便捷可资的典故材料,更表现出南宋士人的诸种社会政治礼仪,也暗示了当时骈文作者应有的知识储备,由此构成了一个着有官僚体制色彩的知识世界。从这个角度而言,四六类书类聚的知识世界,不是文人别集呈现的个人心灵世界,也不是文学选集呈现的文本秩序世界。吴奂然序《四六丛珠》时说:

  自鳌扉之腾奏,鳞幅之往来,宾嘉之成礼,释老之余用,凡百僚之冗,万绪之繁,莫不班班具在。君子党言意乎此,则刮以金篦,修以玉斧,昔人之敏之用,与夫脍炙于人者,端可径造,而不俟他求矣。②

所谓"刮以金篦,修以玉斧""端可径造,而不俟他求",此话虽是广告之语,却着实点明了晚宋四六专门性类书是一个从创作角度出发,结合了现实社会诸种因素集纂而成的、遵循骈文创作者应然性知识结构的独特世界。

---

① 王铚:《四六话》卷上,《历代文话》第1册,第12页。
② 前揭吴奂然:《圣宋名贤四六丛珠序》。

四、"诸式":晚宋骈文的程式化表征

骈文自诞生之初,在应用文写作中就有着相对稳定的结构,经过六朝到北宋的发展,流俗骈文的程式化趋向已初现端倪,到了南宋则可谓空前,"诸式"的出现就是典型表征。就笔者有限眼光所及,《四六丛珠》应是类书中较早设列"诸式"一门者,又有"内简换易"一门亦似活套,该书卷七四至八二自"谢宣问奏状式"始,列诸种写作套式与换易之格,点明各类情况所具基本格式,与敦煌所见的唐五代某些书仪颇相类似。某种程度上,我们甚至可以将这些"诸式"看作是此前书仪寄生在类书中而成的变体,并由此衍化出后来的各类日用型类书,如元代的《事文类聚翰墨全书》《事文类要启札青钱》《居家必用事类全集》等。元明日用类书特别设置的"诸式门""活套门"之类,就与《四六丛珠》"诸式"相近,都是给应用文写作提供模板,虽仅具躯壳,仍显文体功能特性[①]。

《四六丛珠》的"诸式"比较琐碎,我们这里按下不表。倒是陈绎曾《四六附说》"式"下的说明相对简洁扼要,他将文章的大体结构拟出,是比较抽象的"诸式"总结。如"露布"下,曰:一冒头,二颂圣,三声罪,四叙事,五宣威,六慰喻;"谢启"下,曰:一破题,二自叙,三颂德,四述意,等等。这与《四六宝苑》《四六丛珠》等书中的类目"自叙""颂德"颇称合契,可见这种套式是具有很强操作性的。"诸式"与"活套"的出现,一方面架起了知识世界与创作平台的桥梁,让具体的知识与文本结构相勾连,展现出四六文本的内部结构;另一方面,它们也是骈文写作程式化的极端表现,更进一步地推动了晚宋骈文的体制僵化,写作者只需要准备足够的相关知识,而不必敏捷的文思和饱

[①] 张澜《中国古代类书的文学观念——〈事文类聚翰墨全书〉与〈古今图书集成〉》(九州出版社,2013年版)一书讨论了《事文类聚翰墨全书》中诸式门与活套门的文体观念,是目前笔者所见较为集中讨论类书式的论述,颇有启发性。但该书认为类书首置诸式门起于《事文类聚翰墨全书》(氏著第44页)则似未当。

满的情感,便可以快速制作一篇相应的文章。闻一多在阐述类书带来的诗歌创作弊端时说:"你想,一首诗做到了有'事对'的程度,岂不是已经成功了一半吗? 余剩的工作,无非是将'事对'装潢成五个字一幅的更完整的对联,拼上韵脚,再安上一头一尾罢了。这样看来,若说唐初五十年间的类书是较粗糙的诗,他们的诗是较精密的类书,许不算强词夺理吧?"①这段话如果移评晚宋的骈文与类书的关系,说这批四六专门类书是较粗糙的骈文,而此时的骈文是精密的类书,倒也没差多少,何况"诸式"带来的四六体式规制,更让这种类书加套路模式日益明显。南宋初年,谢伋指出:"四六全在编类古语,唐李义山有《金钥》,宋景文有一字至十字对,司马文正亦有《金桴》,王岐公最多。"②他已经敏锐地点明了四六与类书之间的密切关系,到了晚宋,即使是一时骈文名家,也不免"类书之外编,公牍之副本"③的"恶谥"了。骈文的写作较之古文,本即有重在修辞的倾向,特别是用典,乃是骈文具有结构性意义的因素,用典的实现自然在于知识的积累与辞句的剪裁。王铚《四六话》曾提出"伐材语""伐山语"之说:"伐材语者,如已成之柱楣,略加绳削而已;伐山语者,则搜山开荒,自我取之。"伐材是已成之辞,出于积累的胸中熟事;伐山是自铸新辞,出于剪裁的书本生事,生熟相佐,乃得避免奥涩而显工巧。刘克庄也说"四六家以书为料。料少而徒恃才思,未免轻疏;料多而不善融化,流为重浊,二者胥失之。"④也是强调四六写作讲究辞藻典故的汲取,但又必须善于剪裁,而四六类书提供的诸式与活套加上散联警语,既满足了"料"的获得,又降低了句子剪裁和篇章安排难度,几乎取消了骈文写作应有的艺术创造性。难怪孙梅《四六丛话凡例》说:"四六至南

---

① 闻一多:《类书与诗》,载《唐诗杂论》,上海古籍出版社,1998年版,第5页。
② 谢伋:《四六谈麈》,《历代文话》第1册,第35页。
③ 《四库全书总目·四六标准》,第2165页。
④ 刘克庄:《方汝玉行卷》,《刘克庄集笺校》卷一〇六,第10册,第4432页。

宋之末,菁华已竭。元朝作者寥寥,仅沿余波。至明代,经义兴而声偶不讲,其时所用书启表联,多门面习套,无复作家风韵。"①等于将宋元明的骈文断崖画在了南宋之末。

我们可以对比晚宋诸位骈文名家的作品,它们的词语典故因袭性与重复率是极高的,即使如李刘、李廷忠、洪咨夔这些一时作手,也都不可避免。这当然不能完全看成是艺术的消极,因为它们让四六文表面的篇章结构、行文意脉变得凝固不动,而遣词造句、隶事属辞则更趋精美,这就如同近体诗歌,虽然篇章字数、基本结构乃至起承转合都已有规制,高明的作者仍能于其中变幻招数、出奇制胜,创造不同的艺术风格与审美效果②。但毋庸讳言,从时代文风的整体观察,这些作品确实缺乏优秀文章应该有的气韵、品格和质素,蜕变成了堆垛累赘、雕琢繁冗的卑下之作。四六类书中的联语警句、典藻故实配合着"诸式"套路,让四六文章的写作由原来讲究立意、注重谋篇、句善剪裁、辞尚典雅、推崇用事、着力藻饰的综合性考量,走向了相对单纯的联语对偶和故实拼凑,具体的知识成了四六写作的基础与起点,而不是传统的记问博学③,甚至这些具体的联语故实也从基础储备变而为临文关键,从笔端涌出变而为书中检得,知识性与程式化倾向日趋明显,直可谓骈文的"程式化转向"。这种文风,让晚宋四六失去了原有的艺术活力,那种笔力驰骋、文气流转的作品在晚宋巨量的四六作品中可谓凤毛麟角,而谨守律令、词调工稳之作则处处可见就是明证。四六文的写作因了这种充塞知识的程式化转向,也完

---

① 孙梅:《四六丛话》,《历代文话》第5册,第4232页。
② 承华东师范大学刘永翔先生赐示,钱锺书《管锥编》"全上古三代秦汉三国六朝文"第六二则早已指出:"骈文律诗,隶事属对,每异撰同揆,而表章书启、律赋排诗,酬酢供奉,尤易互犯。"并且也谈及与此相关的类书撰作:"观概求同,纳繁归简,俾橐曰有容,葫芦成样,得以分门立目,类事纂言。横流泛滥,坊本争新,《绀珠》、《合璧》之属,捷径便桥,多为'米汤大全'而设。"(《管锥编》,中华书局,1986年版,第1022页)钱先生观点极有启发意义,值得重视。
③ 这从晚宋四六类书所收联语选篇多非历代经典,而倾向具有一定时效的当世作品即可看出。

成了从贵族、官僚向一般知识人的扩散,成为相对简单的文字拼凑工作,由此更为适应宋代士人广泛而普遍的社会交际。换言之,骈文的程式化与其深入士人日常社交行为,是互为因果的文学现象,因为日常交际需要快捷行文,故而催生了以知识类聚为主体的四六类书;同样,由于四六类书的推广普及、创作又因此更陷格套。

如果我们将此后的日用型类书加以比照,更可见所谓的知识在这些类书中已经是何等的泛滥。日用类书里面除了应用写作的材料,还包括礼仪、音乐、绘画,乃至法律、烹饪、医药、种植,等等,五花八门,炫人眼目,是一种无所不包的知识类聚。明代的日用类书《天下通行文林聚宝万卷星罗》序说:

> 《星罗》之编,采万家之要,撷万氏之英,萃为一书,诚文林之至宝也。展而阅之,三才已总,五行已悉,四序已彰,九州已备,万国已详,四海已周,八极已遍,五伦已阐,六艺已披,九流已演,百术已精,他如修真养生之方,劝谕侑将之策,谈笑风月之情,杂沓戏玩之意,靡所不载,靡所不昭,信无异于星辰之罗列太虚也。君子而有心于斯,则内外有裨,隐显有益,夷险有藉,远近有资,巨细有补,两间内事,罗之胸臆,又何艰哉?①

文涉百家,艺总九流,真可谓有包罗宇宙之心,将四六文写作与这些日用知识并列在一起,无疑见出在这些类书作者看来,作文不再是真正的文艺创造,已然沦为日常的文字工作而已。从四六类书再到日用类书,晚宋骈文的进一步程式化,已将骈文故实与体式等知识的使用推向世俗,虽充分暴露了讲究藻饰隶事的四六文从上层士人落入

---

① 五云豪士:《文林聚宝万卷星罗序》,《新锲燕台校正天下通行文林聚宝万卷星罗》,明余献可刻本。

民间社会的弊端,却也呈现出不同阶层所秉持的骈文观念和写作面貌的变异。

综上可见,文学上的散联警语,历史上的典藻故实,现实中的官职地理,创作中的诸式活套,四大块构成的四六类书知识世界,内容广泛而颇具文体特色。它既呈现出一个严密的知识框架,折射出晚宋士人知识结构和交际网络,生动展示了四六文在晚宋士人的社会礼仪中发挥的重要作用,也意味着骈文的进一步程式化,并应和着此后骈文创作的一度低迷与失落。

第五章
南宋散佚文章学著述考论

南宋是中国古代文章学的成立期[1]，重要标志便是文章学典型著述——文话的诞生。文话之类型，王水照先生总结为四种，一是颇见系统性与原创性之理论专著，二是具有说部性质、随笔式的著作，即狭义之"文话"，三是辑而不述之资料汇编式著作，四是有评有点之文章选集[2]。这四种类型的文话，在南宋时都已经定型，后世文话之发展，也大体不出此范围。以此四类来观察南宋散佚文话之作，亦有相应作品。本章讨论的三部文章学著述，《古文标准》是有评有点的选集；《纬文琐语》颇具原创性，也是典型狭义"文话"，兼具两体；《新编四六宝苑群公妙语》比较特殊，但其前所附《议论要诀》则是汇编式四六话。三部著作今均仅存残编，我们搜集考辨，或有助于全面认识南宋文章学风貌。

第一节　南宋评点选本《古文标准》考论

南宋文章学著述比较丰富，形式也多种多样，就此时有评有点的

---

[1] 关于古代文章学的成立时间，学界尚有歧见，笔者倾向认同王水照、慈波《宋代：中国文章学的成立》（载《复旦学报（社会科学版）》2009年第2期）和祝尚书《论中国文章学正式成立的时期：南宋孝宗朝》（载《文学遗产》2012年第1期）等文的观点。
[2] 参王水照：《历代文序》，《历代文话》第1册，第2—3页。

文章选集而言,除了吕祖谦《古文关键》、楼昉《崇古文诀》、真德秀《文章正宗》、谢枋得《文章轨范》四部颇具代表性的著述外,王霆震汇编的《诸儒批点古文集成前集》(或简称《古文集成》)亦常为学界注意,而在《古文集成》中保留部分内容的另一部南宋文章评点选集,却几乎被人们遗忘,那就是署名敦斋的《古文标准》。

《古文标准》历代书目未见记载,作者敦斋也不知姓甚名谁,只有《至顺镇江志》在记叙镇江至顺年间学校藏书时列"类集十六部八十四册"中有"《古文标准》四册"①,信息量非常有限。学界一般认为《古文集成》的成书应在南宋理宗年间,《古文标准》自然成书在《古文集成》之前,但《古文标准》一书又批注了朱熹之作,如此,我们可以肯定此书也当编成于南宋中后期,是当时盛行的古文评点之风的产物,对充分认识南宋文章评点与文章学具有一定意义。本节拟就此书的辑佚情况、批点特色与文章学价值略作讨论。

一、《古文集成》的体例与《古文标准》的辑佚

敦斋《古文标准》的佚文主要存于《古文集成》之中,故而要辑佚《古文标准》,首先必须清楚认识《古文集成》的性质和体例。

《古文集成》编者王霆震生平不可考,仅可据此书署名知其字亨福,江西庐陵人。该书目前存世两个版本,即今藏中国国家图书馆的宋刻本和清乾隆时期抄写的四库全书本,前者题作《新刊诸儒批点古文集成前集》,后者仅题《古文集成》,从该书的性质来说,冠以"诸儒批点"更能准确反映其作为"汇编式评点型选集"的特色,恰与署名刘震孙的《新刊诸儒批点古今文章正印》相呼应,与黄坚编选的《诸儒笺解古文真宝》亦相似。四库本所据的底本,正是国图所藏的宋刻本,馆臣们对该书内容有所删改,特别是完全去除了

---

① 俞希鲁:《至顺镇江志》卷一一,《宋元方志丛刊》本,中华书局,1990年版,第2766页。

圈点符号,很大程度上改变了该书的原始形态,故而本文所论依据宋刻本①。

《古文集成》分十集共七十八卷②,选文五百余篇,每集以天干为纪,甲集六卷为"序",乙集八卷为"记",丙集七卷为"书",丁集九卷为"表、奏、札子",戊集八卷、己集八卷为"论",庚集八卷为"铭",辛集七卷为"封事",壬集八卷为"图、解、辨、原",癸集九卷为"辞、议、问对、戒"。文章批点则"篇中有批有注,行间有点有掷,有大小黑圆围","点画围掷,悉臻精妙"(俱傅增湘《宋本新刊诸儒批点古文集成跋》语)。《古文集成》汇集了诸儒的批点,《四库全书总目》即云"凡吕祖谦之《古文关键》、真德秀之《文章正宗》、楼昉之《迂斋古文标注》,一圈一点无不具载",评述颇为到位。我们不妨看看《古文集成》如何利用这些书的评点,以此类推,便可基本确定它采录《古文标准》的方式。

就《古文集成》基本体例而言,一般先列每篇总评于标题之下:墨围阴刻标示批点者,再以双行注文总评内容。而文中的圈点批注一般亦采自总评之人。如甲集卷一首篇韩愈《送孟东野序》,总评为"迂斋批:曲尽文字变态之妙",篇中有批有注,全篇文眼"鸣"字均加围圈,于警句"人声之精者为言,文辞之于言,又其精者也"则行右加小圈。这一则"迂斋批"出自《迂斋先生标注崇古文诀》,我们可用元

---

① 关于《新刊诸儒批点古文集成前集》宋刻本的递藏情况,可以参考傅增湘《藏园群书题记》卷一八所载《宋本新刊诸儒批点古文集成跋》(上海古籍出版社,1989年版,第926—931页)。另有祝尚书《宋人总集叙录》(中华书局,2004年版)和《中华再造善本总目提要·唐宋编》(国家图书馆出版社,2013年)对此书版本有简单梳理。
② 国家图书馆所藏宋刻本实存七十三卷,缺卷五三、五四"箴"类文两卷,内尚有若干阙页,且甲集卷六、乙集卷一、丁集卷九乃配清抄本而成。《藏园群书题记·宋本新刊诸儒批点古文集成跋》谓:"又前丁、前辛两集细审标题下及版心书名下,皆有补缀痕,余意此两字必为'后集',贾人剡去以弥此阙。《提要》谓后集佚去者,盖视之未谛耳。更可异者,各集皆序、记、书、论之文,此两卷忽以章奏之文插入,要为不伦。此又可断为取后集羼补之一证也。"(前揭,第928页)则傅氏认为现在的"前集"中丁、辛两集乃是书商改窜"后集"补足。

刻本《崇古文诀》所收《送孟东野序》对核①,恰可看到《古文集成》几乎是原封不动地迻录了《崇古文诀》的评点内容,无论总评还是篇中评、注,都几无改变,特别是全篇围圈的"鸣"字,亦予具载,最为显眼。我们继续再看甲集卷一第二篇韩愈《文畅师序》。此文总评标为:"东莱批:体格好。就他身上说极好处。"核诸国家图书馆藏宋刻本《增注东莱吕成公古文关键》②,包括篇首总评和文内批注,亦完全迻录此书内容,仅少了一句。需要说明的是,《古文集成》采用的《古文关键》,并非吕祖谦原本,而是蔡文子的增注本,许多文中批注,应该是蔡文子的增注,而非吕祖谦之语。据上,我们可以基本认定,《古文集成》汇集他人评点,如果总评仅有一人,那么文中的批注即出自此人。有时选篇并无总评,但有篇中批注,王霆震则会于标题下直接标明"全篇依某某批点",如壬集卷八王安石《原过》无总评,即署"全篇依敩斋批点"。

除了总评仅有一人的情况,许多篇章的总评会有多人,这也是《古文集成》作为"汇编式评点选集"的一大特点。那么,这种情况下,文中批注又出自何人呢?这就需要分情况讨论了。有时《古文集成》会特别注明文内评注作者,如丙集卷一乐毅《报燕惠王书》总评有"迂斋批云""西山批云"两则,文中批注也以白文分别标示出"迂斋云""西山云";或者虽然总评有多人,但文中批注出自一人,则标示"全篇某某批注",如壬集卷四韩愈《获麟解》,有"东莱批"和"敩斋批",于总评后即标"全篇东莱批注"。这类标示已经非常清楚,自然无须多言。但也常有另一种情况,即篇前多人总评,却并未继续注明文内批注者,这就需要我们进一步明了王霆震的编辑体例以作判断。如丙集

---

① 《中华再造善本》收录国家图书馆藏元刻本《迂斋先生标注崇古文诀》,本节即使用此本。文贵平《〈古文集成〉中楼昉评点辑录》(《古代文学理论研究》第 35 辑,华东师范大学出版社,2013 年版,第 293 页)一文认为《古文集成》中迂斋评语"夹评皆为《崇古文诀》所无",实乃误会。四库全书本《崇古文诀》删去了文中夹评,而其他版本如元刻本、明刻本均保留了这些评语,并不需要另外辑录。
② 此书《中华再造善本》据以影印,本节即使用此本。

卷一吕相《绝秦书》，前有总评依次为"东莱曰"和"西山曰"，文中又有大量批注，我们据此核对《增注古文关键》和《文章正宗》，可以确定文中批注正是删改自《文章正宗》；又如丙集卷二韩愈《上宰相书》，前有总评依次为"西山批"和"迂斋批"，核诸《文章正宗》和《崇古文诀》，则又可见文中批注采自《崇古文诀》。这样我们又可以基本断定，有多篇总评而未注明文中批注时，文中一般采用自最后一位总评者。不过，这还必须有一个前提条件，即几位总评的著者，是有评点之作的，我们才能认定最后一位总评者是文中批注的作者。换言之，如果虽有多位总评，但仅有一位总评者著有评点专书，而这位总评人并不是所列顺序的最后一位，则文中批注自然也出自这位唯一有评点专书之人，而不会是最后一位总评人。比如甲集卷三苏轼《六一居士集序》一文，题下依次有"欧文六一居士传云""东莱云""唐子西语录云"三条总评，虽然"东莱云"处于第二而非最后，但其实除了"东莱云"一条，其他两条乃在于补充相关资料，欧阳修和唐庚并无点评著作，故而文中批注不可能是出自欧阳修或唐庚，而只应出自署名吕氏的《古文关键》。类似的情况至少有五处，依此义例判断的结果都符合实际。

总之，《古文集成》所载评点的署名情况，总评均会标明作者；文中点评，有时也会标明作者；若文中点评未标明作者，则可分三种情况：一是总评仅有一人时，文中点评作者即是总评者；二是总评有多人时，且最后一人有点评专著，文中点评一般是最后一位总评人；三是倘若多人总评而最后一位总评人并无点评专著，我们可以基本推断，文中点评来自其中有点评专著者。认清了《古文集成》的这一汇编体例，即可据以辑佚此书未署名而属于《古文标准》的文中评点部分了。

二、《古文标准》佚文的批点特色与选文尚好

敩斋《古文标准》一名首次出现在《古文集成》甲集卷一柳宗元

《送薛存义序》题下,径称"敩斋《古文标准》";第二次出现在乙集卷七朱熹《江州濂溪书堂记》,但已改称"敩斋《标准》"。此后,仅称"敩斋",而不称书名。据上文讨论的《古文集成》体例,我们可以将《古文标准》的总评部分辑佚如下:

甲集卷一柳宗元《送薛存义序》:"此篇文势转圆,如珠走盘中,略无凝滞。加之论为吏者,乃民之役,非以役民,议论过人远甚。中间以庸夫受直怠事为譬,且云势不同而理同,此识见最高。至于结句,用赏以酒肉而重之以辞,亦与发端数语相应,学者宜玩味。"

乙集卷七朱熹《江州濂溪书堂记》:"此篇论道未尝亡,惟托于人,行于世,故有绝续、明晦之异。中间铺叙濂溪'不繇师传,默契道体,建图属书,根极领要',可谓见微识远之论也。"

己集卷五苏轼《王者不治夷狄论》:"此篇论《春秋》不治夷狄,其不治者,乃所以深治,议论尽有味。中间铺叙齐、晋行事未能纯为中国,秦、楚行事未能纯为夷狄,圣经终抑夷而尊夏者,此正可见其用法至详处。末又说'戎之会,公不敢深责其礼',文意亦高妙。"

庚集卷一柳宗元《沛国汉原庙铭》:"沛国,汉高祖所生之地。原,本始之意。凡人君立国,必建原庙,以其推原祖宗,而奉祀之也。"

壬集卷四韩愈《获麟解》:"自先秦雅训之书不复作,而学者溺于浮靡之习,韩愈氏以古文起八代之衰,至今天下师承之。此无他,盖其立意精严,措辞简古,铺叙缴结,句法圆转如走盘之珠,后世虽有作者,未易造其阃域。且以《获麟解》言之,自首及末,立为五段,抑扬开合,皆以'祥'字为主,字虽少而意则多,反复玩味,使人一唱而三叹耳。"

壬集卷四韩愈《进学解》:"樊曰:'《进学解》出于东方朔《客难》、扬雄《解嘲》,而公过之。'又云:"孙樵曰:'韩吏部《进学解》、玉川子《月蚀诗》,莫不拔地倚天,句句欲活,读之如赤手捕长蛇,不施鞚勒骑生马,急不得暇,莫不捉搦。'"

壬集卷七韩愈《原性》:"此篇论性之品有三,孟、荀、扬之说,皆举其中,而遗其上下。"

壬集卷七韩愈《原人》:"此篇论人者,夷狄禽兽之主,圣人一视而同仁。"

壬集卷七韩愈《原毁》:"此篇论古之君子责己重以周,后世怠者不能修,忌者畏人修。"

壬集卷八皮日休《原化》:"原者,所自始也。此篇推原圣化之所自出,而辟佛教之乱中国,引孟子距杨墨、韩公辟佛老二事证。"

癸集卷六宋玉《对楚王问》:"此篇设辞,先论'曲弥高而和弥寡',后以凤凰、鲲鱼自喻其行能,而王不能用也。"

癸集卷六韩愈《对禹问》:"此篇论禹以传子,为虑后世。"

癸集卷八班固《答宾戏》:"此篇主意设为问答,以解讥刺,论辨精当,学者不可不读。"

癸集卷八扬雄《解嘲》:"此又是一样文体,阴寓讥时之意,阳咏叹之。《进学解》《送穷文》皆出于此。"

癸集卷九韩愈《守戒》:"此篇论备在得人。"

癸集卷九柳宗元《敌戒》:"此篇论敌存灭祸。"

癸集卷九柳宗元《三戒·临江之麋》:"此篇戒依势以干非其类者。"

癸集卷九柳宗元《三戒·黔之驴》:"此篇戒出技以恣强者。"

癸集卷九柳宗元《三戒·永某氏之鼠》:"此篇戒窃时以肆暴者。"

癸集卷九张耒《药戒》:"此篇首论治痞之疾,不可急攻以求快,苦用药之速,则必耗元气。中间引秦商君求快之过,后归美先王之治,斡归主意有力。"

以上所辑《古文标准》20则文章总评(《三戒》算3篇),最多的是对文章内容的概括,多以"此篇论某某"句式展开,以揭示文章主旨,偶尔阐述文章篇章结构,所谓开篇如何,中间如何,结尾如何等。从这些总评来看,《古文标准》的编选宗旨应在科举教学的辅导,属于古文写作的入门教程。该书取名"标准",可能即以经典篇章立作标准,来揭示文章写作准则,以让学子获得基本的写作门径,由此达到一定之水平。

《古文标准》的总评除了概括文章内容外,还有一些是"解题"之语,如庚集卷一柳宗元《沛国汉原庙铭》和壬集卷八皮日休《原化》两篇,都就题目本身的字义作了必要的阐述。但作为古文评点最重要的,则是一些评语体现出作者敇斋解析篇章结构和行文之妙的手法:

第一,敇斋特别点出"识见"对议论文的重要性。学者早已指出,南宋评点性选本倾向选择议论文,这和它们的评点宗旨在于指导科举考试有密切关系[①]。而所谓"识见",即一篇文章的立意,"议论过人""识见最高""见微识远之论""文意高妙"等论述是这寥寥20则评语中使用频率较高的词语。文章的立意乃议论文字之"骨骼",只有立意高远,议论文才能获得有司青睐,从指导后学的角度来说,点明经典篇章立意的胜处以便初学,是非常重要的。

第二,敇斋总评注意全篇事例的引证。他指出《送薛存义序》"以庸夫受直怠事为譬",《王者不治夷狄论》"中间铺叙齐、晋行事未能纯

---

① 参吴承学:《现存评点第一书——论〈古文关键〉的编选、评点及其影响》,《文学遗产》2003年第4期。

为中国,秦、楚行事未能纯为夷狄",《原化》"引孟子距杨墨、韩公辟佛老二事为证"等,显然都是在概括文意之外,特别拈出文章在叙述引证时的关键要素——事例——加以评论。事例的引证是文章的"血肉",只有识见而没有事例来加以论证,就如同只有骨骼而无血肉,文章生动性和说服力都将大大减弱。事例引证得恰切丰富与否,来源于学养积累的深浅,敩斋把这些经典文章的事例引证一一指出,亦有利于应试学子的备考。

第三,敩斋对语言设辞也颇为注重。他点明《送薛存义序》结句"与发端数语相应",《获麟解》"自首及末,立为五段,抑扬开合,皆以'祥'字为主,字虽少而意则多,反复玩味,使人一唱而三叹耳",《答宾戏》"主意设为问答,以解讥刺",《解嘲》"阴寓讥时之意,阳咏叹之"等,都能从语辞本身在篇章中的作用出发,加以评论,批点颇中肯綮。语言设辞的艺术实乃文章之肌理,有骨骼有血肉都还是皮相,只有深入剖析语辞本身,才能切中文章肌理,揭示文章妙处。

当然,就语言设辞的文章肌理分析而言,文中批注篇幅更大,比如评朱熹《江州濂溪书堂记》"若濂溪先生者,其天之所畀而得乎斯道之传者与?不然何其绝之久而续之易,晦之甚而明之亟也"一句,就批作"文老意正";评韩愈《原人》开篇之句为"鼎足立说";评皮日休《原化》开篇"设问起";评王安石《原过》开篇"取天地设喻起";评柳宗元《临江之麋》"善叙事";等等,都是深入文本内部的分析,侧重艺术技巧的揭示,很有学术价值。这些文中批点,除了相关艺术技巧的点评外,还有不少其实是文字典故注解,综合而言,这一部分内容恰好体现出《古文标准》有评有注、评注结合的基本特点。

《古文集成》在引述《古文标准》时,用了"评曰""云(曰)""批""批点""批注"等词语,王霆震在使用这些词汇时有时比较随意,并无特别的讲究,但总体而言,"批点"与"批注"仍有所区别,特别是使用"注"字时,更多还是偏向于典故字义的注解。比如甲集卷二马存《送陈自然西上序》只写"东莱注",全篇确实只有两个典故出处的注释,并无点评;壬集卷七韩愈《原道》篇题下也特别写明"全篇依东莱批注,全篇增迂斋批点",检视文中楼昉文字,确实都在"批点"文意,而吕氏文字则有批有注,于此可见王霆震在"注"字的使用上有所讲究。再结合《古文标准》的佚文来看,《古文标准》的性质在"批点"与"批注"之间,而更倾向于"批注"。比如癸集卷七柳宗元《设渔者对智伯》题下就无总评,仅标"敩斋批注"。全篇有对文章起承转合的解说,开篇即点出"智氏既灭范、中行,志益大"一句乃"一篇主意",并就智伯之问与渔者之答作了批点;但更多的是注释字词音义、典故出处、历史背景。如注鳜"于憓切"、鲕音而、鱻薨二字出自《周礼》等,并对三家分晋的大概过程作了概括,以注释全文最后"韩、魏与赵合灭智氏,其地三分"一句。《古文标准》的这些注释有些是敩斋自己的注,有些则采自他人,比如先唐文注释多采《文选》六臣注,韩文注释与《五百家注昌黎文集》相合,柳文注释与《五百家注柳先生文集》相合等,都能证明敩斋在注解这一部分,承袭前人不少。也许有人怀疑这些注文可能是王霆震加进去的,而不一定是《古文标准》原有的,这当然也有可能。但是必须注意的是,王霆震在采用了他人批注和注解时一般都会注明,比如癸集卷六宋玉《对楚王问》题下除了写明"依敩斋批点"外,又特别注明"增五臣注解",从这一点看,王霆震还是比较注意出处的。如果我们相信王霆震不是一个自己随便加入注解的妄人,而是一个忠实的编选者,那么,那些署名敩斋批注的文中注,即使我们可以考证甚或本已注明出自其他注本,我觉得也应属于敩斋编选《古文标准》的行为,而非王霆震编选《古文集成》的结果。何况,就当时评点选本的批注风气来说,采纳前人注解也是很常见的现象。比如我们看到《古文集成》有引所谓"郎学士"的注文,实即撰写《经进东坡文集事略》的郎晔。由此可见,《古文标准》就是一部评点、批注结合的文章选本,与当时流行的《古文关键》《崇古文诀》《文章正宗》同属一脉。

我们目前所见《古文标准》所收文章除了上文所列总评涉及的20篇外，还有《古文集成》壬集卷八王安石《原过》、癸集卷七柳宗元《设渔者对智伯》2篇没有总评只有文内批注的文章，合计22篇。这22篇文章以文体来看，序1篇、记1篇、论1篇、铭1篇、解2篇、原5篇、对问2篇、设论3篇、戒6篇；从时代来看，唐前3篇（宋玉、班固、扬雄各1篇），唐代15篇（韩愈7篇，柳宗元7篇，皮日休1篇），宋代4篇（王安石、苏轼、张耒、朱熹各1篇）。这一选目，与《古文关键》选文重合4篇，与《崇古文诀》选文重合3篇，与《文章正宗》（含《续文章正宗》）选文重合7篇，与《文章轨范》选文重合4篇。具体篇目如下图所示：

	古文关键	崇古文诀	文章正宗	文章轨范
送薛存义序	◎		◎	◎
王者不治夷狄论	◎			◎
获麟解	◎		◎	◎
进学解		◎		
原性			◎	
原人	◎			
原毁		◎	◎	◎
原过			◎	
对禹问			◎	
解嘲		◎		

而与以上四种南宋古文批点选本完全不重合的文章，则有宋玉《对楚王问》、班固《答宾戏》、韩愈《守戒》、柳宗元《沛国汉原庙铭》《设渔者对智伯》《敌戒》《三戒·临江之麋》《三戒·黔之驴》《三戒·永某氏之鼠》、皮日休《原化》、张耒《药戒》、朱熹《江州濂溪书堂记》等12篇，也

就是说现在我们知道的《古文标准》篇目就有一半以上不和当时流行的其他评点选本重复①。

以上的统计数据,至少有三点值得注意。第一就是《古文标准》入选文章的时间跨度大,最早是战国的宋玉,最晚是南宋的朱熹,然重心乃在于韩、柳文章,二人选入的篇目非常多,由此可以看出敩斋既具有长时段的文章史眼光和古文统绪观念,又具有特定的选文立场。第二就是《古文标准》的遴选尺度与当时流行的选本颇有不同,和南宋著名的《古文关键》《崇古文诀》《文章正宗》《文章轨范》四大文章评点选本比较,仅现在我们能确定的22篇文章中,就有12篇是它独有的,这显然说明敩斋选文的着眼点有立异的成分,也可能是为了在当时的图书市场获得读者的青睐而故意选择别本不收的文章。第三就是"戒"文体几乎不与他本重合,体现出《古文标准》选文时对"戒"的特别重视,甚至可以推测它可能专门辟有"戒"之一目,直接影响了其后包括《古文集成》《详说古文真宝大全》在内的等书文体目录设置。如果还有第四点,那就是他的选文宗旨或许与真德秀的《文章正宗》最接近,现在能确定的篇目与《文章正宗》重合最多,不过,考虑到《文章正宗》(含《续文章正宗》)本来选文数量就多达900余篇,覆盖面已经很宽,所以这一点尚可存而不论。总之,从前三点来看,《古文标准》既看重韩、柳文章的典范意义,又希望能够在选文上自具特色,对一些特殊文体予以关注,说明编选者秉持了特有的衡文标准。当然,这些存留佚文所反映出来的特点只是《古文标准》之一隅,甚或并非《古文标准》一书整体的特点,而更可能掺杂了《古文集成》编选

---

① 《古文集成》是一部汇编式评点选本,与一般的评点选本性质不同,故不作比较。《妙绝今古》批点文字极少,多是注释,选目只有《获麟解》与《古文标准》相同;《古文真宝》成书稍晚(约1310年),流传版本复杂,《古文标准》现存选目与日本流行的《魁本大字诸儒笺解古文真宝》重合5篇,韩国流行的《详说古文真宝大全》重合6篇,其中多出的1篇正是张耒的《药戒》。考虑《详说古文真宝大全》已远非黄坚《古文真宝》原貌,且时代更晚,故不予讨论。

者王霆震的尚好。但无论如何,我们根据有限的材料作此颇具可能性的推测,应是可以成立的。

三、《古文标准》的文章学启示

南宋是文章评点的发轫期,《古文关键》的出现被认为具有标志性意义,这种集评论、圈点和选本为一体的新的文学批评方式,对后来的文章研究产生了重要影响。清代学者张云章在《重刻古文关键序》中说:"有宋一代,文章之事盛矣,而集录古今之作传于今者,仅三四家,夫亦以得其当者,鲜哉。真西山《正宗》、谢叠山《轨范》,其传最显,格制法律,或详其体,或举其要,可为学者准则。而迂斋楼氏之《标注》,其源流亦轨于正,其传已在隐显之间。以余考之,是三书皆东莱先生开其宗者。"[1]他在标举《古文关键》的开创之功的同时,也肯定了《崇古文诀》《文章正宗》和《文章轨范》的典范性,而敩斋《古文标准》一书显然就是在这一风潮下产生的。倘若我们把《古文标准》置于这一著述群落中静态地加以比较考察,它的特性似乎并不明显,只是一部普通的古文评点选本而已,但如果动态地来看待它在此时出现的意义,则可以有另一番结论。

《古文集成》将南宋最有价值的古文批点选本加以选择汇编,又采纳了《古文标准》如此多的条目,这有理由让我们相信《古文标准》在当时应具备了一定影响力。南宋时期综合性(选文至少三家以上)古文评点选集的时间序列,以吕祖谦《古文关键》(最迟成书于1181年)为始,继而有楼昉《崇古文诀》(约成书于1227年)和真德秀《文章正宗》(约成书于1232年)的出现,之后有汤汉《东涧先生妙绝今古文选》(成书于1242年)、谢枋得《文章轨范》(约成书于1267年)和周应

---

[1] 张云章:《重刻古文关键序》,《古文关键》丛书集成初编本,中华书局,1985年版,第1—2页。

龙《文髓》,其中还陆续出现了汇编性的王霆震《诸儒批点古文集成》和刘震孙《诸儒批点古今文章正印》。从现有的材料推断,《古文标准》在这一序列中的位置可能与《崇古文诀》和《文章正宗》相近或稍晚,至少比《妙绝今古文选》早,约成书于 1227 年至 1242 年间①。也就是说,此书应算作有限的几种早期古文评点选本之一,对其后出现的评点选本产生过影响。比如论《送薛存义序》的结句"与发端数语相应",《文章轨范》就直接吸收了。想必类似的评语,《文章轨范》引用自《古文标准》的还有不少,只是由于《古文标准》已经亡佚,我们已经无法判断哪些部分属于《文章轨范》引用它的了。从《古文集成》采纳评点选本的批注情况来看,《崇古文诀》入选最多,涉及 55 篇,《古文关键》其次,有 38 篇,排名第三的即是《古文标准》的 22 篇,而《文章正宗》则仅采入 5 篇。由此可见,至少在王霆震看来,《古文标准》作为早期的文章评点选集极为重要。

学者曾对宋元时期的诗文评点发展过程作了历时性的考察②,但忽略了《古文标准》实乃诗文评点发展链条的一环,应该将其补入恰当位置,正是有了这一环,我们可以更为清晰地描述古文评点的演化

---

① 《四库全书总目》推测《诸儒批点古文集成》刊刻于宋理宗朝,而此书又未辑《妙绝今古文选》内容,或可旁推《古文标准》早于《妙绝今古文选》。另外,《古文标准》论扬雄《解嘲》的总评与《崇古文诀》非常近似,而此篇《古文集成》题下标作"迂斋批注,迂斋批点",文中批点文字又特别注出了"迂斋批"的部分。按照《古文集成》的一般体例,除了标明"迂斋批"的部分外,其他文中批注应该都来自《古文标准》。但是,仔细对照《崇古文诀》与《古文集成》,却发现《崇古文诀》的一些文中批语,和《古文集成》中应当属于《古文标准》的文中批语是一样的。这可以有两种解释:一种自然就是《古文标准》承了《崇古文诀》的批语;一种则可能相反,是《崇古文诀》承了《古文标准》的批语,因为理论上《古文集成》的作者王霆震没有必要舍近求远,放弃《崇古文诀》已有的批语,而采用《古文标准》,然后又以《崇古文诀》来补充。比如此文"天下之士,雷动云合,鱼鳞杂袭"一句,《古文集成》批注:"虽尊大汉,其实含不满意。迂斋批:'观下文可见'。"未注明"迂斋批"的部分就应该是《古文标准》的内容,而《崇古文诀》此句评语除了"迂斋批"三字,其他都一样。由此可见,王霆震是先采用《古文标准》,再使用《崇古文诀》的,如果王霆震有书籍出现先后的优先意识的话,那么,《古文标准》出现在《崇古文诀》之前也未尝没有可能。当然,这也只是猜测,并无其他证据,姑妄言之。
② 参高津孝:《宋元评点考》,载《科举与诗艺——宋代文学与士人社会》,上海古籍出版社,2005 年版。

轨迹,也对进一步把握南宋古文评点的繁荣状况有所助益。《古文标准》的存在,也让我们认识到古文评点在其发轫初期就已经展现出蓬勃的景象,这或许与科举考试和印刷业发达密切联系在一起。与此相关,南宋古文选本乃"唐宋八大家"成立的重要源头①,《古文关键》就选取了韩愈、柳宗元、欧阳修、曾巩、苏洵、苏轼、苏辙、张耒八人的文章,与后来的"八大家"之说只差一人(以张耒代替了王安石),是此说确立的重要方向标。而《古文标准》明显表现出对韩、柳文章的重视,大量选录评点韩、柳古文,这也构成了韩、柳古文"权威化"的重要一环。可以说,《古文标准》的出现,同样丰富了我们对"八大家"在南宋具体演变过程的认识。颇有兴味的是,张耒文章被《古文标准》选入,这与《古文关键》《崇古文诀》《续文章正宗》一同体现出南宋文坛对张耒古文的重视。张耒作为苏门四学士之一,文章纡徐自然,雍容疏朗,苏轼赞其文章"汪洋冲泊,有一倡三叹之声"②,作为当时科场范本的《苏门六君子文粹》也以张耒文章选得最多并排在卷首,足见张耒的文章趣味符合科举标准,具有一定的示范价值。《古文标准》收录张耒《药戒》一文,分别点评了此文的造语、文老、意高、文工、结有力,指示出此文的写作技巧与铺叙意脉。洪迈《容斋随笔》也曾经对张耒此文作过评价,不过他乃是将此与苏轼《盖公堂记》比较,认为:"予观文潜之说,尽祖苏公之绪论,而千言之烦,不若三百言之简也。故详书之,俾作文立说者知所矜式。"③洪迈觉得对同一题材和相同议论的处理,张耒不如苏轼,长篇不如短简。这种纯粹的学术观点和古文评点选本作为一般的应试指南的立场,显然有所不同,但它们都是张耒文章接受史上的重要面相。推广而言,《古文标准》在某些文章

---

① 关于"唐宋八大家"的成立过程,亦可参考高津孝《论唐宋八大家的成立》,载前揭《科举与诗艺——宋代文学与士人社会》。
② 脱脱等:《宋史·文苑传·张耒传》,第13113页。
③ 洪迈:《容斋五笔》卷四"东坡文章不可学"条,《容斋随笔》,中华书局,2005年版,第873页。

的经典化过程中,占有一席之地,特别是一些他本不选的唐宋人文章,更凸显了《古文标准》在此层面的意义。如柳宗元的《设渔者对智伯》一文,从现有材料来看,是由《古文标准》开始第一次进入文章选本,之后多有选本选入,最终入选茅坤的《唐宋八大家文钞》,可算正式成为文章经典。

  以上就"选"的角度看《古文标准》,其特殊价值乃在于"求异";而就"评"的角度说,《古文标准》的评语则体现出当时文章学所重视的一些共同焦点,价值在于"求同"。文章的评点,特别是文中批点,是"过程的美学",它伴随读者的文本阅读过程而展开,与读者临场反应紧密相关,而这种阅读过程所产生的瞬间感觉,尤为关乎人们的审美直觉,反应出当时读书人最直接、最核心的知识兴趣。南宋的古文评点选本之间互相因袭的情况时有发生,从这看似蹈袭稗贩的背后,恰可看出他们当时普遍关心的问题是什么,他们认为好的文章应该有哪些关键要素,什么样的文章审美是最重要的,等等。南宋文章选本中所蕴藏的文章学思想,已有学者梳理总结,认为"标揭文章的变态之法,提倡活法圆转"[①]是它们的核心观念。我们检视《古文标准》,确实看到不少类似的评语,比如论《送薛存义序》"文势转圆,如珠走盘中,略无凝滞",论《获麟解》"句法圆转如走盘之珠"都指向了所谓的"圆转";《文章轨范》在评论《获麟解》时也说:"能熟读此等文字,笔便圆活,便能生议论。"这让我们极易联想到江西诗派的"活法"说。祝尚书就曾指出,南宋的文章评点与"江西派"诗文论之间确实存在密切联系。[②] 除此之外,像"有力"也是当时文章学关注的一个问题[③]。《古文关键》论韩愈《师说》"此篇最是结得段段有力",论欧阳修《送王

[①] 张海鸥、罗婵媛:《南宋古文选本中的文章学思想》,《广西社会科学》2015 年第 7 期。
[②] 祝尚书:《南宋古文评点缘起发覆——兼论古文评点的文章学意义》,《四川大学学报(哲学社会科学版)》2005 年第 4 期。
[③] 罗书华即指出"有力"是《古文关键》的审美关键词。参《从文道到意法:吕祖谦与散文学史的重要转折——兼说〈古文关键〉之"关键"的含义》,《中国文学研究》2013 年第 3 期。

陶序》"结最有力",论《王者不治夷狄论》"起头有力"等,都指向文章结构与叙述的力量感,而《古文标准》论《守戒》《药戒》也都点明"结有力",将"有力"与否视为文章起结的重要指标,反映出当时科场文章追求和崇尚矫健文风。还有就是"老"。"老"这个审美概念在宋代诗文中普遍可见,它被广泛地运用到古文评点之中,就涉及文章的审美趣味和句法结构,《古文标准》论《江州濂溪书堂记》和《药戒》时都点到了句子"文老",其美学意涵非常值得我们探究。总之,这些都是宋代文章学的核心概念,涉及文章的风格命题,已经从一般的句词修饰上升到审美范畴的高度,是古文点评中最具理论色彩而又最难绳绎的部分,它们虽非《古文标准》佚文所独有,却启示我们探讨宋代文章学,对这些古文批点所共有的审美焦点应有所注意。

总之,作为一部曾经产生过一定影响但散佚已久的文章选集,《古文标准》为我们深入认识宋代文章学和早期古文评点提供了重要材料,也为我们重新勾画一些重要文学现象的演进过程补充了有效环节,特别是该书佚文所体现的选文立场和评点眼光,更是加深了我们对南宋后期图书编撰、科举文化与文学批评三者之间关系的认识,颇具学术启示意义。

[附记]

本文先刊载于《北京大学学报(哲学社会科学版)》2016 年第 5 期,后获南京大学巩本栋教授、李由博士赐示,台北故宫博物院藏宋刊孤本《新编诸儒批点古今文章正印》亦有《古文标准》佚文。据李由博士统计,《新编诸儒批点古今文章正印》征引《古文标准》共 18 则,其中与《古文集成》重复 11 则,分别是韩愈《获麟解》《进学解》《原性》《原人》《原毁》、柳宗元《送薛存义序》《沛国汉原庙铭》、皮日休《原化》、王安石《原过》、苏轼《王者不治夷狄论》、朱熹《江州濂溪书堂记》。溢出《古文集成》7 则,分别是王绩《负苓者传》、韩愈《师说》、柳宗元《梓人传》《种树郭橐驼传》、司马光《保身说》《用法说》、周敦颐《爱莲说》。此7则较之《古文集成》所收，多出作者三人，即王绩、司马光、周敦颐；文体也多了"说""传"二体，这对我们更全面地认识《古文标准》很有价值。经复旦大学中文系访台学生方思圆君帮助，获得该书新增佚文复印件，特补录如下。幸新增佚文对拙文整体结论影响不大，读者可参考。

《古今文章正印》后集卷一五韩愈《师说》："洪曰：'柳子厚《答韦中立书》云："今之世不闻有师，独韩愈不顾流俗，犯笑侮，收召后学，作《师说》，因抗颜为师，愈是以得狂名。"余观退之《师说》云："弟子不必不如师，师不必贤于弟子。"其言非好为人师也。学者不归子厚而归退之，故子厚有此说耳。'此篇文字如常山之蛇，救首救尾，段段有力，学者所宜熟读。"

《古今文章正印》后集卷一五司马光《保身说》："司马温公为保身之说，大概伤汉末君子不能见几而作，所以招朋党之祸。末独有取于郭泰、申屠蟠之所为，可谓予夺之当矣。"

《古今文章正印》后集卷一五司马光《用法说》："此篇主意论崔寔讥汉末用法之少严，乃矫一时之枉，非百世之通义，可谓的见崔寔之心矣。末引孔子宽猛相济之说尤佳，遣文亦简洁。"

《古今文章正印》后集卷一六周敦颐《爱莲说》："先生道学宗师，其爱莲花，取其有君子之德，异乎众人之爱也。学者玩味斯文，当悟其旨。"

《古今文章正印》别集卷一柳宗元《梓人传》："子厚所作《梓人》一篇，真所谓善形容者。盖其所序虽曰纪实，然借小以喻大，意味极为深长。加之文势抑扬，节目相应，中间铺叙役使群工如目亲击，末节论为相之道不可亲小劳、侵众官，意佳。"

《古今文章正印》别集卷一柳宗元《种树郭橐驼传》："子厚所

作此传,比之《梓人》《捕蛇》二说,虽皆借此以喻彼,然其叙事不同,而遣文亦异。此篇句法整密,视前尤伟,学者详味橐驰所对则得之矣。"

《古今文章正印》别集卷一王绩《负苓者传》:"苓,苦菜也。负苓,隐者也。以隐者而能明易理,故作是传以识之。"

第二节　宋佚文话《纬文琐语》考论

李郛撰著的《纬文琐语》是一部诞生于南宋中期的文话著作,所论专为古文,且是单独成书而刊刻流播的,这在目前可以考知的宋代文话著作中,并不多见。《历代文话》收录宋文话20种,除去专论骈文的四六话5种,以及附着于他书而单独成卷者10种,此类专论古文的单行文话仅5种而已[①]。从《纬文琐语》的书名中,我们可以揣摩作者的撰述态度,是颇具文章学自觉意识的。惜此书于明代亡佚,今可从他书勾稽若干条目,庶几可窥此书一斑,对认识南宋文章学风貌,不无裨益。本文就《纬文琐语》的作者生平、内容辑佚与文章学价值,略作考论。

一、《纬文琐语》作者李郛考

《纬文琐语》的作者李郛,字子经,江西抚州宜黄县人,是一位未曾入仕的文士。关于其人,对比现存各种资料,尤以道光《宜黄县志》所述最为详细,其他诸书包括光绪《江西通志》、光绪《抚州府志》、同治《宜黄县志》乃至早于该书的康熙《宜黄县志》等记载均未出其范围。道光《宜黄县志》卷二二"人物"云:

[①] 即陈骙《文则》、王正德《余师录》、楼昉《过庭录》、陈模《怀古录》和吴子良《荆溪林下偶谈》,其中《余师录》乃汇编之作,《荆溪林下偶谈》除了谈文还谈诗,专论古文而具原创性者就只剩3部了。

李郪字子经,一字元功,仙桂渣浦人。幼敏慧,年六七岁日诵数千言,诸子百家一览辄记。尝赴科举,为文援引浩博,不能就有司程度。少有大志,著《北事罪言》三十篇,大概欲迁都建康,先取山东、关中,为恢复之计。遍游江淮,谒诸闻,见知于张于湖,欲上之,适值和议,再讲当路无主之者,又试贤良,不遇,遂退而著书。不事家人产,时人号为"书厨"。其所交游,若周平园、杨诚斋、谢艮斋、何月湖、陆放翁,皆当世名公,并引为上客。所著书有《洛诵堂文集》数十万言,藏于家。参政眉山李公壁尝跋其文云:"李子经博学强记,文甚高,余来临川,恨识之晚。"眉山注王文公诗,先生修辑之功为多,今其诗刊于抚郡学。有《纬文琐语》,诚斋为跋,周益公刊行于巴陵郡学。其子梦白,以《春秋》领三举,取高第,仕至广东提干。(王志《儒林传》)①

这段小传提供了许多重要信息,兹结合相关材料,作进一步补充阐述。

　　首先是李郪的活动年代与《纬文琐语》的刊刻年代。小传言李郪遍游江淮,鼓吹"恢复",见知于张孝祥(号于湖,1132—1170),时"适值和议"。宋金曾多次和议,据张孝祥生卒年,可知这里的"和议"只能是"隆兴和议"(即隆兴二年,1164)。小传又言李壁注王安石诗,李郪"修辑之功为多",李壁乃是在 1207—1209 年谪居临川间注王诗的。倘若我们以"隆兴和议"时李郪二十岁记,李壁注王诗时,李郪六十出头,这应是符合常理的。也就是说,保守估计李郪不会晚于宋高宗绍兴十四年(1144)出生,至宋宁宗嘉定(1208—1224)年间仍然在

---

① 札隆阿、程卓樑等修纂:《(道光)宜黄县志》,《中国方志丛书》华中地方第 101 号,台北成文出版社有限公司,1970 年版,第 244 页。段末所谓"王志"乃指王尚廉主持修纂的万历十九年刊《宜黄县志》,今已佚。据此,则道光志小传实出于万历志,较今日所见最早之《(康熙)宜黄县志》更早,故我们不取康熙志。另有嘉靖《宜黄县志考订》残本藏天一阁,经查,无李郪资料。

世。又据康熙《宜黄县志》可知李郯子李梦白(字孝伯),登绍熙四年(1193)进士第①,以此推测李梦白与李郯的年龄差亦大体相当。小传又言《纬文琐语》"周益公刊行于巴陵郡学",考周必大(益国公致仕)行迹,并未曾任职岳州巴陵郡,倘若材料可靠,最可能应是周必大通判潭州(1191—1193)期间事。如此,则《纬文琐语》当刊行于1191—1193年间,时李郯在五十岁左右。

其次是李郯的交游圈。小传依次言及张孝祥、周必大、杨万里、谢谔、何异、陆游、李壁等人,与李郯均有交往。特别是杨万里、周必大、李壁三人,或撰写跋文,或刊刻著作,或切磋学问,与李郯交情都不一般。今检索三人著作文献,其中仍尚存相关信息:

杨万里诗集有《题临川李子经文稿》一首,诗云:"圣经贤传紧关津,骚客诗家妙斧斤。总被先生漏消息,不令后辈隔知闻。都城一日纸增价,天下几人贫似君。不要绨袍却归去,平生笑杀《送穷文》。"②该诗作于淳熙十四年(1187),所题"文稿"可能就是《洛诵堂文集》,小传言"藏于家",则未曾刊行。诗中既言"圣经贤传",又云"骚客诗家",意谓李郯所著当囊括诗词文章各类。杨万里在诗中对李郯的学品人品给予了高度评价,虽是私交之言,不可全信,但也从侧面反映出李郯一心向学、君子固穷的品质。

周必大在绍熙四年(1193)所撰《跋南丰黄世成铭文》中提到了李郯,该文称赞黄文晟(字世成)云:"不轻许可如陆子静,而序之以铭;老于文学如谢昌国,而吊之以文;杨廷秀,今之欧阳公也,挽君有诗;李子经,乡之泰伯也,哀君有辞。兼是四者,传之后世,非大幸与。"③将李郯视为"乡之泰伯",亦见其晚年居乡时在抚州地区颇具声望。

---

① 尤稚章、欧阳斗炤等修纂:《(康熙)宜黄县志》卷五"人物志·科第题名"绍熙四年癸丑陈亮榜下,中国国家图书馆藏本。
② 杨万里:《题临川李子经文稿》,《杨万里集笺校》,第1198页。
③ 周必大:《省斋文稿》卷十九,原作"卿",注云:"张本作经。"原误,从张本。见欧阳棨刻《庐陵周益国文忠公集》本。

李壁《雁湖集》不存于今,但所注王安石诗则有多种版本传世。李郛协助李壁注诗,其名亦存于《王荆文公诗李壁注》中。如卷六《读墨》题下注:"友人宜黄李郛尝云:'介甫《读墨》诗,终篇皆如散文,但加押韵尔。'"①卷二十二《题雱祠堂》"一日凤鸟去,千秋梁木摧"句下,李壁注云:"临川李子经谓此诗属王逢原,恐非。"②另据巩本栋指出,台北故宫博物院藏宋刻残本李壁注卷二九后补注《详定幕次呈圣从乐道》"何逊能诗有世家"一句有云:"予友李郛言,阴、何虽俱梁时人,然铿生稍后,犹逮事陈,则其诗律宜少变于前矣。"③以上李壁所引,都是李郛协助之证,可见小传所言不虚。

除了小传所及诸名流,我们尚可读到永嘉叶適《送李郛》七言古诗一首,云:

盖代才难看独手,众参闻见其来久。流风莫盛元祐时,崛起谁当绍兴后。嗟君探讨穷一生,心通文字难力争。雀啄雪篱阁笔坐,虫吟露草翻书行。已轻富贵须臾尔,万一姓名传野史。只愁垂老绝知音,自送青编满朝市。余之视君尚少年,题玉为珉何所贤。期君更尽未死日,举世不信方知天。④

叶適生于宋高宗绍兴二十年(1150),与李郛年龄相近,诗中所述如"嗟君探讨穷一生,心通文字难力争""已轻富贵须臾尔,万一姓名传野史"等也都符合李郛生平,基本可以确定此李郛即为宜黄李子经。全诗赞叹李郛才学超迈,同时也流露出对李郛未获重用的惋惜,且云"余之视君尚少年,题玉为珉何所贤",可见二人关系,亦非泛泛之交。

---

① 《王荆文公诗李壁注》上册,上海古籍出版社,1993年版,第421页。
② 《王荆文公诗李壁注》下册,第1025页。
③ 巩本栋:《宋集传播考论》,中华书局,2009年版,第128页注。
④ 叶適:《叶適集》,第44页。

从以上的材料中，我们可以看出，李郛虽然科举失利，未能入仕，但读书敏记，学问颇精，是一位在当时文坛广有交游的地方文人。他所撰《北事罪言》《洛诵堂文集》《纬文琐语》等多部著作，均已散佚。我们现在能辑佚到的他的文字，除了下文要详论的《纬文琐语》外，还有两条材料可予留意。一是《项氏家说》卷十"封建府兵"条记云：

> 宜黄李郛子经言："周之封建，唐之府兵，皆当以汉法考之乃通。盖王畿之外，不尽为诸侯国，时时有特封者。则未封之前，未必有掌其地者。计王朝命吏之在四方，如汉之太守、县令者，固不少也。但周官不明言之尔。府兵止西北诸郡为多，东方诸郡绝无而仅有，则民兵之在郡国，如汉之车骑材官者，必未尝废也。如江西、宣、润、剑南之兵，尚可考见。"子经此说可谓善言古者，必有以通于今矣。①

此段详论封建、府兵，颇具识见，项安世未明言所自，据其内容猜测，或即出自《北事罪言》一书。二是嘉靖《江西通志》卷二一"列女"记载一位徐氏抗声骂贼，李郛称赞"溅血不灭当时心"之句，此当为李郛所存唯一诗句②。这两则材料为我们认识李郛的才学，提供了更丰富的文本。

二、唐之淳《文断》与《纬文琐语》的辑佚

如前所述，《纬文琐语》当成于李郛五六十岁居乡期间，刊刻于岳州巴陵郡学。然此书并未见载于目前传世的宋代官私目录，其佚文

---

① 项安世：《项氏家说》卷一〇，中华书局，1985年版，第110页。
② 《全宋诗》第45册据王象之《舆地纪胜》卷八一收录"李孚"诗句"宫柳不知兴废事，春来还是绿纤纤"，并言："李孚，或作郛。"应乃袭《宋诗纪事补遗》卷五七而来，实则无法证明李孚即李郛，今不采。

可辑者主要在明代唐之淳《文断》,存三十七则①。唐之淳(1350—1401),字愚士,浙江山阴人,建文二年(1400)以方孝孺荐授翰林院侍读,共领修书事,卒于官,是元末明初的一位重要文人。《文断》一书至迟在洪武十三年(1380)即已编成②,是一部汇编式文话著作。唐之淳在该书凡例中言及乃仿《文话》《文章精义》《文则》等书体例,调整编次,广罗文献,杂取诸家,随所得先后按类编排成书。《四库全书总目》评此书:"采掇前人论文之语,抄录而成,所引如《纬文琐语》《湖阴残语》之类,今皆不传,颇有足资考证者。"今检《文断》,确实保留了不少散佚的珍贵文献,如《观堂志林》《石林过庭录》《湖阴残语》《金石庵挥麈录》《丽泽文说》《蒲氏漫斋语录》等散佚典籍都有存录,孔凡礼还从中辑录出元好问《诗文自警》10 余则佚文,显示出该书重要的文献价值。

唐之淳在《文断》中主张"文以理为主"③,并自称"特于宋文人类中首陈周、程、张、朱明理之言,以示作文者有所归宿云",具有鲜明的理学色彩。但该书又不主一家,书前有"援引书目"罗列典籍 106 种④,特别于韩、柳、欧、曾、王、苏六家最为推崇⑤,将他们比之于唐诗李杜,论此六家之篇幅,占全书一半。全书构架,亦在设总论作文法、杂评诸家文、评诸经、评诸子、评诸史、评唐文人文、评宋文人文七个条目之外,又单列评韩文、评柳文、评韩柳文、评欧文、评曾文、评王文、评三苏文,以及评韩柳欧曾苏王六家文等八个条目。这种框架设

---

① 明代唐顺之《荆川稗编》、高琦《文章一贯》、何良俊《四友斋丛说》、吴讷《文章辨体序说》四书中也存《纬文琐语》若干,但全部与《文断》所引重合,诸书或即转引自《文断》,不再单独考察。
② 参龚宗杰:《唐之淳〈文断〉考论》,《古籍研究》2017 年第 1 期。
③ 本文所引《文断》均依据陈广宏、龚宗杰编校《稀见明人文话二十种》(上海古籍出版社,2016年)本,不再出注。
④ 核对全书内容与此"援引书目",绝大多数都能找到对应段落,唯独我们特别感兴趣的王铚《文话》一书虽列入"援引书目"却不见只言片语引及,非常可惜。
⑤ 虽称"六家",实是八家,盖"苏"指三苏。

置,足见唐之淳在标举理学诸家之时,更重视古文家统绪的宣扬。而《文断》随类编排的编纂框架,也直接影响了我们对《纬文琐语》的辑佚,凸显出韩柳欧苏诸家评论在《纬文琐语》中的分量。我们可依照《文断》的编排顺序,辑录《纬文琐语》佚文如下:

  1. 学文须当以叙事为先,议论次之。盖叙事者未有不能议论,议论虽高,叙事或不称。古人文字可见。(总论作文法)

  2. 编中不可有冗章①,章中不可有冗句,句中不可有冗字。②亦不可有龃龉处。(总论作文法。又见《文章一贯》卷上、《荆川稗编》卷七七、《文章辨体序说》)

  3. 一编不离一字③,一字不离一编。盖一即含多,多即入一。(总论作文法。又见《文章一贯》卷上)

  4. 凡作文,不可令其中有龃龉处,才有龃龉一秋毫,即一秋毫皆坏了。(总论作文法)

  5. 杂叙事犹易,若模写山川形势曲折,则已为难,若至于论次郊庙礼仪登降曲折,此又难中之难。学者苟不致意于此,终不能尽文章妙处。(总论作文法。又见《文章一贯》卷下)

  6. 为文当要转常为奇,回俗入雅,纵横出没,圆融无滞,乃可与言远到④。(总论作文法。又见《荆川稗编》卷七七、《文章辨体序说》)

  7. 作文须要血脉贯穿,造语用事妥帖,前世号能文者,无不知此⑤。今学者往往恃才不复措意。文章先须立体,体既已立,其中铺叙,要知起止,更识先后方可。(总论作文法。"作文"至

---

① "编",《文章一贯》引作"篇"。
② 《荆川稗编》所引最后尚有"亦不可有龃龉处"一句。
③ "编",《文章一贯》引作"篇"。
④ "到",《荆川稗编》无。
⑤ 《荆川稗编》引此句而属《文章精义》,误。

"无不知此"又见《文章辨体序说》）

8. 文章中各有意思，语言不可窄狭，又如造屋须得间架均平乃善，不可一多一寡，一宽一促。（总论作文法）

9. （《韩非子》）辞气绵密贯通，如无间断，自是一种。（评诸子）

10. 战国文章，孟、庄而下，孙武、韩非所为最善，余人莫及。《孙武》十三篇，战国时书也，以比春秋时文差不类。苏、张游说文章，辩论皆有余。第不见其全书，为可恨。（评诸子。"战国文章"至"余人莫及"，《四友斋丛说》亦引）

11. 庄、列辈多寓言，后世文士例将作实事用，必恐有所不可也。（评诸子）

12. 《战国策》载辩士语言甚有奇处，当为文章渊薮。（评诸史）

13. 《三大礼》《封西岳》与《明堂》，《大猎》《大鹏》与《雕》诸赋，虽体调不同，子美、太白其才力正可相当，不特诗也。（评唐文人文）

14. 战国而下，议论通而正，无如陆敬舆，然惜其未免于有心计利害。（评唐文人文）

15. 韩文纵横奇正，皆不可名状。当时学者，如李习之只得正，皇甫持正只得奇。（评唐文人文）

16. 韩、柳、李、皇甫四人，皆于叙事中用力。（评唐文人文）

17. 退之、子厚才如太史公，习之才如班孟坚，而精至用文章工夫过。（评唐文人文）

18. 习之，韩之徒也，作《复性书》，时年未三十，可谓豪杰特出之士。以如斯之才，终身从事于学问间，用工夫于文章，不为不至。然不能并驱于韩，人才高下，信乎其有定限也。（评唐文人文）

19. 韩公行状，辞气平缓，质而不俚，胜于《新唐书》本传。（评唐文人文）

20. 习之质而缓，持正奇而不工。吾谓质而奇则有之，缓不工盖未见也。此郑毅夫云。（评唐文人文）

21. 杜牧之文豪，或失之粗。若皮公美，则近于狂易矣。（评唐文人文）

22. 退之不学《离骚》，然《复志》《闵己》二赋，细读乃字字句句合于屈、宋。（评韩文）

23.《原道》《原毁》《行难》《对禹问》《读荀子》《仪礼》《答张籍》《李翊》《孟简书》《送文畅》《王□序》，对文语意皆纯粹中和，似子思、孟子，战国而下罕见。永叔《本论》《答李诩论性书》等盖近之。（评韩文）

24. 子厚《贞符》去汉儒符命，《时令论》解驳《吕氏》旧说，见识高明，议论独出诸儒之表。（评柳文）

25. 读《子虚》《上林赋》与《晋问》，而后知子厚之才高，其文辞气势，直可以回山倒海也。（评柳文）

26. 学文者，常患韩柳难及。某谓如《进学解》《答李翊》《韦中立》《报袁君陈书》，具道平昔文章，参学曲折，二公初无隐乎尔。（评韩柳文）

27. 尹师鲁文章自然典重严正，似其为人。晁无咎才力宏杰高远，三苏之流亚，不唯辞赋度越秦、张，他文亦出其上。（评宋文人文）

28. 永叔文，其原实出于韩，但得法后，更自加变态。古人之文，有专学一家者，有参取诸家者，有自出己意者。永叔虽学韩、柳，而博采古今，更自拔出机杼，故能曲尽其妙，成就一家之作，令后来人无复措手也。（评欧文）

29. 永叔文穷极古今变态，如卿云从风，卷舒万状，不可以常

理待之也。(评欧文)

30.范蔚宗论班孟坚云:"任情无例,不可甲乙。"欧阳公正然,碑志间属辞无复定体,意到言到。(评欧文)

31.《孙明复墓志》似放《西汉书》语。(评欧文)

32.或问欧公学韩似否?某谓论文章,要识语脉,如永叔学韩,何处为似,何处不似?若言似,又何曾一一遍真;若言不似,亦且不相龃龉。试问今世深于文章者,若识别得,是大具眼目。如《范文正公神道碑铭》首云:"范于吴越,世实陪臣。俶纳山川,及其士民。"且文何似处?后云:"夏童跳边,乘吏怠安。帝命公往,问彼骄顽。有不听顺,锄其穴根。公居三年,怯勇驩完。儿怜兽扰,卒俾来臣。"则语与韩如出一手。学古人须如此。(评欧文)

33.《五代纪》中,诸辩论极为粗正,多先儒所未及。学者欲议义理,尤当注意于此。(评欧文)

34.曾文大有淳厚深远、近三代气质处,如《唐论》,直须作孟、荀一等文字看。《秘阁》诸序,皆当优于刘子政,其文章议论甚严。(评曾文)

35.苏明允文,驰骋七国而下,以议论为本,如杜子美诗,备成一家之作,交态不穷。《六经论》与《洪范》《太玄》诸论自各别,诸书亦然。《上皇帝十事书》,终篇皆切实无浮辞。《上韩丞相书》语意殊□质直。《权书》甚似孙子,《衡论》策大概如贾谊,而文辞更觉成就。《苏文甫字说》,中间说风水之处,如庄子,又如枚叔诸人。《族谱序》《亭记》,皆浑厚中和。《自尤诗序》,辞气尤为奇绝。其文有质处,有跌宕处,有深奥处,有明白处,有驰骋处,有安徐处。有文有质,有理有事。自云:"诗人之优柔,骚人之清深,孟、荀之温厚,迁、固之雄刚,孙、吴之简切,投之所向,无不如意。"盖实语也。四言诗甚善,铭、赞、祭文,盖其文章余事,而工夫不减韩、柳诸公。《族谱后录》二篇,叙事甚工。其文章等

第,则太史公也。(评三苏文)

36. 气势豪放而结体曲折,尽其关键,此大苏所长,不可及也。《鲜于子骏哀辞》意态宛转,极迫近楚人。(评三苏文)

37.《毛颖传》全篇作太史公语,置之《史记》中,略不用辩。《天对》与《天问》,文章如出一手。《代侯公说项羽辞》《拟孙权答曹操书》,直可参之秦汉、吴魏间语。此数君子于文章材力,本过绝人,学又尽工夫,故能变态如此,至于不测。(评韩柳欧曾王苏六家文)

除了《文断》所存,宋代笔记赵与旹《宾退录》、王应麟《困学纪闻》、史绳祖《学斋佔毕》三书中也有《纬文琐语》各一则:

1.《唐》《五代》史书皆公手所修,然义例绝有不同者,一人之作,不应相去如此之远。议者谓《唐书》盖不尽出公意。(《宾退录》卷五)

2.《原道》佛者曰"孔子吾师之弟子也",盖用佛书"三圣弟子"之说,谓老子、仲尼、颜子也。(《困学纪闻》卷一七)

3. 马融作《长笛赋》云"近世双笛从羌起",而《风俗通》以为汉武帝时丘仲所作,则非出于羌人矣。然《西京杂记》:"高帝初入咸阳宫,笛长二尺三寸,六孔。"又宋玉在汉前,而有《笛赋》,不始于武帝时丘仲所作。(《学斋佔毕》卷一)

如此,我们可以辑得《纬文琐语》佚文合计 40 则①。这些佚文有一个

---

① 当代各种茶书都转述了一则材料,谓《纬文琐语》曾云:"世称橄榄为余甘子,亦称茶为余甘子。因易一字,改称茶为余甘氏,免含混故也。"我们能检核的最早来源,是浙江农业大学庄晚芳教授发表于 1987 年的《茶的别号》(《茶人之家》1987 年第 4 期)一文。然遍检文献,并未查考到原始出处。此则论茶异名的材料,似与《纬文琐语》的性质不相侔,故不采入。

明显的特点,就是偏重于对经典作家,特别是韩、柳、欧、苏四家的评论。就其论题的分布来说,或许是唐之淳选择的结果,但更重要的仍是李耆观点的展现,将之置于南宋文章学视野下观察,其意蕴颇堪玩味。

三、南宋文章学视野下的《纬文琐语》

南宋文章学著述有相当一部分是与科举考试密切关联在一起的,如大家所熟知的《古文关键》《论学绳尺》等选本都是专为科考而编,即使是四六话如《四六谈麈》《辞学指南》等也和词科密切相关。而《纬文琐语》则属另一系统,与科举考试关系不大。作者李耆本就是一位科考失败者,所谓"为文援引浩博,不能就有司程度",因而《纬文琐语》论文旨趣也就不是场屋之文,而更多蕴含个人的文章思想和写作观念,其所表现出的学术品格更关心文章的艺术特质和审美风格,而非指向应用性与现实性。这一点或与陈骙在《文则》自序中所说有些类似,其文云:

> 余始冠,游泮宫,从老于文者问焉,仅得文之端绪。后三年,入成均,复从老于文者问焉,仅识文之利病。彼老于文者,有进取之累,所有告于我与夫我所得,惟利于进取。后四年,窃第而归,未获从仕,凡一星终,得以恣阅古书,始知古人之作,叹曰:文当如是。①

陈骙自述《文则》的成书过程,说自己年轻时为入仕而问"老于文者"为文之法,所得只是"端绪"和"利病","老于文者"所告也是为了"利于进取",作文的功利性很强。直到获得登第,才"恣阅古书",得窥古

---

① 陈骙:《文则》,《历代文话》第 1 册,第 135 页。

人文章奥秘,于是创作《文则》。陈骙乃绍兴二十四年(1154)进士第一,后又官至参知政事,李耆自然不可与他比。但《文则》这种淡化科举语境、抛弃"利于进取"的论文趣味,却是和《纬文琐语》一致的,而且这种趣味明显地反映在我们辑录的《纬文琐语》佚文之中。

《纬文琐语》佚文因《文断》的编纂类目,也可分作两大块,一是总论作文法,二是评述具体作家。在总论作文法中,《纬文琐语》有两点值得重视:

首先,是推重叙事,将善于叙事视为文章的最高境界。所辑佚文第一条即云:"学文须当以叙事为先,议论次之。盖叙事者未有不能议论,议论虽高,叙事或不称。古人文字可见。"李耆认为叙事当优先于议论,能叙事必能议论,而能议论不一定能叙事。其后第五条、第七条、第十五条、第三十五条,也都谈到叙事,以此作为衡鉴文章妙处的重要指标。这就与科举场屋之文,推重议论的取向颇不同。因宋代科举文章最重议论性极强的策、论文体,以至有"论学""策学"之称,所以为科举服务的文章学著作,都特别强调文章的"立意"。所谓立意,在宋代文章学的具体语境下,主要针对议论文,其实就是强调议论的观点需有新意。比如《止斋论诀》就说"凡论以立意为先"[1],真德秀《西山读书记》也说"读书须先看古人立意"[2],类似的表达在宋元文章著述中出现得非常频繁,这都与科举考试密切相关。李耆的主张,却将叙事提到最高,而将议论放于其次,这或许正是南宋中期出现的新的文章学思潮。我们能够看到类似的观点,是成书于乾道六年(1170)的《文则》所言"文之作也,以载事为难"[3],与李耆大体同时的吕祖谦也曾说"作文字不难于敷文,而难于叙事。"[4]此后,真德秀

---

[1] 陈傅良:《蛟峰批点止斋论诀》,《四库全书存目丛书》集部第20册,齐鲁书社,1997年版,第4页。
[2] 真德秀:《西山读书记》卷二五,文渊阁四库全书本。
[3] 陈骙:《文则》,《历代文话》第1册,第138页。
[4] 《唐宋文醇》卷四十"苏轼《范文正公文集序》"下引及,文渊阁四库全书本。

《文章正宗》分辞命、议论、叙事、诗赋四类,陈绎曾《文章欧冶·古文谱》"式"下也分叙事、议论、辞令,叙事的地位都得到了一定重视。我们当然很难说是李郛等人的观点影响了后来者,但至少可以说李郛乃是推重叙事的文章学观念较早的倡导者。宋代以后,对文章叙事的重视愈为突出,如明代归有光就说"学者作文,最难叙事。古今称善叙事者,惟左氏、司马氏而已"①。以至于清代更兴起了"文章莫难于叙事"之说。② 重视叙事的价值,背后关乎文体。推重文章叙事,必然看重记、传诸文,其前代的典范也就指向了《左传》《史记》等。可见,对待叙事的态度,其实是一个非常核心的文章学论题,而《纬文琐语》的主张恰好反映出南宋中期文章学的新思潮。

其次,是强调字与句、句与篇的关系,也就是注重语句修辞与文章构架的互动。古文批评着意于篇章脉络、立意文眼者为多,推敲字句者少,明确标举一字一句对篇章整体的重要性者更少。《纬文琐语》这一点却颇显突出,既深刻认识到"编中不可有冗章,章中不可有冗句,句中不可有冗字""一编不离一字,一字不离一编"的基本道理,又包涵"一即含多,多即入一"的辩证思想。李郛认为字句使用必定影响篇章整体,"才有龃龉一秋毫,即一秋毫皆坏了",又特别拈出"立体"与"间架",指出文章铺叙讲究起止,语言圆融,结构均平。他甚至还提出了"为文当要转常为奇,回俗入雅",不用说,这种转常回俗,也是依赖于一字一句的圆融无滞才能做到。这些论述虽然文字不多,但均是颇具识见的一家之言,集中反映出李郛总体性的文章写作观念。

除了总论作文之法,《纬文琐语》佚文的主体还是对经典作家作品的评论。从经史而诸子,由先秦两汉而唐宋,《纬文琐语》的评论涉

---

① 归有光:《归震川先生论文章体则》,《历代文话》第 2 册,第 1719 页。
② 参看何诗海:《"文章莫难于叙事"说及其文学意义》,《文学遗产》2018 年第 1 期。

及了南宋之前文章和文章家的重要代表,如《离骚》《孟子》《庄子》《列子》《韩非子》《孙子兵法》《战国策》《汉书》、苏秦、张仪、司马相如、贾谊、司马迁、班固、刘向、马融、李白、杜甫、韩愈、柳宗元、李翱、皇甫湜、杜牧、陆贽、皮日休、欧阳修、尹洙、曾巩、三苏、晁补之等。这一长串名字,几乎可以勾勒出南宋以前文章发展脉络,亦足见《纬文琐语》一书所论之广,不愧李郛"书橱"之名号。而其中最突出的论述,仍是集中于以韩柳欧苏为代表的唐宋八大家。如前所示,《文断》所存《纬文琐语》佚文 37 则中,"总论作文法"8 则,"评诸子"3 则,"评诸史"1 则,"评唐文人文"9 则,"评宋文人文"1 则,余下 15 则均是评韩柳欧苏者(曾巩仅一则,无评王安石例),而"评唐文人文"9 则其实也有 5 则涉及韩柳,"评宋文人文"1 则也涉及三苏;非《文断》所存 3 则佚文,也有 2 则是讨论欧阳修、韩愈之文的。如此算来,《纬文琐语》40 则佚文,论八大家者竟占去 23 则。从这个角度看,说《纬文琐语》是一部以唐宋八大家为评论重心的文话,应不算过分。这些作家评论也有几个要点值得注意:

一是标举韩愈文章的经典意义,揭示韩愈对后人文章的影响。李郛论文,韩柳并重,然从对后人影响的角度来看,韩胜于柳。他说"学文者,常患韩柳难及",又言韩愈的《毛颖传》"全篇作太史公语,置之《史记》中,略不用辩",而柳宗元的《天对》"与《天问》文章如出一手",自然都显示李郛承认韩柳并驾,不分轩轾。他谈论柳文,认为柳宗元议论文"见识高明,议论独出诸儒之表",《晋问》之作也是"文辞气势,直可以回山倒海",可见从文章立论和语言艺术层面,李郛对柳宗元是推崇的;论韩文,则不但认为"纵横奇正,不可名状""语意皆纯粹中和,似子思、孟子、战国而下罕见",而且还说李翱得其正,皇甫湜得其奇;又说欧阳修文章受韩愈影响极深,"永叔《本论》《答李诩论性书》等盖近之",亦即意味着在同样肯定韩愈文章的创造性之外,《纬文琐语》更重视韩愈文章对后人的影响。特别是说到欧阳修文章时,既说他"虽学韩柳",又更明确指出"永叔文其原实出于韩"。韩愈之于唐宋文章的经典意义,在此书中得到进一步确认。

二是善于总结作家风格,拈出文章源流,对欧苏诸家的艺术特点见解尤切。李郭说陆贽文章"议论通而正",李翱"质而缓",皇甫湜"奇而不工",杜牧"豪或失之粗",皮日休"近于狂易",尹洙"自然典重严正",晁补之"宏杰高远",曾巩"淳厚深远",苏洵"驰骋七国而下""有文有质,有理有事",苏轼"气势豪放而结体曲折",等等,这些评论都是用简洁的语言,总结出作家的主体风格,并且时能优缺点兼顾,大体符合作家们的创作实际。在总结风格的同时,《纬文琐语》还注意作家作品风格的历史定位,拈示源流。如欧阳修"学韩柳而博采古今"、《孙明复墓志》"似放《西汉书》语"、苏轼《鲜于子骏哀辞》"意态宛转,极迫近楚人",晁无咎乃"三苏之流亚"等,都是从文章的艺术源流角度予以揭示。他论欧阳修学韩,又提出了"似"与"不似"的问题,认为"论文章要识语脉","似"不必一一逼真,亦步亦趋;"不似"也并非故意龃龉。欧阳修学韩乃得其神,能拔出机杼,成就一家。这种观点,不停留于表面的类似与否,而能深刻认识到文章语脉的相承相因,可谓卓识。论苏洵一段也很精彩,其云:"《权书》甚似孙子,《衡论》策大概如贾谊,而文辞更觉成就。《苏文甫字说》,中间说风水之处,如庄子,又如枚叔诸人。"苏洵文章有纵横家之风,李郭将苏洵代表作的艺术源头加以勾画,并且继续指出"其文有顽处,有跌宕处,有深奥处,有明白处,有驰骋处,有安徐处",从多个角度全面认识苏洵文章。可以说,偏好论述作家风格与艺术源流是《纬文琐语》论文主张的一大特点。

三是与总论作文法推重叙事相呼应,《纬文琐语》重视韩柳欧苏的叙事之作。李郭说"退之、子厚才如太史公,习之才如班孟坚"均是将古文作家比之于史书作家,论《毛颖传》则说它"作太史公语,置之《史记》中,略不用辩",显然都是侧重叙事一体。论韩愈、欧阳修也特别留意其行状、碑志等叙事性文体,所谓"韩公行状,辞气平缓,质而不俚,胜于《新唐书》本传""(欧阳修)碑志间属辞无复定体,意到言到"等。他赞赏苏洵《族谱后录》两篇,也是因"叙事甚工"。这些关注点,足见其对叙事之作的重视。李郢当然也不轻视议论,他说柳宗元"议论独出诸儒之表"、说欧阳修《五代纪》"诸辩论极为粗正,多先儒所谓及"、说曾巩《秘阁》诸序"议论甚严"、说苏洵文章"以议论为本"等,都注意到议论的意义。但是在宋代文章学的整体视野下,看重韩柳欧苏诸家的议论,并不显得有多么特别,因为这是以科举考试为中心的文章话语主流。而能在注意议论的同时,重视韩柳欧苏的叙事之作,甚至说"韩、柳、李、皇甫四人,皆于叙事中用力",就显示出《纬文琐语》兴趣点的新趋向,这也是唐宋八大家作品经典化过程中,一股不容忽视的新的思潮。

除了论作文法、论作家风格之文,《纬文琐语》还涉及一些作品典故、语辞的考辨,如《困学纪闻》所存条讨论《原道》"弟子"之源,《学斋佔毕》所存条辨析笛的创作时段等,均是此类。综上可见,《纬文琐语》论文话题并不单一,不局限于一般的文法和文章风格,是一部综论文章写作、作家风格、文辞考辨的重要文话著作,其论文主张淡化了科举意识,而更为强调文章语言、篇章、风格等本体特性,在文话初兴的南宋时期,表现出独特的论文旨趣和学术品格,是我们考察南宋文章学整体风貌不可忽视的散佚文话。

第三节　明抄残本《新编四六宝苑群公妙语》考述

南宋祝穆(?—1255)编著的《新编四六宝苑群公妙语》(下文简称《四六宝苑》)是一部认识南宋骈文风貌与批评观念的重要著作,惜全书已经散佚。该书的常见版本乃台北"国立中央图书馆"所藏明抄本,为《中国诗话珍本丛书》(北京图书馆出版社,2004年)影印收录。不过,中山大学图书馆藏有另一部明抄残本,与学界常见的影印本颇不相同①。据此残本可以断定,《四六宝苑》全书有四十三卷之巨,而台藏明抄本其实仅为该书的前两卷,即书内称"议论要诀"的部分。中山大学所藏虽是残本,但据该书目录,我们可以看到该书篇幅较大,类编特点非常明显,不仅收录篇章,还编录散联,可以视为一部四六类书。它所存录的诸家骈文,亦有散佚文章多篇,可补相关作家文集,对认识南宋骈文流播和相关作者行迹、交游有一定补充作用。本节兹就相关问题试作考述,以供学界参考。

一、从《四六宝苑》留存目录看该书性质

《中国诗话珍本丛书》影印的台北"国立中央图书馆"所藏《四六宝苑》明抄本二卷,钤有"亚东沈氏抱经楼鉴赏图书印""乐盦珍玩宋元秘本""浙东沈德寿家藏之印"等,知该本曾为晚清藏书家沈德寿所藏,氏著《抱经楼藏书志》卷六三总集类著录②。将此书收入诗话类丛书,自台北广文书局1973年出版《古今诗话续编》始。然就此书书名看,已经明白表露其为四六文书籍,无关诗歌,视其为"诗话",显然是一个误会。但《四六宝苑》是否就是一部四六话呢? 就《中国诗话珍本丛书》所收明抄本来看,该书分"议论要诀上"和"议论要诀下"两卷,类编前人讨论四六文创作的诸种论述,将之视为汇编式四六话,似无问题。然而,全书名作"群公妙语",如仅仅是汇编几十则论述文字,显然名实有乖。幸有中山大学图书馆藏明抄残本,为我们准确认识此书的性质,提供了重要资料。

《中山大学图书馆古籍善本书目》集部总集类著录:"(新编)四六宝苑群公妙语,四十三卷。(宋)祝穆编,明钞本,四册,存二十五卷:

---

① 关于《新编四六宝苑群公妙语》的版本问题,可参沈如泉《被忽略的宋文话:〈新编四六宝苑群公妙语·议论要诀〉》(载王水照、侯体健主编《中国古代文章学的阐释与建构》,复旦大学出版社,2017年版)。本节撰写,亦得到沈如泉教授的启发,特致谢忱。
② 参《抱经楼藏书志》,中华书局,1990年版,第744页。按:沈德寿既将此书著录于"总集类",又注明为二卷本,颇可怪也,或承袭他书分类而又改变卷数。

第一至第二十五卷。九行，十八至二十字，朱丝栏，白口，四周单边。卷前佚名，墨笔录：'天一阁见存书目卷四。四六宝苑四十三卷，缺，钞本。宋祝穆编，存卷一至卷二十五。'审系白棉纸精钞。但是否为天一阁藏本，别无证明。辑录宋人四六文。"①除了提供相应的版本信息外，与《抱经楼藏书志》一样将该书归入总集类，总体判断不错。但仔细比照此版现存目录，《四六宝苑》又与一般的总集很不相同，具有典型的四六类书性质。从目录可以判断，该书四十三卷中，前三卷为"议论要诀"，第四至十一卷为"名公私稿"，第十二至二十五卷为诸家文选，第二十六至四十三卷为"散联"。这四部分内容中，"议论要诀"乃荟萃前人议论四六文作法者，共计 205 条，按照论述主题分 37 类编排（其中第三卷标作"宏词提纲"，计 53 条分 3 类）；"名公私稿"收文 102 篇，按照内容分为贺启、贺内除授、贺外除授、杂贺、通贺、回启、谢除授、上启 8 类，全为启文，具体作者已不可知；诸家文选依次收录真德秀（9 篇）、洪咨夔（13 篇）、赵汝谈（10 篇）、李刘（15 篇）、刘克庄（27 篇）、汪藻（4 篇）、孙逢吉（12 篇）、周必大（106 篇）、杨万里（20 篇）、陆游（9 篇）、朱熹（2 篇）、黄榦（6 篇）、朱复之（12 篇）共 13 人的 245 篇文章，每人名下又按贺除授、谢启、上启等类型分目，全为启文；"散联"部分按经史全句巧对、颂德、自叙、结句四类排序，每类之下又按字数或内容分若干小类，这些类编散联共十八卷，占去全书卷数近一半。由此可见，不管是评论文字、文章选辑还是散联编排，全书都是按照一定的主题加以辑录的②，符合类书的典型体例，将之目为四六专门类书，应更能体现该书的编纂特色和主旨。学者在讨论

---

① 见中山大学图书馆编《中山大学图书馆古籍善本书目》，1982 年版，第 238 页。《中山大学图书馆古籍善本书目（增订本）》（广西师范大学出版社，2014 年版）著录非常简单，不如 1982 年版详细，但修正该书存卷为"卷一至卷二、十二至十五、十九至二十五"，是。
② 就目录来看，《新编四六宝苑群公妙语》的选文编排秩序似无规则可言，既非按年齿排序，亦非收录多寡排序，且就关系而言，祝穆与朱熹关系非同寻常（朱熹外祖父为祝穆曾祖，祝穆幼即受业朱熹），却仅入选 2 篇，其中缘由颇难寻味。周必大选录最多，目录下有注"内多未经版行者"，或许以文章得见难易而论，易见者少选，难见者多选欤？

《翰苑新书》的归属问题时,即已指出:"从某种意义上说,此书及其他几种皆可视为具有文集性质的四六类专门性类书,而这也正是宋代类书较前代发展和创新之处,也是宋四六繁荣和发展的一种体现。"①类编全文而兼具总集(选本)色彩,确实是晚宋专门性类书的一大特点。

中山大学藏本《四六宝苑》散联开篇,目录即注:"四六以全句对偶为难,今自四字至十二字及全句散联,各以类聚,聊备检阅。凡此皆经思而后得之,未易忽视。至于经史该洽,随取随足,又在临机应变,毋徒曰取办于此可也。"②可见,编者祝穆在编纂此书时,已经具有自觉而强烈的"各以类聚"观念,不是简单的结集论诀、选刊文章而已。如果我们综观祝穆的其他著作,更能坚定认同祝穆在《四六宝苑》中贯彻了他一贯的类书编纂意识。

祝穆与类书有着不解之缘,现存著作三种③除了《四六宝苑》外,尚有著称于世的《方舆胜览》和《事文类聚》二书,又曾订正陈景沂辑纂的植物类专门类书《全芳备祖》。《方舆胜览》被视为地理总志,《事文类聚》则是典型的类书。这两部书的原始书名分别为《新编四六必用方舆胜览》④和《新编古今事文类聚》⑤,包括《四六宝苑》在内的三本书取名规则近似,编纂思想也相类。《事文类聚》全书分十三部,部下分若干目,目下再按照群书要语、古今事实、古今文集编排,本即类书,固不必再论;《方舆胜览》虽被目为地志,却迥异于前人的《元和郡县志》《太平寰宇记》等典型地志作品,而与王象之《舆地纪胜》在体例

---

① 施懿超:《宋四六论稿》,上海古籍出版社,2005年版,第216页。类书与总集的关系本就特殊,闻一多《类书与诗》中已指出《艺文类聚》兼有总集与类书的性质,类似的情况其实早就显出端倪,但宋代更显突出。
② 以上引文均见中山大学图书馆藏《新编四六宝苑群公妙语》明钞本目录。
③ 有名《类编古今事林群书一览》者,亦署"建安祝穆和父编",显系伪托。
④ 《方舆胜览》以日本宫内厅书陵部所藏宋本为现存最早,最接近祝穆原书面貌,本文所引均据此版。
⑤ 祝穆编成前集六十卷,后集五十卷,续集二十八卷,别集三十二卷,合计一百七十卷。其后,元代富大用续编新集三十六卷、外集十五卷;祝渊再续编遗集十五卷。

上相近,但有充分理由说明,祝穆在确定此书体例之初,并未受到王象之的影响①,而是时代风潮与自身创造的结果。该书卷首目录注云:"今将每郡事要标出卷首,余并仿此,览者切幸详鉴。"下列郡名、风俗、形胜、土产、山川、学馆、堂院、亭台、楼阁、轩榭、馆驿、桥梁、寺观、祠墓、古迹、名宦、人物、名贤、题咏、四六,共20类,类编特色展露无遗,或者可以说《方舆胜览》不是一般的地理志,而是地理专门性类书。《方舆胜览》前有两浙转运司录白云:"本宅见雕诸郡志名曰《方舆胜览》,并《四六宝苑》两书,并系本宅进士私自编辑,数载辛勤,今来雕版,所费浩瀚。"自序又说:"始,予游诸公间,强予以四六之作,不过依陶公样,初不能工也。其后稍识户牖,则酷好编辑郡志,如耆昌歜。"可见《方舆胜览》虽非四六类书,但最初撰述动机却正在于为四六文创作准备材料,且与《四六宝苑》同时编成刊印,它们着眼四六骈体、以类编纂的思想,显是一致的。

总之,从中山大学藏本留存的全书目录来看,再结合祝穆一贯的编辑思路,可以勘定《四六宝苑》既非一部简单的四六话,更非单纯的总集,而当视作一部四六专门性类书。

二、《四六宝苑》残本所存佚文辑考

中山大学所藏《四六宝苑》残存卷数为卷一至二、卷一二至一五、卷一九至二五,共十三卷。其中卷一、卷二属"议论要诀",除个别字词外,与通行本同,兹不多述。而其他十一卷,属"诸家文选"部分,则为该本所独有,目前所存依次为真德秀、洪咨夔、赵汝谈、李刘、周必大、杨万里、陆游、朱熹、黄榦、朱复之等十人的作品。卷十二目下云:"窃观当代巨公骈俪近体,溯而至于中兴以来前辈所作,名章俊语,土

---

① 关于《方舆胜览》与《舆地纪胜》体例的关系,可参考李勇先《试论〈舆地纪胜〉的编纂及其与〈方舆胜览〉的关系》,《宋代文化研究》第五辑,1995年版,第315—329页。

林脍炙。悉有全集刊行于世,部帙浩瀚,未能尽载,各摘数篇,以备一家之制,非敢僭所去取也。"可见祝穆取材,主要是从当时的别集中选择的。而在卷一九周必大"贺内除授"类文章下,更注有"内多未经版行者",更显示出祝穆搜罗之广了。今据所存检核,可得四家10篇佚文,其中真德秀1篇、赵汝谈2篇、李刘1篇、朱复之6篇,兹胪列如次并略作考证,以资学界参考。

(一)真德秀

卷一二"回启"《回南康朱寺正》

出纶天陛,拥绂星湾。遗爱百年,尚想先猷之未泯;欢声万口,共欣嗣德之有人。条教未施,耄倪胥悦。共惟某官珪璋毓秀,梧竹凝姿。诗礼见闻,自有家庭之素讲;文学议论,居多师友之所渐。肆简眷之特隆,盍凌虚而直上。胡乃外庸之自诡,尚勤征旆之有行。维紫阳仙伯之旧游,有白鹿书堂之盛观。佩衿坌集,庶几沂水之咏归;襦袴兴歌,未远召棠之芾憩。谅家声之有继,即优诏以征还。某久矣同朝,兹焉联事。邈铃斋而伊迩,扔谈麈以未涯。臭味与俱,幸余波之可挹;缄滕弗敏,愧芳椟之难酬。

健按:真德秀(1178—1235),字景元,号西山,建州浦城人,庆元五年(1199)进士,有《西山先生真文忠公文集》传世,该文不见于此集,亦不为《全宋文》收录。此文朱寺正,应指朱熹季子朱在。朱在(1169—1239),字敬之,嘉定十年(1217)以大理寺正知南康军,黄榦《南康军新修白鹿书院记》云:"嘉定十年,先生(指朱熹)之子在以大理正来践世职。"此文当作于嘉定十年或稍后。文中云"嗣德有人""自有家庭之素讲""维紫阳仙伯之旧游,有白鹿书堂之盛观""家声之有继"等,均符合朱在身份。

(二)赵汝谈

卷一四"杂谢"《生日谢权府寿诗》

君子三乐,慨其一而已孤;我生百罹,循厥初而倍感。况颓龄之如许,何庆事之敢言。岂谓某官盛德照邻,隆谦加等。胶漆深存于未契,桑蓬俯记于孟陬。使辈鼎来,篚玄黄而巫馈;名驱御从,袖珠璧以并投。顾受赐以非宜,奈布辞而弗获。歌诗必类,更伤丝竹之娱人;把酒自怜,永愧车牛之服贾。徒曾牢佩,曷称仰酬。

卷一四"杂谢"《生日谢众官寿诗》

岵屺陟兮,已缺终身之望;原僾衰矣,况深同气之怀。窃自悼于孤生,忍复华于初度。敢图轸录,辱赐咏歌。享海鸟以牢牲,引夏虫于龟鹄。奖扶甚宠,揣称无堪。虽谊迫当辞,将卷锦鲸而还客;然词贲可宝,不知兰佩之袭予。再拜有惭,多言奚谢。

健按:赵汝谈(?—1237),字履常,号南塘,宋宗室,淳熙十一年(1184)进士,有宋刻本《南塘先生四六》传世,收录骈文88篇。以上两篇作品《南塘先生四六》未收,它们均为一般的生日谢启,无具体信息,故难以确定写作时间和赠与对象。

(三) 李刘

卷一五"贺外除授通启附"《与杨抚干》

振履见临,袖笺为惠。烂然乌丝之上,美哉黄绢之词。有味其言,不知所谢。共惟某官名门曹望,旧德典刑。数祥符之儒宗,有故家之存者;观绍兴之圣作,岂曰友之云乎。惟时闻孙,勉继先烈。会舍糟丘之曲,径依幕府之莲。交相荐扬,即有除宠。某幸联先契,犹及英游。赠我貂襜褕,报之明月珠,是所愿也;昔为马口衔,今作禁门键,谓之何哉。

健按:李刘(1179—1249),字公甫,号梅亭,抚州崇仁人,嘉定元年(1208)进士,有《梅亭四六标准》传世,该文不见于此集,亦不为《全宋文》收录。文中杨抚干不知何人,抚干即安抚司干办公事,李刘于嘉定六年(1213)除成都府抚干。据文中"幸联先契,犹及英游"之句,谅李刘曾与杨共事,且言"交相荐扬,即有除宠",杨抚干或当举荐过李刘,有可能即成都府抚干李刘前任。

(四)朱复之

卷二五"贺外除授"《代贺赵大使》

旋凯奏功,扬纶懋赏。殿庭鸣玉,晋联执政之班;制阃建牙,尽总要冲之地。宠数隆,则元戎之职任愈重;本根壮,则中国之精神可知。邮亭一传,士气百倍。恭惟某官器质闳达,识虑沉先。其在本朝,雅擅间平之誉;及属大事,肆驰韩范之声。昨者奸骄,穷而归顺。养鹰伺搏,饱遂扬飞;蓄獬防奸,狂辄反噬。篱落为之振抉,宵旰至于顾忧。赖阃外之奇谋,出师中之成算。天声一振,氛祲划开。于迈归哉,盍股肱而共政;孰可代者,屈方面以小留。特假隆名,用章殊委。虽曰外当于重寄,亦犹入侍于清光。极江淮表里之封,悉资填拊;举宗社安危之系,尽付经纶。顾惟缙绅责望之攸归,所谓明哲驰骛而不足。近而为雠,则有假息游魂之残虏;远而可虑,则有暴兴崛起之强胡。急固在于外攘,本实先于内治。民所以保邦,而揭竿之夫随仆随起;兵所以卫上,而干纪之旅愈蓁愈骄。自昔折千里之冲,岂非在一贤之略。愿蚤摅于上策,俾亟致于洪宁。陕以西分命召公,自是非常之任;河以南悉为晋土,伫成莫大之勋。某幸甚焉依,喜而不寐。山林求士,无待致欧阳之书;江汉告成,但当赓吉甫之诵。

健按:朱复之,字幾仲,号湛庐,福建建安人,开禧元年(1194)进士,无文集传世。《全宋文》据《翰苑新书》《五百家播芳大全文粹》《秘笈新书》等书辑录文章8篇,本文及以下5篇均失收,可补。本文为代撰四六,据文中"昨者奸骄,穷而归顺"之语推测,当指李全叛乱事。李全,山东人,本为金国反金武装首领,后归宋,复叛宋。据《宋史·理宗纪》载:"绍定三年十二月庚申,李全叛。……绍定四年春正月壬寅,赵范、赵葵等诛李全于新塘。……夏四月戊辰,赵范、赵葵并进中大夫、右文殿修撰,赐紫章服、金带。丁丑,赵善湘兵部尚书、江淮制置大使、知建康府,依旧安抚使。赵范权兵部侍郎、淮东安抚副使、知扬州兼江淮制司参谋官。赵葵换福州观察使、右骁卫大将军、淮东提刑、知滁州兼大使司参议官。"可知,题中"赵大使",当指时任江淮制置大使的赵善湘。赵善湘(?—1242),字清臣,庆元二年(1196)进士,累官至浙东安抚使、观文殿学士。此文即当成于平定李全叛乱的绍定四年(1231)春夏之际。

卷二五"贺外除授"《贺吴总领除兵侍》

王人处外,俟旬懋功。一札十行,自天而下;六韬三略,贰夏之卿。钦惟某官昨者即家,起而拜命。北门管钥,可怜焦土之居;东道资粮,莫唉沿淮之戍。创规考室,唱饱筹沙。牛回首之修梁,连甍接壤;雀不鸣之空廪,聚米成山。人踵京师而借留,士楫中流而思奋。宗祀而后,侧身靡宁。思昔改弦,多借调和之助;乃今胶柱,孰条张弛之宜。边烽未浇,使传适至。有备无患,所利弧矢之威;得贤为先,用劳笔橐之事。人望所属,公行勿迟。某身在风寒,日蒙雾润。栖迟倦翼,快瞻千仞之翔;寂历归心,安得一枝之托。

健按:此文吴总领,或指吴潜。吴潜(1195—1262),字毅夫,号履斋,先世宣城人,父柔胜,居溧水,嘉定十年(1217)进士。据《宋史·理宗纪》嘉熙二年(1238)六月戊申,"以吴潜为淮东总领财赋、知镇江府";嘉熙三年(1239)五月"戊寅,以吴潜为兵部尚书、浙西制置使、知镇江府"。文中言"东道资粮,莫唉沿淮之戍"与此吻合,由此可知本文当作于嘉熙三年五月左右。另据《宋史·理宗纪》,端平三年(1236)十二月"戊戌,以吴渊户部侍郎、淮东总领财赋兼知镇江府",《宋史》吴渊本传又言嘉熙二年(1238)"除权兵部侍郎",吴渊即吴潜兄,亦曾任淮东总领财赋兼知镇江府,但所除为"权兵部侍郎",与此文所称"兵侍"稍有出入。

卷二五"贺外除授"《贺陈南剑》

显膺中诏,荣绾左符。单车一来,千里胥庆。钦惟某官有用之学,今时所推。军中小范之声,耸闻夷虏;海濒少翁之政,传诵旄倪。属此家居,密勤睿眷。偶汀邵递弄兵之遽,致朝廷严分阃之权。壮甚

延平,介当俍绝。得人则士聚帖妥,单备则上流绎骚。草木知名,用
亟资于附众;金革变礼,义可得以夺情。不蹜改刻之间,以为从天而
下。威棱震憺,旗帜精明。快瞻羽檄之四驰,尽使介鳞之一洗。某甫
从岁杪,赘厕幕中。窃惟制使平贼之规,专主圣代好生之意。不欲名
捕,一惟遣招。某妄谓威不立则降不诚,权不操则招不固。请重立于
赏格,听自毙其渠首。力联我之社隅,进携彼所胁附。或以既招则不
当自此失信,既谕则不可使彼怀疑。佩犊何为,已尽宣于德意;牵羊
以逆,殊未见其真忱。降款日来,警报益近。顾今大势,重在明公;愿
权便宜,无徇中御。惟实暨刑之各称,审民与贼之攸分。恩施于民,
咸用之贼。贼无所劝,则民不为贼;民有所恃,则贼可为民。闻所施
行,皆已宜当。既大义之先定,何隽功之不成。傥来王师,或御使指。
当扣风铃之邃,纵观露布之雄。若夫叙推挽之私,致寝饔之祝。当事
之急,不敢以陈。

健按: 此文陈南剑当指陈韡。陈韡(1179—1261),字子华,号抑
斋,福建侯官人,开禧元年(1205)进士。刘克庄《忠肃陈观文神道碑》
记载绍定二年(1229):"十二月,盗发于汀、剑、邵,群盗蠭起,残建宁、
宁化、清流、泰宁、将乐诸邑,闽中危急。帅王侍郎居安请公提督四隅
保甲,公辞之。漕使陈汶、仓使史弥忠告急于朝,谓非公莫办此贼,起
复知南剑州。辞不获,遂行。三年正月至郡,籍士民丁壮为一军。"所
记与文中"属此家居,密勤睿轸。偶汀邵递弄兵之遽,致朝廷严分阃
之权"颇相合。此文亦当作于绍定三年(1230)初。可与下文《辞官谢
程招捕》参看。

卷二五"贺启"《贺赵制置子中童科》

庆积高门,瑞钟英物。诵言十万,未及东朔之年;偕贡三千,已预
南宫之列。历数海内大丈夫之后,难得眼前奇男子之祥。指字之无,
间推夙慧;赋棋动静,突过老成。殆天上之送来,非人间之多有。紫
芝玉树,每欲出于阶庭;翠竹碧梧,更有光于林谷。恭惟某官世传伟

节,天赏精忠。衮衮而生公侯,其来有种;昵昵而相尔汝,不类凡儿。纷五车其甚多,辄一览以不再。召吐所记,随叩则鸣。名骤震于京师,喜益加于恩泽。某得之觇觽,倍甚欢愉。属有绾于铜符,愧莫陪于珠履。窃闻杨句,显终身而立圣朝;敢咏苏诗,请留眼以看他日。

健按:此文赵制置不知指何人。据南宋制置使任职惯例,赵姓宗室出任制置使尤其是沿海制置使尤多。南宋中后期著名的赵姓制置使有沿江制置使赵善湘、京湖制置使赵方、淮东制置使赵葵、两淮制置使赵范、四川制置使赵彦呐等,因从文中无法断定此制置使是指哪一地制置使,故无法推断赵制置为谁。又,据傅璇琮主编《宋登科记考》(江苏教育出版社,2009 年)所录南宋中后期童子科名单,亦未尝载录赵姓童科者。

卷二五"谢启"《复官谢吴左司》

审官除籍,再作新民;都省议功,复还旧物。幸自脱身于寨栅,乃仍插羽于樊笼。知我则深,感而且惧。伏念某迂疏晚辈,踬跼孤踪。不可口之江梅,分安弃掷;无取材之杜栎,意得存全。属斗作于乡邻,强起闻于军事。辄肆幕中之果辩,莫回堂上之奇谋。连章方侈于招徕,支郡忽传于失守。寸心悄悄,不幸而获知言之名;众目睒睒,交责以当讨贼之任。摄官半刺,匹马空城。不戒以孚,胁从霍散;深入其阻,黠桀就俘。葺旧邑都,宣上德意。暨欢迎于守将,爰退服于县僚。未满岁以为真,躐七阶而脱选。我战则克,本凭宗社之灵;有功见知,实出朝廷之命。悟党来之非据,欲引避以未能。偶部使者,受买犊之欺;而新将军,遗养虎之患。复尔横溃,莫之孰何。密院下急急之符,招司督洸洸之武。自惟縻爵,义在死绥。庸首备于颜行,遂力擒[于]元恶。邦民喜以乱本之斯拔,上官耻以降款之失真。久归伏于素冠,犹上烦于白简。未盈遽覆,殆如敧器之易危;遇坎乘流,已付虚舟于不系。虽君子念深于解□,而高门迹扫于曳裾。恍惊披拂之春,自到严凝之谷。一挥椽笔,顿生逾衮之华;重上金闺,疑是覆蕉之梦。兹盖恭遇某官以茹古涵今之学，总纬文经武之纲。顿八纮以为宜，期大搜于野逸；垂千寻而纡绠，每下汲于陆沉。傥相应以同声，何必求之识面。所得先达之士，未之有闻；施及妄庸之人，岂其或误。信兹遭之特异，似有数乎其间。剩惊投老之头颅，更得本来之面目。三仕而为令尹，仍服其劳；九折而成良医，傥从此始。

健按：此文吴左司，或指吴渊（简介见前）。据李之亮《宋代京朝官通考》（巴蜀书社，2003年，第770—778页），知自朱复之开禧元年（1194）登进士第以来，有两位吴姓左司，即绍定五年（1232）吴渊为枢密院检详诸房文字、实录院检讨官兼左司，以及宝祐三年（1255）吴革除尚右郎官兼权左司。设若朱复之二十岁登第，宝祐三年已七十五岁，可能性不大，故当以吴渊为合适。当然，仍需考虑此文为代作，但七十五岁亦不便为他人代作复官谢启。

卷二五"谢启"《辟官谢程招捕》

绣乡学制，久麓册书；玉帐论兵，忽叨清举。殊非其称，只以为惭。伏念某识字间民，易农漫仕。好刚自信，但是诗书糟粕之言；已试罔功，且疏刀笔筐篚之事。幸已逃空于岩岫，不堪抗走于尘埃。猝然汀邵之弄兵，难曰乡邻而闭户。高谟远略，既自有于夷吾；缓带轻裘，果何资于湛辈。过施谦抑，泛致迂愚。岂以在野之宽闲，颇识辍耕之情伪。河南檄笔，从来莫任于中书；水北祝规，讵敢浪陈于下策。允怀甄拔，思效毫分。妄谓威不立则降不诚，权不操则招不固。属大兵之□集，姑小信以示怀。佩犊何为，已尽宣于德意；牵羊以逆，殊未见其真忱。降款日来，警报益近。方且请设爵以怒斗士，免使鹤以重群疑。既无先物之几，惟有不能者止。突其来之误宠，从所辟以为真。才事之殷，欲辞弗可。身居幕府，力无用于颜行；口诵辟书，面有惭于乡井。兹盖伏遇某官禁中颇、牧，海内龚、黄。惟断乃成，不尚苟同之见；好问则裕，时收小异之忠。意脱颖于后来，容典筹于下列。居然戆拙，得预指令。某敢不加狗直穷，更防曲突。譬诸草木，誓竭尽于芳辛；收之桑榆，倪辅成于还定。

健按：此文程招捕，当指程坰。程坰（1164—1242），字怀古，休宁人，绍熙四年（1193）进士。吕午《程公坰行状》记载绍定二年（1229），"汀、邵盗作，诸台以言论异同，由是贼势猖獗。汀之宁化、南剑之沙邑、邵武之建宁、光泽，皆莽为丘墟，骎骎迫汀、邵城治，七闽绎骚。十一月除公招捕使，节制军马"。所记与文中"猝然汀邵之弄兵，难曰乡邻而闭户"之语合。此文或即程坰在福建任招捕使，辟朱复之入幕时所作，时在绍定二年（1229）年十一月至绍定三年（1230）间。

以上佚文为我们更全面地了解真德秀、赵汝谈、李刘、朱复之四人的文章创作提供了新材料，特别是朱复之6篇文章，蕴藏了许多此前罕觏的行迹交游信息，对我们认识朱复之的行履颇具价值，可堪玩索。

最后顺便一说，除了佚文之外，中山大学藏《四六宝苑》所收文章还有可补通行文本文字之缺者，因涉及琐细，兹不悉举。唯黄榦《通柴漕》一文，可补阙文稍多，特予表出。黄榦是朱熹得意弟子，其《勉斋先生黄文肃公集》四十卷，传世有元刻元延祐二年（1315）重修本（中华再造善本收录），《全宋文》以之为底本，参校文渊阁四库全书本及傅增湘校清抄本，然该书卷二一《通江东柴漕启》一文仍缺字不少，我们据《四六宝苑》卷二四《通柴漕》可补足如下（方框内字为补字），以供参考：

理义不明，人心为之陷溺；英贤间出，世道赖以扶持。久勤钦慕之私，今获趋承之幸。恭惟某官怀奇负气，笃志力行。道本诸身，不学腐儒之陋习；德施于政，岂徒俗吏之能为。禁伪学以方严，名他师者皆是。确守羲文之象数，自称伊洛之源流。进以立朝，推忠诚而佐后；出而乘障，仗恩信以服人。追北虏之既衰，倚西方而为重。下系群心之属望，上宽当宁之顾忱。岘首崔巍，孰遣羊公之遽去；金陵盘踞，欲令谢傅之来游。上方有意于规恢，事亦莫先于飞挽。粟红贯朽，士饱马腾。不烦刘晏之低昂，所操有道；伫见肖何之馈饷，孰并其功。行观诏绂之盼，入侍经帷之邃。榦少无立志，老不逮人。每嗟半世之徒劳，政坐一贫之为累。边尘眯目，曾何风月之分；吏事关心，益想林泉之适。况筋力衰颓之甚矣，于功名慷慨以何如。所期求全璧之归，敢意有赘员之命。靖惟侥冒，实自推扬。诸老凋零，方恨见闻之益陋；晚年飘泊，岂期道德之焉依。

综上所述，《新编四六宝苑群公妙语》是一部搜罗广泛的四六类书，中山大学所藏明抄残本，不但为我们认识该书性质提供了宝贵信息，而且保存了一些独有的南宋中后期骈文资料，具有较高的文献价值，值得我们关注。

第六章
作为批评资源的南宋学术笔记

笔记一体可谓特殊的文章体制，宋代笔记内涵丰富，包罗万象，是宋代文史研究的宝库，发展到了南宋更是蔚成大观。《全宋笔记》十编477种，从第三编往下，作者大体均可归于南宋，从这个意义上来说，一部《全宋笔记》的十之六七是南宋笔记。这一方面归功于南宋文人对此著述题材的青睐，另一方面也不得不考虑印刷术在南宋的大规模普及带来的红利。它们的种类也五花八门，既有资闲谈者，也有记游乐者；既有行记、日记，也有学术札记。就学术笔记一体，又有论专一隅者，也有广涉四部者，等等，不一而足。本章所要讨论的，是两部并不突出的笔记著作：《履斋示儿编》和《爱日斋丛钞》。它们的作者都是沉于下僚、居于地方的文人，但两书所展现的知识结构，却均能涉猎四部，其中关于文学部分的讨论，恰可作为我们探讨宋代文学的批评资源。《履斋示儿编》关于宋代律赋的材料，《爱日斋丛钞》关于南宋地域文人群体的记载，都值得我们留意。

第一节 《履斋示儿编》的学术得失与版本流传考略

《示儿编》，或称《履斋示儿编》，是南宋孙奕所撰的一部学术笔记，该书共二十三卷，内容分总说、经说、文说、诗说、正误、杂记、字说七部分，涉及面十分广泛。作者自谦"论焉而不尽，尽焉而不确，非敢以污当代英明之眼,姑以示之子孙耳,故名曰《示儿编》"(孙奕《自序》)。从学术史角度检视,该书并非宋代学术笔记之绝佳者,其未立一时之典范,亦未开一代之风气,但是书中"辩经传之同异,核文辞之是非,诗之评,字之正,人物之绮谈,奇闻奥旨,靡所不载"(胡楷题识),立论多独特,见解常有他人未到处,由宋至今,学人引用评述颇多,可谓沾溉学林久矣,是一部甚有特色的笔记著作。本文首次对《示儿编》进行学术史定位,并系统梳理其版本流传,以期学界能更好利用此书。

一、作者孙奕考

《示儿编》作者孙奕,字季昭,号履斋,吉州庐陵(今江西吉安)人[①]。除本书外,他还著有《九经直音》十五卷、《决疑赋》二卷(已佚)[②]等书,均为小学类著作,对研究语言学史颇有参考价值。又有《孟子明解》十四卷,《经义考》著录。孙奕的生平履历,因文献阙如,今已不可详考。据现有材料来看,他主要生活在南宋孝宗、光宗、宁宗三朝,与周必大、谢谔等有交往。本书卷一〇"周益公评诗"条,记载作者于"绍熙丁巳三月既望,侍宴春华楼"[③],闻时宰周必大谈诗论艺,四库馆臣由此推断,他在宋宁宗时做过侍从一类的小官,大抵可信。元苏天爵《滋溪文稿》卷二九《书周益公答孙季昭帖》云"右宋少傅周益公答解元孙季昭帖",同卷《题孙季昭上周益公请改修三国志书稿》云"宋乡贡进士庐陵孙季昭三上书益国周公,请改修三国史志,

---

[①] 元刘氏学礼堂刻本第十四、十五、二十一卷下,题作"庐陵礼津孙奕季昭撰",顾千里跋《知不足斋丛书》本时认为"礼津,必履斋所居之地名"。此地今已不可考。
[②] 《决疑赋》,《宋史·艺文志》著录,他书未见载。其载"孙季昭《决疑赋》二卷",列小学类,尚无材料证明此为同名姓者所作,而孙奕本长于文字训诂,故列于此。
[③] 绍熙为宋光宗年号,共五年,无丁巳年。丁巳年当为宁宗庆元三年(1197)。此处孙奕写作"绍熙丁巳",不知是"庆元"误作"绍熙",还是"丁巳"别为他年。《四库全书总目·示儿编提要》及孙志祖校订本书时,均偏向于前者。

以正汉统"①,由此可知,孙奕是乡贡进士之解元,且其与乡贤周必大的关系并不疏远,不仅侍宴而已,他们还曾相互讨论过书籍的刊刻、修订,惜今周必大文集中已找不到致孙奕的书信了。又元宋褧《燕石集》卷一五《跋孙履斋周益公二帖》云:

> 庐陵孙义方以宋相周益公与其高王父履斋论修后汉三国史往复翰墨见示,盖履斋之请,急于正名分、扶纲常,非迂泛强聒者。益公辞之笃,乃深知其事之不易而慎重之欤?

在南宋与金、蒙古、西夏等国对峙的背景下,孙奕三次上书周必大,讨论修订"三国史"书稿之事,以史鉴今,强调南宋正统地位,这是当时有识之士关注的焦点问题之一,孙奕也不例外,可见他并不是一个村学究,而是颇有些识见与气骨的士大夫。

二、学术得失论

《示儿编》的成书,据其自序乃是宋宁宗开禧元年(1205)之事,因望儿孙辈能"知学",故作之。可见其撰述之动机,或只作入蒙教材而已,但其于此书用心勤勤,时见功底,绝非一般蒙学读物可比。该书之成绩,至少有三点值得我们注意。

一即见解独到。孙奕此书立论,多为其自得之见,绝少承袭他人见解,而于成见多有驳斥。其总说、经说部分,注重文字训诂,由此生出许多观点,甚尚新奇。如卷二"放诸桐"条,认为《尚书》"太甲既立,不明,伊尹放诸桐"之"放"乃"教"字之误,因二字篆文相近耳。论述有条不紊,能够自圆其说,明代大学士宋濂甚至认为他的这一观点

---

① 苏天爵:《滋溪文稿》,中华书局,1997年版,第487—488页。

"其论甚伟"①。另如卷二"衍字误字"条、卷三"黾勉"条、卷四"攻乎异端"条、卷五"子乐"条、卷六"少艾"条等,都为新异之论,或为大家所认同,或为后学所辩驳,引起了广泛而持续的关注与讨论,均足以自成一说。

其文说、诗说部分,探讨诗文作法,评价前人诗文,寻章摘句,含英咀华,多有创获。如卷八"破题道尽"条将文章的创作要领归纳为"命意""破题""遣辞"三点,又将此三点之间的关系揭示出来"不善遣辞,则莫能敷畅其意;不善涵蓄题意,破题何自而道尽哉",实在可称知言。而"作文法"条记载谢谔"文贵乎奇,过于奇则艳,故济之以法;文贵乎正,过于正则朴,故济之以葩"之言,也常被文论家重视。孙氏论诗,最重老杜,于老杜诗中的语言技巧、诗艺意味均有所抉示。特别是卷九"假对""用古今句法",卷一〇"出奇""屡用字""知见"等条,独具慧眼,切中肯綮,将潜藏在杜诗中的各种艺术蕴奥总结发掘出来,对研究杜诗具有启发意义。

其正误、杂记部分,旁征博引,辩证诸家观点,汇聚各类材料,由史实考订到字词释义,细大不捐,详略得当。如论"名讳"、析"囊橐"、释"马耳"等条,足资考证。纠正经史各家之误,亦多所发明。类似以上种种独得之见,妙会旁参,发人未发,于书中在在而有,不可尽述,此实乃该书之大宗也。

二即保留文献。《示儿编》广泛征引各类著作,保留了不少独家文献,为研究古代典籍提供了许多有价值的线索。其中引及的林之奇《群经辨惑》、林坰《赋文精义》、张舜民《年历辨误》等书,历代目录罕见著录,他书也少有言及者,实可补《宋史·艺文志》之阙。书中还保留了许多佚文,可为今日利用。如所引严有翼《艺苑雌黄》一书早已亡佚,《示儿编》征引该书十五条,泰半为他书不载,对充分认识《艺

---

① 宋濂:《题伊尹古像卷后》,《宋濂全集》,浙江古籍出版社,2014年版,第1433页。

苑雌黄》的性质、体例有所助益。卷二一所引胡铨《跋保静庵记》和洪迈《蟆洲记》等,也为文集所逸,《全宋文》亦未录,可补。

《示儿编》引用文献,多注明出处,其体例又常有胪列多条,然后于最后一条注出者,作"并《某书》"。前贤评价此书时,未能注意此点而将引书意见当作孙氏观点,故有疏漏处,这是值得注意的。如《四库全书总目·示儿编提要》说此书:"'王安石字说霸字'条下称其学务穿凿无定论,《艺苑雌黄》一条又称'熙丰间定有成书,是正舛谬,学者不能深考,类以穿凿嗤之',亦间或自相矛盾。"此论即未注意到前说乃引《邵氏闻见后录》之语,其于后四条末已注明出处,后者乃引《艺苑雌黄》之语,并非孙氏自相矛盾,而是四库馆臣误会了。总之,在仔细甄别此书文献来源的基础上,各取所需,或时有新喜。

三即类比材料。这一点突出表现在杂记、字说诸卷。如卷一四"纪元"条总结历代纪元义例,"年号同""姓名同"条搜罗史书相同者于一处,卷一五"人物异名"条汇聚各种称呼于一处等等,出入子史,博采笔记,材料极其丰富,足以增广学识,拓展视野。更为学界所重视的,即其字说部分。因采用类比材料的方法,故而集中地保留了宋代的音韵,蕴含了丰富的语音流变信息,为研究宋元音韵学提供了宝贵的资料;其分析文字异同,考订字体俗讹,亦善于搜集类比,堪称一部小型纠谬字典。

另外,《示儿编》也记录了一些习俗制度与遗闻轶事,对于了解宋代社会风貌不无裨益。如文说部分的"赋要识题""双声字贵详审""协韵字虽亦作字不可重押"数条,即于研究宋代科举律赋规则有重要价值。总之,在学术创见与文献蒐裒两方面,孙氏此书都有值得称扬之处,而不管是辨经订史还是谈文论艺,其注重字词训释的特色也一以贯之,"考评经传,渔猎训诂",充分体现出孙奕在小学领域的造诣。

当然,此书的缺点也十分明显:(1)因刻意求新,故其结论或有穿凿之嫌。如卷五"老彭"条释"彭"为"旁",即为后来学者驳正,清人翟灏《四书考异》卷下"条考九"所辨就是代表。(2)因贪多务博,其于史料亦有疏忽之处。如卷九"祭文简古"条,四库馆臣及钱大昕《十驾斋养新录》卷七即对杨大年撰章献太后祭文一事进行质疑与辨正。(3)因胶着字词,其于文学笔法偶有强辩之时。如卷一三"意误"条说地不可与天同称"上",月不可灭雪霜等,就有点不顾作诗行文之意趣,而钻牛角尖,卢文弨等校订《知不足斋丛书》本《示儿编》时即给予了批评。但是瑕不掩瑜,其缺点与优点一样,都因孙氏独立思考、不随人言的精神而生,这恰是他留给后人最宝贵的精神财富。

三、版本流传考

《示儿编》的版本,比对各类藏书志所录及各地图书馆所藏,情况略显复杂。今以有限眼光所及,试述重要版本情况如下。

(一)现存《示儿编》当以元刘氏学礼堂刻本最古(简称"元刻本")。此版题作"新刊履斋示儿编",每半页10行,行19字,细黑口,左右双边①。前有作者孙奕开禧元祀(1205)自序,继目录后有孙氏同乡后学胡楷嘉定癸未(1223)订正题识。今藏国家图书馆,有缺页,并钤有蒋之翘、曹溶、汪士钟、杨绍和、杨承训、陈澄中等藏书印,《北京图书馆古籍珍本丛刊》《中华再造善本》据以影印。关于此版,有两点疑问尚需说明。

究竟是元本还是宋本。此版汪士钟《艺芸书舍宋元本书目》定之为宋本,顾千里借阅后亦以为然。之后学界相当长一段时间都认为此版为宋本,杨绍和《楹书隅录》、缪荃孙等《嘉业堂藏书志》、陆心源

---

① 顾千里云"宋刊本每半页九行"(见《思适斋书跋》卷三,上海古籍出版社,2007年版,第71页),王文进亦言为"半叶九行",且言为白口(见《文禄堂访书记》卷三,上海古籍出版社,2007年版,第196页),疑二人为误记。因顾千里校订《知不足斋丛书》本所记诸条校文,与国图藏本完全一致,绝非不同的两版书。

《皕宋楼藏书志》、邵懿辰等《增订四库简明目录标注》、傅增湘《藏园群书题记》、叶德辉《书林清话》等名流名著均以为是，乃至今日诸多书目仍有因袭此观点者。盖因其版式形制都与宋本似，且避讳"贞""桓"等字，更重要的是，此版胡楷题识云"本堂重加订正，以寿诸梓"一语似已说明此版乃胡楷于嘉定癸未刻版，蒙蔽了许多人。其实，王文进批点《海源阁藏书目》时即已定其为元刻，但多不为人知晓，于是周叔弢批校《楹书隅录》时仍只疑其为元本，不敢轻下结论①。直到原北京图书馆编目时，才最终审定②。从避讳来看，此版"殷""义"诸字不避，"姤"字亦不避，但其卷二"七日来复"条下"姤"却作"遇"，由此推断，避讳字已经回改过，因回改不尽，故仍留有一些避宋讳。又卷一七"学贵通古今"条"宋朝杨大年"云云，显是他朝口吻，其他处又作"本朝"，也当是回改不尽造成的。显然此版不是宋刻，亦无覆宋刻之证据，定为元本是恰当的。

　　胡楷其人及与刘氏学礼堂的关系。胡楷题识落款只写"癸未"而未系年号，通行认为即嘉定十六年（1223），但周中孚《郑堂读书记》卷五十六认为乃元至元二十年（1283），不知其所据。倒是通行看法有相关材料印证。据《吉安府志》选举志所载，淳熙四年（1177）有庐陵胡楷参加过解试③，这与订正《示儿编》的胡楷在时间上比较相符，在没有新材料的情况下，定作嘉定癸未较好。此版卷二○卷首题下有"刘氏学礼堂刊"牌记，既已定做元刻，则此刘氏学礼堂自是元朝刻坊，但南宋人胡楷于嘉定年间所作题识何又自称"本堂"？此版各卷署"庐陵乡先生孙奕季昭撰"，唯第六、十二、十八卷无"乡先生"三字，

---

① 王、周二批语均见王绍曾等整理《订补海源阁书目五种》（上册），齐鲁书社，2002年版，第186页。
② 《冀淑英有关海源阁书目覆王绍曾书》云："宋本《履斋示儿编》二十三卷十二册，有海源阁藏印。此书由陈澄中转归北图，编目时审定版本，改订为'元刘氏学礼堂刻本'。"见《冀淑英文集》，北京图书馆出版社，2004年版，第415页。
③ 见《中国方志丛书》第251号《吉安府志》卷二二，台北成文出版社，1975年版，第723页上。

其十三、十四、十五、二十卷则署作"庐陵礼津孙奕季昭撰"。前称"乡先生"云云,当是胡楷订正此书时所加,而"庐陵礼津"即孙氏自言。由此看来,胡楷确实订正过该书,不该自称刘氏学礼堂为"本堂"。瞿冕良据王文进《文禄堂访书记》所记,明雪晴斋抄本所载胡楷题识与此版略有出入,故认为:"学礼堂篡改了胡氏原语,变'订正誊录'为'寿诸梓',变'家抄一通'为'家置一通',书名又冠以'新刊'字样,其余照旧,昧者不察。"①他的结论是可信的,解释了二者关系,乃刘氏学礼堂利用胡楷手抄本刊行,又篡改了题识。

虽非宋本,但此版今日仍最可贵,明清钞本多有祖此本者。

(二)明雪晴斋抄本。此版题作"履斋示儿编",由棉纸蓝格抄写,每半页8行,行24字,版心有"雪晴斋抄"四字,钤"邵仲子""彭之椿"等印。雪晴斋究指何人,俟考②。前文已言,该版所录胡楷题识最后几句与元刻本异,但又无法确切考知其所祖,疑该版与元刻本同出一源,版本价值极高。彭元瑞曾对该本进行校勘,并有跋。《藏园群书经眼录》卷九著录此本。今藏国家图书馆。

(三)明潘膺祉如韦馆刻本(简称"明刻本")。此版题作"履斋示儿编",每半页9行,行18字,白口,四周单边。前有孙奕自序,序末有"新安如韦馆藏版"七字,继有李维桢和潘膺祉万历丁巳(1617)题辞。卷首题"宋庐陵孙奕季昭撰,明荥阳潘膺祉方凯父校",据潘氏题辞,此版乃以焦竑所藏抄本为底本。或因传抄漫漶,该书谬误颇多,学界多为不满。但因该书流传较广,且后出转精之知不足斋丛书本即以之为底本,故亦颇为重要。国家图书馆、北京大学图书馆藏有此本。

---

① 见瞿冕良《版刻质疑》,齐鲁书社,1987年版,第36—38页。
② 遍检文献,鲜有记载"雪晴斋"者,《藏园群书经眼录》载雪晴斋抄本《封氏闻见记》(中华书局,1983年版,第669页),亦未指出为何人。惟瞿冕良《中国古籍版刻辞典》(齐鲁书社,1999年版,第547页)将之归作胡楷,且将南宋胡楷与明人胡楷混为一人,显属误会,不足据。

（四）文渊阁四库全书本（简称"四库本"）。此版题作"示儿编"，收入四库全书子部杂家类杂说之属，乃以纪昀家藏本为底本。比勘内容，倘若四库馆臣并未较大规模擅自改订文字，则此本系独成系统，多处文字均与其他诸版不同，详下。其所祖究为何本，因纪昀家藏书目并无系统详细记载，故难考索。

（五）鲍廷博知不足斋丛书本（简称"丛书本"）。此版题作"履斋示儿编"，收入知不足斋丛书第二十五集，每半页9行，行18字，前有丛书序言，继之为捐资刊刻者贝庸嘉庆庚午（1810）的"重刻履斋示儿编序"，书末依次附有元刻本胡楷题识、明刻本潘膺祉题辞、顾千里《履斋示儿编辛未年重校补》、鲍廷博附识、顾千里《示儿编覆校宋本条录》、卢文弨乾隆乙卯（1795）跋、顾千里嘉庆庚申（1800）跋、鲍廷博嘉庆辛未（1811）跋等。鲍廷博虽以明刻本为底本，但是又先后邀请卢文弨、孙志祖、徐鲲、钱馥等人校雠勘定，特别是邀顾千里依照姚舜咨钞本给予了覆校，后出转精，质量远胜于明刻本，且卢文弨等学者又常常不只校勘文字，对义理、史实亦偶有辨正。他们的校勘成果或以小注形式插入正文，或直接体现为修订过的文本，与底本相较，已胜出许多。国家图书馆、北京大学图书馆等藏有此本，商务印书馆曾据此版排印出版。

以上是对几个重要版本的简单介绍。根据以上考述并结合相关内容比勘（笔者已用多个版本通校全书，为避繁琐，以下仅举一两个具代表性的例子），我们认为《示儿编》的版本源流线索虽未清晰呈现，但仍可剖为三大系统：

一、元刻本与雪晴斋抄本为第一系统。这两版当来自同一祖本，与原书面貌最为接近，虽然它们存在一些文字上的异同，但都具有极高的版本学价值。就书前胡楷题识来看，唯独雪晴斋本与元刻本相异，而元刻本乃经篡改，这从反面说明雪晴斋本所据底本正与元刻本所据底本同源；又，书的"经说"部分，孙奕本以各经分别论之，故每经前都冠以经名以区别,作"某经"提行"小标题",如卷二论《尚书》,即先写"书"然后提行再写"汝作士",元刻本与雪晴斋抄本眉目十分清晰,而其他诸本将经名标题与小标题合一了,作"书汝作士",显然与原书旨意不符;另外一些重要异文,这两个本子具有趋同性,如卷一○"呜呼"条所引杜诗"呜呼四歌兮歌四奏,竹林为我啼清昼",其他诸本均误"竹林"为"林猿",唯此二本正确。从这些痕迹判断,将它们归作同一系统是应当的。一些明清抄本属该系统。如核诸顾千里《履斋示儿编辛未年重校补》(见知不足斋丛书本所附),可知其所据顾之逵藏姚舜咨钞本,即祖元刻本,而略有不同处即其《示儿编覆校宋本条录》所示诸条。另据书志所载,伯克莱加州大学东亚图书馆所藏明钞本亦源自元刻本①。

二、明刻本与丛书本为第二系统。这两版承袭关系明确,虽然丛书本覆校了姚舜咨钞本,又吸收了许多学者的校勘成果,但在一些文字异同上,仍保留了明刻本的痕迹,呈现出与第一系统不同的面貌。如:卷七"文意同"条"遁辞知其所穷"下注,二本均作"公孙上",而元刻本、四库本注作"丑上";"史同文"条"一国忠死,百国忠生","百"二本作"一",元刻本、四库本作"百",诸如此类尚有多处。上海图书馆所藏明顾飞卿抄本《示儿编》,虽已删减成六卷,且成书早于明刻本,乃在万历二年抄成,但其文字则多与明刻本系统合,可纳入第二系统。

三、四库本为第三系统。此版源头不明,但文字与其他诸版多有出入,可自成系统。如卷一"经传引古"条"亦必有所从始"下,其他诸本均直接接"古今皆知《文言》为孔子之所作",唯四库本中间多出"如书引人亦有言论语引周任有言之类"十六字;又如卷一五"因物得

---

① 此版曾为天一阁、嘉业堂所藏,见《伯克莱加州大学东亚图书馆中文古籍善本书志》,上海古籍出版社,2005年版,第189页。

名"下"王羲之以禽来食林檎之实,名林檎曰来禽"注文,诸本均无引"《广志》:林檎,似赤柰子,一名来禽,言味甘熟则来禽也"之句,唯独四库本有之;等等。不过,如果考虑到四库馆臣可能对此本进行了较多的主观性文字修订这一情况,那么,就与以上两版关系而言,四库本更接近明刻本,而与元刻本距离稍远。如卷一"倒文"条"稷黍",元刻本"稷"作"殺",四库与明刻本均作稷;卷十"用方言"条,"老妻画纸为棋局,稚子敲针作钓钩"句下,四库与明刻本均有注文"江村",元刻无;等等。从这个意义上说,四库本或亦可划入第二版本系统。

关于这三大系统的内在关系究竟如何,目前尚无外部材料记载予以落实,仅凭内部若干异文的同异尚难定谳。但有一点是肯定的,即诸本均出自胡楷重订之后的版本。据《郡斋读书志》卷五所载,此书原为前后集二十四卷。当是经胡楷重订,始为二十三卷。至于为何由二十四卷变成二十三卷,一般认为即由孙奕所列七条合并整合而成,但是也有学者疑第九卷文说与诗说混排,乃刻写者疏误,当析为两卷,此说未见文献依据,也颇有道理,可备一说[1]。由此,我们可以说今日各地所藏《示儿编》诸版同出一源而分之为三。当然,由于《示儿编》抄本众多,藏地分散,书目著录亦较多,囿于学识与客观条件,不及本本细考,以上所述或有纰漏,尚祈方家指教。

第二节 《爱日斋丛抄》体例臆测与文学史价值

在丰富的宋代笔记著作中,宋末叶寘的《爱日斋丛抄》似乎并无出类拔萃之处,加之此书原貌已不可考,今日所见不过是四库馆臣从《永乐大典》中辑录出来的部分条目,故而此书价值并不为学界所重

---

[1] 见李无未:《南宋〈示儿编〉音注的浊音清化问题》,《古汉语研究》1996年第1期。

视。但是,《爱日斋丛抄》所处的时代是兵燹频仍的宋末,这个时段毁坏的书籍数量极为庞大,它能够存留部分,已属幸运①。同时,此书留存篇幅虽小,但所记多是亲睹亲闻,所论也能独抒己见,而鲜有稗贩旧书、蹈袭他作之弊,所以它就成为了我们考察宋末士人知识兴趣、学术焦点、文学主张、士林心态的有限的几种重要资料之一,具有相当的学术意义,特别是从文学史角度审视,更有不可替代的价值。

一、《爱日斋丛抄》原书体例臆测

黄虞稷《千顷堂书目》记载叶寘《爱日斋丛抄》原书十卷,该书题名为"丛抄",但从现存的五卷本条目来看,"抄"的内容并不是主体,名之为"丛抄"应属作者自谦之言,这就好比赵彦卫的《云麓漫钞》、黄震的《黄氏日钞》那样,并非以摘抄为主,乃重在辨析论述,不可据以纳入资料汇编式笔记的范围,应将其看作是一部承载作者论学见解的综合性学术笔记。傅璇琮在《全宋笔记·序》中曾指出:"比较起来,宋人笔记,小说的成分有所减少,历史琐闻与考据辨证相对加重,这也是宋代笔记的时代特色与历史成就。"②也就是说,宋代笔记在史料和考辨两方面,有了新的突破,成为一代笔记的新风尚,其中综合性学术笔记在南宋的逐渐定型就是明证。因而,我们有必要把《爱日斋丛抄》放到这一大背景中去认识它的性质。

宋代的笔记内容繁复,类型也较多,刘叶秋将它们分作三类,即小说故事类、历史琐闻类和考据辨证类,大抵不错③。第一类偏重故事叙述,特点在人物、情节,有时还带有虚构色彩;第二类偏重史料记载,举凡史实、地理、名物、轶事均可纳入;第三类实为学术笔记,落脚

---

① 《爱日斋丛抄》的作者在诸多书目中长期阙如,可窥此书命运之一斑。余嘉锡《四库提要辨证》卷一五据黄虞稷《千顷堂书目》著录考订作者,才确定此书乃叶寘所撰。
② 傅璇琮:《全宋笔记·序》,大象出版社,2003年版,第6页。
③ 刘叶秋:《历代笔记概述》,北京出版社,2003年版,第4页。

于学术观点的表达。毫无疑问的是,具体到某部笔记,它们三者会有重叠,只是主体部分表现出某一类的倾向性。而仅就学术笔记来看,根据内容和形式,还可细分为三种:第一种是单独某一方面的学术成果结撰成书,它们或偏重小学训诂(如唐代李涪《刊误》、宋王观国《学林》),或偏重历史考证(如宋李心传《旧闻证误》、清代赵翼《廿二史札记》),或偏重诗文衡鉴(如一般的诗话、文话、词话)等,都相对集中于作者擅长或感兴趣的领域;第二种则内容涵盖较广,没有明显偏重,但形式上主要以丛谈形式撰集,不分条目,不作编排,随笔记录,如宋祁《宋景文笔记》、洪迈《容斋随笔》、史绳祖《学斋佔毕》、戴埴《鼠璞》之类;第三种则和前两种很不相同,它不但内容不局限在某一领域,将考察范围扩展涵盖至经、史、子、集四部文献,而且形式上也基本以四部作为全书的结构,有明显的编撰体例。这三类学术笔记各有特色,但从内容的深广度和影响力来看,第三种最能全面地展现古代士大夫的学术成果与知识兴趣,算得上古代学术笔记中最高成就的代表。比如清代顾炎武的《日知录》、钱大昕《十驾斋养新录》、赵翼《陔余丛考》等,都是其中佼佼者。它们典型地以经、史、子、集、小学作为全书框架,常常是始于经书《周易》,而结于字词考辨。学界一般认为,这种结撰风气乃自宋末大儒王应麟的《困学纪闻》开辟①,但仔细检视古代笔记发展史,就会发现这种大体以四部分类为结构的学术笔记,在南宋多部笔记著作中已经渐显端倪。

从笔者目前的考察情况来看,虽然在南宋之前,如北宋沈括的《梦溪笔谈》作为当时学术笔记的翘楚,已经比较注重按类编排,且内容涵盖范围极广,但它的面貌比起一般的笔记更复杂,许多条类都溢

---

① 如陈祖武《〈困学纪闻〉与〈深宁学案〉》就说:"厚斋先生之学,尤其是所著《困学纪闻》,影响有清一代学术甚巨。三百年间儒林中人,无不深得厚斋先生之学术沾溉,顾炎武之《日知录》,阎若璩之《潜丘札记》,钱大昕之《十驾斋养新录》,赵翼之《陔余丛考》,陈澧之《东塾读书记》等等,每多引为矩矱,颇见遗风。"见《困学纪闻(全校本)》,上海古籍出版社,2008年版,第1页。

出了学术笔记的框限，它的编撰格局并没有得到后人的继承。而符合上述以经、史、子、集、小学为主体框架的笔记，则大概可以南宋吴曾《能改斋漫录》、王楙《野客丛书》为雏形，经程大昌《考古编》、孙奕《履斋示儿编》、叶適《习学记言序目》、黄震《黄氏日钞》等笔记著作的沉淀、调整，最后形成了以王应麟《困学纪闻》为代表的新的学术笔记撰述传统。这些学术笔记，其本质已是"学术著作"，侧重的是观点的表达，而非史实的记录；是独得之见的辨析，而非他人意见的汇录；是自具体系的编撰之作，而非任意排列的丛谈杂议。它们常有自己的体系，是经作者按照一定的逻辑方式编排出来的，比较系统地反映出作者的知识结构。这一学术笔记发展情势，是和宋代士人的知识结构逐渐趋向一致大体相应的。由于当时书籍出版的发达，士人们不但有条件广涉四部典籍，而且对格物致知表现出前所未有的热情，而《爱日斋丛抄》应该就是这种新的笔记撰述传统下的产物。

我们不妨将现存五卷本《爱日斋丛抄》及佚文作简单分析，便可清楚它和以《困学纪闻》《日知录》为代表的那种泛猎四部文献的笔记具有何等的相似性。

据孔凡礼整理本，此书五卷145则，加佚文7则，合152则。其中，就经部来看，有言"礼"者10余则，实可对应经部的三《礼》研究，如第一卷第1则"释奠、释菜"，所涉正在《礼记》《周礼》《仪礼》等文献；第5则论冠名礼，亦以《礼记》开篇。孔凡礼总结第一卷18则（实为20则）有10则是言礼的。我怀疑，这一部分在原书中应是比较集中地对三《礼》进行阐述的，《永乐大典》记录下来，四库馆臣得以辑出，而该书其他论经部典籍的部分，则已亡佚了。

史部来看，卷一第13则谈《史记·田敬仲世家》，第15则谈《史记·夏本纪》，第16则谈《史记·高帝纪》，第19则论"魏太武诏毁浮屠形像"，第20则亦以《北史》为引子，论佛寺兴替；卷二列论历史人物与事件，涉及战国田单、公子虔、商君、西汉楚元王刘交、张良、樊哙、朱博、王莽、东汉杨璇等,乃至魏晋人物一直到宋朝当代史,是明显的论史札记。

子部来看,有卷二《列子》、卷五《子华子》《吕氏春秋》《颜氏家训》等,相对较少,而这个特征也正好和其他的学术笔记是一致的。比如《履斋示儿编》没有专谈子部典籍;《习学记言序目》五十卷,涉及子部的只有五卷;《黄氏日钞》以经史在前,"读诸子"在后,九十七卷的篇幅中亦仅占四卷;《困学纪闻》只在第十卷下半部分有"诸子"一目,占比也较少。宋代学术笔记的论述对象中为何子部典籍较少,很值得注意,不过这已是另外一个话题,但它们所体现的共性,在现存的《爱日斋丛抄》中也表现明显,这恐怕并非巧合。

集部来看,卷三、卷四共 68 则基本都是论述诗文问题,此外卷一、卷二、卷五也有不少是论诗文的,这一点是现存《爱日斋丛抄》的主体部分,也是本文的考察重点,我们下文详说。

其他就是关于文字、名物等的考辨了,如卷一第 4 则论"挂罳"、第 10 则论"铜人铜马"、第 12 则论"莲炬",卷五论"九百"词意,佚文论"犹豫"词意,以及各种关于名字、称呼的风俗与训诂考释,等等,都在小学范围之内,可作"杂考"之属。可见,《爱日斋丛抄》至少从现存内容上来判断,是存在按类编撰的基础的。

综上所述,考虑到四部分类式笔记这种新的编撰传统的影响力,以及《爱日斋丛抄》现存内容的相关性,我以为十卷本的《爱日斋丛抄》非常可能具备了如《履斋示儿编》《黄氏日抄》《习学记言序目》等书一样以四部分类法统摄全书的框架。《四库全书总目·爱日斋丛抄提要》认为"其体例与张淏《云谷杂纪》、叶大庆《考古质疑》仿佛相近",庶几得其要旨,张、叶二书正是囊括四部的综合笔记[1]。我甚至

---

[1] 非常可惜的是,张淏《云谷杂纪》、叶大庆《考古质疑》二书也已散佚,今本亦只四库馆臣辑录《永乐大典》而已。

有个大胆的猜想,以此法重新编辑《爱日斋丛抄》现存的 152 则,可能比现在的编撰法更符合原书面貌①。当然,这只是一个没有太多实证材料的猜测,也可能只是想当然的"应然",无法完全坐实,因为保不准叶寘此书就是真正的"丛抄"而已。然而,即便如此,这种猜测对于我们认识该书的性质仍当有所助益吧。

《爱日斋丛抄》和其他此类体例的笔记相比,还有一个独特之处,就在于叶寘在论述问题时,总是和当时学界关联在一起的,这一点其他学术笔记中偶尔会有,但没有这么突出,这恐怕要从叶寘的社会身份和时代处境角度窥测。

二、叶寘的社会身份与《爱日斋丛抄》的撰述特点

一般而言,学术笔记与当时社会的关系度并不密切,特别是在论述纯粹的学术问题时,很少引入当代学界的论述进行对话。但《爱日斋丛抄》最爱与当时学界、文坛直接关联,不仅对当时文坛多有记录,甚至许多学术话题都引用了当代学人笔记的观点,进行辩驳、补充、引申等。如卷一第 4 则论"挂罳",除了崔豹《古今注》、郑玄《礼记》注、颜师古《汉书》注、苏鹗《演义》、《文宗实录》、《酉阳杂俎》、《开宝遗事》、《大业杂记》等书外,还特别提到了南宋的洪兴祖《杜诗辨证》、赵次公《杜诗注》、赵彦卫《拥炉间记》(即《云麓漫钞》原名)、周必大《泛舟游山录》等著作,具有明显的时代印记。即使是论述经典作家,也常常和当世文坛关联,引证相关诗文作为佐证。如卷三第 6 则论"荆公诗多举贞观",罗列王安石诗作多首后,便引了石九成文诗句②和吴子良《荆溪集》中诗句。另外像第 38 则,提到了"近时《江湖诗选》",

---

① 四库馆臣的五卷本编撰,其实也注意到了四部分类的编撰,如三、四卷就是集中论文学,只是贯彻得不够彻底。
② 原文为"比见石九成文诗云:忽思往事三代前,今有罪者亦可怜。"所谓"石九成文"不知何许人也,但味语气,应为时人。

也是我们揣度《江湖集》丛书与选刊的重要记录。四库馆臣也曾指出此书:"凡前人说部如赵德麟、王直方、蔡絛、朱翌、洪迈、叶梦得、陆游、周必大、龚颐正、何薳、赵彦卫诸家之书,无不博引繁称,证核同异。"这种现象的出现,原因是多方面的,比如宋代学术笔记的发达,让他有了可资学术对话的对象;印刷出版的快捷,让他有了及时阅读当时学术笔记的可能等。但这最终还要落实到叶寘对待文献资源、文坛信息的态度上来。

叶寘,字子真,号坦斋,池州青阳(今属安徽)人。关于叶寘的生平与材料,孔凡礼已有基本的梳理,可参看①。他一生大部分时间似乎是隐居在九华山度过,但他与洪咨夔、魏了翁、刘克庄都有交往,可见叶寘并不是一个真正的隐士,而只是未深涉官场而已,他在地域社会中活动颇为频繁,故而他对当时文坛有比较清楚的认知。叶寘性格刚直,学问富赡,关于他的资料实在较少,《宋诗纪事补遗》说"宋末监司论荐,补迪功郎、本州签判"已是目前叶寘行迹最具体的记载。孔凡礼说叶寘为监司论荐"说明叶寘的为人和文学都十分突出,民意所在,监司不能不论荐"②,这种猜测本算合理,但我们现在有更明确的材料说明叶寘被论荐的原因。

《永乐大典》卷七三二五载有吴泳《叶寘因搜访进书特补迪功郎制》一文,全文云:

> 敕某:粤昔绍兴,当兵戈俶扰中,搜遗举逸,曾无虚岁。有以布衣郑樵所著书献之朝者,乃特命以官,恩至渥也。尔经明行饬,学有源流。翳然九华之颠,恬退不竞。部刺史以论著来上,朕阅故典,可不以高宗之所以命樵者而命汝耶?勉尔递思,服我

---

① 见中华书局整理本《爱日斋丛抄·点校说明》及附录资料。孔凡礼的资料辑录不全,如洪咨夔还有《答叶子真札子》即未辑入。
② 《爱日斋丛抄》,中华书局,2010年版,第6页。下文所引随文注出,个别句读有所修改。

休命。可。①

吴泳此文,虽是代王立言,但信息量也不少。首先可以肯定的是,题中的"叶寘"正是《爱日斋丛抄》的作者,因为文中有"翳然九华之颠"之语;其次,从题目即可知道,叶寘被论荐补迪功郎,乃是因为"搜访进书"之故;第三,文中说叶寘"经明行饬,学有源流",可见他在当时主要是以学问为世所重,而不是文学创作。一个人会因搜访进书而被论荐加官,这在历史上并不多见,吴泳文中将叶寘的行为与郑樵以布衣献书而得命官相提并论,这更是反映叶寘博学的重要旁证。郑樵在四十四岁时"按秘书省所颁《阙书目录》,集为《求书阙记》七卷、《外记》十卷,又总天下古今书籍,分类为《群玉会记》三十六卷",从而献书皇帝,荐为迪功郎。② 郑樵是宋代少见的杰出文献家,藏书富赡,著述丰硕,特别是《通志》之作乃文献巨著。吴泳将这样一位成就非凡的文献家与叶寘作比,我们可以猜想叶寘在当时文献上所花的工夫有多深,说叶寘是当时著名的藏书家,想必离事实不会太远。正是因为叶寘藏书家的身份,才可以解释《爱日斋丛抄》何来如此丰富的文献征引。

除了广博地征引文献之外,《爱日斋丛抄》中蕴藏的当时文坛的信息更为引人注目。从他和魏了翁、洪咨夔、刘克庄的交往,以及洪咨夔给他的信件,刘克庄对他的评价诸方面判断,叶寘的年龄大体和刘克庄差不多,出生在1200年前后,活跃于宋理宗朝。此时的文坛,呈现出多元化的格局,地域性文人群体勃兴③,而叶寘因长年未出仕,正是活跃在地方上,对东南一带的文坛信息多有掌握,比如对刘克庄

---

① 《全宋文》据《永乐大典》辑录,见《全宋文》第315册,第419页。
② 参徐有富:《郑樵评传》,南京大学出版社,1998年版,第282页。
③ 参拙文《国家变局与晚宋文坛新动向》,《华南师范大学学报(社会科学版)》2010年第1期。

《梅花百咏》引起的当时广泛的唱和活动的描述，就是佳例。淳祐十年(1250)十二月，刘克庄作《梅花十绝答石塘二林》，石塘二林即刘克庄内侄林仝(字子真)、林合(字子常)，后又依此次韵往复十遍，得梅花绝句一百首①。刘克庄的梅花绝句引起了一批诗人的次韵唱酬，乃至笺注者，这在刘克庄的文集中有比较全面的反映，他也为此作了不少序跋。但是，关于这一文学活动的正面记载与评价很少，《爱日斋丛抄》不但将此次活动的诸多信息记载下来了②，而且还把它与此前的咏梅活动进行比较，给出了历史的定位："梅绝句以十计，维杨公济蟠通守钱塘赋此，东坡和之。再，剑南诗亦两赋，十十而百，李氏之后，莆田唱酬为盛。"(卷三，第58页)

与此相似的，是《爱日斋丛抄》记录的关于王迈所撰箴言一事。卷四"筮仕箴"条先是叙述周必大、彭龟年等人的箴言，认为"此近代先正之家训传于文字者，非私言也"，然后把王迈根据真德秀的四字箴言创作的一组作品加以引述(卷四，第95—96页)。王迈的这四篇箴言，已不见于今本《臞轩集》，它保留了王迈文学的另一种面相，是重要的佚文③。更重要的是，它还告诉我们，这组作品是王迈在任南外宗学教授时所作，并且是基于真德秀提出的廉、仁、公、勤的四字劝说而作的阐发，可以说，王迈的这四篇箴恰是真德秀为官思想的投射。

由于晚宋文坛资料散佚严重，《爱日斋丛抄》记载的晚宋文坛信息就弥足珍贵。这些文学史实的揭出，不但有助于我们理解文学作品产生的动因，更为我们还原历史图景，触摸文学原生态，描绘复杂的文学史面貌，提供了活泼生动的材料。

---

① 关于此次唱和情况，可参拙著《刘克庄的文学世界——晚宋文学生态的一种考察》，第71—73页。
② 由于《后村先生大全集》的缺损，某些信息正赖《爱日斋丛抄》补全。
③ 《全宋文》辑录了这四篇箴言，但所据为明代郑岳的《莆阳文献》，未免舍近求远了。

洪咨夔在《答叶子真书》中说"某畴昔过九芙蓉下,知有隐君子之庐在",又问"琴书何时过潜山"①云云,实可见出虽然叶寘"隐居"在九华山下,但这里的"隐"只是相对于"仕"而言罢,并非隔绝于俗世。叶寘如此迅捷地掌握着当时文坛的信息,可以推想他在地域社会中是活跃的,否则洪咨夔也就不会有"琴书何时过潜山"之问了。换言之,叶寘除了是一位藏书家之外,还是一位地方文人,而正是基于藏书家和地方文人两个身份,让《爱日斋丛抄》表现出两个撰述特色,即广博的文献征引和丰富的时代讯息,而这也成为该书文学史价值最突出的亮点。

三、作为诗文评的《爱日斋丛抄》

作为学术笔记,《爱日斋丛抄》文本本身的文学价值是匮乏的,它在叙述人物活动时,侧重于学术观点的表达与文学作品的引述,而于事件情节、人物言行鲜有形容②,缺乏审美效果。从文学角度审视,它的价值在于记载的内容多有文人活动和文学作品,辨析的问题多有诗文技巧和语汇流变,而不在于文本本身的言辞之美或叙事之意。章学诚《文史通义·诗话》认为诗话论诗有"及事"和"及辞"之分③,《爱日斋丛抄》虽非诗话,但综合性笔记中论集部部分,其实和一般的诗话、文话并无二致。我们分析《爱日斋丛抄》的文学史价值,大抵也就"事"与"辞"两方面来看。结合所存五卷文本,兹分五类予以陈说。

(一)散佚文献辑录。叶寘广泛引用各类典籍,保留了许多已经散佚的文献,在《全唐文》《全宋词》《全宋诗》《全宋文》等一代总集的

---

① 《平斋文集》卷一三,见《洪咨夔集》,浙江古籍出版社,2015年版,第315页。
② 叶寘的另一笔记著作《坦斋笔衡》存有部分佚文,似乎就更偏向于史事轶事的叙述,文笔生动许多,恐怕叶寘自己对此二书的性质区别比较有自觉性。
③ 章学诚著、叶瑛校注:《文史通义校注》卷五,中华书局,1985年版,第559页。

辑佚中,《爱日斋丛抄》出现的频率并不算低。比如陈尚君《全唐文补编》卷八一收温庭筠《补陈武帝与王僧辩书》"罘罳昼卷,间阖夜开"佚句,卷八七收柳玭《柳氏家训序》佚文,均辑自《丛抄》卷一[①]。唐圭璋《全宋词》补陈无咎"失调名"一阕,高似孙"失调名"词一句"红翻茧栗梢头遍",均辑自《丛抄》卷四。[②]《全宋文》也据《丛抄》辑录了五篇佚文,包括王安石《报巩仲至帖》、李格非《书战国策后》、李焘《请以司马光苏轼等从祀疏》、张缜《赋梅自序》、吴泳《与唐伯玉少卿帖》。[③] 至于《全宋诗》,据《丛抄》所辑佚诗就更多了,据作者齿序排列即如下表所示:

作者	佚诗内容	《丛抄》卷数	《全宋诗》页码	备注
钱昭度	南人如问雪,向道是杨花	卷五	1册590页	
吕夷简	《天花寺》:贺家湖上天花寺,一一轩窗向水开。不用闭门防俗客,爱闲能有几人来	卷三	3册1623页	此诗《老学庵笔记》《吕氏杂记》《宋文鉴》《诗话总龟》均有,当据录
晏 殊	狻猊对立香烟度,鹭鹭交飞组绣明	卷一	3册1966页	此诗《老学庵笔记》有,当据录
范 镇	《吊刘微之》:案前曾立二贤良	卷四	6册4267页	
刘 巨	《鹭鹭》:渔人忽惊起,雪片逐风斜	卷四	7册4396页	

---

① 分别见陈尚君《全唐文补编》(中册),中华书局,2005年版,第990、1067页。
② 分别见唐圭璋《全宋词》,中华书局,1965年版,第2269、3019页。
③ 分别见《全宋文》第64册第258页,第129册第282页,第210册198页,第257册21页,第316册297页。其中张缜《赋梅自序》中已包括他的散佚诗句,《全宋诗》以序文方式收录。另承华东师范大学刘成国教授赐告,《报巩仲至帖》并非王安石作品,应属朱熹。

(续表)

作者	佚诗内容	《丛抄》卷数	《全宋诗》页码	备注
王安石	人生万事反复多,道路后先能几何	卷四	10册 6785页	
徐俯	《题双庙》:向使不死贼,未必世能容	卷三	24册 15842页	楼钥《攻媿集》卷六十九录有此句,当据录
黄裳	更高千万丈,还我上头行	卷二	58册 36755页	此又见《后村先生大全集》,《全宋诗》误作刘克庄诗
曾幾	《题意大师房》:头白高僧心已灰,石菖蒲长水蕉开。庄严事炉烟起,不用关防俗子来	卷三	29册 18596页	《千家诗选》收此诗
陈与义	老对白桂花	卷二	31册 19586页	原文为"简斋老"对"月桂花",《全宋诗》断破句又误"月"为"白",当删
胡铨	夜读文公猛虎诗,云何虎死忽悲啼。人生未省向来事,虎死方羞前所为。昨日犹能食熊豹,今朝无计奈狐狸。我曾道汝不了事,唤作痴儿果是痴	卷三	34册 21589页	此诗又见王庭珪集,题《韩文公猛虎行》
洪迈	居然丈室巧刬裁,截竹为橧不染埃	卷一	38册 24012页	
陆游	穷达得非吾有命,吉凶谁谓汝前知	卷二	41册 25743页	
姜夔	屋角红梅树,花前白石生	卷二	51册 32061页	

(续表)

作者	佚诗内容	《丛抄》卷数	《全宋诗》页码	备注
余玠	《题客次春帖》：老子也曾来伺候，诸公聊复忍须臾	卷三	61册 38121页	
林洪	湖边杨柳色如金，几日不来成绿阴	卷三	64册 40393页	《全宋诗》据《诗渊》辑得全诗

除了以上所述已被收录的散佚作品外，我们还可以从《爱日斋丛抄》中继续辑录如下《全宋文》《全宋诗》未收散句：

作者	散佚作品内容	《丛抄》卷数	备注
洪迈	《素馨花赋》：纷末丽兮，已老非待	佚文	
赵汝谈	宫井城鸦欲动时，春猿梦断北山移。揽衣拟草归田赋，犹是金莲烛半枝	卷三	此诗《咸淳临安志》收录，题作《初直玉堂和李壁二绝》之一，另一首"白头来试枕函方，拂石看题叹柏梁。剩有故情无话处，山茶今日是甘棠。"《全宋诗》均失收
吴子良	嗟汝建隆元元之子孙	卷三	
刘克庄	和篇矗矗逼衰陈，肯犯齐梁一点尘	卷三	
林希逸	《序乐轩诗筌》：师学之传，岂直以诗，诗又不传，学则谁知？后千年无人，已而已而；后千年有人，留以待之。奈何，噫！	卷三	刘埙《隐居通议》卷三有全文

作为一部已经散佚的笔记，仅据目前所留存的部分即能辑佚出如此丰富的诗文，可以想见，倘若此书全帙皆存，将有多大文献价值。

(二) 艺术渊源分析。诗文品评,自钟嵘《诗品》开始就有源流探析的传统,叶寘在谈论诗文时,也常常将它们放在诗文发展史中观察,最擅长解读其中的诗文渊源。如论陶渊明诗"结庐在人境,而无车马喧"与杜甫诗"虽有车马客,而无人世喧",认为杜甫乃"就古语一转,正使事之法"(卷三,第56页);论"荆公诗多举贞观",列举了王安石大量诗作之后,又指出石九成文、吴子良的诗句,"用荆公语"(卷三,第57页);论苏洵"更上鸡笼山上望,一间茅屋晋诸陵"惨然类韩诗"犹有国人怀旧德,一间茅屋祭昭王"(卷三,第63页);论白居易"谁能更学孩童戏,寻逐春风捉柳花"与杨万里"日长睡起无情思,闲看儿童捉柳花"同中之异,认为杨作"默阅世变,中有感伤"(卷三,第68页);论高似孙"添尽好香哪得睡,月痕如水浸梨花"乃如王安石"春色恼人眠不得,月移花影上阑干"景致(卷四,第82页);又说:"东坡诗以'鸡头鹘'对'牛尾狸',此出梅圣俞诗'沙水马蹄鳖,雪天牛尾狸'。"(卷四,第84页)等等,均能烛照幽微,提示线索,眼光犀利,独有会心。特别是论文章的因袭变化两则,更可见叶寘博学而有识。第一则是论林希逸文(卷三,第60页),叶寘先是就林希逸文的句式特点,溯源至舒元舆的铭文,再是从文中所表现的对时间的感慨,对个人在历史中的渺小之叹,对往者来人的追问等内容,历数东方朔诸人,连类比较,评论虽短,却涉及文章语言形式和精神内涵两方面,启人遐思。另一则主要就语言而论,从欧阳修《醉翁亭记》、苏轼《酒经》开始,溯源全篇多用"也"字句的文章,自《易经》《公羊传》《谷梁传》,乃至韩愈《潮州祭神文》等,广引其他笔记言论,又断以己意,是一段非常精彩的文章学专论,从而将文章用"也"字并寓韵于上之一体,阐述得非常清晰,读者由此对此体源流变化了然于胸矣。以上种种,善别源流,在《爱日斋丛抄》中俯仰皆见,实为叶寘论诗文之大宗。

(三) 作品本事笺释。笔记对文学作品"本事"的关注,也是中国文学批评中"知人论世"传统的表现,它通过对相关诗文产生背景的记载,给读者指明了解读作品的方向。前文已经提到过《丛抄》所记王迈撰写为官四箴一事,就是典型的例子。而关于陈亮、叶适、朱熹关于《抱膝吟》的信件往复,记载更是详尽,足见作品背后的故事性(卷三,第70—72页)。在《丛抄》中对诗文本事的关注,还有不少。比如其记陈师道诗:"有黄生名充者,初冬无衣,陈无己赠背子,坚不受,于是以朱氏所赆二疋寄之,有诗云:'割白鹭股何足难,食鸱鹕肉未为失。'"(卷五,第109页)这里所记与陈师道诗宋注本略同,如无背景介绍,陈师道这联诗就有点不知所云了。又如谈到陆游《送兄仲高造朝》和《复庵记》的对读(卷四,第85—86页),将陆游对陆升之的态度揣摩得鞭辟入里,所述历史与传闻,又和陆诗、陆文交织呼应,让读者在感慨陆升之命运之时,也对陆游诗文有了更为深刻的理解。这种详述人事关系的笺释方法,可谓是笔记解读诗文作品最有优势的地方。

(四)诗文审美赏鉴。《爱日斋丛抄》的三、四卷集中了大量诗文的鉴赏,它们或从词汇特征总结,或从诗意角度对比,每能见出作品细微的审美效果,显示出叶寘敏锐的艺术感觉。他善于从个别词语入手,体味其中的意涵,比如他总结杜诗结语,多用"安得"一词,认为乃效法《大风歌》,以此表达"壮语";又说杜甫"一洗万古凡马空"的"空"字,即韩愈文章"吾所谓空,非无马也,无良马也",都是抓住一字一词,深入探析诗句的情感色彩。叶寘于诗句背后的情感起伏,也能微妙把握,如云李商隐"夕阳无限好,只是近黄昏"之句"意似迫促",而程颢"未须愁日暮,天际是轻阴"却有"悠然无尽之味"。他喜欢通过各时期相类似诗句的对比,从中鉴衡诗歌得失,大量的诗句对比在《丛抄》中出现,不仅仅是揭示那些诗句的前后相承,渊源有自,更是从比较中见诗人匠心,从比较中见各自优长,如言郑獬"中使传宣内翰家,君王令草侍中麻。紫泥金印封题了,红烛才烧一寸花"一诗是"矜敏捷",而赵汝谈"宫井城鸦欲动时,春猿梦断北山移。揽衣拟草归田赋,犹是金莲烛半枝"则是"思退",而两诗"辞致各清丽"。

叶寘也关注诗法理论,如引杨万里"半山便遣能参透,犹有唐人是一关"之句,认为"一关,殆言一膜之隔未尽透彻者",并进一步议论道:"近世诗人,正缘不曾透得此关,而规规于近局,故其所就皆不满人意。"这里所谓的"透得此关"其实就是学习唐人,从唐诗中吸取养料,和唐诗佳处总有"一膜之隔,未尽透彻"。联系晚宋江湖诗人效法唐诗,却未能超越唐诗的现实来看,叶寘对当时诗坛的弊病是颇有洞见的。

除了诗歌,叶寘对散文也有不少评议,他引欧阳修所作《苏子美文集序》《尹师鲁墓志》等文章,阐述了对北宋古文运动的看法,是剖析这一文学现象的重要资料。他还从艺术角度评论曾巩《南齐书目录叙》和李格非《书战国策后》两文,云:"二序述古文记事之妙,其说精矣,以书之二典,能传二帝之深微。盖为史者亦圣人之徒。列国之策士,能发人疾隐,由三代文物未尽,议论高远,玩文词者可知叙述之难工,而系乎世变矣。"散文的艺术鉴赏最难,叶寘寥寥数语,虽未充分展开对此二文艺术之美的辨析,却仍体现出于对比中所见的审美评判。

(五)体裁流变剖析。《爱日斋丛抄》会对个别诗句的艺术手法予以溯源,也会对某一类诗文体裁的流变加以论述,上文提到它对文中连用"也"字的文章的溯源可为一例。而在此书中还有两处辨析体裁流变的重要材料,即对六言诗和上梁文源流的探讨。

六言诗和上梁文都是比较边缘的诗文体裁。六言诗在宋代以前数量很少,但到了宋代,特别是到了以苏黄为代表的元祐诸人手中,作品数量激增。叶寘从刘克庄编选绝句集阑入六言绝句一事入题,认为刘克庄的六言诗"事偶尤精",然后分析六言诗发展的简要脉络,提及项安世的观点认为《诗经》"我姑酌彼金罍"为六言滥觞,又引《文章缘起》"始于汉大司农谷永"之说,进而指出嵇康六言诗则已在体制上基本完成(卷三,第65页)。这是关于六言诗研究不可多见的材料,不仅勾勒的脉络清楚,而且对刘克庄六言艺术的判断也非常精准①。上梁文的体制发展,到了宋代也形成了新的格式,叶寘先引用吴曾《能改斋漫录》的论述,指出最早的上梁文是后魏温子升《阊阖门上梁祝文》,与宋代有诗语的上梁文体制两异,再引用楼钥关于"儿郎伟"的考证,"儿郎伟"即"儿郎㶦",叶寘对此未作断定,但他继续引用《吕氏春秋》《淮南子》"邪、许、岂、伟,亦古者举木隐和之音"等观点,似认同了楼钥的看法。这段材料虽未深论,却也算上梁文研究中的一家之言。

总而言之,《爱日斋丛抄》是一部综合考述四部文献的学术笔记,它的撰述特色与作者叶寘作为藏书家和地方文人的身份密切相关。现存《爱日斋丛抄》的主体部分是论诗谈文,它既能提供丰赡的史料,又能辨析艺术的细节,还能表达学术的洞见,特色鲜明,价值突出,视其为一部重要的文学批评著作,亦未尝不可。

---

① 参拙作《刘克庄六言诗初探》,《刘克庄的文学世界——晚宋文学生态的一种考察》附录四。

文章原刊一览

第一章第一节,原刊《文学遗产》2017年第3期
　　原题《"江湖诗派"概念的梳理与南宋中后期诗坛图景》
第一章第二节,原刊《复旦学报》(社会科学版)2015年第3期
　　原题《南宋祠禄官制与地域诗人群体:以福建为中心的考察》
第一章第三节,原刊《文学遗产》2018年第3期
　　原题《论南宋祠官文学的多维面相:以周必大为例》
第二章第一节,原刊《中国韵文学刊》2010年第3期
　　原题《试谈唐宋诗文中的"交蹉语次"与"感官优先"》
第二章第二节,原刊《新国学》第6卷,巴蜀书社,2006年
　　原题《刘克庄的梅花诗与梅花词》
第二章第三节,原刊《社会科学》2012年第7期
　　原题《钱锺书〈容安馆札记〉批评宋代诗人许月卿发微》
第三章第一节,原刊《新国学》第8卷,巴蜀书社,2010年
　　原题《宋代学者洪兴祖生平事迹详考》
第三章第二节,原刊《中国学研究》第11辑,济南出版社,2008年
　　原题《互文性阐释:〈楚辞补注〉中的"以骚注骚"》
第四章第一节,原刊《文学遗产》2008年第5期
　　原题《南宋洪适四六文论略》
第四章第二节,原刊《南京师范大学文学院学报》2013年第3期
　　原题《论〈洪平斋四六笺注〉及其文章学价值》

第四章第三节,原刊《学术月刊》2018 年第 2 期
　　原题《复调的戏谑:〈文房四友除授集〉的形式创造与文学史意义》
第四章第四节,原刊《文艺研究》2018 年第 8 期
　　原题《四六类书的知识世界与晚宋骈文程式化》
第五章第一节,原刊《北京大学学报》(哲学社会科学版)2016 年第 5 期
　　原题《南宋评点选本〈古文标准〉考论》
第五章第二节,原刊《中国文学研究》第 31 辑,复旦大学出版社,2018 年
　　原题《宋佚文话〈纬文琐语〉考论》
第五章第三节,原刊《文献》2018 年第 4 期
　　原题《中山大学藏明钞残本〈新编四六宝苑群公妙语〉考述》
第六章第一节,原刊《图书馆杂志》2011 年第 8 期
　　原题《〈履斋示儿编〉的学术得失与版本流传考略》
第六章第二节,原刊《苏州大学学报》(哲学社会科学版)2015 年第 5 期
　　原题《笔记与诗文评:〈爱日斋丛抄〉文学史价值发覆》

主要参考文献

一、基本古籍(按四部分类法排序)

《十三经注疏》,〔清〕阮元校刻,中华书局,1980年。
《春秋繁露》,〔汉〕董仲舒撰,上海古籍出版社,1989年。
《周易经传集解》,〔宋〕林栗著,文渊阁《四库全书》本。

《宋史》,〔元〕脱脱等撰,中华书局,1977年。
《建炎以来系年要录》,〔宋〕李心传撰,胡坤点校,中华书局,2013年。
《中兴小纪》,〔宋〕熊克撰,顾吉辰、郭群一点校,福建人民出版社,1985年。
《皇宋通鉴长编纪事本末》,〔宋〕杨仲良撰,李之亮校点,黑龙江人民出版社,2006年。
《京口耆旧传》,〔宋〕不著撰人,《丛书集成初编》本,中华书局,1991年。
《宋元学案》,〔清〕黄宗羲原著、〔清〕全祖望补修,中华书局,1986年。
《宋元学案补遗》,〔清〕王梓材、冯云濠编撰,《四明丛书》一百卷本。
《宋季忠义录》,〔清〕万斯同撰、〔清〕张寿镛补,《四明丛书》本。
《蛟西洪氏宗谱》,杜项斯纂修,上海图书馆藏木活字本。

《韩愈年谱》,〔宋〕吕大防等撰,徐敏霞校辑,中华书局,1991年。

《元和郡县图志》,〔唐〕李吉甫撰,贺次君点校,中华书局,1983年。

《吴郡志》,〔宋〕范成大撰,陆振岳点校,江苏古籍出版社,1999年。

《方舆胜览》,〔宋〕祝穆撰、〔宋〕祝洙增订,施和金点校,中华书局,2003年。

《新编四六必用方舆胜览》,〔宋〕祝穆撰,《日本宫内厅书陵部藏宋元版汉籍选刊》本,上海古籍出版社,2012年。

《咸淳临安志》,〔宋〕潜说友撰,《宋元方志丛刊》本,中华书局,1990年。

《咸淳毗陵志》,〔宋〕史能之撰,《宋元方志丛刊》本,中华书局,1990年。

《嘉定赤城志》,〔宋〕陈耆卿撰,《宋元方志丛刊》本,中华书局,1990年。

《嘉定镇江志》,〔宋〕卢宪撰,《宋元方志丛刊》本,中华书局,1990年。

《至顺镇江志》,〔元〕俞希鲁撰,《宋元方志丛刊》本,中华书局,1990年。

《无锡县志》,〔明〕不著撰人,文渊阁《四库全书》本。

《重刊兴化府志》,〔明〕周瑛、黄仲昭修纂,蔡金耀点校,福建人民出版社,2007年。

《嘉靖惟扬志》,〔明〕朱怀干等纂修,《天一阁藏明代方志选刊》本,上海古籍书店,1963年。

《(嘉靖)广德州志》,〔明〕朱麟、黄绍文等修纂,明嘉靖十五年刊本。

《隆庆仪真县志》,〔明〕申嘉瑞等纂修,《天一阁藏明代方志选刊》本,上海古籍书店,1963年。

《(康熙)宜黄县志》,〔清〕尤稚章、欧阳斗炤等修纂,中国国家图书馆藏本。

《(道光)宜黄县志》,〔清〕札隆阿、程卓樑等修纂,台北成文出版社,1970年。

《吉安府志》,〔清〕定祥、刘绎修纂,台北成文出版社,1975年。

《南宋馆阁录 续录》,〔宋〕陈骙等著,张富祥点校,中华书局,1998年。

《建炎以来朝野杂记》,〔宋〕李心传撰,徐规点校,中华书局,2000年。

《宋会要辑稿》,〔清〕徐松辑,刘琳等校点,上海古籍出版社,2014年。

《中兴馆阁书目辑考》,〔宋〕陈骙等撰、〔清〕赵士炜辑,《宋元明清书目题跋丛刊》本,中华书局,2006年。

《直斋书录解题》,〔宋〕陈振孙撰,徐小蛮、顾美华点校,上海古籍出版社,2015年。

《钦定四库全书总目》,〔清〕永瑢等撰,中华书局,1997年。

《四库全书简明目录》,〔清〕永瑢等撰,上海古籍出版社,1985年。

《思适斋书跋》,〔清〕顾千里撰,黄明标点,上海古籍出版社,2007年。

《增订四库简明目录标注》,〔清〕邵懿辰撰,邵章续录,上海古籍出版社,1979年。

《订补海源阁书目五种》,王绍曾、崔国光等整理校补,齐鲁书社,2002年。

《皕宋楼藏书志》,〔清〕陆心源撰,中华书局,1990年。

《嘉业堂藏书志》,〔清〕缪荃孙等撰,吴格点校,复旦大学出版社,1997年。

《抱经楼藏书志》,〔清〕沈德寿撰,中华书局,1990年。

《书林清话》,〔清〕叶德辉撰,上海古籍出版社,2012年。

《文禄堂访书记》,〔清〕王文进撰,柳向春标点,上海古籍出版社,2007年。

《史通》,〔唐〕刘知幾撰,《四部丛刊》初编本。

《旧闻证误》,〔宋〕李心传撰,中华书局,1981年。

《新校正梦溪笔谈》,〔宋〕沈括撰,胡道静校注,中华书局,1957年。

《项氏家说》,〔宋〕项安世撰,《丛书集成初编》本,中华书局,1985年。

《梁谿漫志》,〔宋〕费衮撰,上海古籍出版社,1985年。

《泊宅编》,〔宋〕方勺撰,许沛藻、杨立扬点校,中华书局,1983年。

《避暑录话》,〔宋〕叶梦得撰,《全宋笔记》本,大象出版社,2006年。

《能改斋漫录》,〔宋〕吴曾撰,上海古籍出版社,1979年。

《扪虱新话》,〔宋〕陈善撰,上海书店,1990年。

《步里客谈》,〔宋〕陈长方撰,《墨海金壶》本。

《西塘集耆旧续闻》,〔宋〕陈鹄撰,中华书局,2002年。

《夷坚志》,〔宋〕洪迈撰,何卓点校,中华书局,2010年。

《清波杂志校注》,〔宋〕周煇撰,刘永翔校注,中华书局,1994年。

《西山读书记》,〔宋〕真德秀撰,文渊阁《四库全书》本。

《履斋示儿编》,〔宋〕孙奕撰,侯体健、况正兵点校,中华书局,2014年。

《野客丛书》,〔宋〕王楙撰,中华书局,1987年。

《爱日斋丛抄》,〔宋〕叶寘撰,孔凡礼点校,中华书局,2010年。

《鹤林玉露》,〔宋〕罗大经撰,王瑞来点校,中华书局,1983年。

《黄氏日抄》,〔宋〕黄震撰,《黄震全集》本,浙江大学出版社,2013年。

《困学纪闻》,〔宋〕王应麟撰,〔清〕翁元圻注,上海古籍出版社,

2008年。

《齐东野语》,〔宋〕周密撰,张茂鹏点校,中华书局,1983年。

《癸辛杂识》,〔宋〕周密撰,吴企明点校,中华书局,1988年。

《归潜志》,〔金〕刘祁撰,中华书局,1983年。

《敬斋古今黈》,〔元〕李治撰,刘德权点校,中华书局,1995年。

《隐居通议》,〔元〕刘壎撰,《海山仙馆丛书》本。

《士翼》,〔明〕崔铣撰,文渊阁《四库全书》本。

《日知录集释》,〔清〕顾炎武撰、〔清〕黄汝成集释,上海古籍出版社,2006年。

《义门读书记》,〔清〕何焯撰,崔高维点校,中华书局,1987年。

《十驾斋养新录》,〔清〕钱大昕撰,上海书店出版社,1983年。

《文史通义校注》,〔清〕章学诚撰,叶瑛校注,中华书局,1985年。

《郑堂读书记》,〔清〕周中孚撰,中华书局,1993年。

《述朱质疑》,〔清〕夏炘撰,《续修四库全书》本,上海古籍出版社,1996年。

《古书疑义举例五种》,〔清〕俞樾等撰,中华书局,1956年。

《农书》,〔宋〕陈旉撰,《丛书集成初编》本,中华书局,1985年。

《文房四谱(外十七种)》,〔宋〕苏易简等撰,上海书店出版社,2015年。

《别号录》,〔清〕葛万里撰,文渊阁《四库全书》本。

《诚斋四六发遣膏馥》,〔宋〕周公恕编,《中华再造善本》影宋刻本。

《新编四六宝苑群公妙语》,〔宋〕祝穆编选,中山大学图书馆藏明抄残本。

《新编古今事文类聚》,〔宋〕祝穆辑纂,上海古籍出版社,1992年。

《圣宋名贤四六丛珠》,〔宋〕叶蒉编,《续修四库全书》本,上海古籍出版社,1996年。

《新编事文类聚翰墨全书》,〔宋〕刘应李辑,《四库全书存目丛书》本,齐鲁书社,1995年。

《圣宋千家名贤表启翰墨大全》,〔宋〕不著撰人,《天理图书馆善本丛书》本,日本八木书店,1981年。

《新编翰苑新书》,不著撰人,书目文献出版社,1988年。

《玉海》,〔宋〕王应麟撰,文物出版社,1987年。

《宋四六丛珠汇选》,〔明〕王明嶅、黄金玺辑,《四库全书存目丛书》本,齐鲁书社,1995年。

《新锲燕台校正天下通行文林聚宝万卷星罗》,〔明〕徐会瀛编,《北京图书馆古籍珍本丛刊》本,书目文献出版社,1988年。

《佩文韵府》,〔清〕张玉书等撰,上海古籍书店,1983年。

《云卧纪谭》,〔宋〕释晓莹撰,《卍续藏经》本,新文丰出版公司,1995年。

《释氏稽古略》,〔元〕释觉岸撰,《中华再造善本》影元刻明修本。

《楚辞补注》,〔宋〕洪兴祖撰,白化文等点校,中华书局,2002年。

《楚辞集注》,朱熹著,蒋立甫校点,上海古籍出版社、安徽教育出版社,2001年。

《韩昌黎文集校注》,〔唐〕韩愈撰,马其昶校注,上海古籍出版社,1986年。

《五百家注音辨昌黎先生文集》,〔宋〕魏仲举辑注,《中华再造善本》影宋刻本。

《玉溪生诗集笺注》,〔唐〕李商隐撰、〔清〕冯浩笺注,上海古籍出版社,1979年。

《欧阳修全集》,〔宋〕欧阳修撰,李逸安点校,中华书局,2001年。

《王荆文公诗李壁注》,〔宋〕王安石撰、〔宋〕李壁注,上海古籍出版社,1993年。

《王荆文公诗笺注》,〔宋〕王安石撰、〔宋〕李壁注,高克勤整理,上海古籍出版社,2010年。

《苏文忠公诗编注集成》,〔宋〕苏轼著、〔清〕王文诰注,台北学生书局影道光刻本,1979年。

《横塘集》,〔宋〕许景衡撰,文渊阁《四库全书》本。

《丹阳集》,〔宋〕葛胜仲撰,文渊阁《四库全书》本。

《北山集》,〔宋〕程俱撰,《四部丛刊》续编本。

《浮溪集》,〔宋〕汪藻撰,《四部丛刊》初编本。

《东窗集》,〔宋〕张扩撰,文渊阁《四库全书》本。

《鸿庆居士集》,〔宋〕孙觌撰,文渊阁《四库全书》本。

《华阳集》,〔宋〕张纲撰,《四部丛刊》三编本。

《北海集》,〔宋〕綦崇礼撰,文渊阁《四库全书》本。

《毗陵集》,〔宋〕张守撰,《丛书集成初编》本,中华书局,1985年。

《龟溪集》,〔宋〕沈与求撰,《四部丛刊》三编本。

《鄱阳集》,〔宋〕洪皓撰,文渊阁《四库全书》本。

《大隐集》,〔宋〕李正民撰,文渊阁《四库全书》本。

《志道集》,〔宋〕顾禧撰,《丛书集成初编》本,中华书局,1985年。

《归愚集》,〔宋〕葛立方撰,文渊阁《四库全书》本。

《唯室集》,〔宋〕陈长方撰,文渊阁《四库全书》本。

《盘洲文集》,〔宋〕洪适撰,《四部丛刊》初编本。

《剑南诗稿校注》,〔宋〕陆游撰,钱仲联校注,上海古籍出版社,2005年。

《姜特立集》,〔宋〕姜特立撰,钱之江点校,浙江古籍出版社,2016年。

《庐陵周益国文忠集》,〔宋〕周必大撰,清道光二十八年欧阳棨刊本。

《文忠集》,〔宋〕周必大撰,文渊阁《四库全书》本。

《范石湖集》,〔宋〕范成大撰,富寿荪标校,上海古籍出版社,2006年。

《杨万里集笺校》,〔宋〕杨万里撰,辛更儒笺校,中华书局,2007年。

《朱子全书》,〔宋〕朱熹撰,朱杰人等主编,上海古籍出版社、安徽教育出版社,2010年。

《楼钥集》,〔宋〕楼钥撰,顾大朋点校,浙江古籍出版社,2010年。

《吕祖谦全集》,〔宋〕吕祖谦撰,黄灵庚、吴战垒主编,浙江古籍出版社,2008年。

《叶適集》,〔宋〕叶適撰,刘公纯等点校,中华书局,1961年。

《漫塘文集》,〔宋〕刘宰撰,《嘉业堂丛书》本。

《复斋先生龙图陈公文集》,〔宋〕陈宓撰,《续修四库全书》本,上海古籍出版社,1996年。

《洪咨夔集》,〔宋〕洪咨夔撰,侯体健点校,浙江古籍出版社,2015年。

《后村先生大全集》,〔宋〕刘克庄撰,《四部丛刊》初编本。

《后村词笺注》,〔宋〕刘克庄撰,钱仲联笺注,上海古籍出版社,1980年。

《刘克庄集笺校》,〔宋〕刘克庄撰,辛更儒笺校,中华书局,2011年。

《耕禄稿》,〔宋〕胡锜撰,《百川学海》本。

《姚勉集》,〔宋〕姚勉撰,曹诣珍、陈伟文校点,上海古籍出版社,2012年。

《先天集》,〔宋〕许月卿撰,《四部丛刊》续编本。

《郑思肖集》,〔宋〕郑思肖撰,陈福康校点,上海古籍出版社,1991年。

《桐江续集》,〔元〕方回著,文渊阁《四库全书》本。

《清容居士集》,〔元〕袁桷撰,中华书局,1985 年。

《滋溪文稿》,〔元〕苏天爵撰,陈高华、孟繁清点校,中华书局,1997 年。

《燕石集》,〔元〕宋褧撰,《北京图书馆古籍珍本丛刊》本,书目文献出版社,1991 年。

《宋濂全集》,〔明〕宋濂撰,罗月霞主编,浙江古籍出版社,2014 年。

《学古绪言》,〔明〕娄坚撰,文渊阁《四库全书》本。

《桂山堂文选》,〔清〕王嗣槐撰,《四库未收书辑刊》本,北京出版社,2000 年。

《翟灏全集》,〔清〕翟灏撰,汪少华等点校,浙江古籍出版社,2016 年。

《赌棋山庄全集》,〔清〕谢章铤撰,《近代中国史料丛刊续辑》本,文海出版社,1975 年。

《严复集》,严复撰,王栻主编,中华书局,1986 年。

《文选》,〔梁〕萧统选,中华书局影胡刻本,1977 年版。

《古文关键》,〔宋〕吕祖谦撰,《丛书集成初编》本,中华书局,1985 年。

《增注东莱吕成公古文关键》,〔宋〕吕祖谦撰、〔宋〕蔡文子注,《中华再造善本》影宋刻本。

《文章正宗》,〔宋〕真德秀编选,《中华再造善本》影元刻明修本。

《迂斋先生标注崇古文诀》,〔宋〕楼昉编选,《中华再造善本》影元刻本。

《江湖小集》,〔宋〕陈起编,文渊阁《四库全书》本。

《江湖后集》,〔宋〕陈起编,文渊阁《四库全书》本。

《赤城集》,〔宋〕林表民编,徐三见点校,中国文史出版社,2007 年。

《文房四友除授集》,〔宋〕郑清之等撰,《百川学海》本。

《东涧先生妙绝今古文选》,〔宋〕汤汉选编,《中华再造善本》影元刻本。

《新刻诸儒批点古文集成前集》,〔宋〕王霆震选编,《中华再造善本》影宋刻本。

《新编诸儒批点古今文章正印》,〔宋〕刘震孙编选,台北故宫博物院藏宋刊本。

《叠山先生批点文章轨范》,〔宋〕谢枋得编选,《中华再造善本》影元刻本。

《诗家鼎脔》,〔宋〕不著撰人,文渊阁《四库全书》本。

《圣宋名贤五百家播芳大全文粹》,〔宋〕叶蕡、魏齐贤辑,《中华再造善本》影宋刻本。

《瀛奎律髓汇评》,〔元〕方回选评,李庆甲集评校点,上海古籍出版社,1986年。

《新安文献志》,〔明〕程敏政辑,何庆善等点校,黄山书社,2004年。

《唐诗归》,〔明〕钟惺、谭元春选评,《续修四库全书》本,上海古籍出版社,1996年。

《四六法海》,〔明〕王志坚编选,文渊阁《四库全书》本。

《南宋杂事诗》,〔清〕厉鹗等撰,虞万里校点,浙江古籍出版社,1987年。

《宋百家诗存》,〔清〕曹庭栋编选,文渊阁《四库全书》本。

《唐宋文醇》,〔清〕爱新觉罗·弘历编选,文渊阁《四库全书》本。

《宋四六选》,〔清〕彭元瑞、曹振镛编选,清乾隆四十一年刻本。

《全唐文》,〔清〕董诰等编修,中华书局,1983年。

《宋代蜀文辑存》,傅增湘辑,北京图书馆出版社,2005年。

《全唐文补编》,陈尚君补编,中华书局,2005年。

《全宋诗》,北京大学古文献研究所编,北京大学出版社,1998年。

《全宋文》,曾枣庄、刘琳主编,上海辞书出版社、安徽教育出版社,2006年。

《全元文》,李修生主编,江苏古籍出版社(凤凰出版社),1999—2004年。

《文心雕龙》,〔梁〕刘勰撰,范文澜注,人民文学出版社,1958年。

《苕溪渔隐丛话》,〔宋〕胡仔撰,廖德明校点,人民文学出版社,1962年。

《四六话》,〔宋〕王铚撰,王水照编《历代文话》本,复旦大学出版社,2007年。

《四六谈麈》,〔宋〕谢伋撰,《历代文话》本,复旦大学出版社,2007年。

《云庄四六余话》,〔宋〕杨囦道撰,《历代文话》本,复旦大学出版社,2007年。

《诚斋诗话》,〔宋〕杨万里撰,丁福保编,《历代诗话续编》本,中华书局,1983年。

《对床夜雨》,〔宋〕范晞文撰,《历代诗话续编》本,中华书局,1983年。

《梅磵诗话》,〔宋〕韦居安撰,《历代诗话续编》本,中华书局,1983年。

《辞学指南》,〔宋〕王应麟著,《历代文话》本,复旦大学出版社,2007年。

《文章欧冶(文筌)》,〔元〕陈绎曾撰,《历代文话》本,复旦大学出版社,2007年。

《升庵诗话新笺证》,〔明〕杨慎撰、王大厚笺证,中华书局,2008年。

《唐音癸签》,〔明〕胡震亨撰,上海古籍出版社,1981年。

《载酒园诗话》,〔清〕贺裳撰,《清诗话续编》本,上海古籍出版社,1983年。

《历代诗话》,〔清〕吴景旭撰,文渊阁《四库全书》本。

《围炉诗话》,〔清〕吴乔撰,《清诗话续编》本,上海古籍出版社,1983年。

《逃禅诗话》,〔清〕吴乔撰,《古今诗话续编》本,广文书局,1973年。

《历代诗话》,〔清〕何文焕辑,中华书局,1981年。

《四六丛话》,〔清〕孙梅撰,《历代文话》本,复旦大学出版社,2007年。

《越缦堂读书记》,〔清〕李慈铭撰,上海书店出版社,2000年。

《春觉斋论文》,林纾撰,《历代文话》本,复旦大学出版社,2007年。

《小招隐馆谈艺录初编》,王礼培撰,民国刊本。

《历代文话》,王水照编,复旦大学出版社,2007年。

《中国诗话珍本丛书》,蔡镇楚编,北京图书馆出版社,2004年。

《稀见明人文话二十种》,陈广宏、龚宗杰编校,上海古籍出版社,2016年。

《全宋词》,唐圭璋编,中华书局,1965年。

《词源》,〔宋〕张炎撰,唐圭璋编《词话丛编》本,中华书局,1986年。

《词品》,〔明〕杨慎撰,王幼安校点,人民文学出版社,1960年。

《雨村词话》,〔清〕李调元撰,《词话丛编》本,中华书局,1986年。

二、近人著作(按书名音序排列)

《版刻质疑》,瞿冕良著,齐鲁书社,1987年。

《伯克莱加州大学东亚图书馆中文古籍善本书志》,陈先行主编,上海古籍出版社,2005年。

《沧浪诗话研究》,王术臻著,学苑出版社,2010年。

《藏园群书题记》,傅增湘著,上海古籍出版社,1989年。

《陈衍诗论合集》,陈衍著,钱仲联编,福建人民出版社,1999年。

《楚辞类稿》,汤炳正著,巴蜀书社,1988年。

《楚辞选》,马茂元编选,人民文学出版社,1998年。

《传统与个人才能：南宋鄱阳洪氏家学与文学》，沈如泉著，巴蜀书社，2009年。

《从南宋中期反近习政争看道学型士大夫对"恢复"态度的转变》，张维玲著，花木兰文化出版社，2010年。

《二十史朔闰表》，陈垣著，古籍出版社，1956年。

《二十世纪西方文学理论》，[英]伊格尔顿著，伍晓明译，陕西师范大学出版社，1987年。

《符号学：符义分析探索集》，[法]朱莉娅·克里斯蒂娃著，史忠义译，复旦大学出版社，2015年。

《管锥编》，钱锺书著，中华书局，1986年。

《寒柳堂集》，陈寅恪著，生活·读书·新知三联书店，2001年。

《胡忠简公年谱》，胡嚣著，贵阳中央日报社，1945年。

《互文性研究》，[法]蒂费纳·萨莫瓦约著、邵炜译，天津人民出版社，2003年。

《冀淑英文集》，冀淑英著，北京图书馆出版社，2004年。

《江湖诗派研究》，张宏生著，中华书局，1995年。

《今传是楼诗话》，王揖唐著，大公报社出版部，1933年。

《近世中国：从唐宋变革到宋元变革》，王瑞来著，山西教育出版社，2015年。

《科举与诗艺——宋代文学与士人社会》，[日]高津孝著，潘世圣等译，上海古籍出版社，2005年。

《拉奥孔》，[德]莱辛著，朱光潜译，人民文学出版社，1979年。

《历代笔记概述》，刘叶秋著，北京出版社，2003年。

《两宋史研究汇编》，刘子健著，联经出版事业公司，1987年。

《两宋文学史》，程千帆、吴新雷著，上海古籍出版社，1991年。

《刘克庄的文学世界——晚宋文学生态的一种考察》，侯体健著，复旦大学出版社，2013年。

《刘克庄年谱》,程章灿著,贵州人民出版社,1993年。
《陆游年谱》,于北山著,上海古籍出版社,2006年。
《南宋江湖派研究》,张瑞君著,中国文联出版社,1999年。
《南宋江湖诗派与儒商思潮》,陈书良著,甘肃文化出版社,2004年。
《南宋骈文研究》,曹丽萍著,江西高校出版社,2009年。
《南宋史稿》,何忠礼等著,杭州大学出版社,1999年。
《南宋文学史》,王水照、熊海英著,人民出版社,2009年。
《七缀集》,钱锺书著,上海古籍出版社,1994年。
《钱锺书手稿集·容安馆札记》,钱锺书著,商务印书馆,2003年。
《清代学术概论》,梁启超著,上海古籍出版社,1998年。
《屈赋新探》,汤炳正著,齐鲁书社,1984年。
《日本学者研究中国史论著选译》第一卷,刘俊文主编,黄约瑟译,中华书局,1992年。
《斯文:唐宋思想的转型》,[美]包弼德著,刘宁译,江苏人民出版社,2001年。
《四库提要辨证》,余嘉锡著,云南人民出版社,2004年。
《宋词研究》,[日]村上哲见著,杨铁婴等译,上海古籍出版社,2012年。
《宋代祠禄制度考实》,梁天锡著,学生书店,1978年。
《宋代官员选任和管理制度》,苗书梅著,河南大学出版社,1996年
《宋代蜀文辑存》,傅增湘辑,北京图书馆出版社,2005年。
《宋代晚唐体诗歌研究》,赵敏著,巴蜀书社,2008年。
《宋代文学》,吕思勉著,商务印书馆,1931年。
《宋代文学史》,陈子展著,作家书屋,1945年。
《宋代咏梅文学研究》,程杰著,安徽文艺出版社,2002年。
《宋集传播考论》,巩本栋著,中华书局,2009年。
《宋季士风与文学》,刘婷婷著,中华书局,2010年。

《宋李天纪先生纲年谱》,赵效宣著,台北商务印书馆,1980年。
《宋人别集叙录》,祝尚书著,中华书局,1999年。
《宋人总集叙录》,祝尚书著,中华书局,2004年。
《宋诗派别论》,梁昆著,商务印书馆,1938年。
《宋诗选注》,钱锺书选注,生活·读书·新知三联书店,2002年。
《宋诗研究》,胡云翼著,商务印书馆,1930年。
《宋诗纵横》,赵仁珪著,中华书局,1994年。
《〈宋史〉考证》,顾吉辰著,华东理工大学出版社,1994年。
《宋史艺文志史部佚籍考》,刘兆佑著,台北"国立"编译馆,1984年。
《宋四六论稿》,施懿超著,上海古籍出版社,2005年。
《宋文学史》,柯敦伯著,上海书店出版社,1934年。
《宋元民间交际应用类书探微》,全建平著,中国社会科学出版社,2015年。
《宋元之际士人阶层分化与诗学思想研究》,史伟著,人民文学出版社,2013年。
《苏轼年谱》,孔凡礼著,中华书局,1998年。
《谈艺录》,钱锺书著,生活·读书·新知三联书店,2007年。
《唐诗杂论》,闻一多著,上海古籍出版社,1998年。
《"唐宋变革"论的由来与发展》,李华瑞主编,天津古籍出版社,2010年。
《唐宋骈文史》,于景祥著,辽宁人民出版社,1991年。
《唐宋文举要》,高步瀛编著,中华书局上海编辑所,1963年。
《唐五代两宋词选释》,俞陛云选释,上海古籍出版社,1985年。
《魏了翁文学研究》,张文利著,中华书局,2008年。
《闻一多全集》,闻一多著,生活·读书·新知三联书店1982年。
《稀见唐宋文献丛考》,金程宇著,中华书局,2009年。

《新著中国文学史》，胡云翼著，北新书局，1947年。
《修辞学发凡》，陈望道著，上海教育出版社，1976年。
《永嘉四灵暨江湖派诗传》，胡俊林著，吉林人民出版社，2000年。
《永嘉四灵与江湖诗派选集》，牛鸿恩选编，首都师范大学出版社，1993年。
《渊研楼屈学存稿》，汤炳正著，华龄出版社，2013年。
《张元幹年谱》，王兆鹏著，南京出版社，1989年。
《郑樵评传》，徐有富著，南京大学出版社，1998年。
《中国阐释学》，李清良著，湖南师范大学出版社，2001年。
《中国古代阐释学研究》，周裕锴著，上海人民出版社，2003年。
《中国古代类书的文学观念——〈事文类聚翰墨全书〉与〈古今图书集成〉》，张澜著，九州出版社，2013年。
《中国古代骈文批评史稿》，奚彤云著，华东师范大学出版社，2006年。
《中国古代文章学的阐释与建构》，王水照、侯体健主编，复旦大学出版社，2017年。
《中国古典解释学导论》，周光庆著，中华书局，2002年。
《中国古籍版刻辞典》，瞿冕良编著，齐鲁书社，1999年。
《中国骈文发展史论》，叶农、叶幼明著，澳门文化艺术学会，2010年。
《中国思想史》，葛兆光著，复旦大学出版社，1996年。
《中国文学的对句艺术》，[日]古田敬一著，李淼译，吉林文史出版社，1989年。
《中国文学史》，刘毓盘著，上海古今图书店，1924年。
《中国文学史》，钱基博著，上海古籍出版社，2011年。
《中国文学史》，游国恩主编，人民文学出版社，1964年。
《中国文学史》，袁行霈主编，高等教育出版社，1999年。

《中国文学史》,章培恒、骆玉明主编,复旦大学出版社,1996年。

《中国文学史》,中国社会科学院文学研究所著,人民文学出版社,1962年。

《中国文学史分论》,张振镛著,商务印书馆,1934年。

《中国转向内在——两宋之际的文化内向》,刘子健著,赵冬梅译,江苏人民出版社,2002年。

《中华再造善本总目提要》,中华再造善本工程编纂出版委员会编著,国家图书馆出版社,2013年。

《中山大学图书馆古籍善本书目(增订本)》,中山大学图书馆编,广西师范大学出版社,2014年。

《中山大学图书馆古籍善本书目》,中山大学图书馆编印,1982年。

《中唐至北宋的典范选择与诗歌因革》,李贵著,复旦大学出版社,2012年。

《周必大的历史世界:南宋高、孝、光、宁四朝士人关系之研究》,许浩然著,凤凰出版社,2016年。

《周必大年谱》,李仁生、丁功谊著,江西人民出版社,2014年。

《周必大生平与思想研究》,邹锦良著,江西人民出版社,2013年。

《周必大研究》,李光生著,中国社会科学出版社,2015年。

《朱熹的历史世界:宋代士大夫政治文化的研究》,余英时著,生活·读书·新知三联书店,2004年。

《朱熹佚文辑考》,束景南著,江苏古籍出版社,1991年。

三、单篇学术论文(按发表时间排序)

朱东润《述方回诗评》,《国立武汉大学文哲季刊》1931年第2卷第1期。

程亚林《"五石六鹢"句探微》,《古代文学理论研究丛刊》第6辑,上海古籍出版社，1982年。

魏天安、刘坤太《宋代闲官制度述略》，《中州学刊》1983年第6期。

庄晚芳《茶的别号》，《茶人之家》1987年第4期。

金圆《宋代祠禄官的几个问题》，《中国史研究》1988年第2期。

李大明《洪兴祖生平事迹及著述考》，《四川师范大学学报(社会科学版)》1989年第2期。

张瑞君《〈江湖集〉、〈江湖前后续集〉的刊行及江湖派的鉴定》，《文献》1990年第1期。

刘毅强《南宋"江湖诗派"名辩——简论江湖诗派不足成派》，《华东师范大学学报(哲学社会科学版)》1993年第3期。

尹波《洪兴祖生卒年》，《宋代文化研究》第三辑，四川大学出版社，1993年。

李越深《论江湖诗人与江湖诗味》，《浙江社会科学》1995年第4期。

李炳海《净土法门盛而梅花尊——宋代梅花诗及其与佛教的因缘》，《东北师大学报(哲学社会科学版)》1995年第4期。

李勇先《试论〈舆地纪胜〉的编纂及其与〈方舆胜览〉的关系》，《宋代文化研究》第五辑，1995年。

李无未《南宋〈示儿编〉音注的浊音清化问题》，《古汉语研究》1996年第1期。

昝亮《洪兴祖生平著述编年钩沉》，《杭州大学学报(哲学社会科学版)》1997年第4期。

汪圣铎《关于宋代祠禄制度的几个问题》，《中国史研究》1998年第4期。

漆侠《关于南宋农事诗——读〈南宋六十家集〉兼论江湖派》，《河北学刊》1988年第5期。

刘文刚《论宋代的宫观官制》，《宋代文化研究》第7辑，巴蜀书社1998年。

蒋寅《〈逃禅诗话〉与〈围炉诗话〉之关系》，《苏州大学学报（哲学社会科学版）》2000年第3期。

祝尚书《论"击壤派"》，《文学遗产》2001年第3期。

谭家健《六朝诙谐文述略》，《中国文学研究》2001年第3期。

祝尚书《宋代词科制度考论》，《文史》2002年第1辑。

祝尚书《论宋季的拟人制诰》，《北京化工大学学报（社会科学版）》2002年第3期。

吴承学《现存评点第一书——论〈古文关键〉的编选、评点及其影响》，《文学遗产》2003年第4期。

叶邦义、胡传志《20世纪80年代以来的江湖诗派研究》，《阴山学刊》2004年第1期。

王述尧《略论后村的咏梅诗及其他》，《阜阳师范学院学报（社会科学版）》2004年第3期。

周光庆《中国经典诠释学研究（专题讨论）》，《河北学刊》2004年第5期。

陈治国、洪汉鼎《2003：诠释学与中国》，《山东大学学报（哲学社会科学版）》2005年第1期。

刘锡涛《宋代福建人才地理分布》，《福建师范大学学报（哲学社会科学版）》2005年第2期。

杨忠《〈四六膏馥〉与南宋四六文的社会日用趋向》，《北京大学学报（哲学社会科学版）》2005年第3期。

黄宽重《从中央与地方关系互动看宋代基层社会演变》，《历史研究》2005年第4期。

祝尚书《南宋古文评点缘起发覆——兼论古文评点的文章学意义》，《四川大学学报（哲学社会科学版）》2005年第4期。

张广达《内藤湖南的唐宋变革说及其影响》,《唐研究》第11卷,北京大学出版社,2005年。

陶文鹏《论洪咨夔诗歌》,《北京联合大学学报(社会科学版)》2006年第2期。

侯体健《〈全宋诗〉指瑕四例》,《古籍整理研究学刊》2006年第2期。

王利民《濂洛风雅论》,《文学遗产》2006年第2期。

周永健《宋代祠禄制度对士大夫的影响》,《湖北职业技术学院学报》2007年第3期。

史伟、宋文涛《"江湖"非"诗派"考论》,《社会科学家》2008年第8期。

王水照、慈波《宋代:中国文章学的成立》,《复旦学报(社会科学版)》2009年第2期。

侯体健《祠禄官制与南宋士人》,《新民晚报》2009年8月16日。

刘成国《宋代俳谐文研究》,《文学遗产》2009年第5期。

王水照《南宋文学的时代特点与历史定位》,《文学遗产》2010年第1期。

侯体健《国家变局与晚宋文坛新动向》,《华南师范大学学报(社会科学版)》2010年第1期。

陈玉强《南朝公文体俳谐文的文体学意义》,《中山大学学报(社会科学版)》2010年第1期。

潘易《富贵·激壮·爽致——略论洪咨夔〈平斋词〉的艺术特色》,《淮北煤炭师范学院学报(哲学社会科学版)》2010年第1期。

[日]内山精也《宋诗能否表现近世?》,《国学学刊》2010年第3期。

尚永亮、钱建状《贬谪文化在北宋的演进及其文学影响》,《中华文史论丛》2010年第3期。

李光生《周必大与杨万里政治关系考辨》,《上饶师范学院学报》2010 年第 5 期。

罗鹭《〈江湖前、后、续集〉与〈江湖集〉求原》,《新国学》第八辑,巴蜀书社,2010 年。

侯体健《刘克庄的乡绅身份与其总体风貌的形成——兼及"江湖诗派"的再审视》,《中山大学学报(社会科学版)》2011 年第 3 期。

常德荣《理学世俗化与南宋中后期诗坛》,《文学评论》2011 年第 4 期。

刘荣平、丁晨晨《洪咨夔行年考》,《中国韵文学刊》2011 年第 4 期。

刘蔚《宋代田园诗的政治因缘》,《文学评论》2011 年第 6 期。

邹锦良《杨万里与周必大交谊考论》,《井冈山大学学报(社会科学版)》2011 年第 6 期。

王水照《〈钱锺书手稿集·容安馆札记〉与南宋诗歌发展观》,《文学评论》2012 年第 1 期。

祝尚书《论中国文章学正式成立的时限:南宋孝宗朝》,《文学遗产》2012 年第 1 期。

管琴《洪咨夔年谱》,《国学学刊》2012 年第 2 期。

侯体健《论刘克庄晚年诗歌主流——从"效后村体"谈起》,《北京大学学报(哲学社会科学版)》2012 年第 4 期。

李光生《南宋书院与祠官关系的文化考察》,《河北大学学报(哲学社会科学版)》2012 年第 5 期。

史伟《南宋诗歌地位、功能、作用之变迁》,《社会科学家》2012 年第 9 期。

罗书华《从文道到意法:吕祖谦与散文学史的重要转折——兼说〈古文关键〉之"关键"的含义》,《中国文学研究》2013 年第 3 期。

杨瑞《周必大与杨万里交游考述》,《西南交通大学学报(社会科学版)》2013年第5期。

熊海英《诗在"江湖"——被边缘化的诗人和作为诗歌场域的"江湖"》,日本早稻田大学"江湖诗派综合研究"第三回,2013年11月23日。

文贵平《〈古文集成〉中楼昉评点辑录》,《古代文学理论研究》第35辑,华东师范大学出版社,2013年。

沈松勤《宋元之际士阶层分化与文学转型》,《文学评论》2014年第4期。

张健《江湖与庙堂之间:晚宋诗歌的边缘化与诗人的游士化》,香港浸会大学"中国诗学研究前沿国际论坛"论文,2014年12月17日。

许浩然《诗学、私交与对金态度——胡铨、周必大的乡邦唱和》,《井冈山大学学报(社会科学版)》2015年第2期。

林岩《身份、文体与地方社会:刘克庄文学活动的多面相》,《中华文史论丛》2015年第3期。

林岩《宋季元初科举存废的文学史意义——以诗歌为中心之考察》,《中国文化研究所学报》2015年总第61期。

张海鸥、罗婵媛《南宋古文选本中的文章学思想》,《广西社会科学》2015年第7期。

林岩《晚年陆游的乡居身份与自我意识——兼及南宋"退居型士大夫"的提出》,《华南师范大学学报(社会科学版)》2016年第1期。

许浩然《地理空间与交游场域——南宋临安百官宅考论》,《史林》2016年第1期。

王媛《江湖诗集考》,《文史》2016年第3辑。

周剑之《新型士人关系网络中的宋代启文》,《北京师范大学学报(社会科学版)》2016年第6期。

龚宗杰《唐之淳〈文断〉考论》,《古籍研究》2017年第1期。

程章灿《文儒之戏与词翰之才——〈文房四友除授集〉及其背后的文学政治》,《清华大学学报》2017年第5期。

何诗海《"文章莫难于叙事"说及其文章学意义》,《文学遗产》2018年第1期。

四、硕博学位论文(按完成时间排序)

郑亚薇《南宋江湖诗派之研究》,台北政治大学博士学位论文,1981年。

李温良《洪兴祖〈楚辞补注〉研究》,台南成功大学硕士论文,1994年。

费君清《江湖派考论》,浙江大学博士学位论文,1998年。

徐可超《汉魏六朝诙谐文学研究》,复旦大学博士学位论文,2003年。

张影洁《唐前俳谐文学研究》,华东师范大学硕士学位论文,2005年。

李菁《南宋四洪研究》,武汉大学博士学位论文,2005年。

杨瑞《周必大研究》,浙江大学博士学位论文,2007年。

常德荣《南宋中后期诗坛研究》,上海大学博士学位论文,2011年。

刘晓旭《南宋中后期江湖诗人群体研究》,复旦大学硕士学位论文,2014年。

王聪聪《周必大年谱长编》,华东师范大学博士学位论文,2014年。

戴路《南宋理宗朝诗坛研究》,四川大学博士学位论文,2015年。

后　记

　　本书收录了我关于南宋诗文的文章，最早一篇发表于2006年，最晚的写于2018年，跨度十二年，这次收录时对其中一些文章作了修订，特别是当时受发表刊物篇幅限制而删改的，这里都有所恢复。给这些文章集纂成书并取个合适名字，让我纠结了很久。它们虽然展现了我持续关注南宋文学的热情，但论题并不是太集中，质量也有参差，而且里面许多近几年发表的文章都是我今后想要继续探讨的领域，比如我想撰写一部"江湖诗派"的专著、一部"祠官文学"的专著、一部"宋代骈文"的专著、一部"宋元散佚文话"的专著，等等，这些在目前都还是开了个端。把它们都拼在一块，赶紧出书，无非是出于现实的考虑，颇有些体制下生存的无奈。但是，回头一想，那些宏大的写作计划，什么时候能够完成，能够完成到什么程度，还真的很难说，不妨将初步的思考结集起来，先供大家批评，也许对推进以后的研究不无益处；另外，"作为独立研究单元的南宋"，是我多年来一直思考并想极力提倡的学术思路，因为我深感南宋文学还没有得到充分重视，当前的一些研究还没有跳出前人文学史的框架和脉络，许多能够反映重大文学现象的南宋文献还在沉睡，我甚至固执地认为宋代文学研究的主要生长点，今后相当长一段时期就在南宋。借出版专著的机会抛出这一话题，或可促使我对此领域有更深切的反思，也可能在学界获得嘤鸣友声的效果。职是之故，鼓起勇气，编排成集，期待读者赐教。

回首十二载,同是本命年,面对的世界已完全不同。读书时的自由散漫,变而为工作后的匆忙焦虑,许多杂务影响了阅读思考,教研经年,所得寥寥,甚为惭愧。感谢师友们的教诲与鼓励,感谢家人的支持与容忍,特别是我的母亲尹菊香女士,没有她承担大量家务,我要在两个孩子的哭闹中周旋出时间来看书、写作,无疑是个大问号。愿我们将来的日子能够更加从容。

是为记。

永兴　侯体健
戊戌年立夏于复旦大学光华楼

图书在版编目(CIP)数据

士人身份与南宋诗文研究/侯体健著. —上海：复旦大学出版社，2019.7（2020.6 重印）
（复旦宋代文学研究书系/王水照主编.第二辑）
ISBN 978-7-309-14228-0

Ⅰ.①士… Ⅱ.①侯… Ⅲ.①知识分子-研究-中国-南宋 ②中国文学-古典文学研究-南宋 Ⅳ.①D691.71 ②I206.442

中国版本图书馆 CIP 数据核字（2019）第 043679 号

士人身份与南宋诗文研究
侯体健　著
出　品　人/严　峰
责任编辑/王汝娟
复旦大学出版社有限公司出版发行
上海市国权路 579 号　邮编：200433
网址：fupnet@fudanpress.com　http://www.fudanpress.com
门市零售：86-21-65102580　团体订购：86-21-65104505
外埠邮购：86-21-65642846　出版部电话：86-21-65642845
上海盛通时代印刷有限公司

开本 890×1240　1/32　印张 11.375　字数 271 千
2020 年 6 月第 1 版第 2 次印刷

ISBN 978-7-309-14228-0/D·978
定价：80.00 元

如有印装质量问题，请向复旦大学出版社有限公司出版部调换。
版权所有　　侵权必究